ADELMO **BIBIANI** / DAVIDE **FORNO** / LUIGI **SOLINAS**

IL CORAGGIO DELLA FELICITÀ

Corso di IRC per le scuole secondarie di secondo grado

SOCIETÀ EDITRICE INTERNAZIONALE - TORINO

07539

SEI

Coordinamento editoriale: Lia Ferrara
Progetto editoriale: Paola Cotto, Davide Forno
Redazione: Redint studio – Milano; Paola Cotto
Ricerca iconografica: Davide Forno
Coordinamento tecnico: Michele Pomponio
Progetto grafico e impaginazione: VisualGrafika - Torino
Coordinamento multimediale: Nicola Prinetti
Redazione multimediale: Roberta Ricca
Copertina: VisualGrafika - Torino

A. Bibiani – D. Forno – L. Solinas
Il coraggio della felicità
Volume unico
Testo per l'IRC nella Scuola Secondaria di secondo grado
Società Editrice Internazionale

Nulla osta della Conferenza Episcopale Italiana (Prot. N. 807/2014)
Roma, 17 dicembre 2014

✠ **Angelo Card. Bagnasco**
Presidente

Imprimatur (Prot. N. 4/15)
Torino, 21 gennaio 2015

CURIA METROPOLITANA ARCIDIOCESI DI TORINO

mons. Valter Danna
Vicario Generale

AZIENDA CON SISTEMA DI GESTIONE PER LA QUALITÀ CERTIFICATO DA DNV
= UNI EN ISO 9001:2008 =

Per i BES è stato utilizzato il carattere
EasyReading®
Font ad alta leggibilità, eccellente per i dislessici (Disturbo Specifico dell'Apprendimento – DSA), ottimo per tutti.

Prima edizione: 2015

Ristampa

1 2 3 4 5 6 7 8 9 10

2016 2017 2018 2019

Stampa: Vincenzo Bona - Torino

Il tuo libro è anche un **eBook+**

in forma **digitale interattiva**

eBook+

Scarica e attiva, è facile!

Segui le istruzioni che trovi sul sito della casa editrice, alla pagina
www.seieditrice.com/libri-digitali

Studiare è più semplice con l'**eBook+**

Guarda, annota, sottolinea, evidenzia nel testo!

Con l'**eBook+** apprendi in modo **multimediale** e **interattivo**, attraverso contenuti audio, video e link a risorse multimediali: insomma, in modo **coinvolgente** e **divertente**.

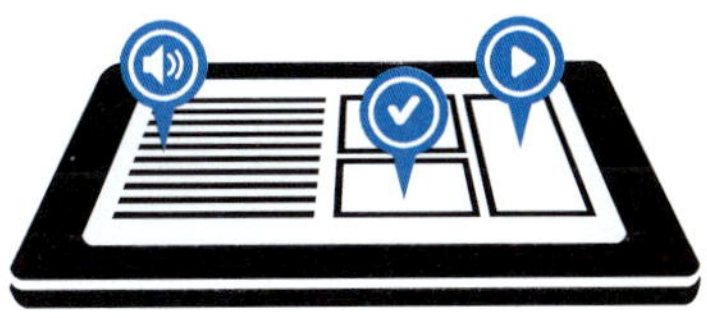

Ascolta, scopri i link, gli approfondimenti e salva il tuo lavoro

Una volta scaricato sul tuo dispositivo, che potrà essere un PC fisso o portatile, un netbook o un tablet, il tuo libro digitale interattivo potrà essere utilizzato anche **in assenza di connessione alla rete**.

Tutte le tue operazioni le potrai ritrovare semplicemente **sincronizzando** i diversi dispositivi.

Sempre connesso alla classe con l'**eBook+**

Condividi con i tuoi compagni e il docente

Vai sul sito SEI all'indirizzo **www.seieditrice.com/on**: troverai tutte le indicazioni per conoscere e utilizzare in modo facile un ambiente didattico digitale, dove sono disponibili **i tuoi libri, i tuoi appunti e le risorse selezionate e messe a disposizione dal tuo insegnante**.

Usa le icone

- Audio
- Video
- Galleria di immagini
- Esercizi interattivi
- Materiali interattivi e proiettabili
- Download
- Approfondimenti
- Documenti
- Link interni al volume
- Link esterni al volume
- Zoom

ON OPENSCHOOL NETWORK

INDICE

PERCORSO 3 L'alleanza di Dio con l'uomo

PERCORSO 4 La Chiesa e l'Europa

AREA 2 Dio e gli uomini

PERCORSO 1 La Bibbia, rivelazione di Dio

PERCORSO 2 L'Antico e il Nuovo Testamento

PERCORSO 3 Il mondo di Gesù

PERCORSO 5 Gesù è il Messia

AREA 3 Valori per vivere

PERCORSO 1 La vita come viaggio

PERCORSO 2 Dare un senso alla vita

PERCORSO 3 L'adesione al progetto di Dio

PERCORSO 4 L'importanza delle relazioni

PERCORSO 7 Un'etica per la vita

Presentazione dell'opera e metodo didattico

Il coraggio della felicità è un progetto nuovo, caratterizzato da una **trattazione rapida**, che coinvolge l'esperienza degli studenti, e da un **taglio interdisciplinare**, particolarmente attento agli **aspetti etici** ed **esistenziali**.

1 L'ORGANIZZAZIONE DEI MATERIALI

L'opera è divisa in **tre Aree**, ciascuna suddivisa in una serie di ***Percorsi***, indicati nell'occhiello.
Le tre *Aree* (ciascuna dedicata a una competenza specifica prevista dalle *Nuove Indicazioni Nazionali*, ovvero quella antropologico-esistenziale, quella biblico-teologica e quella storico-fenomenologica) **non devono intendersi necessariamente come sequenziali**, secondo l'ordine proposto dal testo, ma possono essere utilizzate a discrezione del docente, in base agli interessi e alle esigenze di ciascuna classe. Inoltre, i *Percorsi* che compongono ogni area si possono intersecare attraverso una **programmazione personalizzata**, grazie all'indicazione delle *Conoscenze*, *Abilità* e *Competenze* (declinate secondo Primo biennio, Secondo biennio, Anno finale), ai rimandi interni e ai suggerimenti contenuti nei *Materiali per il Docente*.

2 L'APERTURA DEL *PERCORSO*: LA DIDATTICA COOPERATIVA

Ogni **Percorso** è aperto da una **doppia pagina** che propone un'attività **Per cominciare insieme** in **modo cooperativo** attraverso alcune **piste di riflessione** sulle quali gli studenti sono invitati a mettere in gioco le proprie conoscenze in ambiti differenti e l'esperienza personale.
In questa apertura vengono presentate **alcune personalità** che si sono espresse in modo significativo riguardo all'argomento proposto come oggetto di riflessione e analisi.

3 L'UTILIZZO DELLE *LEZIONI* SECONDO LA DIDATTICA COOPERATIVA

Ogni *Percorso* è formato da una serie di **Lezioni**, ciascuna delle quali si sviluppa su una **doppia pagina bloccata**, che permette di **svolgere un argomento in modo compiuto**, nell'unità oraria a diposizione.

Ogni *Lezione* è aperta da una **breve citazione** (a mo' di **tweet**, completo di **hashtag**) tratta da scritti dei personaggi che sono presentati nell'apertura *Per cominciare insieme*: non si tratta di aforismi acontestuali, ma della proposta di **testi continui**, che percorrono più *Lezioni*, frammentati in modo pertinente e contestuale rispetto all'argomento affrontato.

Le **domande** che accompagnano i tweet hanno lo scopo di **suscitare l'interesse** e di **stimolare il dibattito**, in modo da **entrare nella lezione in modo attivo e partecipato**.

Ogni *Lezione* si sviluppa attraverso un **testo sintetico** e **fortemente frammentato dai titoli**, in modo da facilitare l'apprendimento.

Ciascuna *Lezione* ha delle proposte didattiche mirate sull'argomento trattato, che sono di due tipi: **Social forum** (**suggestioni per un dibattito**) o **Network** (**attività interdisciplinari**).

La trattazione contiene il **rimando puntuale ai Documenti** che si trovano alla fine del *Percorso*, in modo da renderne possibile la lettura (per coloro che vogliano **approfondire**) in modo pertinente e non casuale.

Per coloro che non gradiscano l'approccio cooperativo, le *Lezioni*, grazie alla loro autonomia, si prestano anche a un **utilizzo tradizionale**, escludendo in questo modo, la partenza attraverso la rubrica *Per cominciare insieme*.

4 LA CHIUSURA DEL *PERCORSO*

I **Documenti per approfondire**, su **doppia pagina** (nella pagina di sinistra si trovano *Documenti* di **carattere religioso**, nella pagina di destra *Documenti* di **carattere interdisciplinare**) permettono, appunto, l'approfondimento e la lettura diretta delle fonti, secondo quanto suggerito dalle *Indicazioni Nazionali*.
Ogni *Documento* è completato da una specifica **attività di comprensione e interpretazione**.

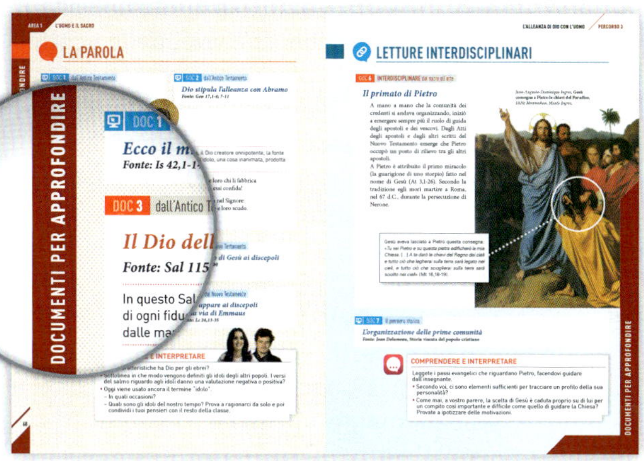

A chiusura di ogni *Percorso* si trova la **Verifica delle conoscenze** in forma chiusa e autocorrettiva.

Il **completamento dell'approccio cooperativo** avviene tramite la rubrica **Blog in classe**, un'attività specifica a coronamento del *Per cominciare insieme*, dell'utilizzo dei tweet e dei relativi hashtag, che ha il compito di **attivare competenze disciplinari** e **trasversali**, messe alla prova in **situazioni di vita**.

Una Mappa per tutti e **Il percorso in breve** sono rivolti a tutti gli studenti, secondo i dettami della **DIDATTICA INCLUSIVA**.

5 L'ATTENZIONE ESISTENZIALE

Una **doppia pagina di attività** (**Laboratorio di umanità**) cadenza ogni *Area*: si tratta di una proposta operativa dedicata alla **crescita individuale dello studente come persona** (in cui si trovano **elementi esperienziali, esistenziali**, di **educazione all'affettività** e **alla cittadinanza**). In quest'ottica viene proposta la lettura di un'**opera artistica** con una valenza psicologica ed emotiva.

UN LABORATORIO DI UMANITÀ

ADOLESCENTI IN RICERCA

L'età che va dai 14 ai 19 anni è nota come "adolescenza": è **un periodo di grandi cambiamenti** e di superamento – anche attraverso il rifiuto – delle consuetudini e spesso dei valori secondo i quali si è cresciuti. L'essere umano, in realtà, cambia in continuazione (a causa delle situazioni che vive, delle scelte che compie, degli affetti che entrano o escono dalla sua vita...), ma è nell'adolescenza che si pongono **le basi** sulle quali si andrà poi costruendo l'edificio della propria esistenza.

- Questo periodo della vita corrisponde a **una condizione di passaggio** – con poche certezze e molti lati oscuri – che gli esperti considerano "transitoria", anche se, molto probabilmente, voi non vi sentite per nulla transitori, anzi, molto legati al tempo che state vivendo, ai vostri giorni, agli eventi che caratterizzano le vostre giornate.
- Quante volte vi è capitato di vivere la quotidianità come fosse infinita, sentendovi unici al mondo, inimitabili, pieni di energia?
- Quante volte, al contrario, vi sentite invisibili, soli, incapaci di dare un senso a quello che vi sta capitando, alle sensazioni che provate, alle paure e alle ansie?
- Molto probabilmente, vivete questi cambiamenti con gioia mista a paura, come è sempre per le cose nuove e sconosciute.
- Lo smarrimento di fronte alle **contraddizioni** sembra dominarvi: il mondo che vi circonda incita a realizzarsi, a essere sempre se stessi, ma poi vi trovate in famiglia e a scuola a confrontarvi quotidianamente con regole, norme, limiti.
- I vari mass media vi trasmettono l'idea che ognuno ha diritto a ottenere tutto quello che desidera e a realizzare le proprie aspettative, ma scoprite, nello stesso tempo, quanto sia difficile conquistare quello che si vuole e che non sempre si ottiene tutto.
- Siete immersi in una società che spesso vive alla giornata, in un costante "qui e ora", in cui il presente è l'unica verità. Non esiste passato, non esiste futuro, non esiste progetto di vita e obiettivo di crescita personale da raggiungere. Tutto è possesso e realizzazione immediata e non ha senso porsi eccessivi problemi e dubbi.

Forse vi è capitato, intimamente, di avvertire l'inganno di un mondo troppo spesso cinico, privo di valori e di ideali, sprovvisto o di orizzonti e di prospettive e avete sentito **l'esigenza di maggiori certezze** e di **dare un senso** alla vostra esistenza.

La fondamentale importanza di conoscersi

Che ne dite, per cercare di mettere un po' di ordine in questa massa contrastante di sensazioni e di pulsioni, di provare, prima di tutto, a **conoscervi** un po' meglio?
Poiché questo testo accompagnerà il vostro cammino per cinque anni, durante i quali tanti saranno i cambiamenti in voi, non solo come studenti, ma anche (e soprattutto) come esseri umani, vi proponiamo di tenere una sorta di diario. Poiché esso ha come finalità prioritaria quella di aiutarvi a **crescere come esseri umani**, lo abbiamo intitolato ***Laboratorio di umanità***. Sarà una specie di "diario di bordo" (un ***Diario esistenziale***) che potrà accompagnare il vostro cammino nella **realizzazione della vostra identità**, che si declina nel **rapporto con se stessi, con gli altri, con il mondo** che vi circonda. Il vostro spessore, la vostra solidità di uomini e donne di domani dipendono in gran parte dalle domande che saprete farvi (e alle quali non sfuggirete) rispetto a questi tre aspetti e dalle risposte che troverete, in quella che si configura come una vera a propria **sfida esistenziale**.

IL DIALOGO CON SE STESSI

Lo scopo principale di un *Diario esistenziale* è quello di **conoscersi in modo approfondito**, favorendo il **dialogo interiore** e quindi **la relazione con se stessi**.
Il *Diario* è **qualcosa di privato**, accessibile solo a chi lo compila. Pertanto, quelli che seguono sono **solo spunti** che vanno poi **sviluppati individualmente** da ciascuno di voi su un supporto a propria scelta (digitale oppure un normale quaderno), un taccuino che vi accompagni ogni giorno.
Come per tutti i diari è importante **precisare la data in cui si scrive l'annotazione**. Ciascuno verifichi **in modo continuativo** gli aspetti suggeriti di seguito e li integri a sua scelta.

1. Quali elementi (emotivi, comportamentali, relazionali) caratterizzano i rapporti con i coetanei (compagni di scuola, amici, conoscenti) e con gli adulti (in famiglia e a scuola)?
   - Si sono affacciati alla mente nuovi interessi o nuovi ambiti di riflessione prima sconosciuti? Chi o che cosa li ha stimolati?
   - Al contrario, quali interessi sono venuti meno?
   - Al di fuori della famiglia, della scuola e del gruppo di amici, quali altri aspetti suscitano interesse (per esempio: musica, sport, politica, moda, altro)?
   - Leggi i quotidiani e ascolti i telegiornali? Le vicende di attualità riscuotono il tuo interesse?
2. Ti fa piacere parlare di te (dei tuoi pensieri, dei tuoi problemi ecc.)? La tua risposta vale in ogni caso o dipende dalle situazioni?
   - Nel caso in cui ti confidi con qualcuno, preferisci farlo con coetanei o con adulti? (Anche in questo caso, valuta se dipende dai casi).
   - Quale atteggiamento ti aspetti da coloro con cui ti confidi (per esempio: attenzione; consigli; un parere…)?
   - Tieni conto dei consigli o tendi a fare di testa tua (o dipende dai casi)?
3. Ti ritieni capace di ascoltare gli altri (coetanei o adulti) nel caso ti confidino un loro problema?
   - Presti attenzione anche se ciò che ti dicono non ti interessa?
   - Sei capace di metterti nei panni degli altri e di guardare le cose dal loro punto di vista?
   - Verifichi di aver inteso bene le parole altrui (per esempio, cerchi di "parafrasare" quanto ti è stato detto per avere una conferma che la tua comprensione sia esatta?)?
   - Hai l'abitudine di dare pareri e/o consigli? Come ci rimani se non vengono messi in pratica?
4. Ti piace stare da solo oppure vivi la solitudine come sofferenza?
   - Pensi che ci sia qualche opportunità nel saper stare soli con se stessi?
   - Quali vantaggi ci sono nello stare con gli altri?
   - Quali difficoltà?
5. Di fronte alle difficoltà (in linea generale) tendi a scoraggiarti? Agisci d'impulso? Ti fermi e rifletti? Altro?
   - Hai dei pensieri o dei comportamenti-antidoto per ritrovare la serenità quando sei in un momento di sconforto?
6. Che cosa fai se vedi un compagno in difficoltà? Cerchi di capirne i motivi?
   - Pensi che sia meglio lasciarlo "nel suo brodo"?
   - Oppure dipende dai casi e dal rapporto che hai con lui?
7. Prova, a fronte di ogni evento per te significativo, a scrivere un breve appunto. Facciamo l'ipotesi di un evento poco gradevole, come un insuccesso scolastico (questo è solo un esempio: lo schema di domande vale per qualunque evento, positivo o negativo):
   - Di fronte a un voto negativo penso ....
   - Non sono capace di ....
   - Mi preoccupa il fatto che ....
   - Sarebbe meglio se io ....
   - Ecc. ....

Occorre valutare con attenzione:

- se le risposte variano nel tempo;
- se le relazioni con i coetanei e con gli adulti si modificano nel tempo e come;
- quali fattori o eventi determinano tali cambiamenti.

Periodicamente (per esempio ogni sei mesi) è opportuno **fare una sintesi** attraverso il modello qui sotto proposto, che fotografi un **eventuale cambiamento**.

IO E	Le emozioni	I comportamenti	Le relazioni con…	Gli interessi	I pensieri	I conflitti	Altro
Data							

AREA 1

L'UOMO E IL SACRO

PERCORSO 1 L'UOMO E LA RELIGIONE

PERCORSO 2 LE RELIGIONI ATTRAVERSO IL TEMPO

PERCORSO 3 L'ALLEANZA DI DIO CON L'UOMO

PERCORSO 4 LA CHIESA E L'EUROPA

PERCORSO 5 LA RIFORMA PROTESTANTE E LA RISPOSTA CATTOLICA

PERCORSO 6 LA CHIESA DEI NOSTRI GIORNI

CONOSCENZE

- ●○○ Gli interrogativi universali dell'uomo, le risposte del cristianesimo e quella delle altre religioni.
- ●○○ Le radici ebraiche del cristianesimo e la singolarità della rivelazione monoteistica.
- ●○○ Gli eventi, i personaggi e le categorie più rilevanti dell'Antico e del Nuovo Testamento.
- ●○○ Gli eventi principali della storia della Chiesa fino all'epoca medioevale e gli effetti nella nascita e sviluppo della cultura europea.
- ●●○ Gli eventi principali della storia della Chiesa fino all'epoca moderna e contemporanea.
- ●●○ L'ecumenismo e il dialogo interreligioso.
- ●●● Il ruolo della religione nella società contemporanea globalizzata; la secolarizzazione; il pluralismo e i nuovi fermenti religiosi.

ABILITÀ

- ●○○ Utilizzare un linguaggio religioso appropriato per spiegare contenuti, simboli e influenza culturale del cristianesimo.
- ●○○ Spiegare l'origine e la natura della Chiesa e le forme del suo agire nel mondo.
- ●●○ Ricostruire, da un punto di vista storico-sociale, l'incontro del messaggio cristiano con le culture particolari.
- ●●○ Conoscere la testimonianza cristiana offerta da alcune figure significative.
- ●●● Dialogare, confrontandosi, con culture diverse dalla propria in modo aperto, libero e costruttivo.

COMPETENZE

- ○○○ Valutare il contributo della tradizione cristiana allo sviluppo della civiltà umana, in un contesto multiculturale e multi religioso.
- ○○○ Utilizzare e interpretare correttamente le fonti autentiche del cristianesimo.

●○○ PRIMO BIENNIO ●●○ SECONDO BIENNIO ●●● QUINTO ANNO

?

Paolo faceva tutt'altro che dimostrare, con l'aiuto delle Scritture, la validità e la fondatezza di una dottrina. Egli affermava: «Stai dormendo, svegliati. Se accetti che il tuo cuore mi ascolti, ti sveglierai. La tua vita cambierà completamente. Non riuscirai nemmeno a comprendere perché hai potuto vivere quella vita pesante e ottenebrata, perché altre persone possano continuare a viverla come se fosse davvero la vita, senza nutrire il minimo dubbio». Egli diceva: «Sei un bruco, destinato a diventare farfalla. Se potessimo spiegare al bruco ciò che l'attende, avrebbe paura. Nessuno accetta facilmente di smettere di essere quel che è, di diventare diverso. Ma la Via consiste in questo».

Emmanuel Carrère

PERCORSO 1 L'UOMO E LA RELIGIONE

DIDATTICA COOPERATIVA

PER COMINCIARE INSIEME

Osservate con attenzione le immagini qui sotto.
I fenomeni naturali e gli spettacoli grandiosi della natura sono la prima fonte di meraviglia per gli uomini: si tratta di un'emozione spontanea, che viene dal profondo.

Graffiti *preistorici.*

- Questa sensazione sconvolgente è alla base del pensiero umano e di tante delle sue produzioni, che definiamo "artistiche". Noi uomini, infatti, a differenza degli altri animali, non ci preoccupiamo solo di soddisfare i **bisogni primari** (la fame, la sete, l'avere un riparo e così via), ma avvertiamo l'esigenza di qualcosa che vada oltre e gratifichi anche altre necessità.
  Provate a confrontarvi sulle domande poste di seguito:
  - Per quale motivo l'uomo, fin dalle sue remote origini, ha sentito la necessità di decorare con dipinti i luoghi in cui vive?
  - Che cosa voleva esprimere con i graffiti e le pitture rupestri?

- Ipotizzate delle risposte (suddividendovi in piccoli gruppi o discutendo tutti insieme) e fissatele su **un cartellone** (cartaceo o multimediale).
- Tenete ben in vista il vostro cartellone mentre studiate le pagine che seguono.
- In particolare svolgete la vostra riflessione alla luce di **alcuni brevi pensieri** del grande poeta argentino **Jorge Luis Borges** e delle considerazioni di **Frédéric Lenoir** (uno studioso che si occupa delle religioni), che trovate enunciati all'inizio di ogni lezione.
  Fate tutto questo tenendo come punto di riferimento queste parole:

IL FASCINO E LA MERAVIGLIA

Tutti gli uomini provano queste sensazioni e le esprimono in modi diversi

Buono studio!

LEZIONE 1 IL MISTERO RELIGIOSO

Frédéric Lenoir @ Alla luce della contemplazione del cosmo, della volta celeste, del sole, della luna, degli astri, l'uomo ha preso coscienza della sacralità #sensodelsacro

?

Contemplare qualche fenomeno della natura suscita in voi delle emozioni?
Per esempio stupore, meraviglia, inquietudine, o altre sensazioni?

OLTRE LA REALTÀ UMANA: IL SACRO

Sacro
Dal latino *sacer*, che indica ciò che è "separato".

Fenomenologia
Il significato di "fenomeno" rinvia al greco *pháinomai*, "mostrarsi".

La parola **sacro** indica qualcosa che è separato e **sta oltre** la realtà concreta (quella che scorre sotto i nostri occhi ogni giorno) e che **supera l'uomo**.
Il sacro è dunque segnato dalla **presenza del soprannaturale** e rappresenta una realtà inviolabile, meritevole di rispetto e misteriosa.
Per capire meglio gli attributi del sacro dobbiamo rifarci agli studi di una disciplina chiamata **fenomenologia** della religione. Essa descrive le **manifestazioni del sacro** e l'esperienza religiosa vissuta nella storia dall'uomo.
Studi importanti in questo campo furono condotti dallo storico delle religioni tedesco Rudolf Otto, il quale precisò che **il sacro costituisce l'"intima essenza" di ogni religione** e, in quanto diverso dal mondo quotidiano, non può essere descritto con i termini comuni che per esso impieghiamo.

La **dea atzeca Chicomecoatl**, *1500 circa; Città del Messico, Museo Nacional de Antropología.*

MISTERO TREMENDO E FASCINO DEL SACRO

Rudolf Otto definì il sacro come «*mistero tremendo e affascinante*».

- Il sacro è **mistero**: il momento del mistero è basilare nel fare esperienze del sacro, che appare come ciò che sconcerta la ragione, lascia senza parole e sconvolge, suscitando stati emotivi quali la meraviglia, lo stupore, lo sbigottimento di fronte a ciò che è "completamente altro" dalla realtà ordinaria.
- Il mistero è però **tremendo**: con questo termine si intende in generale il timore reverenziale che il mistero suscita nell'interiorità individuale.
- È anche **affascinante**, e in ciò risiede la profonda ambivalenza su cui si articola l'esperienza del sacro. Esso attira a sé, e questa imprescindibile forza attrattiva s'intreccia con la spinta repulsiva generata dal "tremendo": il movimento verso il "mistero", che la creatura tremante è spinta irresistibilmente a compiere, culmina in una sorta di smarrimento e di ebbrezza che sfocia nel rapimento dell'**estasi**.

VIDEO
Moni Ovadia:
Il registro dei peccati

L'INTRECCIARSI DI SACRO E PROFANO

Tutto ciò che non ha a che fare con il sacro si definisce **profano**. Del vario intrecciarsi di sacro e profano si occupa un'altra disciplina: l'**antropologia** della religione. Infatti le religioni uniscono l'elemento divino con quello umano, vengono da Dio e a Dio conducono, ma sono anche (e in gran parte) vicende di uomini. Se trascuriamo questo aspetto ci priviamo di **una prospettiva importante** da cui esaminare il fenomeno religioso e, soprattutto, ci mancheranno degli elementi per capire **che cos'è l'uomo**.

LE ESPRESSIONI DEL SACRO

Lo storico delle religioni rumeno Mircea Eliade dedicò i suoi studi alle **manifestazioni del sacro** (chiamate **ierofanie**), precisando che esse avvengono in modo totalmente diverso rispetto ai fenomeni del mondo naturale.

- Pur essendo un elemento comune alla storia dell'umanità, la ierofania assume **forme diverse** a seconda del modo o del luogo in cui il sacro si manifesta: animali, piante, luoghi, elementi astronomici, eventi naturali.
- Nel corso della storia umana **le cause che hanno indotto l'uomo a sacralizzare** ogni aspetto del vivere sono state molteplici: la paura di forze oscure, il desiderio di impossessarsi di esse o di ottenerne il favore, il bisogno di proiettare i propri ideali in una realtà altra.

Estasi
Dal greco *ékstasis*, l'"uscire fuori": nel linguaggio religioso è lo stato attraverso il quale si esce dalla dimensione umana per unirsi a quella divina.

Profano
Da un termine di origine greca che letteralmente significa "prima" o "davanti al tempio", quindi "fuori" da esso.

Antropologia
Dal greco *ánthropos*, "uomo", e *lógos*, "discorso". L'antropologia studia l'uomo e la sua storia in tutti gli ambiti: naturali, culturali, sociali.

Ierofania
Dal greco *hierós*, "sacro", e *phanía*, "apparizione".

SOCIAL FORUM

Pensate ad alcune esperienze della vostra vita oppure a qualcosa che avete visto o letto.
- A vostro giudizio è possibile che qualcosa (o qualcuno) contemporaneamente affascini e faccia paura?
- Cercate di fare degli esempi, confrontatevi e ipotizzate delle spiegazioni.

*Il **rosario** è un oggetto sacro per molte religioni.*

LEZIONE 2 LE MANIFESTAZIONI DEL SACRO

Jorge L. Borges @ Prima che il sogno (o il terrore) tramassero mitologie e cosmogonie / prima che il tempo si coniasse in giorni, / il mare, il sempre mare, già c'era ed era #forzedellanatura

?

Per quanto avete potuto studiare in altre discipline, alla base dei miti possono esserci la capacità di sognare o la paura?
Conoscete qualche racconto mitologico?

LE DIVERSE ESPERIENZE DEL SACRO

PERCORSO VISIVO
In principio era il mito

Da ciò che viene ritenuto **sacro sprigiona una potenza** che non è fisica, ma che si manifesta nella forza fisica della natura e in tutte le capacità dell'uomo: questa constatazione venne fatta dallo storico delle religioni olandese Gerardus van der Leeuw, analizzando alcune esperienze del sacro nelle religioni polinesiane, che conservano ancora oggi molte tracce di una religiosità arcaica e primitiva. [vedi DOC 2] Questo importante studioso analizzò, anche da un punto di vista etnologico (l'**etnologia** è la disciplina che studia e confronta le popolazioni attualmente esistenti nel mondo), alcune manifestazioni del sacro:

Etnologia
Dal greco *éthnos*, "popolo" e *lógos*, "discorso".

- il **manismo** indica il **culto degli antenati** nei popoli tribali, i quali credono che gli avi defunti continuino a vivere in una condizione mutata e siano in grado di intervenire nelle vicende dei vivi, pertanto sacrifici funebri, offerte disposte sulle tombe ecc. possono indurli a favorire la fecondità dei campi, la serenità del focolare e delle famiglie;
- il **totemismo** individua uno stretto **rapporto magico tra il clan o la tribù e un animale** da cui si pensa di discendere o al quale ci si crede legati da vincoli spirituali: questo animale-totem è venerato come una divinità (celebri sono i totem con la testa d'aquila presso i Pellerossa);
- il **feticismo** consiste nel **culto di un oggetto materiale**, il feticcio, che si pensa dotato di qualche potere magico o evocativo, oppure di protezione da eventi sfavorevoli;
- l'**animismo** è la credenza, tipica delle religioni dei popoli "primitivi", in **esseri spirituali che animano l'intera natura**, organica e inorganica: le forze della natura non sono veri e propri dèi, ma spiriti, che risiedono in luoghi, in oggetti, in animali e in persone e che occorre rendere benevoli con riti magici;
- le **religioni tribali** (nelle quali sono tuttora presenti manismo, totemismo e feticismo) sono praticate da popoli e gruppi che vivono a stretto contatto con la natura e vengono **tramandate oralmente**; il loro forte senso religioso si esprime attraverso la devozione per un Essere supremo, la venerazione per gli antenati, il rispetto per gli spiriti della natura ecc.;

Un momento dell'antica cerimonia cinese del **culto degli antenati.**

- il **tabù** è un termine di origine polinesiana che indica un divieto di carattere magico-religioso nei confronti di oggetti, persone, luoghi ritenuti sacri oppure impuri, in ogni caso potenzialmente pericolosi.

GLI ELEMENTI DEL SACRO

Il sacro ha un suo "linguaggio" attraverso cui si rende riconoscibile dall'uomo. Un altro importante storico delle religioni, Julien Ries, portò l'attenzione sugli elementi attraverso i quali il sacro si manifesta, che sono il **simbolo**, il mito e il rito. [vedi DOC 3]

1. Il **simbolo** rappresenta il **linguaggio del sacro**, perché è la forma attraverso la quale si rende visibile. La simbolica sacrale è piuttosto ampia: secondo Eliade, per esempio, la simbologia della volta celeste esprime la credenza dei popoli antichi in un Essere soprannaturale. Nelle religioni orientali prevale il tema della luce, mentre in India il sacro è rappresentato dall'acqua, dalle montagne e dalla vegetazione; nell'antico Egitto predomina il simbolismo cosmico e via dicendo [vedi DOC 1].
2. Il **mito** è un **racconto sacro** mediante il quale l'uomo cerca di spiegare l'origine della vita e la sua presenza nel mondo. Tali sono gli antichissimi miti riguardanti la **cosmologia**, che raccontano l'origine del cosmo e la genealogia dei popoli; i miti delle stagioni e dell'eterno ritorno, secondo un ciclo in cui gli eventi si susseguono incessantemente; i miti riguardanti l'**escatologia**, che riguardano le "cose ultime" e prevedono la nascita di un nuovo mondo.
3. Il **rito** è costituito da quell'insieme di parole e gesti del corpo (come le braccia alzate verso il cielo e la genuflessione) che **conferiscono un valore sacrale** a persone (sacerdoti e indovini), oggetti (animali sacrificati o l'acqua, il fuoco, il pane e il vino) e luoghi (templi, santuari ecc.). Ciò che partecipa al rito riceve dal soprannaturale **forza**, **efficacia** e **durata** e, soprattutto, una **dimensione di realtà**.

SOCIAL FORUM

Le parole "mito" e "rito" si utilizzano anche nel linguaggio corrente, la prima per indicare che qualcosa o qualcuno è speciale, la seconda per indicare delle azioni abituali e ripetute. Discutetene insieme.

- Sapreste portare degli esempi in tale senso per ciascuno dei due termini?
- Secondo voi perché l'uomo tende a mitizzare eventi, situazioni e persone?
- Perché compiere dei riti è, in qualche modo, un'esigenza insopprimibile per gli esseri umani, a vostro giudizio?

Simbolo
Dal greco *sýnbolon*, a sua volta dal verbo *synbállo* ("metto insieme", "collego"). Nel nostro linguaggio il termine simbolo indica ogni segno che può funzionare come rappresentazione di qualcos'altro che il segno ci rammenta.

Cosmologia
Dal greco *kósmos*, "ordine" e *lógos*, "discorso".

Escatologia
L'escatologia – dal greco *éscatos*, "ultimo", e *lógos*, "discorso"– è lo studio delle "cose ultime", cioè la morte, il destino dell'uomo e del mondo dopo la morte.

Miti d'oggi: *Francesco Jodice*, Forte dei Marmi, *2000*.

LEZIONE 3 LA RELIGIONE COME ESPERIENZA

Jorge L. Borges @ Chi guarda il mare lo vede per la prima volta, / sempre, con lo stupore che le cose elementari lasciano, i pomeriggi belli, la luna, il fuoco di un falò #stuporeemeraviglia

Quali altre "cose elementari", oltre a quelle nominate dal poeta, possono sprigionare in noi un senso di stupore?
Perché questo succede, secondo voi?

INTERPRETARE L'ESPERIENZA RELIGIOSA

PAGINE DIGITALI
I luoghi sacri: tempio, basilica, cattedrale

Il linguaggio del sacro ha lo scopo di mediare tra la sfera che sta oltre la realtà tangibile e quella umana, mettendole in comunicazione tra loro. Interpretare il linguaggio del sacro è indispensabile per comprendere **l'uomo religioso** nella sua complessità.

- Prima di tutto sotto il **profilo storico**, studiando la religione all'interno di un contesto ben definito nello spazio e nel tempo.
- In secondo luogo sotto il **profilo esistenziale**: le varie religioni, infatti, costituiscono ciascuna una risposta alle **domande "di senso"**, che l'uomo, fin dalle origini, si pone sulla sua esistenza ("Chi sono?"; "Da dove vengo"; "Dove vado?").

GLI ELEMENTI COMUNI DELLE RELIGIONI

La religione nasce con l'uomo e lungo la storia umana si sono succedute religioni molto diverse. Alcune sono completamente scomparse (pensiamo a quella degli Egizi o dei Greci, per esempio); altre, invece, pur nate in tempi molto antichi (tra queste lo stesso cristianesimo), sono ancora oggi vitali e diffuse.

Possiamo dire che le varie religioni abbiano qualche cosa in comune? Molti studiosi, partendo dalla constatazione che **tutte le religioni** (al di là delle caratteristiche mitiche e rituali che sono loro proprie) sono **esperienze di incontro con il sacro**, hanno cercato di individuare alcuni elementi condivisi.

Sebbene non si possano certo porre tutte sullo stesso piano, se passiamo in rassegna l'insieme delle religioni del mondo, comprese le grandi religioni del passato, constatiamo che hanno due elementi fondamentali in comune:

SOCIAL FORUM

Parlatene insieme in classe.

- Nella vostra esistenza c'è stata qualche particolare esperienza che vi ha portato a riflettere sulla possibilità che esista qualcosa di diverso dalla realtà concreta?
- Se sì, quali domande vi siete posti in quel momento? Quali sono state le vostre emozioni? Cercate di descrivere il vostro stato d'animo.

- in primo luogo, il riconoscimento dell'esistenza di un Essere superiore;
- in secondo luogo, il riconoscimento della totale dipendenza degli uomini da questo Essere.

Inoltre, comuni a tutte le religioni sono poi alcuni mezzi di espressione del sacro:

- sia quelli **indiretti** (come i sentimenti che al sacro si associano e le espressioni artistiche, figurative e soprattutto musicali);
- sia quelli **diretti** (la celebrazione del sacro attraverso il culto).

UNA REALTÀ SUPERIORE ALL'UOMO

In tutte le religioni, seppure con caratteristiche differenti, vi è la credenza che, oltre al mondo sensibile, c'è **una realtà superiore con la quale l'uomo si pone in relazione**, che viene intesa in modo diverso dalle varie religioni, a seconda della sua relazione con la realtà sensibile.

- Una realtà che valica i limiti dell'esperienza sensibile si dice **trascendente**. È tale tutto ciò che è "al di là" dell'esperienza concreta e non può essere percepito attraverso i sensi.
- Quando la realtà religiosa si ritiene non separata e al di sopra di quella naturale, ma interna a essa, si dice **immanente**.

In alcune religioni la realtà superiore può essere concepita come **qualcosa di indefinito e impersonale** (per esempio la Moira nella religione greca o il *Brahaman* nell'induismo).
Altre religioni, invece, fanno riferimento a esseri superiori **personali**: in questo caso si parla di **divinità** (che possono essere numerose) o di **dio** (che può essere uno solo).
Per esempio il **Dio** in cui credono gli ebrei, i cristiani e i musulmani, è unico, onnipotente (può qualunque cosa), onnisciente (sa tutto) e trascendente.

Trascendente
Dal latino *trans*, "oltre" e *scándere*, "salire".

Immanente
Dal latino *in*, "dentro" e *manére*, "rimanere".

Rivelazione
Tramite la rivelazione (termine che deriva dal latino *re-velare*, "togliere il velo") ciò che è nascosto viene reso noto. Secondo gli ebrei, i cristiani e i musulmani il Dio unico si è rivelato ai suoi fedeli.

LE RELAZIONI CON IL MONDO DEGLI UOMINI

Tutte le religioni credono in qualche cosa, ma le **credenze** all'interno delle religioni variano. Tuttavia alcune sono **condivise**. Una credenza condivisa, per esempio, riguarda il fatto che **il sacro si può manifestare agli uomini**: abbiamo già parlato di ierofania a p. 7. Quando a palesarsi non è una forza impersonale, ma la divinità, allora parliamo di **rivelazione**: la divinità si rivela agli uomini per sua volontà e di sua iniziativa. Riguardo alle **relazioni tra l'uomo e il divino**, le religioni danno anche delle norme di **comportamento**, che derivano direttamente dalla divinità e sono proposte in testi sacri, alle quali l'uomo si deve attenere per raggiungere la salvezza, prospettiva comune a gran parte delle religioni.

CREDERE NELLA SALVEZZA

Credere nella salvezza comporta la convinzione che, operando bene nella vita terrena, si apra la possibilità di accedere, alla fine, a **un'altra vita non terrena**, priva di dolore e pervasa da un senso di beatitudine permanente. Quasi tutte le religioni si pongono il problema della salvezza umana, anche se ciascuna in termini diversi.
Il **cristianesimo**, però, ha dato un **nuovo significato alla salvezza**: promessa da Dio e realizzata attraverso la morte e la risurrezione di Gesù, la salvezza cristiana (come vedremo a p. 59) è un evento che pone una svolta nella storia umana, cambiandola per sempre.

Una donna disegna uno **yantra**, *simbolo del culto induista.*

LEZIONE 4 IL LEGAME TRA LA SFERA UMANA E QUELLA DIVINA

Frédéric Lenoir @ L'istituzione dei templi ha dato origine alla casta sociale dei sacerdoti, interamente votati a gestire questi edifici e a compiere i riti dovuti agli dèi #organizzazionereligiosa

?

Ricordate di aver sentito parlare, nel corso dei vostri studi, di "casta sacerdotale"?
Presso quali popolazioni ha avuto origine? Quali compiti e quali privilegi aveva nelle antiche civiltà?

PERSONA E COMUNITÀ NELLA RELIGIONE

Vi è una dimensione intima della vita religiosa che si esprime con la **preghiera**, definita dallo storico francese Émile Poulat "il cuore caldo" della religione. Moto spontaneo dell'animo che dà voce libera al sentimento religioso, oppure comunitaria, la preghiera è presente in tutte le religioni come mezzo per creare un legame con la divinità.

Ogni religione prevede anche la celebrazione di **cerimonie** con le quali la divinità viene invocata, adorata, ringraziata dalla comunità. L'insieme di queste cerimonie viene appunto indicato con il termine **culto**, cioè **il complesso delle azioni dei credenti, ordinate secondo un modello** (il **rituale**), nei confronti di una divinità. Il culto può essere praticato anche individualmente, attraverso forme di preghiera più "strutturata"; tuttavia, è nella dimensione comunitaria che ha acquistato maggiore evidenza.

Culto
Dal latino *cólere*, "coltivare", "venerare".

Liturgia
Dal greco *leitourghía*, "opera pubblica", è l'insieme dei riti, delle preghiere, degli atti di culto che sono rivolti a Dio.

GLI ELEMENTI PRINCIPALI DEL CULTO

Le religioni organizzano l'insieme di rapporti tra l'uomo e la divinità sia sul **piano interiore** (credenze, preghiere), sia nelle **manifestazioni esteriori** (gesti, riti). Ogni culto è costituito da alcuni elementi fondamentali [vedi DOC 4]:

1. il **luogo sacro** è uno spazio circoscritto e separato, in relazione diretta con la sfera ultraterrena, in cui celebrare gli atti di culto: può essere naturale (per esempio, un bosco, un fiume, una grotta) o costruito dall'uomo (i templi, le chiese ecc.);
2. il **tempo sacro**, cioè i momenti della vita umana dedicati al culto. In ciascuna religione esiste un calendario che cadenza la **liturgia** e prevede **la disposizione ordinata lungo l'arco dell'anno dei momenti di culto e dei tempi di festa** (per esempio, nella religione cristiana il succedersi dei tempi della Pasqua, della Pentecoste e dell'Avvento) che interrompono il ritmo delle attività quotidiane e sono consacrati al riposo e alla meditazione sul significato della propria esistenza in relazione con il divino;

3. i **riti**, quell'insieme di pratiche religiose che vengono eseguite secondo regole codificate e tempi stabiliti in luoghi e periodi specifici. Sono atti rituali, per esempio, la **preghiera** e il **sacrificio** (cioè l'offerta fatta alla divinità per onorarla e propiziarla).

SOCIAL FORUM

Confrontatevi in classe:
- Vi è capitato di visitare dei luoghi sacri? Se sì, quali e di quali religioni?
- La visita si è svolta durante un'azione di culto oppure in un momento ordinario?
- Cercate di descrivere l'atmosfera del luogo e di esprimere le sensazioni che avete provato.

I MEDIATORI TRA LA DIVINITÀ E GLI UOMINI

All'interno di una comunità religiosa vi sono alcuni uomini che hanno il compito di celebrare il culto. Queste persone sono i **sacerdoti**, cioè coloro che si occupano delle "cose" sacre. I sacerdoti (gli uomini sacri) sono i **mediatori tra la dimensione umana e quella divina**, gestiscono o guidano, a seconda dei contesti, gli atti cultuali.

Profeta
Dal greco *prophemí*, "parlo al posto di", è colui che parla a nome di Dio.

- L'istituzione sacerdotale è originaria della Mesopotamia: incarico specifico dei sacerdoti era occuparsi della celebrazione dei sacrifici, dei riti e del culto in genere. Sono **persone sacre**, per esempio, i preti nel cristianesimo e i monaci nel buddhismo.
- L'insieme delle persone destinate ad amministrare il culto può costituire un'**organizzazione estremamente complessa**, come nella Chiesa cattolica, in cui il clero (l'insieme degli individui che rivestono funzione sacerdotale) è suddiviso in una consistente scala gerarchica.
- Nei sistemi religiosi tribali è invece presente lo **sciamano**, individuo ritenuto in possesso di poteri straordinari, incaricato di mettere in comunicazione l'uomo con gli esseri superiori. Con i suoi riti magico-religiosi cura e guarisce le anime e i corpi, fa giungere la pioggia, accompagna le anime dei defunti nel mondo dei morti e fa poi ritorno in quello dei vivi.
- Un altro tipo di persona sacra è il **profeta**, colui che dà **voce alla divinità**. Un esempio di annuncio profetico era rappresentato nell'Occidente greco-romano dagli oracoli e dalle sibille che, invasate dal dio, vaticinavano il futuro. Nel mondo ebraico e in quello islamico il ruolo dei profeti è diverso e importantissimo: essi non predicono il futuro, non sono veggenti ma interpretano la realtà presente alla luce del disegno di Dio. Avremo modo di parlarne in maniera più diffusa a p. 38 e 171.

PAGINE DIGITALI
I diversi tipi di riti

Sacerdote di Cotonou *consulta l'oracolo Fa, lo sciamano africano esegue un procedimento estremamente complesso che richiede anni di apprendimento.*

LEZIONE 5 TANTE RELIGIONI NELLA STORIA UMANA

Frédéric Lenoir @ Lo studio delle religioni guida alla scoperta di un aspetto chiave della nostra umanità, in tutta la sua profonda e multiforme ricchezza #religioneecultura

?

\# È importante studiare le religioni?
\# Perché questo studio può permettere di conoscere meglio «*la nostra umanità*»?

UN UNIVERSO RELIGIOSO VARIEGATO

Il sentimento religioso accomuna tutti gli uomini. Tuttavia esso si è espresso in **modi diversi a seconda dei tempi, dei luoghi e delle culture**.
Classificare i vari tipi di religione è utile per tracciare una mappa completa di tutti i modi in cui l'uomo compie l'esperienza religiosa.

CARTA GEOGRAFICA

LA DIFFUSIONE DELLE RELIGIONI NEL MONDO

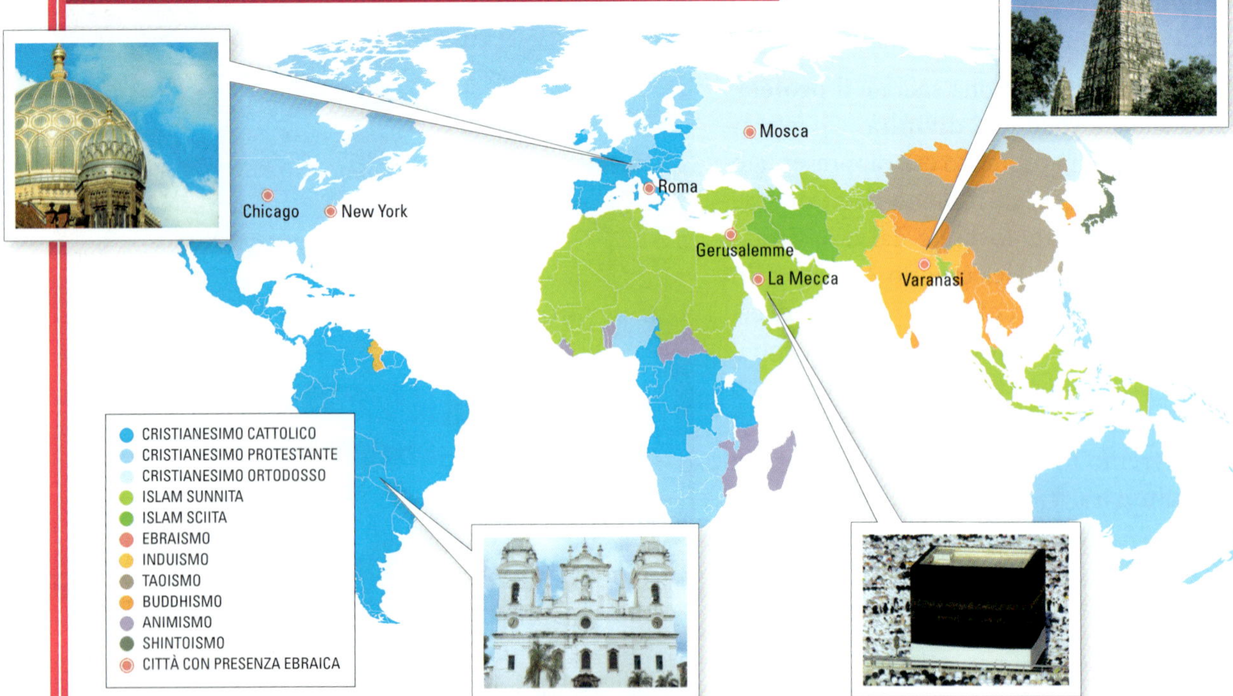

Tuttavia, proprio poiché tale esperienza si manifesta nelle modalità più disparate, **non è possibile classificare le religioni da un solo punto di vista**.

RELIGIONI DELLA NATURA E DEL SOPRANNATURALE

Un importante criterio per classificare le religioni consiste nel distinguere tra le religioni della natura e quelle del soprannaturale.

- Le **religioni della natura** sono tali quando l'uomo riconosce l'esistenza di qualcosa o qualcuno a lui superiore e pensa di incontrarlo nelle forze della natura. Deifica animali, vegetali, persone, fenomeni naturali, grandi forze naturali "vive", sempre impegnate in un movimento creatore, come l'acqua, la terra, il fuoco, l'aria e il vento. Sono adorati i grandi antenati, ovvero fondatori di razze, popoli, dinastie e nazioni, per la forza di vita di cui furono e rimangono l'incarnazione.
- Le **religioni del soprannaturale** identificano la divinità con un essere superiore alla natura, considerato creatore, padre e giudice delle azioni degli uomini, che abita in una dimensione ultraterrena.

SOCIAL FORUM

Affermava Gandhi che *«se un uomo afferra il nocciolo della propria religione ha afferrato anche il nocciolo delle altre»*. Viviamo in una società multietnica: le persone che quotidianamente incontriamo per strada, sui mezzi pubblici, nei negozi ecc. appartengono a etnie diverse e hanno diverse tradizioni culturali alle spalle. Probabilmente voi stessi conoscete o frequentate alcune di queste persone. Confrontatevi insieme, rispondendo a queste domande.

- Ritenete che il loro credo religioso influenzi il loro modo di comportarsi?
- Se sì, sapreste portare degli esempi concreti?

PAGINE DIGITALI
Classificazione delle religioni

RELIGIONI E CONCEZIONE DELLA DIVINITÀ

Le religioni possono essere classificate anche dal punto di vista della concezione che esse hanno della divinità. Così si parla di:

- **monoteismo**, quando si crede in un Dio unico; sono tali l'ebraismo, il cristianesimo e l'islam;
- **politeismo**, quando si crede nell'esistenza di diversi dèi;
- **monolatria**, quando si crede all'esistenza di più dèi, ma si sceglie di venerarne uno solo;
- **panteismo**, quando si pensa che tutto il mondo sia pervaso dallo spirito divino (cioè quando il sacro è visto come qualcosa che non è esterno o al di sopra della natura, ma è dentro essa: immanente, come abbiamo spiegato a p. 11).

Un'altra distinzione si può fare tra **religioni pagane** e **religioni rivelate**. Queste ultime sono quelle in cui la divinità "si rivela", termine che abbiamo spiegato a p. 11. Esse sono l'ebraismo, il cristianesimo e l'islam, di cui parleremo in seguito.

Monoteismo
Dal greco *mónos* e *theós*, "un solo dio".

Politeismo
Dal greco *polýs* e *theói*, "molti dèi".

Monolatria
Dal greco *mónos*, "unico" e *latreía*, "adorazione".

Panteismo
Dal greco *pan*, "tutto", e *theós*, "dio".

Danzatori Karo *col corpo decorato per la danza di corteggiamento, rito pagano che ha luogo dopo la mietitura in un contesto panteistico; Valle dell'Omo, Etiopia.*

LA PAROLA

Guglielmo Janni, **Pane**, *1933-34.*

DOC 1 dal magistero della Chiesa

Segni e simboli

Fonte:* Catechismo della Chiesa Cattolica, *nn. 1146; 1148; 1149;1152

- **Segni del mondo degli uomini**. Nella vita umana segni e simboli occupano un posto importante. In quanto essere corporale e spirituale insieme, l'uomo esprime e percepisce le realtà spirituali attraverso segni e simboli materiali. In quanto essere sociale, l'uomo ha bisogno di segni e di simboli per comunicare con gli altri per mezzo del linguaggio, di gesti, di azioni. La stessa cosa avviene nella sua relazione con Dio. [...]
- In quanto creature, alcune realtà sensibili possono diventare il luogo in cui si manifesta l'azione di Dio che santifica gli uomini, e l'azione degli uomini che rendono a Dio il loro culto. Ugualmente avviene per i segni e i simboli della vita sociale degli uomini: lavare e ungere, spezzare il pane e condividere il calice possono esprimere la presenza santificante di Dio e la gratitudine dell'uomo verso il suo Creatore.
- Le grandi religioni dell'umanità testimoniano, spesso in modo impressionante, il senso cosmico e simbolico dei riti religiosi. La liturgia della Chiesa presuppone, integra e santifica elementi della creazione e della cultura umana conferendo loro la dignità di segni della Grazia, della nuova creazione in Gesù Cristo. [...]
- **Segni sacramentali**. Dopo la Pentecoste, è mediante i segni sacramentali della sua Chiesa che lo Spirito Santo opera la santificazione. I sacramenti della Chiesa non aboliscono, ma purificano e integrano tutta la ricchezza dei segni e dei simboli del cosmo e della vita sociale. Inoltre essi danno compimento ai tipi e alle figure dell'Antica alleanza, significano e attuano la salvezza operata da Cristo, prefigurano e anticipano la gloria del cielo.

COMPRENDERE E INTERPRETARE

- Quale posto occupano segni e simboli nella vita umana?
- In quali segni e simboli della vita sociale si può vedere la presenza di Dio?
- Qual è il ruolo dei sacramenti della Chiesa?

LETTURE INTERDISCIPLINARI

DOC 2 la riflessione culturale

Che cosa dice la parola sacro

***Fonte:** Umberto Galimberti,* **Orme del sacro**

Andy Warhol, **Grande barattolo di minestra Campbell strappato,** *1962; Zurigo (Svizzera), Kunsthaus.*

DOC 3 LA RIFLESSIONE CULTURALE

Il sacro ieri e oggi: intervista a Julien Ries

Fonte: Marco Politi, "la Repubblica"

Il giornalista Marco Politi intervista lo storico e teologo Julien Ries riguardo ai suoi studi sull'evoluzione dei simboli e del sacro nella civiltà umana. È opinione di Ries che l'*Homo erectus*, grazie al suo sapere tecnico e alla consapevolezza di possedere capacità creativa, possedesse **una coscienza simbolica**, il primo stadio del sacro, dell'idea religiosa.
Secondo Ries, però, negli ultimi anni **i simboli e i miti millenari dell'uomo sono stati soppiantati**...

Simboli, miti e riti come si reincarnano nell'epoca contemporanea?
Nel linguaggio pubblicitario ad esempio. O nelle grandi mitologie politiche del Novecento e della stagione attuale. Il nazismo con il mito della razza, il comunismo con il mito della lotta di classe...

Ce ne sono altri ancora?
Potremmo anche dire il mito del week-end, che incolonna milioni di persone in macchina e che nasce da un bisogno di liberazione trasformandosi in schiavitù.

Lei ha scritto che l'uomo occidentale desacralizzato rischia un impoverimento drammatico, perché perde il valore del simbolo come richiamo alla realtà profonda dell'esistenza. Forse per questo tanti guardano all'islam o alle religioni orientali?
Direi che l'islam attrae perché è una religione che dona all'uomo la coscienza del mistero in cui è collocato e gli offre simboli interiorizzati. La preghiera, ad esempio, comporta la purificazione con l'acqua e si esprime attraverso vari gesti fino alla genuflessione totale.
L'Oriente affascina precisamente per la straordinaria ricchezza del suo simbolismo.

Dunque in Occidente siamo in presenza di un movimento contraddittorio: desacralizzazione da un lato e sete di sacro dall'altro?
È così. [...]

Vuol dire che al fondo, nella nostra epoca, permane un enorme bisogno di salvezza?
Essere salvati significa partire verso un'altra vita, quando la nostra esistenza è piena di difficoltà e di affanni. [...] Non credo – mormora sorridendo – che i nostri contemporanei finiranno in un deserto privo di simboli. L'uomo non può farne a meno per la sua identità. Pensiamo alle masse di giovani, che riscoprono lo spazio sacro mettendosi in pellegrinaggio. A Lourdes, a Compostela, a Loreto. Persino la preoccupazione per l'ecologia esprime un bisogno di salvezza. Salvezza dell'ambiente e della vita dell'uomo. E così torniamo ai grandi simboli primordiali.

DOC 4 la riflessione culturale

Il tempo sacro delle feste

***Fonte:** Mircea Eliade,* **Il sacro e il profano**

COMPRENDERE E INTERPRETARE

- Ries ritiene che esistano ancora oggi dei miti. Concordate con quanto afferma?
- Per quali ragioni permane nella nostra società un bisogno di salvezza? Esprimete il vostro parere.

VERIFICA DELLE CONOSCENZE

VERO O FALSO?

- V F Le diverse religioni hanno alcuni elementi in comune
- V F Il sacro può essere solo trascendente
- V F Sono religioni rivelate l'islam, il cristianesimo, l'ebraismo
- V F Le religioni rivelate sono quelle praticate in Estremo Oriente
- V F Gli elementi principali del culto sono luogo sacro, spazio sacro, tempo sacro, persona sacra
- V F Le religioni non si possono classificare
- V F Monoteismo e monolatria sono sinonimi
- V F I sacerdoti sono i mediatori tra il mondo umano e quello divino
- V F Le religioni cercano di dare una risposta alle domande esistenziali dell'uomo
- V F Il sacro si esprime attraverso mito, simbolo, rito
- V F Il linguaggio attraverso cui si esprime il mito è l'epopea
- V F La parola sacro esprime qualcosa di separato dalla realtà umana
- V F Le religioni si possono studiare solo da un punto di vista storico
- V F Ogni religione ha delle credenze diverse
- V F Le varie religioni hanno degli aspetti in comune
- V F Solo la teologia può occuparsi della religione
- V F Gli elementi simbolici sono tipici del mito
- V F I punti di vista da cui si possono studiare le religioni sono vari e differenti
- V F Ogni realtà religiosa contiene in sé qualcosa di misterioso
- V F I miti sono racconti sacri che spiegano l'origine del mondo
- V F La realtà religiosa non separata da quella naturale è detta immanente
- V F Il tempo sacro e il luogo sacro sono elementi caratteristici del culto
- V F La preghiera e il sacrificio non sono riti
- V F I sacerdoti sono i mediatori tra la realtà umana e quella divina
- V F Il panteismo ritiene che lo spirito divino sia ovunque

IL FASCINO E LA MERAVIGLIA

Tutti gli uomini provano queste sensazioni e le esprimono in modi diversi

Le parole di Borges e di Lenoir, insieme a quello che avete studiato e ai documenti letti, dovrebbero avervi portato a riflettere e discutere su:

#sensodelsacro
#forzedellanatura
#stuporeemeraviglia
#organizzazionereligiosa
#religioneecultura

Cercate ora di rispondere alle seguenti domande.

- L'uomo è capace di provare solo una meraviglia spontanea di fronte alla natura o esistono altri tipi di meraviglia?
- Possiamo dire che esistono tanti tipi di meraviglia quante sono le aspirazioni più nobili dell'animo umano?
- La sensazione di meraviglia si correla in qualche modo all'essere sensibili alla bellezza?
- Quale tipo di meraviglia genera l'esperienza artistica (per esempio la musica, la poesia o la pittura)?

Fissate la vostra sintesi su un cartellone visibile per tutti o sulla LIM. Quindi cercate delle **immagini** (foto scattate da voi o ritagliate da giornali o trovate in Internet; oppure dipinti che giudicate particolarmente suggestivi). Come commento a ogni immagine mettete le **parole** di una canzone che vi sembra appropriata, o il verso di una poesia o qualsiasi altra citazione (le parole possono anche essere vostre). Provate ad ALLESTIRE UNA MOSTRA che abbia come tema il fascino e la meraviglia e presentatela ai compagni delle altre classi.

UNA MAPPA PER TUTTI

DIDATTICA INCLUSIVA

IL PERCORSO IN BREVE

Abbiamo imparato:

- qual è il significato del "sacro" e del mistero religioso;
- in che senso il sacro è il fondamento delle religioni, la sua intima essenza;
- come si intrecciano sacro e profano;
- quali sono le espressioni e le manifestazioni del sacro;
- qual è il significato degli elementi del sacro (simbolo, mito e rito);
- come può essere interpretata l'esperienza religiosa;
- quali sono gli elementi comuni delle religioni;
- quale legame esiste tra la sfera umana e quella divina;
- come si approccia la religione all'interno di una comunità;
- quali sono gli elementi principali del culto;
- chi sono i mediatori tra la divinità e l'uomo;
- quali sono i diversi tipi di esperienza religiosa e qual è la loro concezione della divinità.

PERCORSO 2 LE RELIGIONI ATTRAVERSO IL TEMPO

DIDATTICA COOPERATIVA

PER COMINCIARE INSIEME

L'essere umano è, per sua natura, religioso. Secondo alcuni studiosi molto autorevoli solo l'uomo prova meraviglia, stupore, senso del bello: tutto questo fa di lui un animale diverso, che si interroga di fronte allo stupefacente spettacolo delle cose. E da questo stupore nasce la religione, o meglio, le religioni, perché non esiste civiltà o popolo umano che non abbia avuto un sistema religioso.
Alcune di queste religioni sono scomparse insieme con le civiltà che le hanno prodotte, mentre altre, pur nate in tempi antichissimi, sono ancora oggi vive e vitali.
Osservate le immagini di queste pagine.

- Provate a confrontarvi sulle domande poste di seguito:
  - A quali religioni si riferiscono le immagini?
  - Queste religioni sono ancora oggi praticate?
  - Perché alcune religioni sopravvivono nel tempo e altre si esauriscono?
- Ipotizzate delle risposte (suddividendovi in piccoli gruppi o discutendo tutti insieme) e fissatele su un cartellone (cartaceo o multimediale).
- Tenete ben in vista il vostro cartellone mentre studiate le pagine che seguono.
- In particolare svolgete la vostra riflessione alla luce di una breve considerazione dell'importante antropologo **Yves Coppens**; delle parole di **Norman Solomon**, esperto di ebraismo; e di quelle di **Khaled Fouad Allam**, sociologo dell'islam, che trovate enunciate all'inizio di ogni lezione.
- Fate tutto questo tenendo come punto di riferimento queste parole:

LA RELIGIONE, UNA PARTE INTEGRANTE DELLA CULTURA UMANA

Le credenze religiose agiscono sulle nostre abitudini e sulla nostra quotidianità

LEZIONE 1 LE RELIGIONI ANTICHE E LA NASCITA DEL MONOTEISMO

Yves Coppens @ L'essere umano, fin dallo sbocciare della sua umanità, è sensibile al sacro e possiede una dimensione spirituale. Sono convinto che non ci sia distanza fra l'apparizione dell'uomo e l'apparizione del suo pensiero religioso #uomoreligioso

?

Vi sembra di poter condividere l'affermazione secondo cui l'uomo e il sentimento religioso nascono insieme?

Perché solo l'uomo, tra tutti gli animali comparsi sulla Terra, ha una "dimensione spirituale"?

LE PRIME EVIDENZE DI UN SENTIMENTO RELIGIOSO

PAGINE DIGITALI
Le religioni antiche

Secondo gli studi più recenti l'evoluzione umana comincia circa 5 milioni di anni fa. Le prime tracce evidenti di un'attività intellettuale con caratteri simili a quella dell'uomo odierno compaiono solo 100 000 anni fa. In quest'epoca gli antenati dell'uomo moderno cominciano a **seppellire i defunti**, cioè a mostrare un **sentimento di tipo religioso**. La sepoltura dei morti, infatti, dimostrava la credenza in una vita ulteriore dopo la morte. I cadaveri venivano disposti con accanto oggetti della vita quotidiana, per affrontare più comodamente il viaggio verso l'aldilà. Più tardi i morti vennero composti in posizione rannicchiata, fetale, a simboleggiare il rientro nel grembo materno della Terra e la rinascita in un'altra vita. Quanto si è ritrovato nelle sepolture paleolitiche indica che, per gli uomini di allora, dopo il trapasso si accedeva a **una vita analoga a quella dei vivi**, con le stesse necessità e lo stesso modo di soddisfarle.

Una tomba del sito archeologico di **Petra** *in Giordania.*

ARTE E SENSO DEL SACRO

A circa 50 000 anni fa risalgono le **prime forme d'arte legate alla religione**. Incisioni e pitture parietali venivano eseguite solo in caverne appartate e avevano un valore magico-religioso. Quelle caverne erano, con ogni probabilità, luoghi sacri, "templi" nei quali gli uomini preistorici propiziavano, facendo ricorso a riti magici, una caccia fruttuosa e la fecondità degli animali. Il gesto sacro di disegnare veniva considerato in grado di **influenzare positivamente la realtà** ricorrendo a forze misteriose presenti nella natura e sopra la natura: si trattava di un atto di culto.

I SACERDOTI, INTERMEDIARI FRA LE DIVINITÀ E L'UOMO

Nel neolitico (a partire da circa 15 000 anni fa) gli uomini divennero sedentari e si diedero una struttura sociale più organizzata. La diffusione dell'agricoltura modificò anche le credenze religiose. Il successo del raccolto dipendeva da elementi naturali che gli uomini non potevano né prevedere né controllare, ma che – si pensò – dipendevano da alcune divinità delle quali era necessario conquistarsi il favore tramite riti magici, cerimonie collettive e sacrifici. A essi erano adibiti i **sacerdoti**, ovvero gli intermediari tra l'uomo e la divinità.

Un **àugure** *scruta il cielo alla ricerca di segni della divinazione; dipinto dalla Tomba degli auguri di Tarquinia.*

LE ANTICHE RELIGIONI DEL MEDITERRANEO

A partire dal 6000 a.C. cominciarono poi a delinearsi le principali religioni del mondo mediterraneo (presso popoli mesopotamici, Egizi, Fenici, Greci e Romani) e presero forma le grandi divinità maschili e femminili che costituiranno il ***pantheon*** (l'insieme degli dèi) di queste civiltà in cui la religione era sempre di tipo politeista. Il culto dei morti vide la nascita di **luoghi appositi per la sepoltura** e di grandi tombe per i personaggi importanti, che divennero anche luoghi di raccolta del popolo e di celebrazione di cerimonie religiose. [vedi DOC 7]

PERCHÉ NASCONO I TRE MONOTEISMI

Storicamente le **tre forme di monoteismo** conosciute (in ordine cronologico, l'ebraismo, il cristianesimo, l'islam) nascono in **opposizione ai politeismi** delle popolazioni circostanti, i cui dèi sono considerati non solo di minor potenza, ma privi del tutto di poteri divini, cioè falsi dèi.
Così è stato:

- nella zona della Mezzaluna fertile (estesa dal Mediterraneo orientale fino alla Mesopotamia) per l'**ebraismo**, sorto in opposizione ai politeismi dell'area tra la Siria e la Palestina;
- per il **cristianesimo**, che proseguì il monoteismo ebraico in opposizione a quell'insieme enorme di divinità che erano nate dall'incontro del politeismo greco-romano con quello mediorientale;
- così, infine, nel VII secolo d.C., per l'**islam**, nato in reazione ai politeismi delle popolazioni semitiche della penisola araba.

UN DIO UNICO, TRASCENDENTE, RIVELATO

Ebraismo, cristianesimo e islam non solo ritengono che **Dio** sia **unico** ma anche che sia **distinto dal mondo** (trascendente) e nel contempo che entri in relazione con esso.

- Dio è Colui che ha creato liberamente l'uomo ed è scopo della sua storia. Queste tre religioni hanno in comune l'idea che Dio abbia stabilito per l'uomo (sia il singolo sia l'umanità nel suo complesso) un **disegno di salvezza** che lo liberi dai peccati e che la salvezza si attui nel corso della storia individuale e universale, per realizzarsi però completamente nell'"aldilà" della storia.
- Le tre religioni monoteiste sono dette **rivelate** in quanto **Dio** in persona compie il passo fondamentale, prende l'iniziativa e si fa conoscere, incontra l'uomo entrando nella sua storia, dialoga e interagisce con lui. La rivelazione di Dio in alcuni eventi concreti narrati nella Bibbia (vedi a **pp. 146** e sgg.) si dice **teofania**, che nelle religioni abramitiche (cioè ebraismo, cristianesimo e islam che considerano Abramo come padre della loro storia sacra) è il termine specifico usato per esprimere la ierofania (cioè la manifestazione del sacro: vedi a **p. 7**). [vedi DOC 1 e DOC 2]

Teofania
Dal greco *theós*, "dio", e *phaínomai*, "mi mostro". È la manifestazione della divinità.

LEZIONE 2 LA RELIGIONE DEL POPOLO EBRAICO

Norman Solomon @ Come riconoscereste un ebreo o un'ebrea se li incontraste per strada? Dal momento che ve ne sono di bianchi e di neri, di orientali e di occidentali, di convertiti, di atei e di agnostici?
#naturadell'ebraismo

?

L'ebraismo non è una razza, ma non è neppure "solo" una religione. Chi sono gli ebrei?
Come vivono e dove vivono?

CHE COS'È L'EBRAISMO

L'ebraismo è il complesso della cultura e della religione del popolo ebraico ed è, insieme con cristianesimo e islam, una delle **religioni rivelate**, ancora oggi molto diffusa e praticata. Attualmente gli Ebrei nel mondo sono oltre 13 milioni e sono distribuiti in più di cento Paesi; in Italia sono circa 30 000.

- Gli ebrei credono in un **unico Dio**, JHWH (vedi **p. 168**), rivelatosi ai patriarchi, che è il **Creatore** e il **Signore** dell'universo, è l'essere **trascendente** che non si può contemplare faccia a faccia e la cui realtà sfugge all'uomo.
- La **professione di fede** sull'eternità e unicità di Dio è basata sulle parole bibliche: *«Ascolta, Israele: il Signore è il nostro Dio, unico è il Signore»* (*Shemà Israel*, Dt 6,4), che devono essere recitate due volte al giorno, al mattino e alla sera, da ogni adulto. [vedi **DOC 4**]

IL LEGAME DI ALLEANZA

Alleanza
Il termine alleanza, in ebraico *berith*, significa "determinazione a far qualcosa", "patto", "obbligo".

Gli ebrei credono inoltre che Dio abbia un **rapporto speciale**, di **alleanza**, con il popolo ebraico, stretto con Abramo 4000 anni fa e successivamente rinnovato lungo la storia del popolo ebraico. L'alleanza esprime **il legame tra Dio e l'uomo**, che è un legame **di tipo personale**, che esige **fedeltà e impegno reciproci**. L'alleanza tra Dio e il suo popolo è una **realtà viva**, che si esprime attraverso diversi avvenimenti della storia di Israele.

Per la presentazione della storia del popolo ebraico vedi **pp. 166 - 173.**

JHWH non tradirà mai il suo popolo e il popolo ebraico si impegna a sua volta a rispettare il patto di alleanza attraverso **l'obbedienza alla Legge** (vedi a **pp. 169** e sgg.).

LE VERITÀ DI FEDE

Le verità di fede dell'ebraismo possono essere così sintetizzate:

- **fede in un solo Dio**, Creatore e Signore dell'universo, che affida all'uomo il mondo, perché sia felice nella comunione con Lui;

- **fede nel perdono di Dio**, che toglie il peccato, fonte e origine di ogni male;
- **fede nell'alleanza di Dio con il suo popolo**, in vista di un futuro di salvezza nei tempi messianici;
- **fede in tutto ciò che è scritto nella *Torah*** (vedi **p. 155**);
- **fede in un futuro messianico** nel quale regneranno pace, giustizia e abbondanza di ogni bene. (vedi **DOC 5**)

SOCIAL FORUM

Per gli ebrei è molto importante il rispetto dei doveri e dei precetti.

- Provate a riflettere in classe se anche per voi i doveri e il rispetto delle norme sono un elemento importante e fate degli esempi di doveri e norme che vi trovate a rispettare.
- Secondo voi doveri e precetti aiutano a vivere meglio o complicano troppo la vita?

IL RICHIAMO AI DOVERI E AI PRECETTI

La ***mezuzah*** (un piccolo astuccio attaccato allo stipite della porta delle case ebraiche che contiene una sottile pergamena in cui sono tracciati i più importanti princípi, cioè l'unità di Dio, l'amore del Signore verso l'umanità e i doveri verso la famiglia) richiama giornalmente l'ebreo al **dovere dello studio della *Torah*** (vedi **p. 26**) **e alla fedeltà a certe pratiche,** come, per esempio, l'osservanza rituale del sabato e delle celebrazioni festive, la recita delle benedizioni, l'osservanza delle prescrizioni alimentari per testimoniare che l'uomo vive in un universo animato dall'eterna presenza del Creatore e l'impegno a eseguire la sua volontà.

DOVE SI RIUNISCONO GLI EBREI

La **sinagoga** (vedi **p. 40**) è il **centro ebraico del culto e dell'istruzione nella *Torah*.** La sua istituzione risale al VI secolo a.C., al tempo dell'esilio babilonese, e assunse sempre più importanza dopo la distruzione definitiva del Tempio di Gerusalemme nel 70 d.C. Nella sinagoga si tengono lezioni e si trovano gli uffici comunitari e i servizi per la comunità. Gli edifici sono costruiti rivolti verso la città di Gerusalemme, luogo sacro per la religione ebraica, e un **armadio a muro** (*l'Arón ha-Kodesh*), sulla parete più lontana rispetto all'ingresso, contiene i **rotoli della Legge** (rigorosamente in pergamena e scritti a mano). Questo armadio sacro è il **punto più importante della sinagoga**.

GALLERIA FOTOGRAFICA
La sinagoga

Sinagoga
Dal verbo greco *sýnagein*, composto da *sýn*, "insieme", e *ágein*, "condurre": il verbo significa quindi "riunire", da cui *synagoghé*, "assemblea", "riunione". Il termine inizialmente indicava la comunità riunita, poi passò a designare il luogo in cui la comunità si riuniva per il culto.

*Ebrei che portano rotoli della **Torah** al Muro del Pianto, Gerusalemme.*

LEZIONE 3 LA VITA RELIGIOSA DEGLI EBREI

Norman Solomon @ Il segreto per comprendere il calendario ebraico è la Natura #festivitàenatura

Se un giorno vi svegliaste lontano dalla civiltà e senza orologi, come fareste a indicare il passare del tempo?
In quale modo potreste celebrare i momenti significativi della vostra vita?

VIDEO
- *Yom Kippur*
- *Ro'sh ha-shanah*
- *Purim*
- *Sukkoth* a Gerusalemme
- Il dì di festa: sabato

LA PREGHIERA, CENTRO DELLA VITA DI UN EBREO

Nella religione ebraica centrale è la **preghiera**, descritta come "servizio del cuore". Include lo ***Shemà Israel*** [vedi DOC 4] e l'***Amidah*** (una serie di benedizioni che usano la formula «*Benedetto sei Tu o Dio, re dell'universo*» e che si recitano stando in piedi). Tradizionalmente nell'ebraismo gli uomini e le donne pregano divisi e i primi hanno l'obbligo di pregare a capo coperto.
Nei giorni feriali, per le preghiere del mattino, gli uomini solitamente mettono i **filatteri** sulla fronte e sul braccio sinistro, che è dalla parte del cuore: si tratta di piccole capsule che contengono versetti della *Torah*, scritti su pergamena. La preghiera si tiene alla sera, al mattino e al pomeriggio.

Un ragazzo ebreo apprende dal rabbino come indossare i **filatteri**.

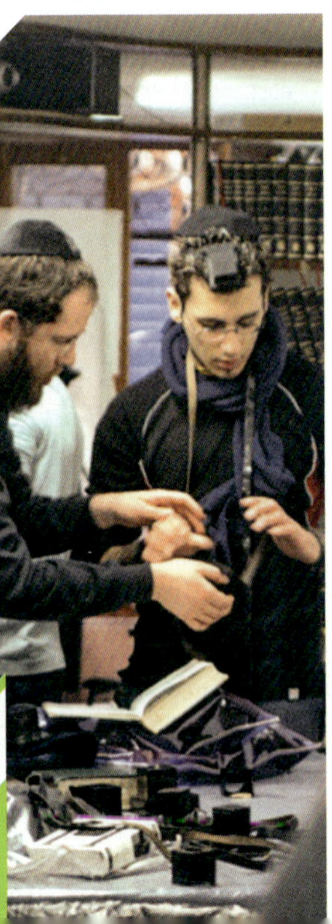

LA CELEBRAZIONE DEL CULTO

La celebrazione del culto nella sinagoga può essere guidata da qualsiasi maschio ebreo adulto, purché capace di leggere e di comprendere il testo ebraico.
Gli addetti della sinagoga, a carico della comunità, sono:

- il **rabbino** (il capo e l'insegnante in materia di religione);
- il **cantore** (il capo delle cerimonie);
- l'**inserviente**.

I COMPITI DEL RABBINO

Il rabbino non ha la funzione di un sacerdote, ma è un maestro che ha l'autorità per guidare la comunità di cui è a capo. Non esercita solo mansioni religiose come predicazione, matrimoni, funerali, ufficio pastorale, istruzione, ma interviene in tutte le questioni aventi a che fare con la religione o i comportamenti da seguire. Una cerimonia completa non può avere luogo senza un *minian*, ovvero un gruppo minimo di dieci uomini adulti.

IL SABATO, LA FESTIVITÀ PER ECCELLENZA

Il **calendario festivo** ebraico è **luni-solare**, nel senso che in esso l'anno solare costituisce la grande unità di tempo e tuttavia si articola secondo le evoluzioni della luna. Tutte le feste cominciano la sera del giorno precedente e continuano sino a quella successiva.
La giornata sacra per eccellenza, il **sabato**, comincia il venerdì sera con il tramonto del sole; è considerato giorno di **riposo totale** e di **completa astensione dal lavoro**. Nelle case si consuma un pasto, come rito religioso, in cui il padre benedice il vino e spezza il pane. Nelle funzioni del sabato ha un posto molto importante la lettura della *Torah*.

NETWORK

Fate una ricerca con l'aiuto dell'insegnante sulle principali festività ebraiche: la Pasqua (*Pesah*), la Pentecoste (*Shavuot*), la Festa delle Capanne (*Sukkoth*). Concludete la ricerca con una breve relazione (che può essere esposta in forma di power point) rispondendo a queste domande:

- Che origine hanno queste festività? A quali eventi o ricorrenze sono legate?
- Come vengono celebrate, quali riti e tradizioni le accompagnano?

LE ALTRE FESTIVITÀ

Il calendario ebraico è costellato da un certo numero di celebrazioni festive d'origine diversa che si sono imposte in epoche differenti della storia. Una prima categoria comprende le tre feste bibliche considerate propriamente maggiori (note anche come feste di pellegrinaggio e con in comune il tema della gioia di fronte alla presenza di Dio):

- la **Pasqua** (*Pesah*), commemorazione dell'esodo;
- la **Pentecoste** (*Shavuot*), che cade cinquanta giorni dopo la Pasqua ed è una ricorrenza legata al periodo agricolo di maturazione dei cereali e delle primizie e alla riconoscenza a Dio per il raccolto;
- la **Festa delle Capanne** (*Sukkoth*), che commemora il soggiorno nel deserto.

PAGINE DIGITALI
Le altre festività

Pasqua
Dall'ebraico *Pesah*, "passaggio", è la festa nella quale gli ebrei celebrano la liberazione dalla schiavitù in Egitto, simboleggiata dal passaggio miracoloso attraverso il Mar Rosso: vedi a p. 169. Per la Pasqua cristiana, vedi a p. 230.

CIÒ CHE È SACRO È ANCHE PURO

Derivante dall'opposizione fondamentale tra sacro e profano, nell'ebraismo è centrale quella tra **puro** e **impuro** che non ha in origine una connotazione morale (Gesù contrastò con energia l'applicazione formale delle norme, vedi a **p. 216**), ma riflette una **condizione del mondo e del divino**:

- rispettare le **"norme di purità"** (contenute nel Levitico e nel Deuteronomio) significa **rispettare le regole della natura stabilite da Dio**.

La **dimensione della sacralità** si lega così a quella della **purezza**, concetto che riguarda:

- l'alimentazione,
- i comportamenti sessuali,
- il contatto con i cadaveri.

Norme di purità
Sono le regole riportate nel libro del Levitico (11-16), che riguardavano l'alimentazione, la nascita, la vita sessuale, le malattie, la morte. Per gli ebrei "puro" è ciò che avvicina a Dio, "impuro" quello che allontana dal suo culto.

È **il sangue**, simbolo della vita (di cui Dio è creatore e unico padrone e che quindi è **sacra**), a determinare il concetto di purezza.
Il semplice contatto con ciò che è impuro rende impuri e per riconquistare la purezza occorrono **riti speciali**. Se si è impuri non si ha accesso a ciò che è puro, in particolare ai luoghi sacri.

Un ebreo, con abiti di preghiera, suona lo **shofar**, *un corno di montone.*

LEZIONE 4 I TESTI SACRI DELL'EBRAISMO

Norman Solomon @ La forma di spiritualità ebraica più caratteristica, universale e accessibile è lo studio della *Torah*. Le parole della *Torah* sono cariche di gioia come il giorno in cui vennero consegnate sul monte Sinai #regolevitali

?

La *Torah* è per gli ebrei qualcosa di vivo e vitale, che riguarda la vita di tutti i giorni o è qualcosa di astratto e avulso dalla quotidianità?
Cercate informazioni o, qualora vi sia possibile, intervistate un rabbino se nel luogo in cui risiedete ce n'è uno.

Bibbia
Dal greco *biblía*, plurale di *biblíon*, "libro".

IL *TANAKH*

Il termine ***Tanakh*** è costituito dalle iniziali dei tre grandi segmenti che formano la **Bibbia ebraica** (vedi a **p. 215** e **164**), i testi sacri dell'ebraismo:

- i cinque libri della ***Torah*** (la "Legge Mosaica"), un insieme di norme e prescrizioni morali e legali che guida il popolo al rispetto dell'Alleanza;
- i ***Nebim*** (i "Profeti"), 21 libri che raccolgono le tradizioni storiche del popolo ebraico e dei grandi profeti ebrei;
- i ***Ketubim*** (gli "Scritti"), 13 libri di vario genere, composti per insegnare al popolo la sapienza degli antichi, per offrire buoni esempi di vita e per raccogliere preghiere o canti liturgici.

PAGINE DIGITALI
Schema dell'Antico Testamento

IL *TALMUD*

Il *Talmud* ("insegnamento") è invece il *corpus* della **dottrina tradizionale religiosa e giuridica dell'ebraismo**.

Nelle edizioni del *Talmud* si possono distinguere due **componenti del testo**:

- la ***Mishnah*** (codici delle leggi religiose redatte intorno al 200);
- la ***Gemarra*** (la *summa* delle discussioni rabbiniche di epoche successive riguardo all'applicazione di queste leggi).

LA *TORAH*, L'INSEGNAMENTO DI DIO AGLI EBREI

Torah vuol dire "insegnamento", ma non si tratta di un insegnamento qualsiasi di matrice umana, bensì della **Parola di Dio data al popolo di Israele** – con la mediazione di Mosè (vedi a **p. 168**) – sotto forma di **comandamenti positivi e negativi** perché li attui nei diversi ambiti e momenti della vita privata e pubblica a vantaggio proprio e dell'umanità.
Gli ebrei abbracciano le ragioni della fede in Dio, ereditate da Abramo (vedi a **p. 166**): l'abbandono totale e fiducioso alla volontà di Dio.

IL RUOLO DELLA *TORAH*

Per capire l'anima, la natura e la struttura dell'ebraismo è necessario cogliere il **ruolo centrale esercitato dalla *Torah* all'interno della vita di Israele.**

- Ogni norma o tradizione rabbinica nasce e si forma intorno alla *Torah* e vi si innesta completamente.
- Il suo dono è il **dono per eccellenza** e nella preghiera di Israele incessantemente si esprimono gloria e riconoscenza per questo.
- Lo **studio della *Torah*** è additato dalla tradizione ebraica come strumento che permette di praticare opere buone e di misericordia verso il prossimo e di essere giusti e santi.

NETWORK

Provate a definire che cos'è un simbolo.

- In quali discipline scolastiche avete incontrato l'uso di simboli?
- Fate anche esempi tratti dalla vita quotidiana: in quali situazioni, per esempio, usiamo dei simboli? (Pensate,in modo particolare, al linguaggio dei social network).

OLTRE LA MORTE

Le rappresentazioni della vita dopo la morte furono **poco sviluppate nell'ebraismo antico**, com'è dimostrato dal fatto che per le azioni buone o cattive non era prevista una retribuzione nell'aldilà, bensì un premio o una punizione per i discendenti. Si credeva che i morti vegetassero all'interno della terra, cioè lo ***Sheol***, negli inferi.

Più tardi, probabilmente dopo l'esilio e a causa di influssi del mondo persiano, si sviluppò la credenza in una **risurrezione della carne alla fine del mondo e in un giudizio universale**.

I SIMBOLI: LA *MENORAH* E LA STELLA A SEI PUNTE

I **simboli più conosciuti** e più spesso riscontrabili della religione ebraica sono:

- il **candelabro a sette bracci** (*menorah*), rappresentato anche sull'arco di Tito nel Foro romano, in un rilievo che celebra la conquista di Gerusalemme (70 d.C.) da parte dei Romani. Il candelabro si collega direttamente a un passo biblico (Es 25, 31 sgg.) in cui si prescrive di ottenere dalla lavorazione di un unico pezzo di oro un candelabro a sette bracci, ciascuno dei quali terminante in un calice a fiore di mandorlo;
- la **stella a sei punte** (la"stella di David"), riprodotta anche sulla bandiera dello Stato di Israele. La stella di David è composta dall'**intreccio di due triangoli sovrapposti**: uno con il vertice verso l'alto, l'altro con il vertice verso il basso. Il primo triangolo rappresenterebbe l'elemento femminile e l'acqua, il secondo quello maschile e il fuoco. La loro unione rimanda quindi a una **visione dualistica della realtà**, che vede convivere in armonia i due elementi, similmente a quanto avviene allo *Yin* e allo *Yang* per le religioni estremo-orientali (vedi a **p. 51**).

I simboli della religione ebraica: il candelabro a sette bracci (**menorah**) *e la* **stella a sei punte**, *la cosiddetta "stella di David".*

LEZIONE 5 LA QUESTIONE EBRAICA

Norman Solomon @ Sorprendentemente quella dell'identità ebraica è una questione nuova e riguarda i "non-ebrei". Essi si vedono invece come il popolo scelto da Dio, una nazione esiliata dalla propria Terra #identitàsociale

È importante per tutti avere una propria identità?
In quale modo l'identità di ciascuno si integra con le caratteristiche della società in cui vive?

UN POPOLO DISPERSO NEL MONDO

In seguito alla **diaspora**, gli Ebrei **si diffusero in Asia, in Europa e in America**. Dal 70 d.C. fino al 1948 la storia degli ebrei è quella di **un popolo che è unito** dalla stessa fede, dalla stessa Legge e dallo stesso culto, **ma senza una patria**.
L'idea del **ritorno nella terra dei padri** ha percorso tutta la storia degli Ebrei e affonda le sue radici nella Bibbia, fin dal periodo della deportazione babilonese (vedi a p. 172). Si rafforzò poi con la distruzione del Tempio nel 70 d.C. e si consolidò con la diaspora. Da secoli, tradizionalmente, gli Ebrei si salutano durante la festa di *Pesah* con l'augurio: «*L'anno prossimo a Gerusalemme*».

Diaspora
Dal greco *diaspéirein*, "disseminare", il termine indica il disperdersi delle comunità ebraiche fuori da Israele dalla conquista babilonese in poi.

ARTE E STORIA
La questione palestinese

Disegno di commemorazione del Congresso sionista di Basilea (1902) raffigurante un angelo che mostra a un vecchio ebreo, simbolo della diaspora, la **visione della terra di Israele**.

Il promotore del movimento sionista, **Theodor Herzl**.

Alcuni **coloni** *del kibbutz Ein Harod nella piana di Yzere'el, a cavallo, accolgono i nuovi arrivati dalla Germania nella vicina stazione ferroviaria, febbraio 1934.*

IL SIONISMO

Con il movimento sionista, l'**idea religiosa del "ritorno"** assunse anche un **significato politico**. Il promotore del movimento sionista (o sionismo) fu il giornalista ebreo-ungherese **Theodor Herzl** (1860-1904). A Parigi, dove viveva, comprese la portata del clima di **antisemitismo** che travolgeva in quegli anni la Francia e avvertì la necessità di dare alla **questione ebraica** una soluzione di carattere **politico e nazionale**.

Nel 1917 il governo britannico concesse di creare in Palestina – allora protettorato britannico – un "**focolare nazionale**" per il popolo ebraico: fu quella la base per la **nascita dello Stato d'Israele nel 1948**.

GLI EBREI OGGI

Attualmente gli Ebrei nel mondo sono **13,8 milioni**, distribuiti in 112 Paesi; **6 milioni** vivono in **Israele**.

Del milione e mezzo di Ebrei che vivono in Europa, circa 500 000 si trovano in Francia e quasi 300 000 in Gran Bretagna.

La più grande comunità al mondo, dopo quella in Israele, è negli Stati Uniti (5,5 milioni).

NETWORK

Il termine "ebreo" è piuttosto complesso. Con esso non si intende semplicemente un gruppo etnico o una religione.

Con l'aiuto degli insegnanti di religione e di storia, cercate di ricostruire la questione dell'identità ebraica, rispondendo alle seguenti domande:

- Nel Medioevo l'identità ebraica costituiva un problema?
- A partire da quale momento e con quali motivazioni gli ebrei incominciarono a essere confinati nei ghetti?
- Con l'aiuto dell'insegnante di arte cercate in quale modo e con quali caratteristiche venivano rappresentati gli Ebrei nell'iconografia anteriore e posteriore al XII secolo.

LEZIONE 6

UN POPOLO A LUNGO PERSEGUITATO

Norman Solomon @ L'antisemitismo ha avuto un duplice effetto sull'identità ebraica: primo il rifiuto da parte del mondo esterno ha portato a una sua riaffermazione; secondo ha indotto gli Ebrei a cancellare la propria identità mischiandosi con la cultura circostante #reazioneall'isolamento

? # Perché, a vostro giudizio, quando qualcuno è "preso di mira", isolato, perseguitato può reagire in due modi così antitetici?

L'ANTISEMITISMO NELL'ETÀ MODERNA E CONTEMPORANEA

Durante il XVII e il XVIII secolo, nonostante varie teorizzazioni sulla tolleranza (tra il 1689 e il 1705 il filosofo inglese John Locke scrisse la *Lettera sulla tolleranza* e nel 1763 il filosofo francese Voltaire il *Trattato sulla tolleranza*), perdurò un **clima culturale ostile e carico di pregiudizi** nei confronti degli Ebrei, ritenuti colpevoli di "deicidio", in quanto avevano crocifisso il Figlio di Dio.

L'ostilità proseguì nel secolo successivo sia nell'Europa occidentale sia in quella orientale. Qui le comunità ebraiche situate in territorio zarista furono colpite da **vessazioni violente e massacri**, i ***pogrom*** (particolarmente grave fu la strage di Odessa del 1905).

In Occidente, invece, si scatenò la folle **violenza nazista** che mise in atto lo sterminio sistematico e feroce di tutti coloro che erano ritenuti di "razza inferiore", tra cui gli Ebrei.

Pogrom
In russo "distruzione", designa i massacri delle minoranze ebraiche avvenuti nella Russia zarista tra il XIX e il XX secolo.

Razza ariana
Ariano deriva dal sanscrito *ariya*, "nobile signore". Secondo una teoria ormai confutata (dal punto di vista scientifico le razze non esistono) è la razza delle popolazioni iraniche e indiane di origine indoeuropea. I nazisti considerarono indebitamente ariane tutte le popolazioni di lingua indoeuropea e quindi i tedeschi, giudicati "razza" superiore rispetto alle altre.

LA TEORIZZAZIONE DELL'ANTISEMITISMO

La polizia segreta zarista stilò nei primi anni del Novecento un testo antisemita, il *Protocollo dei saggi di Sion*, che è alla base della **teoria della congiura ebraica mondiale**, sfruttato in seguito con nefandezza dai nazisti.

Nel 1853, in Francia, il diplomatico Joseph Arthur de Gobineau nel *Saggio sull'ineguaglianza delle razze umane* aveva posto la base per la teorizzazione della superiorità della **razza ariana**. Fu proprio a partire dalla convinzione di questa presunta superiorità che Hitler e il nazismo perseguirono la distruzione della razza ebraica, inquinatrice della purezza ariana e occulta dominatrice della scena mondiale.

LA "SOLUZIONE FINALE"

Il feroce antisemitismo razzista dei nazisti culminò con le *Leggi di Norimberga* (1935) che escludevano i non ariani dalla cittadinanza tedesca e quindi nella **soluzione finale della questione ebraica con lo sterminio di tutti gli Ebrei**. Per raggiungere il loro scopo i nazisti, a partire dalla fine degli anni Trenta del Novecento,

deportarono e imprigionarono milioni di Ebrei e li inviarono ai campi di sterminio (il più famigerato dei quali fu ad Auschwitz) per essere uccisi nelle camere a gas. In questo modo morirono oltre sei milioni di Ebrei europei in quello che è considerato il più feroce genocidio della storia europea, la ***Shoah***.

Shoah
Termine ebraico (usato nella Bibbia col significato di "tempesta devastante") col quale si indica lo sterminio del popolo ebraico durante il Secondo conflitto mondiale.

L'ANTISEMITISMO IN ITALIA

Anche in **Italia**, nel 1938, furono introdotte le **Leggi razziali** che, tra l'altro, vietavano agli Ebrei di ricoprire funzioni amministrative negli enti pubblici, di esercitare la professione di insegnante e di contrarre matrimonio con ariani.
Durante la Seconda guerra mondiale anche nel nostro Paese furono allestiti alcuni campi di concentramento dove vennero rinchiusi gli Ebrei italiani prima di essere inviati ai campi di sterminio nazisti. Furono così deportati oltre 30 000 Ebrei italiani, la maggior parte dei quali perse la vita.

La prima pagina del **"Corriere della Sera"** *del novembre del 1938.*

CORRIERE DELLA SERA

Le leggi per la difesa della razza

approvate dal Consiglio dei ministri

I matrimoni misti sono proibiti - La definizione di «ebreo», le discriminazioni e l'annotazione allo Stato Civile - L'esclusione dagli impieghi statali, parastatali e di interesse pubblico - Le norme concernenti le scuole elementari e medie e gli insegnanti

Gli enti e le aziende

Gli accordi italo-inglesi

NETWORK

Il 5 settembre 1938 vennero emanati i "Provvedimenti per la difesa della razza nella scuola fascista". All'articolo 2 prevedevano che *«Alle scuole di qualsiasi ordine e grado, ai cui studi sia riconosciuto effetto legale, non potranno essere iscritti alunni di razza ebraica»*.

- In pratica, che cosa comportava questa norma per gli Ebrei? Fatevi aiutare dall'insegnante di storia.
- Quali riflessioni vi porta a fare il fatto che questa norma sia stata per alcuni anni una legge delle Stato italiano?
- Sapete che cos'è il Giorno della Memoria, quando cade e che cosa commemora?

LEZIONE 7

L'ISLAM, LA SOTTOMISSIONE A DIO

Khaled Fouad Allam @ L'islam non è solo un complesso di norme, riti e credenze, ma è una realtà onnicomprensiva #religioneecultura

? # In una società multietnica come quella in cui viviamo, la presenza dei musulmani è molto diffusa: sapreste fare qualche esempio di consuetudine tipicamente islamica (riguardante l'abbigliamento, l'alimentazione, le festività ecc.) che si differenzia dalle usanze occidentali?

VIDEO
- Musulmani nel mondo
- Musulmani in Italia

UNA RELIGIONE MONOTEISTA

L'islam appartiene, insieme con l'ebraismo e il cristianesimo, al gruppo delle **religioni monoteiste**, che professano cioè la **fede in un Dio unico**, chiamato **Allah**. [vedi DOC 3]

- Islam (che letteralmente significa "**sottomissione a Dio**") è la denominazione scelta da **Muhammad** (più noto in Occidente come Maometto) per la religione da lui fondata. Indica il sistema di credenze e di riti basati principalmente sul **Corano**, che è il **libro sacro** di questa religione [vedi a p. 39].
- Gli aderenti a questa religione si chiamano **musulmani**. Oggi i musulmani nel mondo sono circa un miliardo e seicentomila.

Il momento della preghiera all'interno della **moschea Suleymaniye**, *Istanbul.*

RELIGIONE E COMUNITÀ

L'islam è al tempo stesso **religione e comunità temporale**, una comunità che riunisce da un lato i **rapporti del credente con Dio**, dall'altro i **rapporti dei credenti tra loro**.

- Il termine per indicare questo concetto di popolo e nazione, di "coloro che vogliono vivere insieme" è ***umma*** (letteralmente "comunità").
- **La realizzazione della *umma* è la finalità globale per i credenti**. L'appartenenza alla *umma* è la fonte di quella fierezza musulmana così tipica in tutto il mondo, più collettiva che personale. Qualunque sia la gerarchia sociale del Paese in cui vive, il musulmano non dimentica che «*tutti i credenti musulmani sono fratelli*» (Corano, *sura* 3,110).

CARTA INTERATTIVA

PAGINE DIGITALI
Le diverse correnti dell'islam

LA NASCITA DELL'ISLAM: IL PROFETA MUHAMMAD

Muhammad ("colui che è lodato") nacque verso il 570 d.C. alla Mecca. Grazie a una serie di visioni avute in una grotta della sua città natale, in cui, secondo la tradizione, gli si presentò l'arcangelo Gabriele, egli si convinse di essere stato eletto come **profeta** (vedi a **p. 13**), per **annunciare l'unicità di Allah**, in un mondo ancora politeista, in cui vigevano i culti più svariati.

L'opposizione della maggior parte dei cittadini della Mecca nei suoi confronti fu così forte che decise di **lasciare la città natale** e di **trasferirsi a Yathrib**, l'attuale Medina (che significa appunto "città del Profeta").

Questo trasferimento (***egira***) ebbe luogo il 15-16 luglio del **622** d.C. e costituisce **l'inizio del computo cronologico islamico.**

A Medina, Muhammad divenne in breve tempo il più eminente **uomo politico e capo militare** della città. Nel 630 conquistò la Mecca con il suo esercito: seppe sfruttare la vittoria alternando severità e mitezza e diventò il capo supremo di uno **stato teocratico**, cui aderirono, in numero sempre crescente, altre tribù arabe. Morì nel 632.

L'**espansione dell'islam** continuò dopo la morte del Profeta in Asia, in Africa e in parte dell'Europa.

NETWORK

Fate una ricerca e provate a ricostruire la diffusione dell'islam dalle origini ai giorni nostri. Fate poi una breve relazione rispondendo alle seguenti domande:

- In quali aree del Pianeta l'islam è più diffuso e in quali meno?
- Quali sono le ragioni della maggiore presenza dell'islam in alcune zone del mondo?

Stato teocratico
Dal greco *theós*, "dio", e *krátos*, "potere". In uno stato teocratico l'autorità politica è interpretata come emanante da Dio.

Fedele musulmano in preghiera nel deserto, rivolto verso la città santa della **Mecca**.

LEZIONE 8 LE CREDENZE PRINCIPALI

Khaled Fouad Allam @ "Le frontiere simboliche" impediscono i processi di integrazione. Le frontiere simboliche non sono visibili a occhio nudo, ma si possono leggere, ascoltare. Queste frontiere tra le lingue e tra le culture possono condurre alla crisi del processo di costruzione democratica europea, a catastrofi come quella delle Twin Towers e alla crescita del terrorismo islamico #integrazionedemocratica

?

Che cosa sapete dell'episodio delle Twin Towers, quando è successo e quali conseguenze ha avuto? Siete al corrente di episodi analoghi?
Che cosa possono essere le frontiere simboliche a cui lo studioso allude?

I SEI ARTICOLI DELLA FEDE MUSULMANA

Muhammad insegnò che gli articoli della fede islamica sono sei:

1. **credere in Allah**, uno, unico, creatore del mondo e dell'uomo;
2. **credere nell'esistenza degli angeli di Allah**, ma senza alcun titolo per ricevere culto e senza il potere di fare grazie;
3. **credere nell'origine divina dei libri indicati nel Corano** come provenienti da Allah (i fogli di Abramo, la *Torah*, i Salmi, il Vangelo e il Corano) di cui tuttavia solamente il Corano contiene il testo integrale, incontaminato da manipolazione umana, della parola di Allah;
4. **credere nella missione apostolico-profetica affidata a Muhammad**, avente come destinatari tutti gli uomini, e nei messaggeri di Allah inviati prima di lui;
5. **credere nell'esistenza di una vita futura**, nella quale, dopo il giorno del giudizio, ogni uomo, a seconda di come si è comportato nella vita terrena, sarà introdotto nel luogo dell'eterna beatitudine o in quello dell'eterno tormento;
6. **credere nella provenienza divina** sia del bene sia del male, poiché tutto ha origine dalla volontà di Allah.

Un **muezzin** *sul minareto della moschea Shah-i-Mardan in Afghanistan chiama i fedeli alla preghiera.*

I CINQUE PILASTRI DELL'ISLAM

L'islam ha manifestato nei secoli un'attenzione maggiore alla **ritualità** rispetto alla riflessione astratta: per questo nel mondo islamico è più diffusa la pratica religiosa che non la speculazione teorica. **L'islam, secondo il Corano, si fonda su cinque pilastri.**

LA *JIHAD*

Uno dei concetti che vengono frequentemente associati all'islam è quello di "guerra santa". La parola *jiad* che noi traduciamo come "guerra santa" in realtà significa "sforzo" e l'islam stesso ne dà diverse interpretazioni:

- una è quella di **grande *jihad*,** o combattimento che ciascuno deve condurre contro se stesso, per essere un fedele il più possibile aderente alla volontà di Allah;
- l'altra (**piccola *jihad***) è quella che riguarda l'impegno di diffondere la parola di Allah, ricorrendo, se necessario, alle armi, qualora vi sia resistenza alla conversione.

Le derive terroristiche, che nascono da un'interpretazione fondamentalista dell'obbligo previsto dal Corano di diffondere la fede in Allah, sono purtroppo molto diffuse.

VIDEO
Islam, la via della conoscenza reciproca

I cinque pilastri della saggezza

1 La testimonianza (*Shahadah*)

La testimonianza, o **professione di fede**, è l'impegno di non avere come padrone altri che Allah e di non prendere, come maestro di vita, altri che il profeta Muhammad.

2 La preghiera (*Salah*)

Le **preghiere quotidiane** sono **cinque** (all'alba, a mezzogiorno, al pomeriggio, al tramonto e di notte) e il musulmano le deve eseguire in condizioni di **purezza rituale**, vestito in maniera appropriata e **rivolto in direzione della Mecca**.
Il **venerdì** si chiama "**giorno della congregazione**" durante il quale si svolge, a mezzogiorno, la **preghiera congregazionale della comunità dei credenti** che vivono in una località. **La chiamata alla preghiera** viene fatta a voce da **colui che chiama alla preghiera** (***al-muezzin***) dall'alto del minareto, una torre elevata che affianca la moschea.

3 L'imposta coranica (*Zakkat*)

Il denaro, l'oro e l'argento, le merci, i prodotti agricoli e le proprietà in generale producono a carico del loro proprietario un **debito d'imposta coranica pari al 2,50% del loro valore. I destinatari** dell'imposta, **indicati nel Corano**, sono: i poveri, i bisognosi, gli esattori dell'imposta, i convertiti all'islam che a causa della loro conversione abbiano subito perdite patrimoniali, i prigionieri, i debitori e i viandanti.

4 Il digiuno di Ramadan (*Sawn*)

Nel **mese** di ***Ramadan***, il nono mese dell'anno lunare (vedi a **p. 39**), in tutti i giorni che lo formano (29 o 30) i musulmani devono **astenersi da cibo, bevande, rapporti coniugali** e dall'introdurre nel corpo qualsiasi sostanza, nell'arco del tempo che va **dalla preghiera dell'alba a quella del tramonto**.
Il precetto del digiuno rappresenta una **modalità di ricordo di Dio**: il distogliere il corpo e la mente dalle cose significa rivolgerle a Dio: il "ricordo di sé" spegne il "ricordo di Dio". Il digiuno coltiva, inoltre, la virtù dell'uomo, la pazienza, lo spirito di sopportazione.

5 Il pellegrinaggio (*Hajj*)

Il **pellegrinaggio alla Mecca** dev'essere compiuto **almeno una volta nella vita** da ogni musulmano che ne abbia la possibilità. È da farsi secondo le determinate norme rituali e in uno speciale momento dell'anno (negli ultimi tre mesi dell'anno lunare).
Il pellegrinaggio **simboleggia l'unità della comunità islamica e del genere umano.**

Poiché «tutta la terra è una moschea», **un fedele** *può pregare all'ora giusta in qualunque luogo si trovi, purché sia puro. Per simboleggiare il distacco dal mondo, i musulmani normalmente utilizzano un tappeto che spesso è bordato con frasi coraniche.*

LEZIONE 9

ALLAH E IL MONDO DEGLI UOMINI

Khaled Fouad Allam @ **I musulmani conoscono perfettamente l'Occidente, mentre l'Occidente conosce pochissimo e male l'islam** #conoscenzareciproca

?

È importante una conoscenza approfondita delle religioni diverse da quella tradizionale del proprio Paese?
Quali vantaggi possono derivare all'Occidente da una migliore comprensione dell'islam?

I PROFETI E I MESSAGGERI

ARTE E STORIA
La moschea degli Omayyadi a Damasco

Gli incaricati di portare al mondo il messaggio celeste si chiamano con due nomi: *nabi* (profeti) e *rasul* (messaggero):

- il ***nabi*** ha portato un messaggio, ma non un libro;
- il ***rasul***, invece, ha portato il messaggio accompagnato da un libro celeste.

Il **profeta**, per l'islam, è colui che ricorda alla gente le verità eterne e **Muhammad è l'inviato per eccellenza**, incaricato di portare il messaggio divino.
Vengono riconosciuti come **profeti** congiuntamente ai profeti nell'Antico Testamento (vedi a p. 171) **Abramo**, **Mosè** e **Davide**. Anche **Gesù** è considerato un profeta: egli è il Messia, cioè "unto", inviato agli ebrei, ma non il Salvatore, perché per i musulmani solo Dio salva; è generato da Maria vergine e dall'intervento miracoloso di Dio, ma non è il Figlio di Dio. Pur essendo un personaggio fondamentale, Gesù è considerato solo un inviato a un popolo con la rivelazione e la Legge.

La **formula** «In nome di Dio misericordioso e clemente» *apre tutte le 114* sure *del Corano, tranne la nona.*

PERSONE CON COMPITI PARTICOLARI

L'islam non possiede una gerarchia di persone sacre.

- **La celebrazione del servizio divino è affidata a un membro della comunità**, considerato idoneo per la sua saggezza, oppure a un ***imam*** (modello o capo) designato dalla comunità. È usanza che celebri matrimoni e sepolture, diriga la comunità locale, ricordi la legge e i costumi islamici (*sharia*).
- I conoscitori del Corano e della legge islamica si chiamano ***ulema*** e, sebbene non formino un vero e proprio stato ecclesiastico, esercitano una grande influenza, soprattutto politica.

UN CALENDARIO RICCO DI FESTIVITÀ

Il calendario religioso islamico comprende **diversi giorni festivi e celebrazioni**, nell'osservanza di precise indicazioni presenti nel Corano o per commemorare alcuni episodi della vita di Muhammad, dei suoi compagni e dei profeti più importanti.
Il calendario islamico è **lunare** e ogni festa musulmana non si svolge sempre in date precise.
Due feste hanno una riconosciuta superiorità ufficiale e sono considerate di precetto: quella di *'Id al-adha* (la festa del sacrificio) e quella di *'Id al-fitr* (la festa dell'interruzione del digiuno).

PAGINE DIGITALI
Le feste di *'Id al-adha* e di *'Id al-fitr*

IL TESTO SACRO DELL'ISLAM: IL CORANO

Il **testo sacro** dell'islam è il **Corano**, un'opera redatta in **prosa rimata** araba, divisa in **114 capitoli** (***sure***), ordinati in modo che dopo una breve *sura* iniziale [vedi DOC 6] i singoli pezzi si succedono in ordine decrescente secondo la loro lunghezza.
Il Corano (che significa "lettura") contiene le **rivelazioni ricevute dal Profeta direttamente da Dio** per mezzo dell'arcangelo Gabriele.
Il contenuto del Corano è comunque assai vario. Accanto alle lodi a Dio, dettate da un profondo sentimento religioso, e alle vivaci descrizioni della sua unicità, grandezza e misericordia, ci sono impressionanti rappresentazioni del Giudizio Universale, delle bellezze del Paradiso e dei tormenti infernali.
Grande spazio occupano le **disposizioni sul culto**, sulla vita sociale e osservazioni su vicende che riguardano il Profeta stesso.

VIDEO
- *Ramadan* a Gerusalemme
- Il dì di festa: venerdì

LE *HADITH* INTEGRANO IL CORANO

Poiché il Corano era incompleto come manuale di legge religiosa e civile, per soddisfare tutte le esigenze legate al cambiare dei tempi e a un numero sempre più elevato di aderenti alla religione islamica, si ricorse all'**autorevole tradizione**, alla ***sunna*** ("norma"), come **legge per la vita culturale e sociale**. Questi resoconti sulle parole e azioni del Profeta e dei suoi primi discepoli, che rappresentano il modello e la guida per il pensiero e l'opera di tutti i musulmani, sono chiamati *hadith*.
Si presentano in una serie di raccolte. Anche se molte delle parole attribuite al Profeta non possono certo risalire a lui, esse sono tuttavia caratteristiche e preziose come espressione del genuino sentimento musulmano.

Una fedele musulmana attende il momento per interrompere il digiuno durante il **Ramadan**.

EDIFICI SACRI E CALENDARI

VISITA DIDATTICA INTERATTIVA
La sinagoga

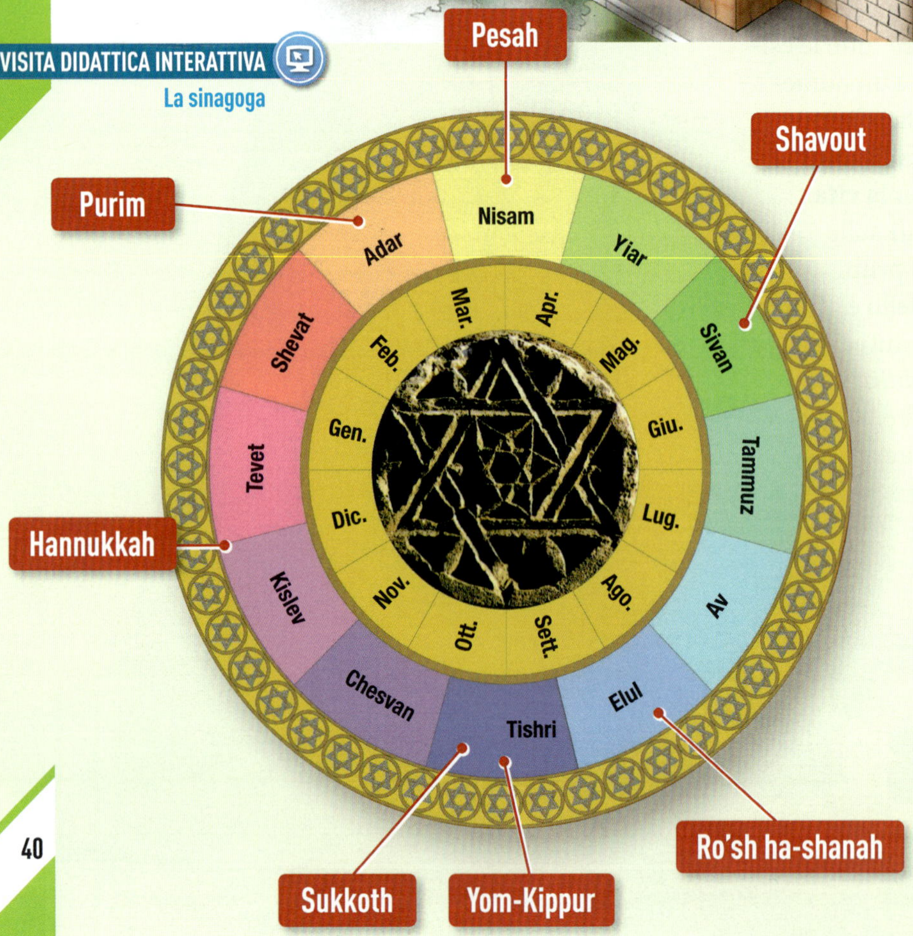

LA SINAGOGA, LUOGO DI STUDIO E DI PREGHIERA

Nelle sinagoghe non si trovano quadri o statue (non ci sono cioè immagini o icone, caratteristica che viene definita "aniconismo"), in osservanza al Comandamento che vieta le immagini, considerate possibile oggetto di idolatria. Nella parte centrale si trova il ***Tevah*** (baldacchino), sulla cui piattaforma si svolgono i riti e dove si trova l'***Almemar*** (leggìo). Davanti all'armadio, sopra il baldacchino, pende il ***Ner Tamid***, una lampada perpetua che rievoca simbolicamente la funzione dell'antica lampada che ardeva perennemente nel Santuario e che rappresenta la luce spirituale della *Torah*.
L'***Hanukkah*** (candelabro a nove bracci), che durante la festa delle Luci resta acceso per otto giorni, commemora la profanazione del Tempio del 167 a.C.
Alcune sinagoghe conservano **i matronei**, i posti separati riservati alle donne (ancora utilizzati nell'ebraismo ultraortodosso), e i seggi d'onore riservati agli anziani.

LA MOSCHEA, LUOGO DELLA PREGHIERA E CENTRO SOCIALE E POLITICO

La moschea è l'edificio in cui si svolgono le **pratiche religiose dell'islam e specialmente la preghiera congregazionale**. Fu lo stesso Profeta a fondare la prima moschea a Medina (nei primi tempi dell'espansione islamica). La pianta schematica di una moschea è composta di un grande cortile di forma rettangolare in cui, al centro, sorge una fontana, destinata alle abluzioni dei fedeli. Intorno al cortile corre un porticato semplice o multiplo, coperto con un tetto o con una caratteristica serie di cupolette. Ogni moschea, poi, ha uno o più minareti. Dalla sua primitiva forma, ben presto la moschea, oltre a essere sede di attività religiosa, diventò anche **centro di vita sociale, politica e militare** della comunità musulmana. In tempi successivi la moschea ha assunto la forma di una grande sala delle preghiere, ricoperta a tetto, a volta, a cupola e, qualche volta, con muro esterno di recinzione fortificato per la difesa dei fedeli, in caso di attacco nemico. L'interno è decorato da arabeschi, poiché l'arte islamica è aniconica.

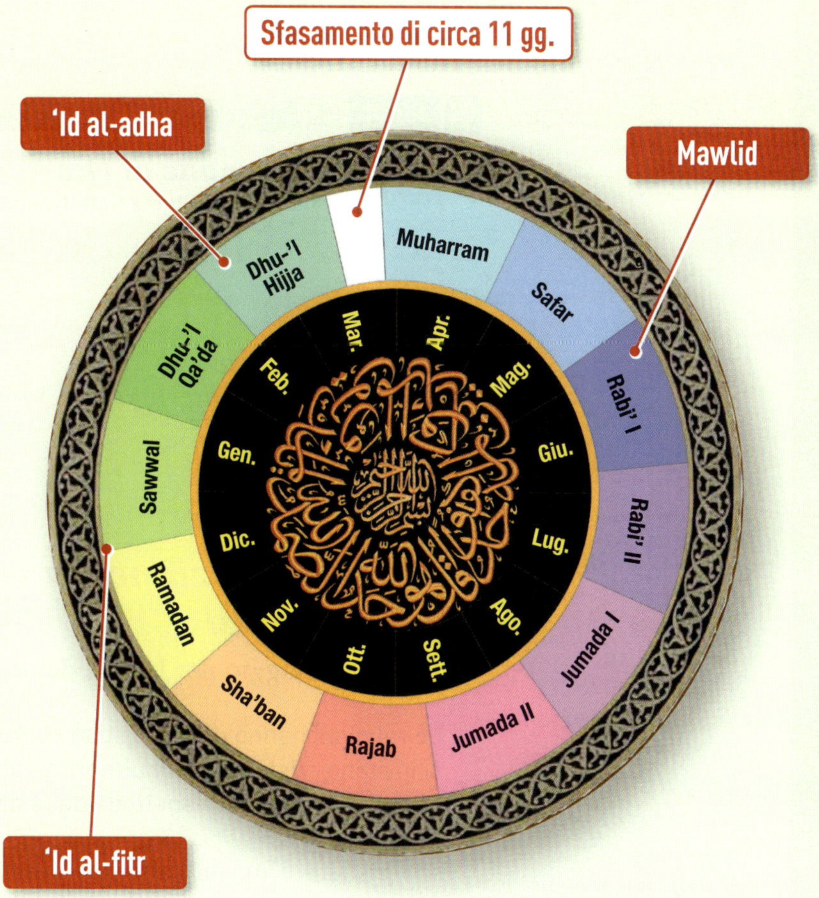

VISITA DIDATTICA INTERATTIVA
La moschea

LA PAROLA

DOC 1 dal Catechismo della Chiesa Cattolica

La ricerca comune di Dio

Fonte: **Catechismo della Chiesa Cattolica,** *nn. 842-843*

DOC 2 dal magistero

Una sola comunità

Fonte: Concilio Ecumenico Vaticano II, **Nostra Aetate,** *nn. 1-5*

DOC 3 dal Pontificio Consiglio per il Dialogo Interreligioso

La collaborazione tra cristiani e musulmani

Fonte: **Messaggio per la fine del** ***Ramadan, 19 settembre 2008***

Le religioni hanno dei compiti in comune. Per esempio, nel brano seguente si invitano cristiani e musulmani a salvaguardare la famiglia, base di ogni società tollerante e rispettosa delle diverse identità di cui si compone.

Papa Francesco, Shimon Peres e Abu Mazen: riuniti in Vaticano in occasione della **preghiera per la pace** *in Medio Oriente.*

Cristiani e musulmani, noi possiamo e noi dobbiamo operare congiuntamente alla salvaguardia della dignità della famiglia, oggi e domani. [...] Cristiani e musulmani non devono esitare a impegnarsi non solamente per venire in aiuto alle famiglie in difficoltà ma anche per collaborare con tutti coloro che hanno a cuore il favorire la stabilità dell'istituzione familiare e l'esercizio della responsabilità parentale, in particolare nel campo dell'educazione. Non è superfluo ricordare qui che la famiglia è la prima scuola dove si apprende il rispetto dell'altro, nella sua identità e nella sua differenza. Il dialogo interreligioso e l'esercizio della cittadinanza non possono dunque che beneficiarne.

COMPRENDERE E INTERPRETARE

- Perché la famiglia deve essere sostenuta sia dai cristiani sia dai musulmani?
- In quale modo la salvaguardia della famiglia può aiutare il dialogo interreligioso?

LETTURE INTERDISCIPLINARI

DOC 4 RELIGIONI A CONFRONTO

Shemà Israel

***Fonte: Bibbia,* Dt 6,4-9**

Gli ebrei recitano lo *Shemà Israel*, la professione di fede, due volte al giorno, nella preghiera del mattino e in quella della sera, e, privatamente, prima di andare a dormire. La prima parte, che riportiamo, è tratta dal *Deuteronomio* (6,4-9) e afferma l'unicità di Dio e l'impegno ad amarlo totalmente, l'obbligo di ripetere lo *Shemà* più volte al giorno e di insegnare la *Torah* ai propri figli.

Ascolta, Israele: il Signore è il nostro Dio, il Signore è uno solo.
Tu amerai il Signore tuo Dio con tutto il cuore, con tutta l'anima e con tutte le forze. Questi precetti che oggi ti do, ti stiano fissi nel cuore; li ripeterai ai tuoi figli, ne parlerai quando sarai seduto in casa tua, quando camminerai per via, quando ti coricherai e quando ti alzerai. Te li legherai alla mano come un segno, ti saranno come un pendaglio tra gli occhi e li scriverai sugli stipiti della tua casa e sulle tue porte.

COMPRENDERE E INTERPRETARE

- A quale pratica fa riferimento la professione di fede degli ebrei quando dice, riguardo ai precetti, *«Te li legherai alla mano come un segno»* e *«li scriverai sugli stipiti della tua casa e sulle tue porte»*?
- Sotto la guida dell'insegnante, fate una ricerca sullo *Shemà* per capire l'origine di questi precetti.

DOC 5 religioni a confronto

Io credo

***Fonte: Mosè Maimonide,* I 13 principi della fede ebraica**

DOC 6 religioni a confronto

In nome di Allah

Fonte:* Corano, *sura I

DOC 7 il pensiero storico

La religione nasce con l'uomo

***Fonte: Émile Poulat,* Lo statuto variabile e contestato della religione**

*Ebreo in preghiera con il classico scialle (**tallit**) mentre recita il primo versetto dello* Shemà.

VERIFICA DELLE CONOSCENZE

VERO O FALSO?

- V F Solo l'uomo, tra tutte le specie animali, percepisce il senso del sacro
- V F Il giorno sacro dell'ebraismo è il sabato
- V F Il gesto di dipingere e adornare le pareti delle grotte dimostra la sensibilità religiosa dell'uomo
- V F Il luogo sacro in cui pregano gli ebrei è la moschea
- V F Le principali forme religiose dell'antichità furono politeiste
- V F Nell'ebraismo l'atto cultuale della preghiera non è importante
- V F Allah si manifesta agli uomini attraverso profeti e messaggeri
- V F Tutti i monoteismi, da un punto di vista storico, nacquero in opposizione ai politeismi
- V F Nell'islam il concetto di comunità è fondamentale
- V F Nei tre monoteismi Dio si rivela all'uomo
- V F La diffusione dell'agricoltura nel neolitico influenzò le credenze religiose
- V F Il concetto di puro e impuro è tipico del cristianesimo
- V F Il sionismo è un movimento politico-religioso nato in seno all'islam
- V F L'islam non riconosce il profetismo
- V F L'opposizione di puro e impuro nell'ebraismo richiama quella tra sacro e profano
- V F Il fatto che l'uomo primitivo abbia incominciato a seppellire i morti dimostra la necessità di separare lo spazio dei vivi da quello dei morti
- V F Il Dio unico dei tre monoteismi è onnisciente, immortale, immanente
- V F Il Dio unico dei tre monoteismi è rivelato, mortale, trascendente
- V F Il venerdì è il giorno sacro dei tre monoteismi
- V F L'islam non ha un giorno sacro
- V F La figura dell'*imam* è propria dell'ebraismo
- V F La religione del popolo ebraico si basa sul concetto di comunità
- V F L'aniconismo è l'assenza di immagini che rappresentano divinità nei luoghi sacri
- V F All'interno dell'islam non esistono correnti

BLOG IN CLASSE

LA RELIGIONE, UNA PARTE INTEGRANTE DELLA CULTURA UMANA

Le credenze religiose agiscono sulle nostre abitudini e sulla nostra quotidianità

Le parole lette all'inizio di ogni *Lezione*, insieme a quello che avete studiato, dovrebbero avervi portato a riflettere e discutere su:

#uomoreligioso
#naturadell'ebraismo
#festivitàenatura
#regolevitali
#identitàsociale
#reazioneall'isolamento
#religioneecultura
#integrazionedemocratica
#conoscenzareciproca

Rispondete alle seguenti domande.

- Esiste o è esistita una civiltà senza una forma di religione?
- Perché, secondo voi?
- Quale relazione esiste tra religione e cultura di un popolo?
- È importante essere informati sulla religione di un popolo ai fini di una migliore conoscenza?
- Quale relazione c'è tra conoscenza reciproca e integrazione sociale?

Fissate la vostra sintesi attraverso dei **concetti-chiave**, da esplicitare in una PRESENTAZIONE IN POWER POINT diretta agli studenti che hanno deciso di iscriversi nella vostra scuola per il prossimo anno scolastico. A ogni concetto associate una o più **immagini**, preferibilmente tratte dalla quotidianità (pensate a quante persone di religioni diverse convivono nella nostra società), in modo da rappresentare il legame tra **religione** e **cultura**.

UNA MAPPA PER TUTTI

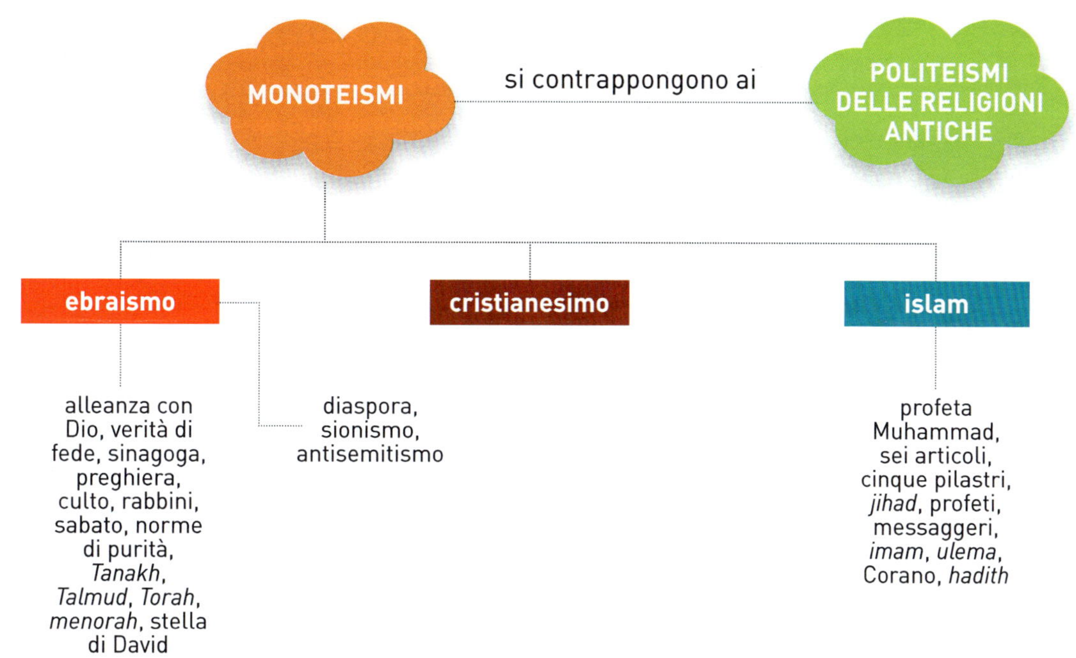

DIDATTICA INCLUSIVA

IL PERCORSO IN BREVE

Abbiamo imparato:

- quali sono le più antiche forme di religiosità;
- come e perché si passò dal politeismo al monoteismo;
- quando e come nacque l'ebraismo;
- quali sono le principali caratteristiche dell'ebraismo;
- come si struttura la vita religiosa degli ebrei (preghiera, culto, compiti, sabato e altre festività, norme di purità);
- quali sono i testi sacri e i simboli dell'ebraismo;
- che cos'è la questione ebraica;
- che cos'è l'antisemitismo;
- quando e come nacque l'islam;
- quali sono le principali caratteristiche dell'islam;
- quali sono le credenze principali dell'islam (i sei articoli, i cinque pilastri, la *jihad*);
- come si struttura la vita religiosa dei musulmani (persone con compiti particolari, festività);
- qual è il testo sacro dell'islam e quali i testi che lo integrano.

Dossier

Le religioni oggi

L'induismo

Le caratteristiche fondamentali

Induismo è il nome dato dagli arabi alle credenze e alle pratiche religiose diffuse nella regione dell'Indo.
Sviluppatosi dal 1800-1500 a.C. **senza un vero fondatore,** l'induismo si è evoluto interagendo e adattandosi rispetto ad altri culti, poi assimilati nel patrimonio indù. Tali processi hanno originato un'enorme varietà di dottrine e pratiche religiose, ma la caratteristica dell'induismo è **ritenersi indù** non perché si crede in una verità specifica, ma **perché si vive in seno alla cultura e alla società indiana**. La grande maggioranza degli Indiani si considera indù: oggi l'induismo è praticato da più di 870 milioni di persone in India e nel resto del mondo.

Statua del dio **Ganesh**, *figlio di Shiva.*

Le divinità principali

L'induismo è contemporaneamente una religione **monolatrica**, **panteista** e **politeista**.
La **monolatria** (vedi a **p. 15**) è sottolineata dalla definizione dell'Assoluto (*Brahman*) come principio unico, inconoscibile, misterioso, trascendente: *Brahman* è in ogni luogo e in ogni cosa. *Brahman* è il Signore che crea, conserva, distrugge il mondo con la sua potenza (*Sakti*).
Anche l'uomo ha dentro di sé l'assoluto, infatti l'uomo è *atman* (anima) cioè contiene in sé un principio divino.
Il **panteismo è diffuso** (vedi a **p. 15**) poiché **ogni aspetto della natura e del cosmo è pervaso della presenza divina**.
Infine, le potenze soprannaturali oggetto di culto sono numerosissime: per questo possiamo parlare di **politeismo** (vedi a **p. 15**). Sono ritenuti sacri la Madre Terra, certe montagne, i fiumi, piante e animali, soprattutto la vacca che nessuno può uccidere.
Al vertice del *pantheon* vi sono le **tre divinità principali**: Brahma, Vishnu, Shiva che sono spesso riunite in una triade (*Trimurti*). **Brahma** simboleggia **la creazione**, **Vishnu la conservazione**, **Shiva la distruzione del mondo**.

Le credenze fondamentali

Le credenze e le pratiche dell'induismo sono molto diverse, ma alcune sono condivise: è il caso dell'**idea di reincarnazione**, secondo la quale l'anima, dopo la morte, torna in nuove forme di vita, inferiori o superiori alla precedente, a seconda del comportamento tenuto in vita. Quest'idea si fonda su alcune convinzioni comuni a tutto l'induismo:

- l'***atman*** (anima) è l'essenza fondamentale e immutabile dei viventi, la scintilla universale (***Brahman***);
- tutto il resto è apparenza (***maya***), illusione. Anche la storia dell'umanità è apparenza, un cerchio infinito in cui tutto si ripete eternamente;

- l'uomo è legato al ciclo del tempo e delle eterne rinascite (***samsara***) e ciò che determina la reincarnazione è il ***karma***, l'effetto delle azioni nella vita successiva; *karma* significa "azione", ma si riferisce anche a pensieri e sentimenti;
- la vita di ognuno è regolata, come il cosmo, dall'eterna legge del *dharma* (destino) con il quale è necessario armonizzarsi;
- l'uomo deve cercare di salire sempre più in alto nella scala delle reincarnazioni, cioè deve tentare di reincarnarsi in una forma di vita superiore alla precedente, sino **a raggiungere la liberazione dal *samsara*** (*moksa*).

L'uomo è dunque responsabile delle sue azioni: egli accumula meriti e demeriti e determina la reincarnazione del suo *atman* in una condizione più alta o più bassa nella scala dei modi di esistenza, ossia nel **sistema delle caste**.

Le caste

Nascere all'interno di una casta è un fatto religioso molto profondo, ereditario, difficile da mutare: la società indù è ancora oggi organizzata **in caste**, un sistema rigido e separatista, abolito ufficialmente nel 1947, ma che continua a persistere e conferisce forte senso di appartenenza sociale. Ogni casta ha un ruolo specifico:
- i *brahmana*, **bramini** o **sacerdoti** il cui colore è il **bianco**;
- gli *ksatriya*, **governanti** o **guerrieri** il cui colore è il **rosso**;
- i *vaishya*, il **popolo**, il cui colore è il **giallo**;
- i *shudra*, **servitori** il cui colore è il **nero**.

Le caste hanno regole e tradizioni, regimi alimentari, professioni e mestieri riservati. Fuori dal sistema delle caste vi sono ancora molti milioni di "**intoccabili**" (***paria***), ritenuti impuri perché svolgono mestieri contaminanti, come la pulizia delle strade, delle latrine o la rimozione dei cadaveri di persone e animali.

La vita morale

La vita morale è **tesa a raggiungere la liberazione dal ciclo delle rinascite**, attraverso la rinuncia a ciò che è materiale e agli istinti. Il cammino ideale di ogni uomo è articolato in **quattro stadi di vita**: lo **studente** vive con il maestro, lavora per lui, pratica assoluta obbedienza e castità e apprende l'insegnamento del *Veda* (vedi a **p. 48**); il **padre di famiglia** conosce l'esperienza dell'amore e della sessualità con il matrimonio, il valore dei beni materiali e della vita familiare nel rispetto della tradizione, celebrando i riti indù; l'**asceta domestico**, da solo o con la moglie, quando i figli sono adulti, ha come attività principale la meditazione del *Veda*; infine il **pellegrino errante** o ***sannyasin***, isolato, lontano dal mondo, vive di elemosina.

Particolare di un **mandala**.

Le vie per raggiungere il divino

L'induismo riconosce più vie per comprendere e avvicinare il divino e raggiungere la liberazione: la via dell'azione (***karma***), la via della devozione (***bhakti***), la via della conoscenza e dell'intuizione (***jnana***):
È detto ***yogin*** (che pratica lo ***yoga***) chi guida i propri sensi e pensieri per raggiungere l'assoluto. Le tre vie sono dette ***marga***, "la strada". Non è importante praticarle tutte in una sola vita, ma intraprendere la via più adatta alla vita che si sta vivendo: questo è il ***dharma*** (destino) individuale.

I luoghi sacri

Le costruzioni sacre più antiche risalgono al V-IV secolo a.C. Da quell'epoca in poi vennero costruiti **templi** sempre più grandi e complessi che si trasformarono in vere e proprie città sacre.
L'**immagine divina** è il segno della presenza della divinità e di fronte a essa il devoto si prostra al suolo. Gli atti di culto di solito sono rivolti a un idolo (*murti*) nel quale si invoca preventivamente la presenza divina.
Altri luoghi sacri sono molti monti e tutti i fiumi dell'India, sorgenti di vita, venerati come divinità femminili.

Il culto

Il culto indù (***puja***) può essere di tre tipi: il culto nei templi, il culto domestico, il culto congregazionale.
Nel tempio, i sacerdoti servono la divinità trattandola come un sovrano o un ospite d'onore. Il servizio inizia prima dell'alba: la divinità è svegliata, lavata, nutrita,

onorata, viene fatta riposare, unta, decorata e infine ritirata per la notte.
Non è però obbligatorio recarsi al tempio, purché si veneri la divinità: in gran parte delle case c'è un'area dedicata, mantenuta in uno stato di "purezza rituale". Qui la divinità d'elezione della famiglia è rappresentata da un'immagine e da alcuni simboli: accanto è posta abitualmente una lampada accesa. Di solito è la donna a compiere gli "atti di servizio": offerte di fiori, frutta, incenso, profumi, latte e acqua.
Nel **culto congregazionale o comunitario** i devoti si riuniscono per praticare la *bhakti*, l'adorazione della divinità durante suggestive cerimonie accompagnate da inni, canti e musica.

I simboli del culto

Come simboli del culto vengono talvolta usati disegni geometrici detti *yantra* e *mandala*, che possono essere simboli mistici molto complessi o semplici decorazioni eseguite sul terreno con polveri colorate: sono strumenti di controllo delle energie psichiche, usati per la meditazione.

Le persone sacre

La casta sacerdotale ereditaria dei **bramini** ha moltissimi appartenenti, perciò solo una piccola parte di loro esercita le funzioni di ministro del tempio o di **maestro religioso** (***guru***), mentre tutti gli altri esercitano le professioni laiche. I *guru* hanno grande importanza: in ogni villaggio o quartiere delle città vive una persona ritenuta particolarmente saggia, alla quale ci si rivolge per consigli di ogni sorta, anzi la sua parola assume lo stesso valore dei testi sacri. Il maestro è quindi una figura indispensabile nella religiosità indù contemporanea, perché può condurre il discepolo a dio e perché è colui attraverso il quale dio si rivela, al punto che lo si sostituisce al culto delle immagini sacre. Si occupano della cura delle anime anche i **monaci** dei diversi ordini, che vivono nei monasteri, e gli **asceti** (*sadhu*, *sannyasi*) che si spostano per tutta l'India, vivendo di elemosine.

I libri sacri

Al vertice della letteratura religiosa indù è il ***Veda*** (sapienza) redatto in sanscrito, antica lingua del ceppo indoeuropeo: esso riunisce un ponderoso corpus di opere, formatosi in tempi diversi. Oggi i *Veda* non hanno più grande importanza, perché la maggioranza degli indù preferisce far riferimento alle opere redatte da santi come Vyasa, Valmiki, Manu. A questi scritti appartengono due grandi poemi epici: il ***Mahabharata*** e il ***Ramayana***. Il primo narra le lotte fra le tribù dei Kuru e dei Pandu e contiene molti testi, tra i quali il più celebre è la ***Bhagavadgita*** (canto del Sublime). Il Sublime è il dio Vishnu che appare sotto le sembianze terrene di Krishna e che impartisce all'eroe Arjuna insegnamenti filosofici sulla natura di Dio, del mondo e dell'anima. Il *Ramayana* (vita di Rama) invece narra le vicende dell'eroico principe Rama.

L'idea della morte e dell'aldilà

Quando un uomo muore, la sua anima, formata da un corpo sottile e invisibile, passa a una **nuova esistenza**; se non la raggiunge subito, deve errare come fantasma e placare la sua fame con le offerte dei parenti. Il ciclo delle rinascite può essere interrotto, in occasione di azioni particolarmente cattive, da un **soggiorno agli inferi** che può durare millenni, mentre il giusto può ottenere un **soggiorno nel mondo celeste**. La condizione di chi si è liberato dai vincoli della reincarnazione è rappresentata in diversi modi:

- un soggiorno permanente in un mondo ultraterreno alla presenza di Dio;
- uno stato in cui l'anima individuale è isolata da ogni cosa terrena;
- la totale scomparsa di ogni elemento individuale e il trapasso nello Spirito universale.

PAGINE DIGITALI
Le tre vie

Bambini della casta braminica *a lezione di sanscrito nel* Harihareshwara Veda Pathashada *di Gokana.*

Il buddhismo

Le caratteristiche fondamentali

Il buddhismo (o "sentiero dell'essere superiore") è una religione, sviluppatasi nell'alveo dell'induismo, che propone una visione marcatamente filosofico-psicologica. Con oltre 300 milioni di seguaci, predomina in Asia ed è diffuso in gran parte del mondo occidentale.

Le origini e il fondatore

Il fondatore e maestro è **Siddharta Gautama** detto *Shakyamuni*, "il saggio della tribù dei *shakya*" vissuto tra il VI e il V secolo a.C. nella zona dell'Himalaya, al confine fra India e Nepal. Di origini principesche, dopo una giovinezza dorata, e dopo essersi sposato e aver avuto un figlio, uscito dal suo palazzo fece **quattro incontri: con** un **vecchio,** un **malato,** un **corteo funebre e** un **asceta mendicante**.

Questi aspetti della realtà lo colpirono e lo portarono a prendere coscienza della realtà, della sofferenza e dell'illusione della vita.

Desideroso di conoscere le cause del dolore del mondo e di trovare uno stato di felicità duraturo, a circa trent'anni abbandonò i privilegi per condurre un'esistenza ascetica, alla ricerca di una soluzione all'enigma della vita. Trascorso un anno con due famosi bramini, insoddisfatto delle loro risposte, dopo digiuni estenuanti, capì che avrebbe ottenuto **la conoscenza della salvezza solo grazie alla meditazione personale**, lontano dagli estremi dei piaceri sfrenati e della mortificazione ascetica.

La predicazione

A 35 anni, dopo 49 giorni di meditazione, raggiunse l'illuminazione, divenendo così il **Buddha** (il "Risvegliato"). L'illuminazione, ottenuta sedendo nella posizione del loto, avvenne attraverso quattro fasi: **concentrazione, lievità dell'animo, abbandono, imperturbabilità assoluta** non soggetta né a gioia né a dolore. Ebbe così inizio la seconda parte della sua vita in cui, dopo una scelta di isolamento, **decise di rivelare al mondo i suoi insegnamenti** e mise in moto la "ruota della dottrina", predicando e guadagnando alla sua "buona legge" molti adepti: monaci, monache e laici di ambo i sessi. Trascorse la vita predicando, mendicando e percorrendo a piedi l'India nord-orientale: morì nella città di Kusinara all'età di 80 anni. Diffusa dai suoi discepoli, la dottrina del Buddha si propagò in tutta l'India, ma poiché gli insegnamenti del maestro erano trasmessi solo oralmente dai monaci di diverse regioni nei loro dialetti, si formarono ben presto scuole con diverse interpretazioni.

Le correnti principali

Tre sono le principali scuole di pensiero:

- il **Piccolo Veicolo** (***Hinayana***), rigoroso e austero. Gli aderenti a questa scuola misero per scritto la dottrina;
- il **Grande Veicolo** (***Mahayana***) di più ampie visioni;
- il **Veicolo del Diamante** (***Vajrayana***) che si rifà agli insegnamenti segreti del Buddha.

I **Tre Gioielli del buddhista**: *il Buddha con la ciotola della questua, il* sangha, *che è rappresentato dall'umana partecipazione al* dharma, *dettaglio di un* thangka, *XIX secolo, Tibet.*

Le divinità

I buddhisti non adorano una divinità particolare: infatti **il Buddha non ha mai risposto alla domanda sull'esistenza di Dio, in quanto non pertinente al raggiungimento della liberazione**. Non vi è neppure l'idea di un'anima immortale, né il concetto di beatitudine o castigo eterni. L'unica potenza che tutto governa è **la legge universale eterna** che si rivela nella legge del compenso di tutte le azioni (il *karma*) che ha conseguenze sulla vita attuale e su quelle successive. Il ciclo delle rinascite può essere interrotto seguendo le Quattro Nobili Verità, rivelate da Buddha in un discorso tenuto a Benares, dopo aver raggiunto l'illuminazione.

Le Quattro Nobili Verità

- **Tutto è dolore**: l'uomo è afflitto fin dalla nascita da una sofferenza esistenziale. Questa sofferenza è percepita non solo quando si constata l'ineluttabilità di malattia, vecchiaia e morte, ma anche quando si è costretti al contatto con ciò che non si ama o alla separazione da ciò che si ama. Questa sofferenza esistenziale è causata dal fatto che ogni cosa è destinata a finire.
- **All'origine del dolore c'è il desiderio**: la sofferenza esistenziale non è colpa del mondo, né del fato né di una divinità, né avviene per caso. Ha origine dentro l'uomo, che ricerca la felicità in ciò che è transitorio, spinto dal desiderio di ciò che non può realmente soddisfare.
- **Il desiderio si può eliminare**: per sperimentare la liberazione dalla sofferenza esistenziale occorre evitare l'attaccamento alle cose e alle persone.
- **La salvezza è il Nobile Ottuplice Sentiero**: esso è il percorso che permette di emanciparsi dal dolore.

Le credenze fondamentali

Per buddhità si intende lo stato di purificazione completa della mente dai "difetti secondari" (ignoranza, odio, attaccamento ai beni materiali, desiderio) fino a scoprire la sua natura pura e immacolata.

Per tutta la vita il Buddha cercò di far comprendere ai suoi discepoli che non era importante la sua persona, ma la sua dottrina, il ***dharma***, che, rivelando la "vera via e la vera natura", **ha come meta di porre fine alle sofferenze e al ciclo delle rinascite**.

Si ottiene così **uno stato di totale realizzazione** che è detto ***nirvana***. Vivere nel *nirvana* significa aver raggiunto **una beatitudine totale**, l'esperienza del "supremo risveglio". Questo stato coincide con la totale assenza di stimoli e passioni derivanti dal mondo.

Il *nirvana*

Il concetto di ***nirvana***, presente già nel pensiero induista, acquista centralità nel buddhismo.

Il buddhismo, come l'induismo, ritiene che l'uomo sia legato al **ciclo delle rinascite**: azioni virtuose compiute volontariamente porteranno a un'esistenza migliore; azioni non virtuose genereranno sofferenza nell'esistenza successiva. La liberazione da questo meccanismo di causa-effetto potrà essere ottenuta grazie al Nobile Ottuplice Sentiero, che conduce all'estinzione di ogni desiderio, e quindi al *nirvana* (la parola significa infatti "estinzione"): esso infatti coincide con la **beatitudine**, la **pace suprema** e la **gioia assoluta**.

Il culto e i luoghi sacri

Il buddhismo attribuisce un culto particolare alle **reliquie** (quelle corporee di un *bodhisattva*, cioè colui che vive come il Buddha, le reliquie d'uso, cioè usate in qualche modo dall'Illuminato e le reliquie simboliche che ricordano il Buddha). I santuari che contengono reliquie possono essere edifici molto grandi, spesso di valore storico, oppure costruzioni più piccole, detti solitamente ***stupa***: esistono perfino reliquiari portatili. Altri importanti oggetti di culto sono l'**albero *bodhi*** piantato nei giardini dei monasteri e le **immagini del Buddha**, che si trovano in ampie sale accanto alle pagode o in piccoli sacrari nelle case o nei posti di lavoro.

Adorare un'immagine è considerato un atto meritorio, capace di far ottenere benefici futuri che preparano a intraprendere la via dell'illuminazione.

La **meditazione** è un elemento essenziale del culto per i laici, le monache e i monaci.

PAGINE DIGITALI

- L'espansione del buddhismo in Asia
- Il Nobile Ottuplice Sentiero
- Le principali festività

Monaci buddhisti *in processione.*

Le persone sacre

La cura delle anime è affidata ai **monaci** vestiti di giallo che, peregrinando o vivendo nei monasteri, osservano la **castità**, consumano il cibo mendicato e vivono in **povertà**. Possono infatti possedere solo una scodella per il cibo, un rasoio, un ago e pochi altri oggetti di prima necessità. Non hanno fissa dimora e i monasteri sono solo luoghi d'incontro per i giorni di ritiro e per il periodo delle piogge. I monaci osservano un codice di regole per evitare di cadere nelle tentazioni della vita quotidiana e si rifugiano nei **tre gioielli:** il **Buddha,** il ***dharma*** e la ***sangha*** (la comunità monastica).

I modi di vivere il buddhismo sono essenzialmente due: l'appartenenza all'ordine composto da **monaci e monache** e la confraternita dei **laici**.

I libri sacri

Per molti secoli gli insegnamenti del Buddha furono trasmessi oralmente dalla *sangha*, la comunità allargata dei monaci buddhisti: furono poi raccolti e raggruppati per scritto intorno al I secolo a.C. in una lingua indiana, il *pali*. I testi sacri considerati autentici dal buddhismo sono raccolti in **due canoni** denominati, in base alle lingue usate, ***pali*** e ***sanscrito***.

L'idea della morte e dell'aldilà

Secondo il buddhismo *hinayana*, l'ascesa, realizzabile solo da parte dei monaci dopo aver abolito l'odio, il desiderio e la vanità, porta gradualmente alla **condizione di santità** (intesa come superiorità sulle cose mondane) e, dopo la morte, all'ingresso nel *nirvana*. Nel buddhismo *mahayana* è recuperata anche l'esperienza di vita del laico e il fedele è orientato a *diventare un bodhisattva* che, sacrificandosi e rinunciando a se stesso, reca la salvezza a molti esseri viventi. Il buddhismo crede nella **reincarnazione in diverse forme di esistenza:** essa può essere interrotta se il *karma* è particolarmente cattivo, con pene infernali di lunga durata oppure, se buono, con la dimora in un mondo divino. I cieli hanno una disposizione a piani sovrapposti a seconda del grado di perfezione, sebbene per il saggio questo non sia considerato un fine da raggiungere, poiché **l'esistenza celeste è destinata a finire per ritornare ai dolori della terra.** La **liberazione finale** dalle sofferenze e dalle passioni è garantita solo dal **raggiungimento del *nirvana***.

Il confucianesimo

Le caratteristiche fondamentali

La religione cinese è più un'entità morale, culturale e politica che teologica. Infatti in Cina il termine "religione" (*tsung-chiao*) indica letteralmente **una linea di insegnamenti**. L'uomo cinese ne accetta tradizionalmente tre: il sistema etico confuciano per la vita pubblica, il sistema taoista per quanto riguarda i rituali e l'atteggiamento verso la natura, e le concezioni del buddhismo per quanto riguarda la salvezza e l'aldilà. Le tre dottrine sono i punti d'appoggio della fede e delle necessità religiose del mondo cinese, convivono e si armonizzano tra loro nella pratica religiosa e sociale.

Le origini e il fondatore

Le origini del confucianesimo risalgono a ***K'Ung-futsu*** (**Confucio**), vissuto dal 551 a.C. al 479 a.C. Confucio recuperò il patrimonio delle antiche religioni cinesi, che ritenevano l'armonia del cosmo basata sulle due forze contrapposte e complementari (lo *Yin* e lo *Yang*). Egli le ripropose come un sistema di regole morali, in grado di porre l'individuo in armonia con se stesso e con il cosmo e di porre rimedio alla decadenza politica e religiosa della Cina del suo tempo.
Il cerchio diviso in due metà che rappresentano due elementi contrapposti, lo ***Yang*** (la luce, il sole, il cielo, l'elemento maschile) e lo ***Yin*** (il buio, la terra, l'elemento femminile) costituisce il simbolo delle religioni della Cina ed è chiamato **Tao**. Dalla fusione dei due elementi traggono origine la vita e l'armonia dell'intero universo.

Le divinità e il culto

Nel confucianesimo sussistono moltissime divinità, ordinate gerarchicamente; ai vertici stanno il **dio del Cielo**, maestoso, onnipotente e onnipresente, e il **dio della Terra**. Agli **imperatori** era tributato culto divino e si riteneva fossero figli del Cielo. Anche a Confucio fu tributato culto divino dopo la sua morte. Due sono i culti fondamentali: quello del Cielo e quello della Terra. Il **culto del Cielo** era celebrato quotidianamente dall'imperatore nel grande tempio del Cielo di Pechino. Il **culto della Terra** comprendeva la venerazione di tutti gli elementi che ne fanno parte. È ampiamente diffuso il **culto degli antenati**, in cui si mescolano elementi confuciani, taoisti e buddhisti.

Le credenze fondamentali

Confucio propose il ritorno ai **valori tradizionali** e al **culto degli antenati**: egli riteneva infatti che per rinnovare l'impero fosse necessario partire da un buon governo, che a sua volta poteva realizzarsi solo rafforzando la vita familiare. Concepiva lo Stato come una grande famiglia, in cui i riti, il rispetto delle gerarchie, lo studio dei classici, l'esperienza degli antichi assicuravano la concordia dei cittadini sotto la guida dell'imperatore, il quale, per mandato celeste, assicura l'armonico accordo tra ordine sociale e ordine universale. L'intera vita morale della comunità deve essere dominata da principi rigorosi e l'imperatore non solo deve possedere una conoscenza completa degli ammaestramenti contenuti nei testi sacri, ma deve esercitare egli stesso le virtù e vigilare sulla purezza della sacra dottrina. Come premio della sua condotta virtuosa riceve le **cinque specie di felicità** e le irradia sui sudditi: **longevità**, **ricchezza**, **salute e contentezza**, **amore per la virtù** e una **fine beata**.

I libri sacri

I più antichi libri sacri pervenuti e le principali opere del confucianesimo sono definiti "libri canonici". I principali sono: ***Yi-Ching***, il ***Libro delle mutazioni*** che tratta delle potenze ultraterrene e dei loro rapporti reciproci, risalente al 2950 a.C.; ***Shi-Ching***, il ***Libro delle Odi***, una raccolta di poesie dei secoli IX-VI a.C.; ***Shu-Ching***, il ***Libro dei documenti***, una raccolta di editti governativi, discorsi di carattere politico e didattico risalente al IX-VII secolo a.C.; ***Ch'un-ts'tu***, ***Primavera e Autunno***, opera redatta probabilmente da Confucio stesso e riguardante la storia dello Stato Lu, sua patria d'origine; ***Li-chi***, il ***Libro dei riti***, una raccolta composta nel I secolo d.C. che comprende diversi trattati sugli usi religiosi e sociali.

Lao-tsu *mentre scrive il testo della sua opera* Tao-te-Ching *viaggiando sul dorso di un bue.*

Il taoismo

Le origini e il fondatore

Il taoismo è diffuso soprattutto in Cina, ma si trovano minoranze praticanti anche in Vietnam e in Malaysia.
Il fondatore del taoismo è **Lao-Tsu** ("Antico maestro"), la cui figura è leggendaria. Nato, secondo la tradizione, nel 604 a.C. da nobile famiglia in un villaggio della provincia dell'Honan, ricoprì la carica di archivista presso la corte imperiale a Lo-Yang e si ritirò poi in solitudine, morendo intorno al 517 a.C.

Le divinità

Alla base di tutto vi è il ***Tao*** (che significa "cammino"), l'unità di ogni esistenza all'inizio del tempo, che ha dato origine ai due opposti: lo ***Yang*** o lo ***Yin***. Dai due sono sorti il **Primordiale Nobile Celeste**, signore del Cielo, quello che governa la Terra e quello che presiede l'Acqua e le rinascite.
Le **divinità** taoiste sono molte e **legate a ogni aspetto della vita**. Gli dei più popolari sono quelli legati all'infanzia, alla ricchezza e alla salute. Vi sono poi alcuni **demoni** e viene anche attribuito il culto a **otto esseri umani divenuti immortali** grazie alla pratica della virtù.

Le credenze fondamentali

La base della dottrina di Lao-Tsu è una mistica individualistica che porta a **estraniarsi dalle passioni e immergersi nell'origine delle cose**. Il saggio deve sprofondare nell'origine del tutto e fare il bene in modo inconscio e spontaneo. Finché persiste lo stato d'innocenza in cui regna il *Tao*, le virtù ne sono effetti e il fare del saggio non è nient'altro che il "**non fare**", cioè agire spontaneamente con azioni corrispondenti alla natura.
Il compito dell'umanità è di aiutare a **mantenere l'armonia tra *Yang* e *Yin***. Questo equilibrio può infatti essere distrutto dalla debolezza umana e le offerte e le preghiere del rito taoista hanno lo scopo di riparare ai misfatti degli uomini che lo turbano. Vengono praticate la **meditazione** e l'**ascesi** (dal greco *áskesis*, "esercizio") per liberarsi dalle passioni e dai desideri. Sono individuabili cinque proibizioni e alcuni consigli: le **proibizioni** sono l'uccisione degli esseri viventi, l'alcolismo, l'ipocrisia, il furto, la dissolutezza; i **consigli** prevedono: ubbidire ai genitori, servire l'imperatore e il maestro, rispettare tutte le creature, sopportare il male ricevuto, risolvere le questioni e togliere l'odio...

Il culto e i luoghi sacri

Poiché grande importanza viene attribuita alla natura, alcuni luoghi naturali sono considerati sacri, come **isole** o **montagne**.
I **templi**, gestiti perlopiù da sacerdoti taoisti sotto la direzione di un consiglio di laici e costruiti tramite donazioni, sono il centro religioso del villaggio e servono non solo per i servizi religiosi, ma anche per le fiere o per le rappresentazioni teatrali.

Le feste religiose

Il ciclo delle festività segue il calendario agricolo e le feste sono frequenti nei periodi di riposo. Il giorno del **Capodanno lunare**, o **Festa della primavera**, si tiene un banchetto familiare in onore degli antenati e dei membri della famiglia che vengono da lontano. È la festa più importante e più celebrata.

Le persone e i libri sacri

La gente dei villaggi è assistita nella pratica dei riti e nelle festività da **monaci buddhisti**, **sacerdoti taoisti** e **medium** o **sciamani**. Dai sacerdoti taoisti vengono eseguiti rituali di guarigione e di benedizione e riti di **divinazione** (la predizione del futuro tramite l'interpretazione di segni particolari), per scoprire il proprio futuro o chiedere consigli per i problemi familiari e per gli affari. Il medium o lo sciamano (che mettono in contatto il mondo dei vivi con l'aldilà) sono presenti specialmente nei centri non industrializzati. Secondo il sistema religioso cinese svolgono ruoli di veggenti, guaritori e giudici nei villaggi.
Lao-Tsu scrisse una breve opera, ***Tao-Te-Ching*** (sulla legge universale e sui suoi effetti); opere di carattere mistico-poetico furono scritte nel IV secolo d.C. da Yang Chu.

L'idea della morte e dell'aldilà

Come il cosmo consta di due forze primordiali, lo *Yang* e lo *Yin* (nella foto), così anche l'anima dell'uomo è composta dallo *Yang* individuale, che corrisponde all'anima, e da una forza vitale, materiale (*kuei*, demone). **Solo l'anima superiore sopravvive dopo la morte.** Dopo la morte si pensa che l'anima precipiti in basso nei domini dello *Yin*, dove si purga dei suoi peccati e della sua oscurità, prima di salire al cielo. L'inferno viene rappresentato come un luogo con nove stadi di punizione. Il denaro di carta, bruciato in occasione dei funerali e di altri rituali, è simbolo dei meriti dell'essere vivente i cui atti d'amore e le cui offerte sono come banconote per l'inferno, e hanno il potere di far salire l'anima del defunto alla vita eterna.

Lo shintoismo

Le caratteristiche fondamentali

Lo shintoismo è l'unica religione che viene professata in una sola nazione, il Giappone. La parola shintoismo deriva da *Shin* (gli dei) *To* (via) e vuol dire "via degli dei" o "culto agli dei".

Le origini e le divinità

Lo shintoismo non ha fondatori: si rifà alle antiche tradizioni del culto degli antenati e della natura e rappresenta l'unità nazionale sotto la guida della famiglia imperiale.
Il numero di ***kami*** (cioè dei o spiriti) è infinitamente grande. Al vertice del *pantheon* vi è la dea solare ***Amaterasu*** che regge i campi del cielo; il governo del mondo è nelle mani di un consiglio di dei. ***Susano-wo*** è il dio del mare e delle tempeste e protegge gli innamorati. Un dio pericoloso è quello del fuoco ***Atago***. Un altro dio è ***Inari***, legato al raccolto, il cui animale sacro è la volpe. A queste divinità principali se ne aggiungono molte altre che proteggono determinate località o strade, presiedono a diversi fenomeni naturali o a mestieri e occupazioni. Fino all'imperatore Hirohito (1901-1989) sono stati venerati anche i sovrani, in quanto ritenuti appartenenti alla stirpe divina discendente dalla dea solare Amaterasu.

Le credenze fondamentali

I *kami*, oggetto di venerazione, comprendono gli spiriti che favoriscono la produzione, la crescita, la fertilità, gli antenati, gli spiriti degli imperatori e degli eroi. La presenza del divino viene percepita in ogni realtà naturale e la natura dell'uomo viene considerata essenzialmente buona. Il male viene messo in relazione con spiriti malvagi, nei confronti dei quali occorre compiere esorcismi e riti purificatori.
Sono praticate forme di **animismo** (si ha quando si pensa che le forze della natura siano spiriti che risiedono in luoghi, oggetti, animali o persone che occorre rendere benevoli con riti magici), di **feticismo** (ovvero la venerazione di oggetti non fine a se stessa, ma collegata agli spiriti buoni o ai demoni che si pensa che vi risiedano) e la venerazione di oggetti come rappresentazioni materiali della divinità.

Il culto e i luoghi sacri

L'adorazione del *kami* si svolge mediante preghiere rituali e l'offerta di dolci di riso e di *sake* (vino di riso). Il culto si svolge in parte in casa e in parte in santuari piccoli e grandi, mantenuti a spese pubbliche, costruiti in legno e abitualmente composti di due aule, alle quali è collegata una sala di preghiera. Molti sono i monti sacri dedicati alle divinità, sede di santuari e meta di pellegrinaggio. I pellegrini portano vesti bianche e cappelli di giunco.

Le feste religiose

La forma principale della festa shintoista è il ***maturi***, in cui i *kami* sono invocati durante le danze, la musica, i canti, le preghiere. Le feste sono perlopiù legate al raccolto e al ciclo della natura. Una delle più grandi feste è quella dell'**Anno Nuovo**. Quel giorno milioni di persone affollano i grandi santuari per pregare i *kami* e chiedere le loro benedizioni per il nuovo anno. Un'altra **festa** famosa è quella dei **ciliegi in fiore**, all'inizio della primavera.

I libri e le persone sacre

In origine tutto veniva tramandato oralmente. Nell'VIII secolo d.C. si misero per iscritto le antiche tradizioni mitologiche e storiche, negli *Annali* giapponesi, poi si compilarono le raccolte di rituali statali, cioè i testi liturgici che ancora oggi vengono usati come modello rituale delle preghiere.
Le pratiche cultuali vengono svolte da sacerdoti che quasi sempre hanno ereditato dagli avi il loro ufficio. Durante le cerimonie portano un berretto nero, un abito bianco e un bastone.

L'idea della morte e dell'aldilà

Secondo le antiche tradizioni shintoiste i defunti scendevano agli inferi e solo le personalità eminenti continuavano a vivere nascoste sulla terra o salivano al cielo. Non vi è traccia di premio o castigo per le azioni buone o cattive. Come presso molti altri popoli, era diffusa l'idea che gli avi proteggessero i discendenti. Secondo la concezione attuale ogni defunto diventa *kami*.

Il giardino zen di Kyoto in Giappone.

PERCORSO 3 L'ALLEANZA DI DIO CON L'UOMO

DIDATTICA COOPERATIVA

PER COMINCIARE INSIEME

Come vedremo nelle pagine seguenti, il legame particolare tra il Dio ebraico-cristiano e l'umanità da lui creata è quello di alleanza. Potremmo definire l'alleanza come l'esperienza di una relazione tra due parti, con i diritti e i doveri che derivano da un patto che sancisce questa relazione. Potremmo essere più precisi nel descrivere le caratteristiche di un'alleanza?
Provate a cercare su un vocabolario o un'enciclopedia la definizione del termine "alleanza" nelle sue diverse accezioni, confrontate il risultato delle vostre ricerche, poi scrivetelo qui sotto. Abbiate cura di individuare anche qualche sinonimo della parola, sottolineando le sfumature di significato.

....

....

- Osservate ora le **immagini** che vedete in queste pagine. Quali elementi comuni riscontrate, anche se le situazioni rappresentate sono molto diverse tra loro?

....

- Cercate di elencare qui sotto alcune **caratteristiche** che un **patto di alleanza** comporta. Per esempio:
  - la reciprocità
  - l'impegno
  - la fedeltà
  - mettersi in gioco
  - fare una scelta radicale
  - avere il coraggio per farla

  continuate voi l'elenco

  ....

- Accingendovi a studiare le pagine che seguono, abbiate ben presente tutti questi elementi e prestate attenzione ai pensieri dello scrittore americano **Charles Bukowski** che vi vengono proposti all'inizio di ogni lezione, tenendo presente questo tema:

L'IMPORTANZA DI UN IMPEGNO E DI UNA SCELTA

Realizzare un legame reciproco radicale è una sfida possibile?

Buono studio!

LEZIONE 1 L'IRRUZIONE DEL SACRO NELLA STORIA UMANA

Charles Bukowski @ Se hai intenzione di tentare, fallo fino in fondo. / Altrimenti, non cominciare mai. / Se hai intenzione di tentare, fallo fino in fondo #ilcoraggiodellascelta

\# Quanto contano la convinzione e l'impegno in una scelta?

I MONOTEISMI: UNA PARTICOLARE CONCEZIONE DEL SACRO

A partire dalle origini della storia umana la **concezione del sacro** assume **specifici e riconoscibili modi d'espressione** in ogni tappa della storia stessa.
Infatti, se è vero che nell'esperienza religiosa dell'umanità vi sono numerose analogie (per esempio, atti di culto come il pellegrinaggio, la preghiera, la festa e così via trascendono le diverse **confessioni**. Inoltre le varie religioni, ciascuna con il linguaggio che le è proprio, condividono alcuni valori e tutte esaltano la saggezza, la compassione, la sincerità, l'umiltà, l'amicizia e via dicendo), tuttavia dobbiamo considerare che, nonostante le numerose similitudini rispetto ad altre religioni, c'è una "**differenza**" **nell'ebraismo e nel cristianesimo** che determina una **diversità sostanziale del manifestarsi del sacro**, in ragione della concezione di Dio che le è propria.

Confessioni
Una confessione è la religione professata (cioè seguita apertamente) da un individuo, da una comunità o da un popolo.

Israele
Si riferisce all'espressione biblica "figli di Israele" con cui si designano i dodici figli di Giacobbe, che è anche chiamato Israele.

Peccato
È la rottura del rapporto di alleanza che nella concezione ebraica, e poi in quella cristiana, lega l'uomo a Dio. In particolare l'uomo è segnato dal peccato originale, di cui parliamo a p. 273.

LA RELIGIONE DEL POPOLO EBRAICO

Come abbiamo visto a **p. 23** nella zona della Mezzaluna fertile, in contrapposizione alle esperienze religiose politeiste, se ne distinse una particolare, quella del **popolo ebraico** (noto anche come **Israele**), che si stanziò nella regione del Canaan, una piccola zona, ma situata in una posizione strategica, tra Egitto e Mesopotamia. Questo popolo sviluppò **caratteristiche peculiari**, assolutamente originali rispetto a quelle delle civiltà vicine.
La **particolarità** della cultura ebraica riguarda il suo **credo religioso**: la fede ebraica è quella in un **Dio unico**, che **si rivela** (infatti quella ebraica è una religione rivelata: vedi a **p. 11**) e che si manifesta nella storia umana con un **progetto di** salvezza **per l'uomo** (vedi a **p. 56**), cioè gli garantisce il riscatto dalla sua situazione di male e di **peccato**.

IL DIO EBRAICO: L'ALLEANZA CON L'UOMO

La religione ebraica non solo ritiene che **Dio** sia **unico** ma anche che abbia **creato liberamente l'uomo**, che sia distinto dal mondo (cioè che sia **trascendente**) e nel contempo che **entri in relazione** con esso. La forma che assume questa relazione è quella dell'**alleanza** (vedi a **p. 24**), che lega il Dio unico all'umanità**, in un patto che comporta impegno reciproco**.

CARTA INTERATTIVA

LA MEZZALUNA FERTILE E IL PERCORSO DI ABRAMO

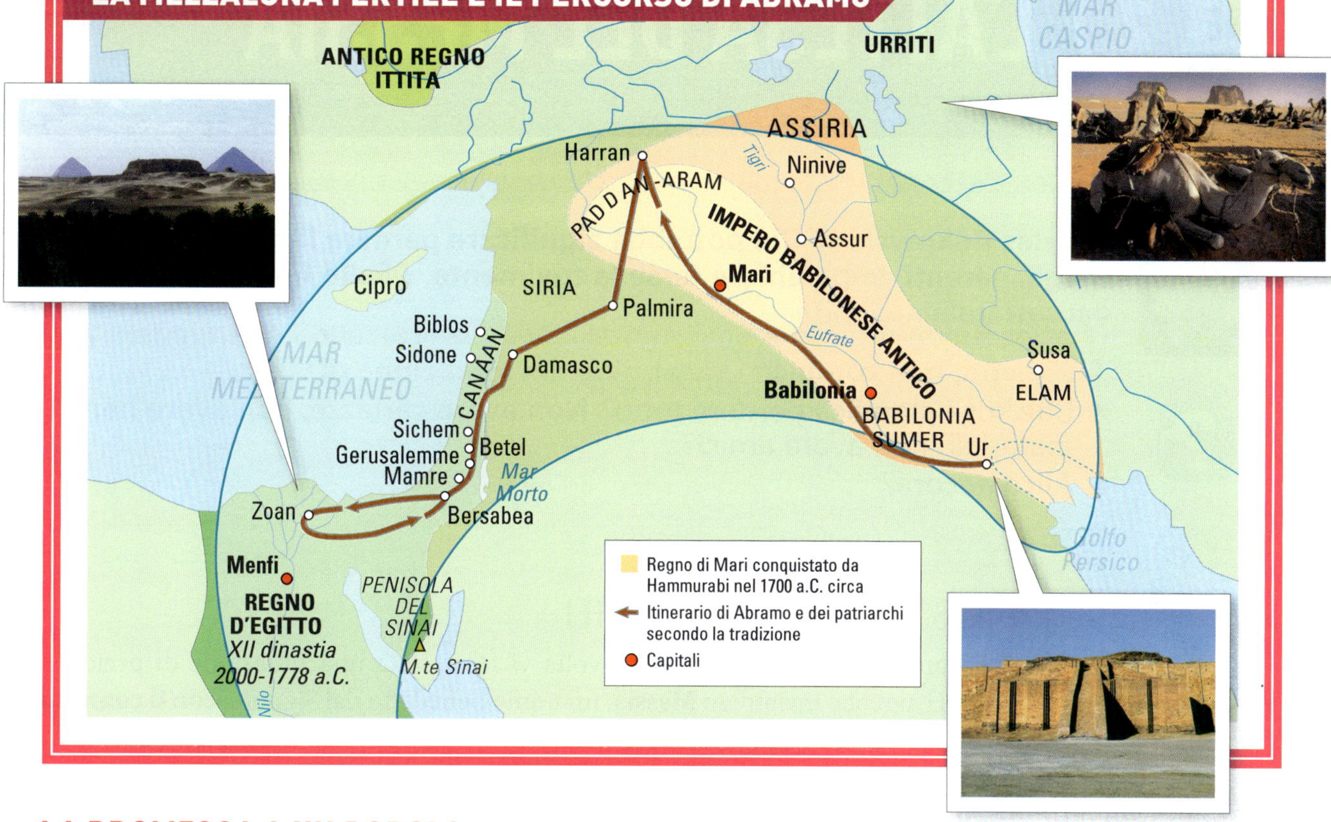

LA PROMESSA A UN POPOLO

Il Dio unico si rivelò al **patriarca** **Abramo**: egli ricevette l'invito a lasciare la sua terra per raggiungerne un'altra (la **Terra Promessa**), dimora per la sua discendenza: Abramo, ormai centenario, apprese infatti dal Signore che avrebbe avuto dalla moglie Sara, novantenne, un figlio, **Isacco**, capostipite del **popolo scelto dal Signore** tra tutti quelli della Terra **perché attraverso le sue vicende si compisse il disegno di salvezza per l'umanità**. Abramo **si fidò** della promessa di Dio; il segno della sua adesione al disegno del Signore fu la **circoncisione**, che da allora in poi viene praticata a ogni ebreo di sesso maschile. Le vicende di Abramo sono narrate nella **Bibbia** (precisamente nel libro della Genesi): per gli ebrei la Bibbia è il libro che contiene il racconto della **storia della salvezza voluta da Dio per il popolo da Lui scelto** [vedi DOC 2]. Parliamo diffusamente della Bibbia a **p. 144**.

Patriarca
Dal greco *patrís*, "stirpe", e *árchein*, "essere a capo". Il patriarca è la persona più autorevole di un gruppo.

Circoncisione
Al neonato ebreo viene praticata la recisione del prepuzio. Così viene ammesso a far parte della comunità religiosa.

DIO INTERVIENE NELLA STORIA

Se proseguiamo nella lettura del libro della Genesi e in quelli successivi, possiamo ricostruire **le tappe di questa storia**. La **storia** narrata viene **interpretata secondo un'ottica religiosa**. Questo vuol dire **che la realtà storica è intesa come qualcosa che viene da Dio e che porta a Dio in un dialogo reciproco**, che, come tutti i dialoghi, comporta a volte incomprensioni e scontri.

VIDEO
Abramo: un Dio per amico

SOCIAL FORUM

- Sapreste dare una vostra definizione di "alleanza"?
- Per quale motivo ci si allea con qualcuno? Per quale scopo? Fate degli esempi tratti da quanto avete studiato in storia, dall'attualità o dal vostro vissuto.

LEZIONE 2 L'ATTESA DEL MESSIA

Charles Bukowski @ Ciò potrebbe significare perdere fidanzate, mogli, parenti, impieghi / e forse la tua mente. / Fallo fino in fondo #accettareleincognite

Che cosa significa perdere tutto? Non avere certezze, non avere beni materiali, non avere amici?
Altro ancora?

IL MESSIA ATTESO DAGLI EBREI

Messia
In ebraico *masiah*, "unto", era colui che veniva consacrato per una missione, attraverso l'unzione con olio santo. Fu tradotto in greco con *Christós*, "Cristo".

Gli ebrei pensavano che ogniqualvolta vi fosse stata una situazione di pericolo, JHWH avrebbe inviato un **Messia**, un uomo benedetto dal Signore, **con il compito di salvare il suo popolo**.
Furono considerati "unti" tutti i re d'Israele, i sommi sacerdoti, i profeti.
Con il passare del tempo, alla luce delle vicende storiche, si affermò la convinzione che si doveva attendere la venuta di un **Messia definitivo**, che avrebbe liberato Israele per sempre, esteso la sua autorità su tutta la Terra, garantito per tutti benessere materiale e spirituale.
Il Messia atteso dagli ebrei era dunque un **inviato provvidenziale**, restauratore politico e liberatore religioso, uomo **giusto**, **pacifico, mite** e **vittorioso,** anche se perseguitato e disprezzato. Dio stesso lo definì il suo "servo". [vedi **DOC 1**]

Elisabetta Cagnolaro, **Abramo alle querce di Mamre**, *2005.*

UN'ALLEANZA TESTIMONIATA DA RITI E COMPORTAMENTI

Il fatto di concepire i fatti della loro **storia** come **tappe di una lunga vicenda religiosa** fece sì che gli ebrei interpretassero ogni avvenimento **alla luce della loro fede** e che celebrassero gli **eventi principali** in cui il Signore era intervenuto ad aiutare il suo popolo con **festività ricorrenti**.
Alcuni avvenimenti e alcuni personaggi, inoltre, sottolineano le caratteristiche fondamentali che un buon credente deve avere. Uno di questi è, appunto, **Abramo**, che rappresenta la **fiducia totale** e l'abbandono alla volontà di Dio.

ABRAMO: IL CREDENTE PERFETTO

Abramo accetta per primo la rivelazione di Dio nella storia, crede in Lui e nelle sue promesse nel momento in cui il Signore gli si rivela come Dio onnipotente (Gen 17,1 sgg.). **Lascia alle spalle ogni certezza e affronta l'ignoto, certo che il Signore manterrà le sue promesse.** Le storie di Abramo riportate dalla Bibbia vanno considerate come un insieme di racconti tradizionali collettivi che narrano come il Signore scelse di eleggere e guidare Israele, il suo popolo. La risposta che il Signore aspetta alla sua scelta è quella di Abramo. Questi è l'**esempio per eccellenza di dedizione sconfinata a Dio**, una persona operosa e sempre pronta a difendere Dio, un credente puro nel Dio unico.

Anche **Mosè** è un personaggio emblematico: non a caso Dio affida a lui le tavole della Legge, ma gli nega la possibilità di entrare nella Terra Promessa, per aver dubitato di Lui.

Fotogramma da **Abramo** *della collana "Le storie della Bibbia", Multimedia San Paolo, Cinisello Balsamo.*

IL DISEGNO DI SALVEZZA

Il **Dio della Bibbia**, quindi, è un Dio **unico, personale**, che si rivolge al suo fedele, gli fa delle promesse, lo guida, **entra nella realtà umana**.

A partire dalla sua prima manifestazione nella realtà umana egli segna con la sua impronta la storia che, infatti, assume una dimensione spirituale divenendo **storia della salvezza**, una storia cioè in cui gli eventi vanno letti in chiave **teleologica** perché attraverso i fatti concreti Dio manifesta la sua volontà.

Il disegno di salvezza di Dio si attua nel corso della storia individuale e universale, per realizzarsi però completamente nell'"aldilà" della storia [vedi **DOC 3**].

Teleologica
Aggettivo che deriva dal greco *télos*, "fine, scopo", e *lógos*, "discorso, pensiero". La teleologia è la concezione secondo cui gli eventi, anche quelli non legati all'azione volontaria e consapevole degli uomini, avvengono in funzione di un fine o scopo.

EBRAISMO E CRISTIANESIMO: IL POPOLO DI DIO, CHIAMATO A ESSERE SANTO

La storia del "**popolo di Dio**" (il **popolo ebraico** con cui viene stretta un'alleanza, le cui vicende sono narrate nell'**Antico Testamento**, e il popolo della **nuova alleanza**, rinnovata attraverso la figura di **Gesù il Cristo**, che si forma all'indomani della sua morte, a Gerusalemme, di cui si parla nel **Nuovo Testamento**, e che prosegue nel cammino della **Chiesa**: vedi a **p. 72** e sgg.) esprime visibilmente la **nuova concezione di sacro**.

Il sacro nella Bibbia assume l'accezione di "**santo**" ed è la santità del suo popolo che Dio esige. Questa santità è centrale sia nella **fede ebraica** sia nella **fede cristiana**, che da essa deriva.

SOCIAL FORUM

Abramo ha lasciato tutto ciò che gli era noto alle spalle e ha creduto a una promessa: ha avuto fiducia in Dio.

- Vi sembra che la scelta di Abramo abbia comportato dei rischi? Motivate la vostra risposta.
- Sapreste riferire un avvenimento di cui qualcuno di voi è stato protagonista o di cui ha sentito parlare che potrebbe esemplificare efficacemente il senso di "affidarsi" a qualcuno?
- Quali vantaggi derivano dall'affidarsi? In base alla vostra esperienza, aver fiducia in qualcuno comporta più benefici o più rischi?

PAGINE DIGITALI
Una credenza fondamentale, ma due interpretazioni

LEZIONE 3 GESÙ RINNOVA L'ALLEANZA

Charles Bukowski @ Potrebbe significare non mangiare per 3 o 4 giorni. / Potrebbe significare gelare su una panchina del parco. / Potrebbe significare prigione. / Potrebbe significare derisione, scherno, isolamento #rinunciareallecertezze

? # Quanto è importante mettere in gioco le proprie certezze per realizzare il proprio progetto di vita?

DIO INVIA IL FIGLIO TRA GLI UOMINI

Lo stesso Dio che è intervenuto nella storia degli Ebrei e ha stretto con loro un patto di **reciproca alleanza**, invia a un certo punto il **Figlio** che **si incarna tra gli uomini** e che con la sua morte redime il loro peccato, donando quella salvezza che si realizzerà pienamente nella **risurrezione finale** (da p. 230 a p. 231).
Quell'**alleanza** che ha fatto di Israele un popolo santo, ossia scelto e particolarmente amato, è dunque **rinnovata** attraverso il sacrificio del **Cristo**, **il Figlio di Dio morto per ricongiungere l'umanità con il Padre**.
La storia di coloro che si sono radunati intorno a Lui e che dopo la sua morte ne hanno proseguito la missione, i battezzati in Cristo, è la prosecuzione di quella storia della salvezza incominciata con Abramo e destinata a compiersi alla fine dei tempi (Rm 5,9-10).

Risurrezione finale
La risurrezione finale è una dottrina affermata dalla Chiesa cattolica, che sostiene che alla fine dei tempi, dopo il Giudizio Universale, tutti i corpi dei defunti risusciteranno e si ricongiungeranno alle rispettive anime.

Cristo
Dal greco *christós*, "unto" e dal corrispondente ebraico *masiah*, "messia".

Chiesa
Dal greco *ekklesía*, "assemblea", indica l'insieme di coloro che sono chiamati da Dio a seguire gli insegnamenti del Vangelo e a celebrare l'eucaristia (vedi a p. 65).

IL POPOLO DELLA NUOVA ALLEANZA

Gesù dopo la sua morte ritornò al Padre, ma non abbandonò gli uomini: lasciò anzi **un segno sulla terra**, cioè la **comunità** di coloro a cui donò la sua salvezza, il popolo dei credenti riconciliati con il Padre attraverso la sua morte, il popolo della nuova alleanza, il nuovo Israele. Questa comunità-segno è la **Chiesa** e il suo compito è **diffondere il Vangelo di Cristo** [vedi DOC 4].
Secondo la **rivelazione cristiana** gli uomini, attraverso l'unione con il Cristo (il Figlio di Dio), sono **uniti al Padre** e poiché sono uniti in Cristo, sono anche uniti tra di loro (sono anche loro **figli** e **fratelli**, come si dice in 1Gv 5,12). La Chiesa è il **segno visibile** dell'unione che lega gli uomini a Dio e gli uomini tra loro: è il cammino di Dio con gli uomini che prosegue nella storia.

LA MISSIONE DELL'ANNUNCIO

Molto presto, intorno ai primi compagni di Gesù, si formò una piccola comunità a Gerusalemme, composta dagli uomini e dalle donne che Gesù, in vita, aveva chiamato a sé. La comunità dei credenti cominciò ad annunciare il Vangelo agli altri uomini:

- il Regno annunciato era presente e aperto a tutti e
- la salvezza consisteva nel credere che Gesù morto e risorto sarebbe tornato presto.

La Chiesa del Nuovo Testamento non è solo l'inizio o il primo momento della storia della Chiesa, ma ne costituisce il prototipo, il **modello esemplare**. Il **credo** secondo cui Gesù è il Cristo sta alla base della nascita della Chiesa e di **ciò che i suoi membri confessano**: al Signore risorto sono riferite le questioni decisive della vita, della morte, della salvezza e del futuro promesso. Confessare il Signore per la Chiesa nascente significa riconoscerne l'opera nell'intera vicenda storica, personale e collettiva.
Di questa prima comunità, gli **Atti degli apostoli** (vedi a **p. 180**) illustrano i tratti caratteristici, permettendo così di individuare **gli aspetti fondamentali della comunità cristiana di tutti i tempi**.

SOCIAL FORUM

Sicuramente molti di voi fanno parte di qualche comunità: la scuola, prima di tutto, ma anche una squadra sportiva, un gruppo giovanile o altro.

- Quale significato ha per voi appartenere a una comunità?
- Quali valori e quali comportamenti favoriscono la coesione, a vostro giudizio? Ognuno faccia degli esempi concreti, pensando alle comunità a cui appartiene.

LA DISCESA DELLO SPIRITO

Nel primo capitolo del libro degli Atti, Luca riprende il racconto delle **apparizioni** e l'**ascensione** di Gesù al cielo, già narrati alla fine del suo Vangelo (vedi **DOC 5**).
Poco dopo, mentre si celebrava a **Gerusalemme** la festa di **Pentecoste**, gli apostoli, insieme con Maria, madre di Gesù, furono protagonisti di un avvenimento straordinario, destinato a rappresentare una svolta nella loro vita e nella storia della Chiesa: **lo Spirito Santo si manifestò** loro sotto forma di lingue di fuoco e con un forte rumore (At 2,1-4).
La grande effusione dello Spirito Santo viene raccontata come una **teofania** (cioè come una manifestazione di Dio). È la consacrazione degli apostoli a essere missionari del Vangelo in ogni punto della Terra e a tutti gli uomini (lo Spirito, infatti, permette loro di esprimersi in ogni lingua) ed è considerata l'inizio della Chiesa voluta da Cristo (At 1,8).

Ascensione
Significa "salire in alto". Nella mentalità antica il cielo era "il luogo di Dio" e pertanto l'ingresso di Gesù nel mondo di Dio è espresso con il verbo "innalzarsi".

Pentecoste
In greco vuol dire "cinquantesimo (giorno)". È il nome di un'antica festa ebraica (vedi a p. 27).

Il **Cenacolo**, *il luogo dell'Ultima Cena, Gerusalemme, Israele.*

VISITA VIRTUALE
La Pentecoste nella Cappella degli Scrovegni

VIDEO
L'ascensione, punto di contatto tra Cielo e Terra

LEZIONE 4

LA PRIMA COMUNITÀ CRISTIANA

Charles Bukowski @ L'isolamento è il regalo, le altre sono una prova della tua resistenza, / di quanto tu realmente voglia farlo #sicurezzadelleconvinzioni

?

È importante essere sicuri delle proprie scelte?
Se non si è ben sicuri, che cosa potrebbe succedere?

LA BIBBIA NELL'ARTE
Pietro: la Parola, l'arte, la tradizione

GALLERIA FOTOGRAFICA
Pietro nella Cappella Brancacci

UNA COMUNITÀ APERTA

Dopo la Pentecoste, **Pietro** cominciò a predicare la verità di **Gesù come il Cristo**. Il discorso pronunciato da Pietro immediatamente dopo la discesa dello Spirito Santo sugli apostoli (At 2,14-38) comprende molte citazioni dell'Antico Testamento, che hanno lo scopo di mettere in luce **la coerenza tra l'annuncio profetico, riguardante la venuta di un Messia e gli avvenimenti della morte e della risurrezione di Gesù**.
Il discorso di Pietro è detto **kerygmatico** (aggettivo che deriva dal termine greco *kérygma*, "annuncio", "proclamazione solenne di un fatto"), in quanto afferma solennemente il valore di salvezza della venuta di Gesù. E questa **salvezza** è per tutti, in tutti i luoghi (e in tutti i tempi).

Battesimo
Dal greco *baptismós*, che significa "immersione", "bagno". Anticamente, infatti, e ancora oggi presso i cristiani ortodossi, il battesimo avveniva con l'immersione in una vasca piena di acqua. L'attuale battesimo con la semplice aspersione, cioè con il versamento di un po' d'acqua, è stato introdotto in Occidente nel III secolo.

Concilio
In latino *concilium* significa "adunanza". Il Concilio è l'assemblea dei vescovi riuniti per deliberare su questioni relative alla dottrina e alla vita della Chiesa.

LA CONSAPEVOLEZZA DI UNA MISSIONE

Dall'effusione dello Spirito Santo nel giorno di Pentecoste la Chiesa prende consapevolezza della sua missione: essere stata, mandata ad **annunciare il Vangelo a tutti gli uomini di ogni tempo, in tutto l'universo**.
Per entrare a far parte della comunità cristiana erano sufficienti la fede in Gesù Cristo e il **battesimo**: non esistevano preclusioni né di nazione, né di religione o di altro genere, giacché il dono dello Spirito era stato esteso anche ai pagani.
Questo segnale d'apertura al mondo pagano creò in realtà varie **situazioni di conflitto all'interno delle comunità**, poiché i cristiani di origine giudaica erano inclini a preservare le loro radici ebraiche e mal tolleravano la presenza di persone che non rispettavano le **norme di purità** (abbiamo parlato a p. 27 del concetto di puro e impuro che è un cardine della religione ebraica) a causa delle loro usanze e dei loro comportamenti.

IL CONCILIO DI GERUSALEMME

Per risolvere le situazioni di difficoltà che iniziavano a manifestarsi, nel 49-50 d.C. a Gerusalemme si riunì una grande assemblea, considerata il primo **Concilio** della Chiesa (At 15). Il tema centrale del dibattito riguardava l'opportunità di imporre

I monaci di Tibhirine, *in Algeria, uccisi da estremisti islamici nel 1996.*

ai neoconvertiti la pratica della circoncisione, che, secondo la Legge di Mosè, era segno di appartenenza al popolo eletto e quindi indispensabile per la salvezza (vedi a p. 57). L'accordo raggiunto fu **un compromesso**: chi si convertiva era libero, in linea di principio, dall'osservanza della circoncisione. Venne, dunque, precisato come fosse la fede a rendere puri sia i cristiani provenienti dal paganesimo sia quelli provenienti dal giudaismo, orientando la Chiesa verso la sua dimensione di **comunità universale aperta a tutti gli uomini**.

VIDEO
I monaci trappisti di Tibhirine: sacrificarsi per i fratelli

PAGINE DIGITALI
Luci e ombre della prima comunità

CINE-TRAILER
Uomini di Dio

UN ESEMPIO DI TESTIMONIANZA: IL MARTIRIO DI STEFANO

Fra gli episodi narrati negli Atti c'è il martirio di Stefano (At 6,8-7,60): grande conoscitore delle Scritture, Stefano fu accusato di avere pronunciato parole blasfeme contro Mosè e contro Dio, ma egli dimostrò come gli ebrei fossero sordi allo Spirito Santo e alla chiamata di Dio. Per questo egli fu lapidato, divenendo così il primo **martire** della Chiesa primitiva.

Il martirio di Stefano evidenzia, da un lato, le reali **difficoltà** della prima comunità cristiana, dall'altro, la **tenacia**, la **fiducia** e il **totale abbandono in Dio** di chi decideva di affidarsi a Lui. Stefano manifestò molto coraggio nell'annunciare il Vangelo, **pagando con la vita la sua testimonianza**, e fu modello per molti altri che seppero vivere con coerenza la propria scelta di fede fino in fondo.

Martire
Dal greco *mártys* che vuol dire "testimone". Nel contesto cristiano indicava il fedele che, piuttosto di rinnegare la propria fede, sceglieva di affrontare persecuzioni e processi che si concludevano con la morte cruenta.

SOCIAL FORUM

- Che cosa significa secondo voi "essere testimoni" di qualche convinzione?
- In quali azioni e comportamenti può tradursi concretamente una testimonianza?
- È difficile testimoniare una propria convinzione? Ognuno dia delle spiegazioni o fornisca degli esempi che motivino la sua risposta.

LEZIONE 5

L'ORGANIZZAZIONE DELLA PRIMA CHIESA

Charles Bukowski @ E lo farai a dispetto dell'emarginazione e delle peggiori diseguaglianze. / E ciò sarà migliore di qualsiasi altra cosa tu possa immaginare. / Se hai intenzione di tentare, fallo fino in fondo #rischiodell'isolamento

? # Vale la pena accettare l'emarginazione se si è convinti delle proprie scelte?

LA VITA DELLE PRIME COMUNITÀ

Negli Atti degli apostoli Luca illustra **la vita e la testimonianza della Chiesa delle origini**, delineando una mappa d'orientamento ai **valori** che la Chiesa deve promuovere nel suo cammino, in ogni tempo, seppure tra innumerevoli difficoltà:

- l'amore fraterno;
- la capacità di condividere con solidarietà;
- lo spirito di servizio;
- il disinteresse per sé.

In particolare, la comunità delle origini viene descritta come sorretta da **quattro colonne spirituali**:

1. l'insegnamento degli apostoli;
2. la condivisione fraterna dei beni;
3. la "frazione del pane" (cioè la celebrazione del memoriale dell'Ultima Cena: vedi a p. 226);
4. la preghiera.

Frammento di una scultura che raffigura un **banchetto religioso** *cristiano; Roma, Musei Vaticani.*

LO STILE DI VITA: *AGÁPE* E PREGHIERA

I primi cristiani, pur continuando a essere fedeli alle pratiche religiose del popolo ebraico, cominciarono gradualmente a sentirsi **una comunità differenziata** da quella ebraica e si orientarono verso **uno stile di vita nuovo**, modello per la Chiesa di ogni tempo [vedi DOC 6]. L'ingresso nella nuova comunità era segnato dal rito del **battesimo** (vedi a p. 62).

- Possiamo riassumere il senso della vita della prima comunità (e quindi della Chiesa di oggi) nella **pratica dell'*agápe* fraterna**, un amore che vuole il bene altrui (vedi a p. 311).
- Un'altra caratteristica della comunità era la **preghiera** sia individuale sia comunitaria: un porsi in relazione con Dio con amore riconoscente e fiducioso, per lodarlo e ringraziarlo e per domandare aiuto e perdono, un dialogo costante con Dio che alimenta la vita di tutta la Chiesa (At 2,42-47).

IL CRISTIANESIMO SI DIFFONDE

L'annuncio cristiano si andò diffondendo nel **contesto culturale e politico dell'Impero romano**: questo significò l'incontro con civiltà diverse da quella originaria ed è dal fondersi di elementi provenienti da culture differenti che si affermò l'**identità cristiana**.

La **Chiesa di Gerusalemme** fu punto di riferimento di tutte le Chiese fondate dagli apostoli: i Dodici esercitarono infatti su tutte le altre comunità cristiane che via via sorsero nel bacino del Mediterraneo un'indiscussa autorità, legata alla loro esperienza di fede.

I compiti prioritari degli apostoli furono: la **predicazione** della salvezza portata da Cristo; l'**organizzazione** delle prime comunità cristiane.

SOCIAL FORUM

Leggete, insieme con l'insegnante, il racconto di At 2,42-47.

- Vi sembra che i valori che animavano la prima comunità siano ancora attuali?
- Nella società odierna, in che modo si può attuare il precetto di «*avere ogni cosa in comune*»?

L'ORGANIZZAZIONE DELLE PRIME COMUNITÀ

Poiché la presenza dell'apostolo era temporanea, attraverso **l'imposizione delle mani** (un gesto antichissimo di benedizione presente già nell'Antico Testamento), vennero nominati **alcuni responsabili** alla guida della comunità: gli **episcopi**, o **vescovi**. Gli episcopi convocavano i credenti per la preghiera, celebravano l'**eucaristia** e dovevano anche sorvegliare che la testimonianza di fede e la moralità degli appartenenti alla comunità fossero adeguate. Nella comunità di Gerusalemme (At 6,1-6) vennero istituiti sette uomini di «*buona reputazione, pieni di Spirito e di saggezza*», i **diaconi**, con la funzione di assistere i bisognosi, organizzare la comunità e predicare. [vedi DOC 7].

Episcopi o vescovi

Episcopo è una parola derivante direttamente dal greco e significa "sorvegliante". Il termine è da intendere non nel senso di un controllo, ma della custodia.

Eucaristia

La parola deriva dal verbo greco *eucharistéo*, "ringraziare" e significa "ringraziamento".

CARTA GEOGRAFICA

DIFFUSIONE DELLE PRIME COMUNITÀ CRISTIANE

LEZIONE 6

LA MISSIONE APOSTOLICA DI SAN PAOLO

Charles Bukowski @ Non esiste sensazione altrettanto bella. / Sarai solo con gli dèi. / E le notti arderanno tra le fiamme. / Fallo, fallo, fallo. FALLO! / Fino in fondo, fino in fondo. / Cavalcherai la vita fino alla risata perfetta. / È l'unica battaglia giusta che esista #realizzareleconvinzioni

LA CONVERSIONE SULLA VIA DI DAMASCO

LA BIBBIA NELL'ARTE
Paolo: la Parola, l'arte, la tradizione

Accanto a Pietro, un'altra persona di particolare spicco nella Chiesa primitiva è quella di **Saulo di Tarso**, conosciuto con il nome latinizzato di **Paolo**.
La conversione di Saulo fu per la Chiesa delle origini un evento fondamentale e viene raccontata più volte nel libro degli Atti (At 9; At 22; At 26).
Saulo era di **famiglia ebraica** e abitava a Tarso, una città ellenistica, centro di **cultura greca**. Nato all'inizio del I secolo d.C., era **cittadino romano di nascita**, frequentò la celebre scuola rabbinica di Gamaliele a Gerusalemme ed esercitò, per tutta la vita, il mestiere di tessitore di tende.
Ebreo praticante, fu in un primo tempo al servizio del Sinedrio (vedi a **p. 228**) e persecutore dei cristiani. Determinante nella sua esistenza fu **l'esperienza di Damasco** (avvenuta presumibilmente nel 35 d.C.) su cui si fonda la sua missione apostolica. Il Signore gli si manifestò come luce accecante che lo privò della vista.

I VIAGGI MISSIONARI DI PAOLO

Dopo la conversione, Paolo lasciò Damasco e passò un po' di tempo in **Arabia**, a sud-est del Mar Morto. Paolo svolse attività di proselitismo anche in **Siria** e in **Cilicia** (regione confinante a nord con la stessa Siria). Lo sviluppo della sua attività missionaria fu legato all'intervento in suo favore di **Barnaba** (forse cugino dell'evangelista Marco), che lo portò con sé ad **Antiochia**, in Turchia, dove i due operarono insieme per un certo periodo.
Nella sua attività missionaria Paolo **evangelizzò intenzionalmente luoghi urbani**, dove vi era un'ampia concentrazione di popolazione, fatta di residenti e stranieri, liberi e schiavi, con la presenza delle istituzioni tipiche delle città del mondo antico. Egli abitualmente iniziava l'attività di annuncio presso la sinagoga, centro di raccolta dei "fratelli" ebrei.
Dopo il terzo viaggio missionario Paolo andò a

SOCIAL FORUM

La cecità di Paolo ha un valore simbolico: egli non vede la verità e lo splendore di Cristo lo acceca per poi permettergli di riaprire gli occhi e vedere realmente.

- Provate ad applicare la metafora della cecità alla realtà in cui viviamo: la cecità delle nostre vite ha reso il mondo popolato di diffidenza ed egoismo. Ci sono delle verità rispetto a cui siamo ciechi secondo voi?
- Che cosa non vediamo perché non vogliamo vederlo?
- Quali esperienze e quali valori potrebbero regalarci una nuova capacità di vedere (e di agire)?

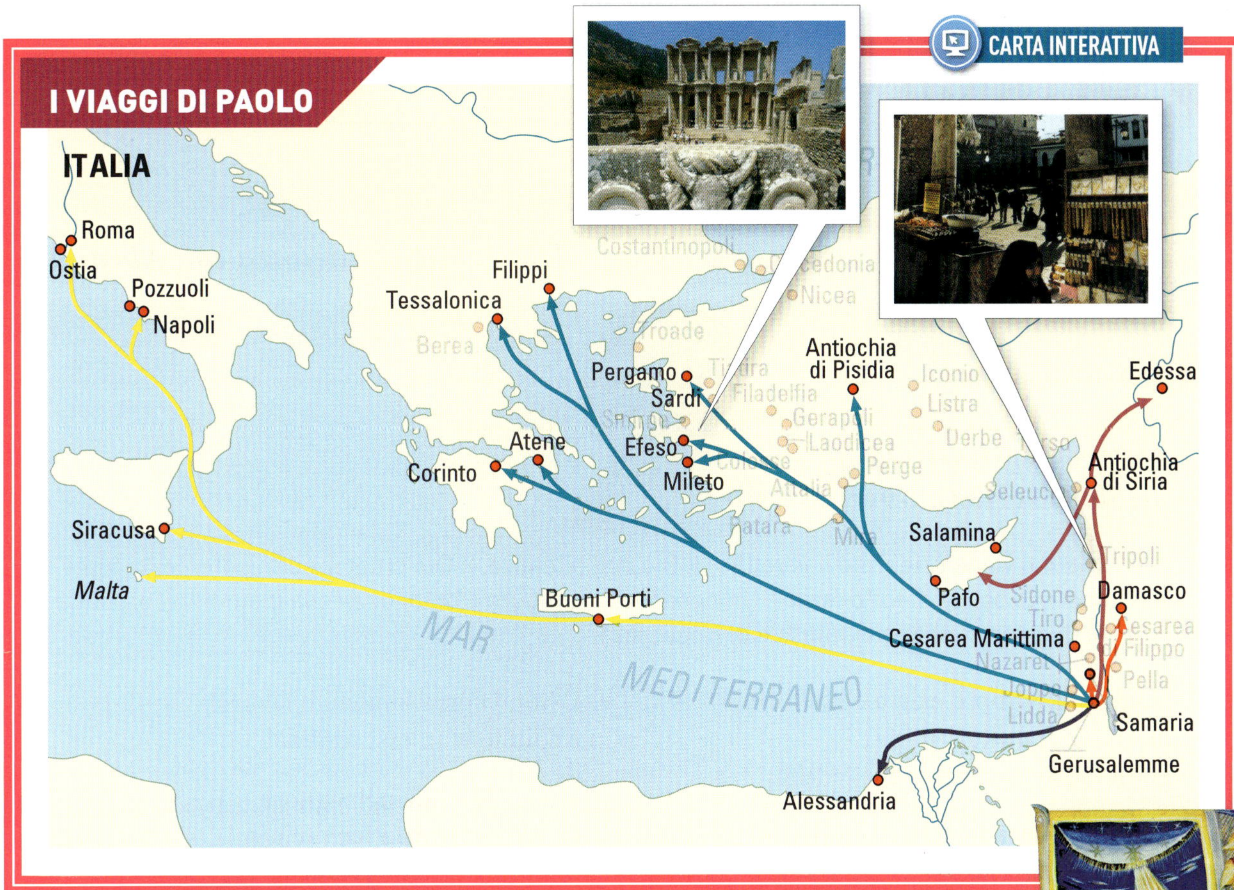

Gerusalemme, nonostante una profezia lo avesse avvisato che lì sarebbe stato arrestato. La sua presenza fece scoppiare un tumulto e venne accusato di aver violato la Legge introducendo un pagano nel Tempio. Venne arrestato e, in quanto cittadino romano, si appellò al diritto di poter essere giudicato a **Roma**.
Il libro degli Atti non fornisce informazioni sull'esito del processo. Viene ipotizzato da alcuni un successivo viaggio missionario verso la **Spagna**. Rientrato a Roma, Paolo fu martirizzato per decapitazione lungo la via Ostiense, nel 67 d.C.

Conversione di San Paolo; *miniatura, inizio XIV secolo.*

LE LETTERE ALLE NASCENTI COMUNITÀ CRISTIANE

Parte del Nuovo Testamento è costituita da **lettere scritte da Paolo durante la sua attività missionaria**: sono i primi documenti scritti del cristianesimo. Da questi scritti emerge la sua preparazione culturale, l'abilità retorica e la padronanza dell'Antico Testamento.
Come apostolo, Paolo si sentì incaricato dal Cristo risorto di rappresentare il suo Maestro e per lui la lettera fu il modo di **continuare a trasmettere la sua presenza** e il suo **carisma** nelle singole Chiese. Il suo stile epistolare fu modello per la successiva corrispondenza cristiana.
Le lettere paoline aprono la strada a **un genere letterario intermedio** rispetto all'epistolografia classica da un lato (in cui la forma della lettera era un pretesto per svolgere argomenti propri della trattatistica filosofica), e le lettere private e familiari dall'altro, in cui si parla liberamente e in modo informale di vicende autobiografiche. Le lettere di Paolo radicano nelle situazioni concrete di vita e non perdono mai il contatto vivo e profondo con la realtà propria dei destinatari. Dall'altra parte non si possono neppure definire missive private, perché Paolo non si presenta come "semplice amico", bensì come **portavoce di Dio** inviato a evangelizzare e a portare i doni di salvezza del Signore.

ARTE E STORIA
I viaggi di Paolo

VIDEO
Efeso, perla dell'Egeo

Carisma
Da *cháris*, in greco antico "grazia", è un dono divino elargito dallo Spirito Santo.

LA PAROLA

DOC 1 dall'Antico Testamento

Ecco il mio servo

Fonte: Is 42,1-14

DOC 2 dall'Antico Testamento

Dio stipula l'alleanza con Abramo

Fonte: Gen 17,1-4; 7-11

DOC 3 dall'Antico Testamento

Il Dio dell'alleanza

Fonte: Sal 115 (113B), 1-9

In questo Salmo viene celebrato il vero Dio, il Dio dell'alleanza, il Dio creatore onnipotente, la fonte di ogni fiducia, lo scudo di tutto Israele. In negativo si raffigura l'idolo, una cosa inanimata, prodotta dalle mani dell'uomo, segno di morte e di impotenza.

Non a noi, Signore, non a noi,
ma al tuo nome da' gloria,
per il tuo amore, per la tua fedeltà.

Perché le genti dovrebbero dire:
«Dov'è il loro Dio?».

Il nostro Dio è nei cieli:
tutto ciò che vuole, egli lo compie.

I loro idoli sono argento e oro,
opera delle mani dell'uomo.

Hanno bocca e non parlano,
hanno occhi e non vedono,
hanno orecchi e non odono,
hanno narici e non odorano.

Le loro mani non palpano,
i loro piedi non camminano;
dalla loro gola non escono suoni!

Diventi come loro chi li fabbrica
e chiunque in essi confida!

Israele, confida nel Signore:
egli è loro aiuto e loro scudo.

DOC 4 dal Nuovo Testamento

Il mandato di Gesù ai discepoli

Fonte: Mt 28,8-20

DOC 5 dal Nuovo Testamento

Gesù appare ai discepoli sulla via di Emmaus

Fonte: Lc 24,13-35

COMPRENDERE E INTERPRETARE

- Quali caratteristiche ha Dio per gli ebrei?
- Sottolinea in che modo vengono definiti gli idoli degli altri popoli. I versi del salmo riguardo agli idoli danno una valutazione negativa o positiva?
- Oggi viene usato ancora il termine "idolo".
  - In quali occasioni?
  - Quali sono gli idoli del nostro tempo? Prova a ragionarci da solo e poi condividi i tuoi pensieri con il resto della classe.

LETTURE INTERDISCIPLINARI

DOC 6 **INTERDISCIPLINARE** dal sacro all'arte

Il primato di Pietro

A mano a mano che la comunità dei credenti si andava organizzando, iniziò a emergere sempre più il ruolo di guida degli apostoli e dei vescovi. Dagli Atti degli apostoli e dagli altri scritti del Nuovo Testamento emerge che Pietro occupò un posto di rilievo tra gli altri apostoli.
A Pietro è attribuito il primo miracolo (la guarigione di uno storpio) fatto nel nome di Gesù (At 3,1-26). Secondo la tradizione egli morì martire a Roma, nel 67 d.C., durante la persecuzione di Nerone.

Jean-Auguste-Dominique Ingres, **Gesù consegna a Pietro le chiavi del Paradiso,** *1820; Montauban, Musée Ingres.*

Gesù aveva lasciato a Pietro questa consegna: «*Tu sei Pietro e su questa pietra edificherò la mia Chiesa.* [...] *A te darò le chiavi del Regno dei cieli e tutto ciò che legherai sulla terra sarà legato nei cieli, e tutto ciò che scioglierai sulla terra sarà sciolto nei cieli*» (Mt 16,18-19).

DOC 7 il pensiero storico

L'organizzazione delle prime comunità

***Fonte: Jean Delumeau,* Storia vissuta del popolo cristiano**

COMPRENDERE E INTERPRETARE

Leggete i passi evangelici che riguardano Pietro, facendovi guidare dall'insegnante.

- Secondo voi, ci sono elementi sufficienti per tracciare un profilo della sua personalità?
- Come mai, a vostro parere, la scelta di Gesù è caduta proprio su di lui per un compito così importante e difficile come quello di guidare la Chiesa? Provate a ipotizzare delle motivazioni.

VERIFICA DELLE CONOSCENZE

VERO O FALSO?

- V F Il sacro nell'ebraismo e nel cristianesimo si presenta in un modo particolare
- V F Abramo è il patriarca dei tre monoteismi
- V F Fu Pietro autonomamente ad assumersi il ruolo di guida degli apostoli
- V F La peculiarità del Dio ebraico e cristiano consiste nel fatto che interviene attivamente nella storia umana
- V F Nella storia umana Dio dispiega il suo progetto di salvezza per l'umanità
- V F Il Dio ebraico-cristiano stringe con gli uomini un patto di alleanza
- V F Come Israele è stato il popolo scelto da Dio per stringere la sua alleanza, così l'alleanza è stata rinnovata attraverso Cristo
- V F Paolo era un cittadino greco
- V F La Chiesa è il popolo della nuova alleanza
- V F Per gli ebrei Gesù è il Messia promesso ai Padri
- V F La Chiesa è il segno visibile dell'alleanza tra Dio e gli uomini
- V F Il segno dell'ingresso nella comunità cristiana era la circoncisione
- V F Paolo perseguitò in un primo tempo i cristiani
- V F Le lettere scritte da Paolo alle comunità cristiane erano di carattere privato
- V F Lo Spirito Santo è sceso sugli apostoli durante l'Ultima Cena
- V F I valori della prima comunità cristiana furono l'amore fraterno e la condivisione
- V F Il battesimo di salvezza è il memoriale dell'Ultima Cena

BLOG IN CLASSE

L'IMPORTANZA DI UN IMPEGNO E DI UNA SCELTA

Realizzare un legame reciproco radicale è una sfida possibile?

Avete riflettuto su:

#ilcoraggiodellascelta
#accettareleincognite
#rinunciareallecertezze
#sicurezzadelleconvinzioni
#rischiodell'isolamento
#realizzareleconvinzioni

Confrontatevi adesso, rispondendo alle seguenti domande.

- Fare delle scelte coraggiose comporta sempre un prezzo da pagare?
- Quale compenso può esserci a questo prezzo?
- Se si fanno delle scelte coraggiose in nome dei valori che stanno alla base di un patto reciproco con qualcuno, può essere meno difficile?

Dividendovi a gruppi, fate **una ricerca** che riguardi persone la cui vita può essere considerata un esempio di fedeltà a una scelta, di coraggio, di determinazione. Ogni gruppo deve presentare agli altri i personaggi scelti attraverso:

- una breve scheda che illustri la loro vita, oppure
- attraverso alcune parole da loro pronunciate o
- attraverso il racconto (anche visivo) di azioni da loro compiute.

Tra tutti i personaggi presentati sceglietene tre, ai quali dedicare un **MANIFESTO PUBBLICITARIO**, che abbia lo scopo di **attirare l'attenzione** sul **valore** che la loro vita incarna (o ha incarnato). Il manifesto deve contenere un'**immagine significativa**, che sia di impatto, e una **breve frase** incisiva, tale da catturare l'attenzione.
Appendete i vostri manifesti nell'atrio della scuola, così che coloro che vi entrano, possano immediatamente comprendere quali valori educativi sono lì coltivati.

UNA MAPPA PER TUTTI

DIDATTICA INCLUSIVA

IL PERCORSO IN BREVE

Abbiamo imparato:

- che il Dio di Israele ha stabilito un'alleanza con il suo popolo per la sua salvezza;
- quale fu il ruolo di Abramo;
- chi è il Messia per gli ebrei;
- che la storia della salvezza dell'uomo prosegue grazie a Gesù, il Cristo;
- che la comunità dei credenti, cioè la Chiesa, continua la missione di Gesù;
- come si organizzò nei primi anni la Chiesa (le prime comunità, lo stile di vita, l'organizzazione, la diffusione del cristianesimo);
- qual è sempre stata la missione della Chiesa, fin dalla sua nascita
- che cosa vuol dire "testimoniare" e chi sono i martiri;
- il ruolo fondamentale di Paolo di Tarso nella missione apostolica (i viaggi missionari, le lettere alle comunità nascenti).

PERCORSO 4 LA CHIESA E L'EUROPA

DIDATTICA COOPERATIVA

PER COMINCIARE INSIEME

Gli Itinerari Culturali Europei sono percorsi riconosciuti dal Consiglio d'Europa come: veicolo di comunicazione e di scambio culturale tra le nazioni e le culture europee e come strumento per consolidare l'identità europea. Attraverso un viaggio nello spazio e nel tempo, questi Itinerari mettono in risalto il patrimonio culturale e i valori comuni dell'Europa.

- Il **cristianesimo** indubbiamente è uno degli elementi comuni della cultura europea e ha avuto un importante ruolo di coesione nel **pensiero**, nel **costume**, nella **società**, nell'**arte**...
  - Il progetto *Itinerari culturali* è partito nel 1987 e molti di questi percorsi conducono a **luoghi religiosi**, monasteri o abbazie, o a luoghi già meta di pellegrinaggi durante il Medioevo.
  - Il pellegrinaggio (come vedrete a p. 88) è, dopo tutto, la prima forma di **viaggio** che ha riunito persone provenienti da tutta l'Europa intorno a **valori comuni**.
  - Ancora oggi recarsi in luoghi sacri è ritenuto un **atto di devozione** molto significativo, anche se la fede non è l'unico stimolo per andarvi: spesso si vuole solo godere delle **bellezze artistiche** e conoscere le **peculiarità culturali** delle varie mete.
  - Il **turismo religioso**, ancora adesso, conduce a Santiago de Compostela, a Roma, oppure ripercorre le tappe dell'antica Via Francigena...
    Oggi non si tratta più di viaggi faticosi e pieni di pericoli come nel Medioevo, ma il percorso va pur sempre organizzato. Provate a pensare a eventuali **mete da proporre**.

Il logo delle **Giornate europee per i beni culturali**.

CAMMINI D'EUROPA

Il patrimonio culturale di diversi Paesi europei rappresenta un'eredità culturale comune

- Mentre studiate le pagine che seguono, provate a riflettere su questi aspetti:
  - Perché il cristianesimo ha avuto il ruolo di "fondare" l'Europa?
  - Attraverso quali segni possiamo percepire oggi, in Europa, traccia di questo ruolo?
  - Il cristianesimo è ancora oggi, per l'Europa moderna, un elemento di coesione?
- Vi saranno d'aiuto, per comprendere il valore del cristianesimo nella formazione della cultura europea: alcune parole di **Giovanni Paolo II** dall'esortazione *Ecclesia in Europa*, del 2003; le riflessioni di **Roger Scruton**, uno tra i più brillanti filosofi inglesi in attività, di fede anglicana, in cui offre una personale rivisitazione del cristianesimo, e in particolare dell'anglicanesimo, oggi fortemente in crisi a causa del suo scontro con la modernità; un'intervista allo storico **Franco Cardini** (DOC 5 a p. 97) che affronta il problema delle relazioni tra l'Europa moderna e le sue radici cristiane.

Buono studio!

LEZIONE 1 IL CRISTIANESIMO SI DIFFONDE NELL'IMPERO ROMANO

Giovanni Paolo II @ **L'Europa ha bisogno di un salto qualitativo nella presa di coscienza della sua eredità spirituale. Tale spinta non le può venire che da un rinnovato ascolto del Vangelo di Cristo**
#ereditàspirituale

Che cos'è un'«*eredità spirituale*»?
Che cosa significa averne una?

PERCORSO VISIVO
I simboli usati dai primi cristiani

ARTE E STORIA
Santa Cristina: il martirio e il culto dei primi secoli

UN MESSAGGIO RIVOLUZIONARIO RIVOLTO A TUTTI

Già nella seconda metà del I secolo d.C. il messaggio annunciato da Gesù iniziò a diffondersi in molte località del bacino del Mediterraneo: il cristianesimo, così, entrò a più stretto contatto con il mondo romano, dove accanto alla religione tradizionale stavano prendendo piede culti stranieri provenienti dall'Oriente e pratiche di tipo magico.

- Il cristianesimo, da parte sua, offriva un'**alternativa** a concezioni di vita condizionate da fattori di tipo magico-astrale, respingeva le forme di culto verso l'Imperatore e, soprattutto, non emarginava alcun gruppo sociale, proponendosi come una **religione rivolta a tutti gli uomini considerati**, indipendentemente dalle origini, come **figli di Dio**.
- Si trattava di una vera e propria **rivoluzione sociale** all'interno di un sistema che considerava solo alcune persone e non altre (per esempio, gli schiavi, i bambini, le donne) come soggetto di diritti ed egualmente degne.

Lapide funeraria *con simbolo cristiano dei pesci e la parola* Ichtús *(pesce), formata dalle lettere iniziali di parole che, in greco, significano "Gesù Cristo, Figlio di Dio, Salvatore".*

I CRISTIANI VENGONO PERSEGUITATI

Nel messaggio di Gesù e nella predicazione degli apostoli non si trova **alcuna presa di posizione negativa nei confronti dell'Impero romano**: «*Ciascuno sia sottomesso alle autorità costituite. Infatti non c'è autorità se non da Dio: quelle che esistono sono stabilite da Dio*» (Rm 13,1). Eppure sono note le numerose e cruente **persecuzioni** perpetrate nei confronti del cristianesimo fin dalle origini, di cui abbiamo testimonianza attraverso: le *Passiones*, redatte da testimoni sotto forma di racconti; le lettere mandate da una Chiesa all'altra; i verbali dei processi.

I PRIMI RICONOSCIMENTI

A poco a poco la Chiesa poté **uscire dalla clandestinità** e gli aristocratici cristiani incominciarono a rivestire cariche pubbliche. Infatti, sotto Commodo (161-180), e poi sotto i Severi (193-235), la Chiesa poté rivendicare la proprietà dei luoghi di culto, di riunione e dei cimiteri, nonostante la presenza di persecuzioni locali. Alla

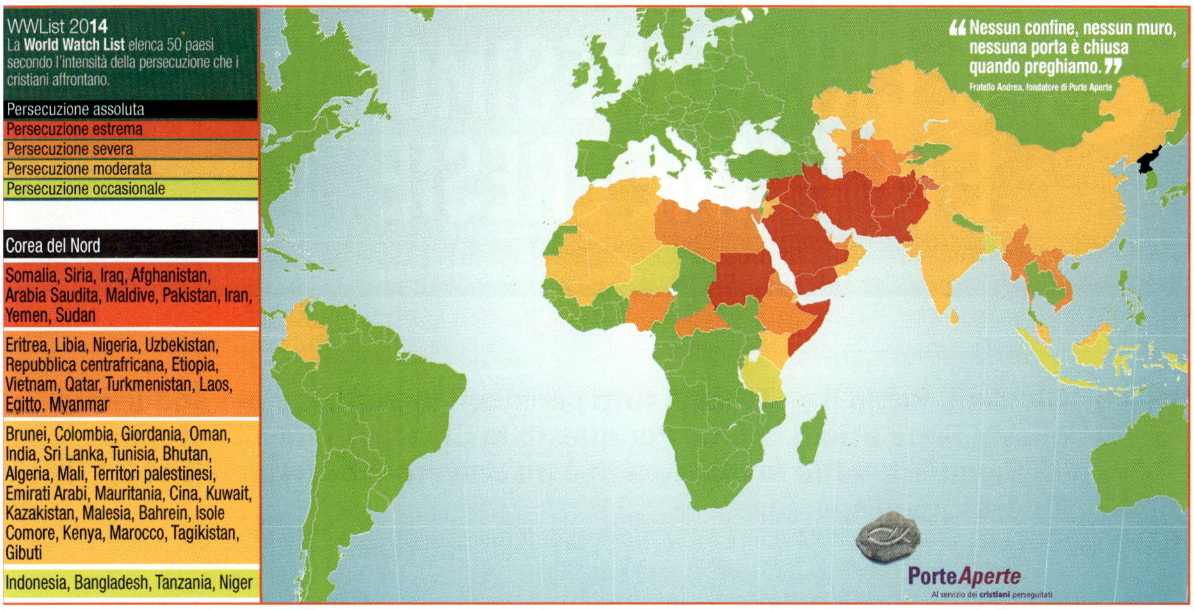

Chiesa, inoltre, si permise di esercitare pacificamente le sue attività, anche se non era ancora formalmente riconosciuta. Alla base di questo atteggiamento c'era la volontà da parte dell'Impero di **assicurarsi la collaborazione nella vita pubblica dei cristiani**, che erano sì una minoranza, ma rappresentavano ormai una forza significativa.

VIDEO
- Il martirio in Bulgaria
- Oscar Romero: dalla parte del Vangelo
- Don Puglisi: il prete che si è opposto alla mafia

NUOVE PERSECUZIONI

Tuttavia, **Decio** (249-251) impose a tutti i cittadini dell'Impero il **sacrificio agli dèi** e il ritiro di un certificato attestante l'avvenuto sacrificio. Ciò provocò il fenomeno dei ***lapsi***, ossia dei cristiani che, sotto la pressione delle persecuzioni, abiurarono la loro fede.

Con **Valeriano** (253-260) poi, si cominciò per la prima volta a colpire non il singolo cristiano, ma la Chiesa come istituzione. Si scatenò così una feroce **persecuzione** contro i membri del clero e i laici delle classi dirigenti, terminata nel **260** con un **editto di tolleranza**. Seguirono 40 anni di pace, interrotti però dalla sanguinosa **persecuzione di Diocleziano** (303).

Lapsi
Il termine significa letteralmente "caduti" ed era usato per indicare i cristiani che erano ricaduti nel paganesimo.

L'EDITTO DI MILANO

Le persecuzioni ebbero fine con la **conversione di Costantino**, dalla quale poi scaturì il cosiddetto **editto di Milano**, nel **313**. Merito di Costantino fu quello di intuire la forza della dottrina cristiana e di cercare di dare una svolta in senso decisamente cristiano all'Impero, in modo da poter realizzare meglio gli ideali di quella *pax romana*, sintesi di diritto e di ordine civile, fondata sul **superamento delle differenze etniche fra i popoli**.

Costantino capovolse il rapporto tra l'Imperatore e la religione. Mentre nell'editto che aveva posto fine alle persecuzioni di Diocleziano (311) la tolleranza veniva presentata come un perdono concesso dalla clemenza imperiale verso un errore, nell'editto di Milano sono proprio **gli imperatori che chiedono l'alleanza alla divinità** e quindi concedono ai cristiani, e a tutti, la libertà di seguire la religione che vogliono [vedi DOC 3].

NETWORK
- In che modo il vostro libro di storia tratta la cristianizzazione dell'Impero romano? Quali spiegazioni dà delle motivazioni di Costantino rispetto all'editto di Milano?
- Ritenete che questo manuale di IRC e quello di storia affrontino l'argomento secondo la stessa prospettiva?

LEZIONE 2 IL CRISTIANESIMO E LE PRIME ERESIE

Giovanni Paolo II @ **Tocca a tutti i cristiani impegnarsi per soddisfare questa fame e sete di vita. Per questo la Chiesa ripete all'Europa: «*Il Signore tuo Dio in mezzo a te è un Salvatore potente!*» (Sof 3,17)** #messaggiodisperanza

? # In che cosa consiste il messaggio di speranza diffuso dal cristianesimo?
La Chiesa ha il compito diffonderlo ancora oggi?

VIDEO
Il dì di festa: domenica

IL CRISTIANESIMO DIVENTA RELIGIONE UFFICIALE

Nel concedere a tutti la libertà religiosa, l'editto di Costantino nomina i cristiani per primi, differenziandoli dagli altri. Ciò rappresentò quasi un primo passo verso la proclamazione del **cristianesimo** come **religione ufficiale dell'Impero**, avvenuta con l'**editto di Tessalonica** emanato da Teodosio nel 380.
Dopo questo riconoscimento entrò in vigore la festività domenicale (la commemorazione del sacrificio di Cristo) e si stabilì una sorta di **graduatoria gerarchica fra le Chiese**. In ogni provincia dell'Impero, il vescovo della città capoluogo ebbe funzioni di sorveglianza su quelli delle città minori, diventando **metropolita** della sua provincia. Tra questi emersero per prestigio i **patriarchi** (vedi a **p. 57**) legati a quattro sedi: quella di **Roma** il cui vescovo venne chiamato patriarca d'Occidente, quella di **Alessandria** (patriarcato d'Egitto), quella di **Gerusalemme** e quella di **Antiochia** (patriarcato di Oriente). Più tardi anche il vescovo di **Costantinopoli** assunse il titolo di patriarca.

PERCHÉ SI AFFERMA IL CRISTIANESIMO

L'espandersi del cristianesimo nel mondo romano, tuttavia, non ebbe solo motivazioni politiche, ma corrispose a **esigenze più profondamente culturali e antropologiche**. L'angoscia esistenziale che travagliava il mondo romano fin dagli albori dell'Impero non fu risolta né dalla *pax augustea* (che pose fine a un travagliato periodo di guerre civili e di disordini politici) né da sistemi culturali e di pensiero che pure ebbero una forte componente esistenziale. Essa restava irrisolta e il cristianesimo si offrì come risposta soddisfacente.

Trinità
Secondo il credo cristiano Dio è uno nell'Essenza e trino nelle Persone (vedi a p. 232).

LE DISPUTE INTERNE

Mentre il cristianesimo si affermava e si diffondeva, entrava in contatto con **nuovi modelli culturali**, perdendo l'omogeneità e l'armonia che lo avevano caratterizzato nei primi secoli. In particolare, alcuni **motivi di attrito** furono di natura teologica: il dibattito riguardò la figura di Maria e soprattutto la dottrina della **Trinità**, alla luce dell'insegnamento biblico sull'unico Dio (vedi a **p. 232**). Si affermarono modi di-

versi di intendere la persona di Gesù e la sua natura, che comportarono alcuni travisamenti e interpretazioni scorrette, dette **eresie**.
A esse si opposero i sostenitori dell'**ortodossia** che si attenevano alla tradizione e sostenevano di seguire la "giusta" fede. Essi si adoprarono per la salvaguardia del messaggio biblico nel corso di concili (vedi a p. 62) in cui si affermarono i **dogmi** di fede, cioè quelle verità di fede che stanno alla base del credo cristiano.

SOCIAL FORUM

Un vescovo del I secolo sosteneva: *«Se vi sarà pace e concordia non si farà nessun passo avanti nella ricerca della verità»*.

↘ Le dispute possono contribuire alla ricerca della verità? In quale modo e perché? Concordate con l'affermazione sopra riportata? Discutetene in classe.

L'ARIANESIMO E LE ALTRE ERESIE

Nel IV secolo l'eresia che si diffuse maggiormente fu l'**arianesimo**, predicata da Ario e dai suoi seguaci, che negava la divinità di Gesù e l'uguaglianza della sua natura con quella del Padre. La questione ariana venne dibattuta nel **I Concilio di Nicea** (325), convocato da Costantino sotto papa Silvestro I: l'arianesimo venne condannato e la Chiesa autorizzata a espellere gli eretici.
Fra i concili convocati per affrontare le altre principali eresie dei primi secoli ricordiamo: il primo **Concilio di Costantinopoli** (381), convocato dall'imperatore Teodosio I sotto papa Damaso. Ebbe come tema principale la **divinità dello Spirito Santo**; in questa occasione venne elaborato il **Credo niceno-costantinopolitano** [vedi DOC 1], che è la professione di fede della Chiesa **cattolica**, ripresa a partire dai simboli (vedi a p. 9) più antichi.

Eresie
Dal greco *haíresis*, "scelta", il termine indica una dottrina che è in contraddizione con la verità rivelata da Dio, di cui la Chiesa cattolica è garante e custode.

Ortodossia
Dal greco *orthodoksía*, "retta opinione".

Cattolica
Dal greco *katholikós* (composto da *katá*, rafforzativo, e *hólos*, intero), significa universale.

Calendario del mese di luglio, particolare del **Concilio di Nicea** *(325), Concilio di Costantinopoli I (381) e Costantinopoli III (680-681), metà del secolo XVIII, icona russa della regione di Novgorod; Collezione Roger Cabal.*

PAGINE DIGITALI
Altri Concili

ARTE E STORIA
Ortodossia ed eresia: i Concili ecumenici

LEZIONE 3 L'ESPANSIONE CRISTIANA IN EUROPA

Giovanni Paolo II @ **Con l'autorità che le viene dal suo Signore, la Chiesa ripete all'Europa di oggi: non cedere allo scoraggiamento, non rassegnarti a modi di pensare e di vivere che non hanno futuro, perché non poggiano sulla salda certezza della Parola di Dio!** #guardarealfuturo

Qual è l'esortazione che la Chiesa rivolge all'Europa di oggi?
Questo invito è rimasto immutato nei secoli?

CROLLA L'IMPERO ROMANO

Negli stessi secoli in cui si andava affermando il cristianesimo l'**Impero romano** stava vivendo una **forte crisi economica e politica**. L'esercito romano non riuscì a contrastare la pressione dei **popoli barbari** che premevano lungo i confini dell'Impero e che finirono con l'invaderlo: l'Impero romano d'Occidente cadde, infatti, nel 476.
Nel vuoto creato dalla scomparsa delle strutture civili romane, intere regioni dell'Europa rimasero in balía di se stesse. Emerse una nuova figura di "uomo pubblico", il **vescovo**, che divenne sempre più il **capo carismatico, cui faceva riferimento tutta la comunità**.

Clero
Comprende tutti gli appartenenti all'ordine sacerdotale, cioè coloro che hanno ricevuto il sacramento dell'ordine (vedi I sacramenti del servizio). Essi hanno funzione di guide spirituali e di amministratori dei sacramenti.

Pastorale
La missione pastorale è il modo concreto di annunciare il Vangelo, svolgendo il compito, affidato da Cristo, di essere "pastori di anime".

Dottrinale
Dal latino *docére*, "insegnare". Nella tradizione cristiana il termine dottrina è usato per indicare il complesso dei princìpi fondamentali della religione.

IL VESCOVO, NUOVA AUTORITÀ CIVILE

L'autorità del vescovo si estendeva sulla città in cui risiedeva e sul territorio che ne dipendeva amministrativamente, cioè sulla sua **diocesi**. Il vescovo officiava le funzioni liturgiche nella chiesa principale della diocesi, cioè nella **cattedrale**, dove si trovava la **cattedra**, cioè il seggio su cui egli sedeva quando presiedeva le celebrazioni e predicava.
Nei primi secoli del cristianesimo il vescovo diventava tale per **elezione**: in alcuni casi era eletto direttamente dai fedeli, altre volte dal **clero**, ma doveva essere consacrato da uno o più vescovi delle regioni vicine. Oltre a farsi carico di **compiti di tipo pastorale** e **dottrinale**, il vescovo amministrava i beni della comunità e si preoccupava anche di organizzare la difesa della città in caso di attacco.

SI APRE UNA NUOVA FASE EVANGELIZZATRICE

In questo periodo di forte crisi politica, la Chiesa conobbe una **nuova stagione missionaria**: l'obiettivo era quello di portare il messaggio evangelico ai nuovi popoli. La maggior parte di essi era politeista. Alcuni, come per esempio i Longobardi, si erano già convertiti al cristianesimo, ma nella forma ariana.
L'evangelizzazione di nuovi territori fu il primo contributo per la formazione dell'**unità culturale europea**, le cui basi furono poste dall'**unificazione religiosa**.

- Il regno dei Franchi alla morte di Pipino in Breve (768)
- Conquiste di Carlo Magno
- Alleati o tributari di Carlo Magno
- Missioni romane
- Missioni irlandesi di Colomba e Colombano
- Missioni di Willibrord e Bonifacio
- Missioni di Cirillo e Metodio

GREGORIO MAGNO

AUDIO
I canti gregoriani

Una figura determinante nel processo di unificazione culturale e religiosa fu quella di **Gregorio Magno**, Papa tra il 590 e il 604: una personalità complessa, profondamente spirituale, ma anche con grandi doti politiche. Egli fu il vero protagonista dell'**ascesa della Chiesa di Roma**. Gregorio comprese che **l'unità dei popoli europei** si poteva conquistare solo attraverso l'unità religiosa e questa poteva sussistere unicamente se il **primato del Papa** veniva accettato e rispettato da tutti.

L'EVANGELIZZAZIONE DEL NORD EUROPA

Tra gli evangelizzatori delle regioni settentrionali, nel corso del VI secolo, ricordiamo san **Remigio**, che predicò ai Franchi, **Gregorio Magno** in Inghilterra, san **Patrizio** in Irlanda. Nel VII secolo san **Bonifacio** intraprese la conversione delle popolazioni germaniche. San **Colombano** annunciò il Vangelo in Gallia; suo compagno in Svizzera fu san **Gallo**, che si stabilì sul lago di Costanza.

Antonello da Messina, **San Gregorio Magno**, *1470-1475 circa; Palermo, Galleria Regionale della Sicilia di Palazzo Abatellis.*

LA CONVERSIONE DELL'EUROPA ORIENTALE

Nell'861 due fratelli, **Cirillo e Metodio**, furono inviati in Moravia (un Paese che comprendeva diverse popolazioni slave dell'Europa centrale) ad annunciare il contenuto della fede cristiana nella lingua che lì si parlava. Essi riuscirono a portare a termine il loro compito missionario, grazie all'**invenzione di un alfabeto slavo**, noto come **cirillico**, con il quale vennero tradotti i testi sacri e liturgici. La lingua liturgica paleoslava divenne non solo la lingua ecclesiastica, ma anche quella ufficiale e letteraria ed è tutt'oggi la lingua usata nella liturgia bizantina.

La **Boemia** accolse con **Venceslao** il Vangelo agli inizi del secolo IX. In **Russia** il cristianesimo si diffuse nelle città e nelle campagne con la conversione del re Vladimiro (988).

NETWORK

Fate una ricerca sulla figura di Gregorio Magno.
- In quali ambiti ebbe effetto la sua azione?
- Come agì sulla liturgia e sulla musica?

LEZIONE 4 IL MONACHESIMO

Giovanni Paolo II @ Riprendendo questo invito alla speranza, ancora oggi ripeto a te, Europa, che sei all'inizio del terzo millennio: «*Ritorna te stessa. Sii te stessa. Riscopri le tue origini. Ravviva le tue radici*» #importanzadelleradici

?

\# Perché è importante riconoscere le proprie radici?
\# In quale modo la scoperta delle proprie radici aiuta a essere se stessi?

IL MONACHESIMO ORIENTALE

Nella realizzazione dell'unità religiosa e politica europea ebbe un ruolo determinante anche il **monachesimo** (dal greco *mónos*, "solo"), grazie al quale la cultura cristiana poté diffondersi capillarmente in Europa.

- Fin dalle origini del cristianesimo si ebbero esperienze di vita monastica, ma il monachesimo cristiano propriamente detto nacque **a partire dal III secolo in Egitto** e in altre regioni del **Mediterraneo orientale**. Lì alcuni cristiani scelsero di ritirarsi in preghiera, in luoghi deserti e isolati (grotte o capanne), consacrando integralmente a Dio la loro esistenza, nel tentativo di **mettere in pratica la povertà consigliata dal Vangelo e una profonda unione spirituale con Dio**. Questo tipo di pratica era detto **eremitismo** o **anacoretismo**.
- Una forma particolare di anacoretismo fu quella degli **stiliti**, che vivevano sopra una colonna (in greco *stylos*) e dedicavano il loro tempo alla preghiera e alla predicazione (per esempio san Simeone).
- L'esperienza monastica si espresse anche in forme di **vita associata**: i monaci conducevano vita comune, almeno durante i pasti, e condividevano una regola monastica, cioè un insieme di principi e di norme che regolavano il comportamento. Questo monachesimo, detto **cenobitico**, si diffuse progressivamente sia in Oriente sia in varie regioni dell'Occidente.

Eremitismo e anacoretismo
Dal greco *éremos*, cioè "deserto", "solitario"; dal greco *anachoreín* che significa "ritirarsi in disparte".

Cenobitico
Dal greco *koinós*, "comune" e *bíos*, "vita", dunque "vita in comune".

San Simeone *lo stilita.*

IL MONACHESIMO DI BENEDETTO DA NORCIA

In Italia l'esperienza di fede del monachesimo raggiunse la sua massima espressione con san **Benedetto**. Nato a Norcia intorno al 480, Benedetto studiò a Roma; dopo un'esperienza eremitica ad Affile (Roma) e poi a **Subiaco** (Roma), fu chiamato a sostituire il capo di una comunità di monaci. Troppo rigido e severo, scampò a un tentativo di avvelenamento e riprese l'esperienza eremitica. Da lui si recarono altri monaci per condividere la sua esperienza di vita e porsi sotto la sua guida. Dopo una serie di difficoltà, nel 529 Benedetto fondò la comunità di **Montecassino**, che divenne poi la casa-madre e il modello di centinaia di monasteri sparsi in tutta Europa. Benedetto stabilì una severa ***Regola*** che influenzò tutte le successive fondazioni monastiche sviluppatesi in Occidente [vedi DOC 2]. Morì nel 547.

LA VITA NEL MONASTERO

Benedetto delineò un modo nuovo di vivere il monachesimo all'interno dei monasteri; la sua ***Regola***, che disciplinava la vita quotidiana dei monaci, riassumeva nelle sue norme lo spirito della riforma benedettina. Essa ruota intorno alla **preghiera** e al **lavoro** (*ora et labora*, "prega e lavora") «*affinché tutto sia glorificato in Dio*».

- La preghiera ha il primato ed è continua, di giorno e di notte, celebrata coralmente negli uffici cantati più volte al giorno.
- L'importanza attribuita al lavoro manuale, all'epoca considerato degradante rispetto alle attività intellettuali, rappresentò una novità assoluta; Benedetto lo riabilitò come mezzo di avvicinamento a Dio.

L'AUTORITÀ DELL'ABATE

Un altro aspetto fondamentale della *Regola* sta nell'aver sancito in modo inequivocabile l'**autorità dell'abate**, cui tutta la famiglia monastica deve essere legata da amore, rispetto, sottomissione. A lui spettava la gestione delle risorse e l'assegnazione dei compiti e delle mansioni di ciascuno.
Ogni monaco doveva essere umile e obbediente e sottostare alla regola del silenzio.

I MONASTERI, CENTRI ECONOMICI...

Grazie al lavoro dei monaci, i monasteri benedettini divennero importanti **luoghi di produzione economica**, autosufficienti, in grado di mantenere i poveri, ospitare i viandanti, curare i malati. A partire dai secoli VIII e IX i monasteri, arricchiti da donazioni di terre, assunsero la fisionomia di **aziende** dotate di estese proprietà e i monaci si trasformarono da coltivatori (la bonifica delle paludi fu una delle principali attività) in ricchi amministratori di territori.

... E POLI DI AGGREGAZIONE CIVILE E CULTURALE

Intorno ai monasteri sorgevano **centri abitati**, legati economicamente e spiritualmente al monastero. Re e privati gareggiavano nel fondare e ingrandire i luoghi sacri, dove si pregava per la stabilità del Regno e per la salvezza della loro anima.
Oltre ad avere un importante ruolo economico, i monasteri divennero i principali **centri culturali** del Medioevo: molti monaci possedevano già una discreta istruzione, altri studiavano in monastero.
I monasteri benedettini furono anche fondamentali per la **salvaguardia della cultura classica**: i monaci amanuensi ricopiavano gli antichi testi greci e latini, molti dei quali sono giunti fino a noi proprio grazie a questo paziente lavoro.

NETWORK

Nel corso dei vostri studi avete già incontrato, o incontrerete, il monachesimo. Fate una ricerca con l'aiuto dell'insegnante di storia.

- Quale contributo viene dal monachesimo benedettino ai contenuti della nostra cultura?
- Ben dieci dei 73 capitoli che formano la *Regola* sono dedicati al lavoro. Fate una ricerca per approfondire la gestione economica di un monastero, le attività agricole e di allevamento, la produzione di beni.

PERCORSO VISIVO
- L'abbazia
- San Benedetto

ARTE E STORIA
San Benedetto e la *Regola* monastica

Un **monaco benedettino** *al lavoro.*

LEZIONE 5
POTERE TEMPORALE E POTERE SPIRITUALE

Giovanni Paolo II @ Nel corso dei secoli, hai ricevuto il tesoro della fede cristiana. Esso fonda la tua vita sociale sui principi tratti dal Vangelo e se ne scorgono le tracce dentro le arti, la letteratura, il pensiero e la cultura delle tue nazioni #vitasocialeeculturale

?

Sapreste fare degli esempi attraverso i quali si comprenda in quale modo il cristianesimo ha influenzato la pittura e l'architettura?
Quali autori della letteratura italiana del Medioevo sarebbero incomprensibili senza tener conto della radice cristiana?

UN NUOVO IMPERO CRISTIANO

L'unificazione spirituale e culturale dell'Europa, che ebbe tra i promotori, come abbiamo visto, l'azione missionaria promossa da Gregorio Magno per un verso, Cirillo, Metodio e il monachesimo benedettino per un altro, trovò la sua massima espressione politica nel **Sacro Romano Impero**, proclamato con l'incoronazione di **Carlo Magno** avvenuta nella notte di Natale dell'anno 800 da parte di papa Leone III.

I DIFFICILI RAPPORTI FRA POTERE POLITICO E RELIGIOSO

Oltre a favorire la diffusione della cultura cristiana, il Sacro Romano Impero creò un **legame** molto particolare **tra il Papato e il potere politico**.

La Chiesa e l'Impero erano i due poteri, l'uno di carattere **spirituale**, l'altro di carattere **temporale**, su cui si basò l'equilibrio dell'Europa nascente.

Si trattò spesso di un rapporto difficile, dagli esiti critici. Infatti il Papato aveva assunto sempre più le caratteristiche di potenza politica e finanziaria (grazie al fenomeno delle donazioni di territori la Chiesa possedeva un cospicuo patrimonio) e l'Impero, a sua volta, moltiplicava le ingerenze in campo spirituale.

Potere temporale
È il potere che si riferisce alla vita terrena, in contrapposizione a quello che si esercita nella sfera spirituale.

LA DECADENZA DELLA CHIESA...

Con la divisione del Sacro Romano Impero, dopo la morte di Carlo Magno, la **Chiesa** si impegnò sempre più come **istituzione pubblica** e questo determinò una **situazione di crisi e di decadenza** sempre crescenti. I poteri pubblici e le responsabilità civili affidati ai vescovi portarono questi ultimi lontano dal loro ruolo di pastori e di evangelizzatori, distogliendoli dalla sfera spirituale: questo favorì scandali e corruzione.

La situazione di decadenza e corruzione fece sorgere una **forte esigenza di rinnovamento**, sia all'interno della Chiesa sia al di fuori di essa.

… E L'ESIGENZA DI RINNOVAMENTO

Quest'esigenza si manifestò più compiutamente nel x secolo con la **riforma** detta "**gregoriana**". Il nome deriva dal suo promotore, papa **Gregorio VII**, il quale, animato da forti esigenze spirituali, si impegnò per sottrarre la Chiesa al controllo imperiale, nella persona di Enrico IV. Partì così una reazione decisa contro l'investitura ecclesiastica dei **vescovi-conti**, nota come **lotta per le investiture**.

- In quell'epoca vi erano casi nei quali il conferimento di una carica ecclesiastica (per esempio, quella di vescovo o di abate) prevedeva l'assegnazione di un feudo. In questo caso, il vescovo diventava **vescovo-conte** e l'investitura avveniva per mano dell'Imperatore o di un altro potente signore laico, nei confronti del quale egli era tenuto a un giuramento di fedeltà.
- Per quanto riguarda il sovrano, scegliere abati e vescovi di sua fiducia gli garantiva un miglior controllo del potere, anche perché, alla loro morte, non avendo eredi, il feudo tornava al sovrano. Spesso, però, i vescovi-conti non svolgevano la loro missione spirituale e, inoltre, sfuggivano al controllo del pontefice.

Lotta per le investiture
Il contrasto che tra il 1075 e il 1122 oppose Papato e Impero sul diritto di conferire cariche ecclesiastiche.

Il Papa comprese che questo meccanismo era alla base della **corruzione della Chiesa** e osteggiò fortemente la **simonia**, ovvero la compravendita di cariche ecclesiastiche, che spesso aveva fatto sì che a esse accedessero individui senza alcuna motivazione religiosa.

GREGORIO VII EMANA IL *DICTATUS PAPAE*

Nel 1075 Gregorio VII emanò un decreto, il ***Dictatus Papae***, nel quale affermava alcuni importanti principi:

- solo il Papa aveva il diritto di nominare o di destituire i vescovi;
- i vescovi o l'Imperatore non potevano deporre il Papa né giudicare le sue affermazioni;
- il Papa poteva per contro deporre l'Imperatore e qualsiasi altro potere politico, poiché il suo potere, derivando direttamente da Dio, era superiore a quello dell'Imperatore.

Enrico IV non poteva accettare una riforma che colpiva al cuore il suo sistema politico: dichiarò quindi deposto il Papa, il quale replicò scomunicando l'Imperatore, e quindi privandolo di ogni seguito tra il popolo e i nobili.
Enrico IV dovette accettare una grossa umiliazione: nel gennaio del 1077, in atteggiamento e abito di penitente, dovette attendere diversi giorni dinanzi al castello di **Matilde di Canossa**, presso Reggio Emilia, dove era ospitato Gregorio VII, per ottenere il perdono papale.

Dalmatica di Carlo Magno, *seta turchese con ricami che rappresentano la Trasfigurazione; Città del Vaticano, San Pietro, Museo del Tesoro.*

NETWORK

- Fate una ricerca tra religione e storia (con l'aiuto degli insegnanti) per spiegare il motivo per il quale l'Impero di Carlo Magno venne definito "sacro".
  Perché fu il Papa a incoronare Carlo Magno? Perché l'incoronazione avvenne in San Pietro?
- Approfondite la questione dei rapporti tra Impero e Papato in relazione alle figure di Gregorio VII ed Enrico IV, facendovi guidare, oltre che dall'insegnante di religione, anche dall'insegnante di storia. Utilizzate anche il vostro manuale di storia.

LEZIONE 6 IL MONACHESIMO RIFORMA LA CHIESA

Giovanni Paolo II @ Ma questa eredità non appartiene soltanto al passato; essa è un progetto per l'avvenire da trasmettere alle generazioni future, poiché è la matrice della vita delle persone e dei popoli che hanno forgiato insieme il continente europeo #progettoperilfuturo

?

In base a quanto conoscete della realtà che vi circonda, vi sembra attuale il messaggio del Vangelo?
Può ancora, come è stato in passato, essere garanzia di unità?

DALL'ABBAZIA DI CLUNY UN NUOVO IMPULSO RIFORMATORE

La Chiesa, come abbiamo accennato, sempre più si stava allontanando dagli ideali di povertà che l'avevano animata alle origini; un decisivo contributo al suo rinnovamento venne offerto, a partire dal x secolo, dalla fondazione di **nuovi ordini monastici**, dediti soprattutto all'evangelizzazione e alla **catechesi**.

Catechesi
Dal greco *katéchesis*, "istruzione a viva voce". È l'insegnamento dei principi della religione cristiana.

Il movimento più importante ai fini del rinnovamento ecclesiastico fu quello legato all'**abbazia di Cluny** (da cui il nome **monachesimo cluniacense**). Nel documento di fondazione di Cluny il duca Guglielmo di Aquitania (910) affermava la **libertà del monastero da tutti gli influssi secolari**.

L'IMPORTANZA DI CLUNY

Con il grande numero di donazioni ricevute nei secoli e con il fatto che tra i suoi monaci vennero accolti i rampolli di grandi dinastie nobiliari, nei secoli xi e xii Cluny acquistò un **ruolo preminente nel mondo cristiano**, fino a misurarsi con pari potere con Papi e Imperatori. Lo dimostra il fatto che all'incontro a Canossa tra Papa e Imperatore assisté (e forse ne fu organizzatore) l'abate Ugo di Semur (padrino di Enrico IV), il più giovane a divenire abate di Cluny.
Cluny rappresentava il versante della spiritualità cristiana più votato allo **studio teologico** e alla solennità del culto. Ma dopo il Mille si faceva sempre più strada in ambito popolare la domanda di un ritorno alla fedeltà al Vangelo.

Un **monaco cistercense** *sfoglia una raccolta di canti sacri.*

UN NUOVO MOVIMENTO MONASTICO: I CISTERCENSI

In questo clima, nel 1098, venne fondato da Roberto di Molesmes il **monastero di Citeaux**, in cui, seppure sempre con riferimento alla *Regola* di san Benedetto, veniva ridotto il tempo delle attività intellettuali e dei riti, per curare maggiormente il lavoro e la pratica della povertà.

A **Bernardo di Chiaravalle** (Clairvaux) venne affidato l'incarico di capeggiare una nuova fondazione in ampliamento della prima e così il modello cistercense assunse una portata europea.

POVERTÀ E LAVORO ALLA BASE DELLA REGOLA CISTERCENSE

L'**ordine cistercense** aveva come scopo quello di essere una testimonianza di povertà e di operosità secondo la **stretta osservanza della regola benedettina**: vitto quasi sempre limitato a pane, verdure e frutta, con esclusione di carne e vino; molto lavoro manuale; abiti poveri e funzionali senza alcuna attenzione al decoro esterno; nessuna proprietà privata; oggetti di culto semplici e funzionali. Alla vita della comunità provvedeva il **lavoro** dei monaci, prima dissodatori, poi coltivatori e allevatori, ideatori di nuove tecniche agrarie.

Da Clairvaux il movimento cistercense si irradiò in tutta la **Francia**, in **Italia**, in **Germania**, in **Inghilterra**, in **Spagna** e in **Portogallo**, dove nacquero altri monasteri tra loro collegati tramite capitoli generali annuali cui partecipavano tutti gli abati, in contatto permanente tra loro.

SOCIAL FORUM

Bernardo di Chiaravalle insistette in modo particolare riguardo l'osservanza della povertà da parte dei monaci: a suo giudizio l'eccesso di ricchezze, la sontuosità è fonte di corruzione.

- Vi sembra attuale questa raccomandazione?
  A vostro giudizio anche chi non è vincolato dal voto di povertà deve porsi un limite nel possesso dei beni oppure no?
- Nella nostra società, a causa della crisi economica, è in crescita il fenomeno dei "nuovi poveri" (in base a un dossier presentato dalla Coldiretti nel 2013 il numero degli indigenti in Italia è cresciuto di un milione di unità in tre anni). Avete una percezione diretta di questo fenomeno? Sapreste portare degli esempi?
- Sempre secondo la Coldiretti è, però, aumentata la solidarietà tra le persone. Secondo voi in che modo chi ha tanti beni dovrebbe rapportarsi con chi non ne ha?

LEZIONE 7 LO SCISMA D'ORIENTE

Giovanni Paolo II @ Il Vangelo è per l'Europa: l'ispirazione cristiana può trasformare l'aggregazione politica, culturale ed economica in una convivenza nella quale tutti gli Europei si sentano a casa propria e formino una famiglia di Nazioni, cui altre regioni del mondo possono fruttuosamente ispirarsi #importanzadelVangelo

? # Quale potere ha l'ispirazione cristiana rispetto all'Europa?
Perché, secondo voi, il Papa usa l'espressione «*una famiglia di Nazioni*»? Quale significato hanno queste parole?

SI ROMPE L'UNITÀ DELLA CHIESA

Il conflitto tra Papa e Imperatore non era il solo problema che la Chiesa si trovava ad affrontare: nell'XI secolo, infatti, si aggravarono le **incomprensioni tra la Chiesa occidentale e quella orientale**, che si trascinavano fin dal IV secolo.
Problemi di tipo liturgico, incompatibilità tra modelli culturali differenti, scarsa capacità diplomatica dei rappresentanti di ambo le parti, insufficiente conoscenza della lingua greca da parte dei Latini e contrasti di tipo politico furono alla base dello **scisma** dell'unità della Chiesa, avvenuto nel 1054 con una reciproca **scomunica**.

ROMA E COSTANTINOPOLI SI ALLONTANANO: IL PROBLEMA DELLE ICONE

Gli sviluppi della vita e della teologia delle due comunità cristiane avevano generato un loro progressivo allontanamento, anche sulla **concezione delle immagini sacre**. A differenza di quanto avveniva per musulmani ed ebrei, per i quali era proibito rappresentare attraverso immagini la divinità, nell'Impero d'Oriente le **immagini del divino** (le **icone**) erano **oggetto di venerazione**. A volte capitava che il culto sconfinasse nell'idolatria o che le icone (realizzate con materiali di grande pregio) fossero considerate solo un bene materiale, fonte di ricchezza. Nel 726 l'imperatore Leone III l'Isaurico proibì il culto delle icone, imponendone la distruzione (**iconoclastia**). La Chiesa di Roma si oppose, condannando l'Imperatore e aprendo un ulteriore **fronte di conflitto con l'Oriente**.

LA QUESTIONE DEL *FILIOQUE*

I protagonisti principali della vicenda che portò allo scisma furono il **patriarca di Costantinopoli Michele Cerulario** e il legato pontificio **Umberto di Silva Candida**. L'appiglio teologico che diede luogo alla rottura fu una **complessa questione dottrinale**, detta "**del *Filioque***".
In Occidente, per contrastare l'eresia ariana (la quale affermava che Cristo non è della stessa **sostanza** del Padre) la formulazione niceno-costantinopolitana «*Credo*

Scisma
Dal greco *schízein*, "dividere".

Scomunica
Dal latino *excommunicare*, che significa "escludere dalla comunione". Comporta l'esclusione del fedele dalla pienezza della comunione ecclesiale, determinando così la privazione dei beni spirituali.

Iconoclastia
Dal greco *eikón*, "immagine", e *kláo*, "spezzare", distruzione di immagini. Con questo termine viene indicata una dottrina sorta nel VI-VII secolo che si proponeva di combattere il culto eccessivo delle immagini. Finì poi con il condannare l'uso di qualsiasi icona o segno esteriore, configurandosi infine come eresia.

Sostanza
Dal latino *substantia*, "ciò che sta sotto".

Incontro tra **papa Francesco** *e il* **patriarca Bartolomeo** *di Costantinopoli.*

nello Spirito Santo che è Signore e dà la vita e procede dal Padre ***attraverso il Figlio***» era stata modificata in «*Credo nello Spirito Santo che è Signore e dà la vita e procede dal Padre* ***e dal Figlio***». In Oriente la variante venne considerata inaccettabile e, come conseguenza, venne negato il riconoscimento dell'autorità pontificia.

ARTE E STORIA
Rito cattolico e rito ortodosso

ARTE E STORIA
Le icone

VIDEO
Il Natale degli ortodossi

NASCE LA CHIESA ORTODOSSA

Il patriarca Michele Cerulario ordinò alle Chiese e ai monasteri di lingua latina di Costantinopoli di assumere la lingua e il rito greco (nel quale l'eucaristia viene consacrata con pane fermentato anziché con pane azzimo). La **Chiesa orientale** fu definita da allora **ortodossa** (vedi a **p. 77**), di contro a quella occidentale, di lingua latina, detta **cattolica** (vedi a **p. 77**).
Papa Leone IX inviò a Costantinopoli una delegazione per chiarire la questione, ma le conseguenze furono deleterie e portarono al **totale allontanamento**. La **reciproca scomunica** introdusse una catena interminabile di dissapori, di atti ostili tra Latini e Greci. A ciò si aggiunsero poi le crociate, che furono un crescendo di occasioni di conflitto tra le due Chiese.

SEGNALI DI DIALOGO

Lo scisma d'Oriente ancora oggi divide la Chiesa occidentale da quella orientale, anche se nel corso del XX secolo sono stati fatti passi importanti per un riavvicinamento. Fondamentale, in questo senso, fu l'incontro nel 1965 tra **Paolo VI** e il patriarca ecumenico di Costantinopoli **Atenagora**, a Roma. In quella sede si è giunti alla **reciproca ritrattazione delle scomuniche** che avevano segnato l'inizio dello scisma.
Rimangono alcune **divergenze liturgiche**, ma le due Chiese vivono una **nuova stagione ecumenica**. Oggi le principali Chiese ortodosse sono quella greca e quella russa, quest'ultima sviluppatasi in modo autonomo dopo la caduta di Costantinopoli in mano ai musulmani nel 1453.

NETWORK

Il cristianesimo orientale ha una concezione della raffigurazione del divino, sia dottrinale sia liturgica, diversa dalla Chiesa cattolica.
Con la guida dell'insegnante di religione e facendovi aiutare da quello di storia cercate di approfondire i motivi dell'iconoclastia e i suoi effetti.

LEZIONE 8 I PELLEGRINAGGI

Giovanni Paolo II @ **Nelle vicissitudini della tua storia di ieri e di oggi, il Vangelo è la luce che illumina e orienta il tuo cammino; è la forza che ti sostiene nelle prove; è profezia di un mondo nuovo; è indicazione di un nuovo inizio; è invito a tutti, credenti e non, a tracciare vie sempre nuove che sboccano nell'"Europa dello spirito", per farne una vera "casa comune" dove c'è gioia di vivere** #unacasacomune

?

Che cosa intende, secondo voi, il Papa con l'espressione «*Europa dello spirito*»?
Che cosa e in quale modo garantisce l'unità spirituale?

VIDEO
- Il cammino verso Santiago
- La visita della cattedrale

Chierici
Dal latino *clericus*, da clerus "parte eletta di una comunità"; i chierici sono coloro che appartengono alla gerarchia ecclesiastica: vescovi, sacerdoti e religiosi.

Laici
Nella società medievale i laici (dal greco *laikós*, "del popolo") erano gli incolti che non sapevano il latino, a differenza dei chierici, dotti e dediti ad attività intellettuali (il sistema scolastico era infatti legato alla Chiesa). Più tardi il termine passò a designare coloro che non fanno parte del clero.

I "LUOGHI SANTI"

Fin dall'epoca di Costantino, nei principali luoghi nei quali si erano svolti episodi particolari dell'Antico e del Nuovo Testamento (specialmente a Gerusalemme) furono costruite chiese.
A partire dal IV secolo il cristianesimo cominciò a rivendicare il controllo su questi luoghi "santi", al fine di costruire una "**geografia sacra cristiana**".
Ben presto queste chiese divennero **meta di pellegrini** che da tutto il mondo cristiano si muovevano per pregare nei luoghi dove avevano vissuto Abramo, Mosè e, soprattutto, Gesù.

SI DIFFONDE IL CULTO DELLE RELIQUIE

Legato ai pellegrinaggi era il culto delle reliquie. Le reliquie erano **oggetti ritenuti sacri** in quanto appartenuti a un santo o a Cristo stesso, e quindi considerati in grado di guarire una malattia o di purificare il peccatore che li toccava. Il loro culto era antichissimo e risaliva alla madre dell'imperatore Costantino, la regina Elena, che, nel IV secolo, riteneva di aver ritrovato i frammenti della croce di Gesù. Purtroppo vi fu chi approfittò della devozione dei fedeli alle reliquie, lucrando sul loro commercio e diffondendone di false.

IL LUNGO VIAGGIO DEI PELLEGRINI

I **pellegrini** che si mettevano in viaggio verso i luoghi santi per pregare "nel luogo dove si sono posati i piedi del Cristo" erano principalmente monaci, **chierici**, ma anche **laici**, uomini e donne.

- Viaggiavano perlopiù **a piedi**, percorrendo circa 25-30 chilometri al giorno, con bastone e bisaccia. I più ricchi avevano cavalcature o viaggiavano per mare nel periodo dell'anno in cui era possibile imbarcarsi.

- Spesso viaggiavano **in gruppo** per affrontare con minor disagio le numerose difficoltà e pericoli del viaggio.
- Per la notte, a disposizione dei pellegrini, vi erano **alberghi** fatti appositamente costruire dai vescovi o da ricchi privati, oppure le navate delle chiese o i monasteri.
- Ai disagi del viaggio si aggiungevano spesso **pratiche penitenziali** come il digiuno. Ma quando, dopo aver percorso migliaia di chilometri e aver affrontato pericoli di ogni tipo, il pellegrino raggiungeva la meta, aveva la certezza di aver espiato le sue colpe e di essere stato assolto dai suoi peccati.

SOCIAL FORUM

Il viaggio reale intrapreso dai pellegrini aveva anche un significato simbolico: si trattava di un viaggio interiore, dentro se stessi.

- Che scopo può avere, secondo voi, il cammino interiore? Potrebbe aiutarvi come punto di partenza nella riflessione quanto raccomandava un maestro taoista: «*Chi compie viaggi esteriori cerca la completezza nelle cose, chi si dà ai viaggi interiori trova la sufficienza in se stesso*».
- Ognuno faccia riferimento a una propria esperienza di viaggio, definendola nei termini di viaggio interiore o esteriore.

CONFRATERNITE E ORDINI OSPITALIERI

Le difficoltà del cammino e i molteplici rischi affrontati insieme fecero nascere un **senso di solidarietà tra i pellegrini** e il senso di appartenenza a un disegno comune. Nacquero **confraternite**, **congregazioni religiose**, **ordini ospitalieri** con il preciso compito di proteggere i pellegrini dai briganti.
Vennero pubblicate vere e proprie **guide** con i percorsi da compiere e l'indicazione delle locande in cui soggiornare.
Il pellegrino era esentato dai pedaggi e poteva contare su **elemosine** per il proprio sostentamento.

ARTE E STORIA
L'Europa dei pellegrinaggi

AUDIO
La musica dei pellegrini

L'IMPORTANZA DEL MOVIMENTO DEI PELLEGRINI NELLA CULTURA EUROPEA

Il cammino percorso dai pellegrini era la trasposizione materiale di un **itinerario di fede**: era praticato per ottenere una grazia, scontare una pena, come segno di espiazione dei peccati commessi. Innanzitutto bisognava abbandonare ogni cosa e affidarsi completamente al Signore.
Ma la dimensione della fede non è l'unica per cui i pellegrinaggi medievali furono importanti: uomini e donne di ogni età ed estrazione divennero così i primi **creatori di una coscienza europea**. Nella loro bisaccia, insieme alle povere cose di viaggio, c'era un tesoro prezioso: la **fede in Cristo unico Dio**, una **visione comune della vita**, una **tensione collettiva verso i valori ispirati dal cristianesimo**: enorme fu l'influenza sulla **lingua**, sulla **letteratura**, sulla **politica**, sul **commercio**.
Il movimento dei pellegrini in tutta Europa determinò **nuove vie di comunicazione**, **scambi culturali e commerciali**, **nuove forme di economia** e, come abbiamo detto, un'ampia attività ospitaliera.

Gruppo di **pellegrini** *con l'abito e le insegne del pellegrinaggio; Santiago di Compostela, Spagna.*

LEZIONE 9 LA DIFESA DEI LUOGHI SANTI

Roger Scruton @ Penso che tutte le Chiese europee debbano trasmettere il messaggio che, senza di loro, l'Europa non esiste. Le nostre società sono creazioni cristiane, che dipendono su ogni singolo punto da una rivelazione che è stata mediata dalle Chiese #Europacreazionecristiana

?

- # Roger Scruton è di fede cristiana anglicana: sapete che cos'è l'anglicanesimo? Se non ne sapete nulla andate a p. 107.
- # Sapreste spiegare perché Scruton parla di "Chiese" e non di "Chiesa"?

I TURCHI CONQUISTANO GERUSALEMME

ARTE E STORIA
La prima crociata

Fin dal VII secolo **Gerusalemme** – città santa per gli ebrei, per i cristiani e per i musulmani – era sotto il dominio arabo; essa era diventata, insieme a Roma e a Santiago de Compostela, una delle principali mete dei pellegrinaggi.

I governanti islamici avevano sempre tollerato sia la presenza dei pellegrini sia quella dei mercanti europei che avevano avviato un fiorente commercio. Nell'XI secolo, però, **la Palestina e altre terre confinanti furono conquistate dai Turchi, meno tolleranti**, e nel 1090, dopo un massacro di pellegrini cristiani, l'accesso al Santo Sepolcro venne severamente vietato: questo fu il motivo per il quale fu **bandita la prima crociata**.

Sfilata dei **Cavalieri di Malta** *verso la Cattedrale di Medina per celebrare i 900 anni dalla loro fondazione ufficiale.*

LE CROCIATE, TRA FEDE E MOTIVAZIONI ECONOMICHE

Alle crociate (che con alterne vicende durarono circa due secoli) parteciparono cavalieri, re e gente del popolo, bambini e poveri. Le **motivazioni** che inducevano a partire verso l'Oriente erano **molto diverse** (politiche, economiche) anche se molti erano spinti da una **sincera fede religiosa**.

Al di là delle motivazioni religiose, le crociate furono **occasione di fitti traffici commerciali** e di ardite manovre finanziarie per i mercanti delle città marinare italiane, che riuscirono a conquistare il monopolio delle esportazioni tra Oriente e Occidente.

NASCONO GLI ORDINI CAVALLERESCHI

Durante le crociate si crearono **nuovi ordini religiosi** che avevano come compito principale la **difesa della cristianità** e la **liberazione dei luoghi santi**. Erano i cosiddetti ordini cavallereschi, i cui membri facevano voto di povertà, castità, obbedienza e protezione degli oppressi e che costituivano una difesa armata per i fragili regni cristiani d'oltremare, dipendendo direttamente dal Papa.

CARTA INTERATTIVA

LA PRIMA CROCIATA

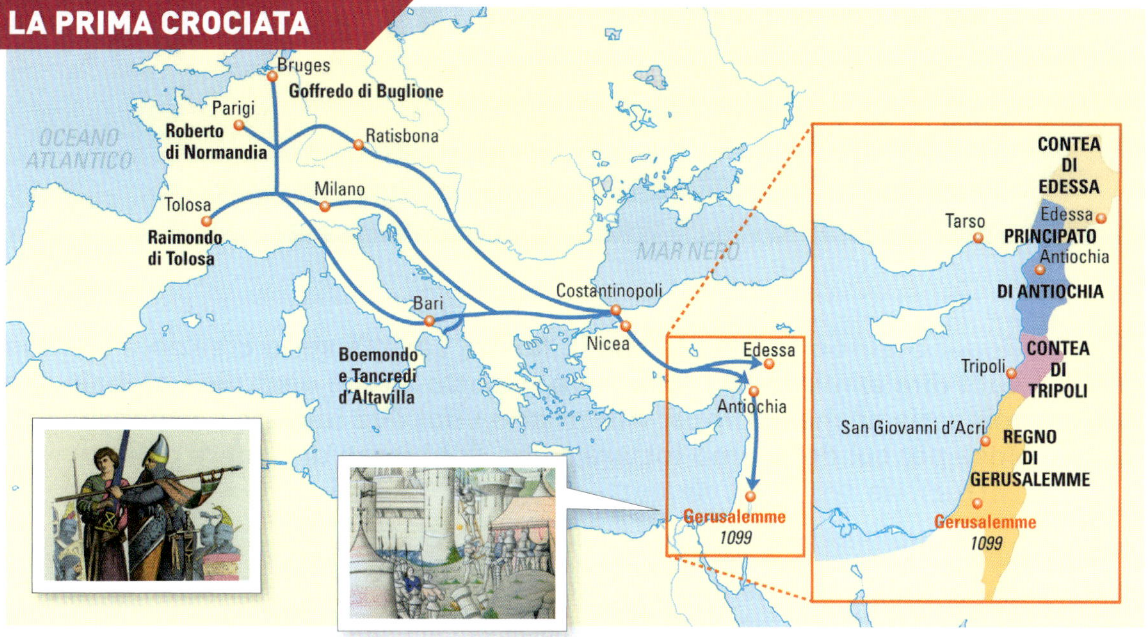

L'ORDINE DI MALTA, I TEMPLARI, L'ORDINE TEUTONICO

I principali ordini medievali dei monaci-cavalieri furono tre:

- l'**ordine di Malta**, fondato nel 1099 a Gerusalemme come confraternita ospedaliera. Nel 1121, con la creazione della classe dei cavalieri, divenne il Sovrano Militare Ordine Gerosolimitano. In Terra Santa gli appartenenti a quest'ordine costruirono poderose fortezze. Dopo alterne vicende, nel 1529 il quartier generale si stabilì a Malta. Attualmente si occupa del servizio ai malati;
- l'**ordine dei templari**, fondato nel 1119 a Gerusalemme per difendere il Santo Sepolcro e i pellegrini che vi si recavano. Il re di Gerusalemme dotò l'ordine di vaste proprietà, fatte fruttare tanto da costituire in seguito il sostegno economico dei crociati. Anche in Europa i templari divennero una potenza economica di prim'ordine. L'ordine venne soppresso da papa Clemente V nel 1312;
- l'**ordine teutonico**, fondato nel 1189-90 in Germania come confraternita ospedaliera, nel 1198 divenne ordine cavalleresco, con lo scopo di lottare contro tutti coloro che non aderivano al cristianesimo, anche in Europa. Soppresso nel 1805 da Napoleone e rifondato nel 1834, attualmente segue la regola di san Francesco.

ARTE E STORIA

- Chiese, cattedrali e fortezze dell'ordine dei templari
- I cavalieri dell'ordine di San Giovanni
- L'ordine dei cavalieri di Santiago
- Il Crac dei cavalieri

La **Cupola della Roccia** *a Gerusalemme. Quando i crociati presero Gerusalemme, trasformarono la moschea in chiesa cristiana chiamandola* Templum Domini *e da qui ebbe origine l'ordine dei templari. Quando Saladino nel 1187 riconquistò la città, l'edificio tornò a essere una moschea e fu arricchito di marmi e mosaici.*

NETWORK

Gerusalemme, città santa, luogo di incontro per le tre religioni monoteiste, è una delle mete turistiche e religiose più visitate al mondo.

- Sapete quali sono i monumenti principali e a quando risalgono?
- Conoscete qualcosa circa i problemi riguardanti la convivenza di tre culture e tre religioni? Sapete che origine hanno e quali difficoltà generano? Fatevi guidare nella vostra risposta dall'insegnante di religione e da quello di storia.

LEZIONE 10 LA LOTTA CONTRO LE ERESIE MEDIEVALI

Roger Scruton @ **Negare che le nostre società sono creazioni cristiane vuol dire eliminare ogni barriera rispetto a quel disordine globale che minaccia anche l'Europa. Affermarlo vuol dire iniziare a riscoprire le cose per cui dobbiamo lottare e che dobbiamo difendere dalla corruzione** #difendereivalori

?

- # Perché è importante riconoscere i valori che costituiscono la nostra identità?
- # Per quali valori vale la pena di lottare?

IL BISOGNO DI RIFORMA E I MOVIMENTI ERETICALI

ARTE E STORIA
L'eresia catara

All'inizio del XII secolo la **Chiesa** era ancora attraversata da crisi e inquietudini: la riforma di Gregorio VII e l'opera degli ordini monastici fioriti fra il X e l'XI secolo erano riusciti solo in parte a **risanarla**. Molto restava ancora da fare e alcuni cristiani, nel tentativo di proporre gli **ideali di semplicità e povertà evangelica**, finirono per dar vita a **esperienze estreme**, sconfinanti in vere e proprie **eresie**, in opposizione con la Chiesa stessa. Tra questi vi furono gruppi come i fraticelli, gli umiliati, i poveri evangelici e le beghine.

Nicola Pisano, **Domenico Guzman e un gruppo di catari** *durante la disputa sulle eresie nella cittadinanza di Fanjeaux, particolare di rilievo, 1297; Bologna, Chiesa di San Domenico.*

La Chiesa cattolica prese posizioni determinate nei confronti di tutti coloro che riteneva eretici: se scoperti, essi venivano processati e condannati a morte. Per evitare il sorgere di altre eresie, venne istituito il **tribunale dell'Inquisizione**, con il compito di processare i sospetti.

I VALDESI E I CATARI

Alcuni gruppi ereticali ebbero origini o posizioni molto vicine a quelle della Chiesa. Fu il caso dei **valdesi** o poveri di Lione, l'unico gruppo di origini medievali che esiste ancora oggi come Chiesa organizzata.
Il movimento ebbe origine dalla predicazione di **Pietro Valdo da Lione**, un ricco mercante che nel 1176 decise di lasciare tutte le sue ricchezze e la famiglia per predicare il Vangelo, invitando i suoi concittadini a una vita di povertà radicale e di penitenza. Intorno a lui si radunò un gruppo di discepoli e Valdo chiese al Papa di riconoscere ufficialmente la loro scelta di vita. Ma le **posizioni radicali** di Valdo determinarono una frattura con la Chiesa di Roma a cui seguì la scomunica.
Altri gruppi si allontanarono maggiormente dalle posizioni della Chiesa cattolica, come i **catari** (o **albigesi**, così chiamati dalla città di Alby, in Francia, in cui ebbero larga diffusione), contro i quali il Papato indisse anche una crociata (1208-1219).

Gli **ordini mendicanti** *erano in prima linea nella lotta contro gli "strozzini". Nella miniatura un domenicano e un francescano rifiutano le offerte di un usuraio.*

L'IMPEGNO NELLA PREDICAZIONE

Durante i secoli XIII e XIV, allo scopo di combattere le eresie, la Chiesa comprese di dover arrivare maggiormente alla popolazione attraverso la **predicazione**, differenziando il messaggio in modo da entrare in comunicazione con uditori diversi, più o meno colti che fossero.
Proprio in relazione al popolo i predicatori si trovarono a compiere un'operazione complessa: da una parte con la loro predicazione dovevano **sradicare antiche tradizioni e superstizioni** che ritenevano diverse dallo spirito cristiano, dall'altro si rendevano conto che, per trasmettere un messaggio che raggiungesse la sensibilità del popolo, dovevano recuperare proprio quelle tradizioni e quelle storie o credenze per usarle a proprio favore.

NASCONO GLI ORDINI MENDICANTI

L'impegno della predicazione fu sostenuto dalla nascita degli **ordini mendicanti**, sorti all'inizio del XIII secolo e ispirati alla **povertà evangelica** e alla **fraternità**. Fra questi, particolare rilievo assunsero quelli dei domenicani e dei francescani.
La principale novità costituita dagli ordini mendicanti rispetto al movimento benedettino fu che all'isolamento, alla preghiera e al lavoro nell'abbazia si sostituì **il "mondo"**, cioè la società, dove non solo i frati avevano il **compito di diffondere il messaggio di Cristo**, ma anche quello di renderlo concreto attraverso la loro azione e il loro esempio. Gli ordini mendicanti si impegnavano a **vivere di elemosine** rinunciando a qualsiasi forma di proprietà e, nella loro organizzazione, furono liberi rispetto a qualsiasi interferenza dell'autorità vescovile.

SOCIAL FORUM

- «*La fede dipende* [...] *dalla predicazione*» (Rm 10,17). Quale importanza può avere, a vostro giudizio, la predicazione?
- È necessario che il comportamento di chi predica sia coerente con le sue parole? Discutetene cercando di motivare la vostra risposta anche con esempi pratici.
- Il modo di dire "predica bene ma razzola male" dovrebbe valere per uomini politici, intellettuali, personaggi pubblici ecc. e per ciascuno di noi. In base alla vostra esperienza, potreste dire che lo scollamento tra le parole e i fatti è più grave in alcuni casi e in alcuni contesti che in altri? Per quale motivo?

LEZIONE 11 GLI ORDINI MENDICANTI

Roger Scruton @ L'origine cristiana dell'Europa è una evidenza storica. Se l'Europa ignora le sue radici cristiane cesserà di essere una civiltà e di essere solo un mercato #importanzaculturale

Quale differenza c'è tra essere una "civiltà" ed essere un "mercato"?
Perché è più importante riconoscersi come civiltà che come mercato?

Università
Le università ebbero origine dalle scuole che sorgevano presso le cattedrali cittadine ed erano corporazioni di maestri e studenti e centri di intensa vita intellettuale.

VIDEO
La croce di Francesco

I DOMENICANI: LA DIFESA DELLA VERA FEDE

Fra gli ordini mendicanti sorti nel XIII secolo, quello dei frati predicatori, i domenicani, fu fondato nel 1206 dallo spagnolo **Domenico de Guzman** (1170-1221) con l'obiettivo di dotare la Chiesa di un "corpo militante scelto" in grado di opporre all'eresia non solo una solida preparazione culturale e teologica, ma anche l'**esempio concreto di una condotta di vita rispondente al dettato evangelico.**
L'ordine domenicano fu composto perlopiù da persone colte, che affrontavano le teorie eretiche in pubblici dibattiti, mettendone in luce le debolezze e le contraddizioni. La **cultura teologica** venne individuata come mezzo fondamentale per **difendere la vera fede** da deviazioni o cattive interpretazioni. Molti domenicani divennero professori nelle nascenti **università**.

LA POVERTÀ AL CENTRO DELLO SPIRITO FRANCESCANO

Un altro importante ordine mendicante fu quello francescano, fondato da **Francesco d'Assisi** (1181-1226) e riconosciuto da papa Innocenzo III nel 1210. Secondo lo spirito francescano **la vera ricchezza dell'uomo è il Cristo**; il povero evangelico è colui che rinuncia al proprio egoismo per essere totalmente disponibile a compiere la volontà di Dio. La **povertà**, cioè la rinuncia al possesso di qualunque bene materiale, è dunque il fulcro dello spirito francescano. [vedi DOC 4]
Ai suoi frati diede il nome di **minori**, derivandolo dal modo in cui venivano definiti i cittadini più poveri.

Francesco d'Assisi *nel film* Fratello sole, sorella luna *di Franco Zeffirelli, 1971.*

SOCIAL FORUM

Paolo VI, proclamando santa Caterina Dottore della Chiesa, sottolineò come nel cristianesimo la donna abbia avuto fin dalle origini uno speciale statuto di dignità (concetti ribaditi da Giovanni Paolo II e Papa Francesco).

- In che cosa consiste, secondo voi, la dignità della donna?
- In base alla vostra esperienza la dignità femminile oggi è abbastanza tutelata?
- Nella società moderna, la donna ha raggiunto pari diritti rispetto all'uomo? Discutetene in classe.

Avignone: il **Palazzo dei Papi**.

ARTE E STORIA
- Il Palazzo dei Papi ad Avignone
- La cattività avignonese e le lettere di santa Caterina

L'impulso missionario spinse Francesco a organizzare i suoi seguaci in tutta Italia, secondo una regola complessa e articolata, approvata da papa Onorio III: la ***Regula Bullata***.
Nel 1224 ricevette sulle mani, sui piedi e sul costato le stimmate e, pur cieco e malato, compose il *Cantico delle Creature*.

PAGINE DIGITALI
Le particolarità dei francescani

GLI ORDINI FEMMINILI

Il successo degli ordini mendicanti determinò anche la nascita di **ordini religiosi femminili**, dediti soprattutto alla preghiera, come le "**clarisse**", raccolte sotto la guida di una giovane d'Assisi, **Chiara**, che da tempo seguiva la predicazione del "Poverello".
Nel 1219 san Domenico fondò un primo ordine femminile di **monache di clausura** (le "mantellate"), a cui appartenne santa **Caterina da Siena** (1347-1380), patrona d'Italia insieme a san Francesco e proclamata da Paolo VI **Dottore della Chiesa**.

L'IMPEGNO DI CATERINA DA SIENA PER RIFORMARE LA CHIESA

Caterina da Siena, donna dal carattere forte e dalla fede incrollabile, si impegnò per riportare la pace nella Chiesa e riformarne i costumi, combattendo soprattutto il **nepotismo** e la **simonia**.
Nel 1376 convinse papa Gregorio XI a **riportare la sede papale a Roma da Avignone**, dove si trovava dal 1309, da quando cioè il Papato, dopo il feroce scontro con il re di Francia Filippo il Bello, era passato sotto la tutela dei francesi (è il periodo della cosiddetta "**cattività avignonese**").

IL GRANDE SCISMA

Quello che seguì al rientro del Papa a Roma fu tuttavia un **momento drammatico della storia della Chiesa**. Alla morte di Gregorio XI i cardinali di Roma elessero papa Urbano VI. Ma i cardinali francesi si ribellarono ed elessero un altro Papa, Clemente VII (un antipapa, cioè un Papa illegittimo), che stabilì la sua residenza ad Avignone. La divisione che ne risultò all'interno della Chiesa fu chiamata il **grande scisma** e, a causa di essa, per 40 anni furono elette due serie di Papi, a Roma e ad Avignone.
L'unità della Chiesa fu ristabilita dopo il **Concilio di Costanza**, nel 1414, con l'elezione di papa Martino V.

Dottore della Chiesa
Qualifica attribuita a studiosi e scrittori cristiani che si sono distinti per la profondità della loro dottrina e per uno stile di vita esemplare.

Nepotismo
Termine derivante dal latino *nepos*, "nipote", con il quale si indica il comportamento di chi, detenendo una forma di potere, la usa per elargire favori politici e ricchezze ai propri parenti.

Simonia
È la compravendita di beni ecclesiastici. Il nome deriva da Simon Mago che tentò di comprare i doni dello Spirito Santo.

LA PAROLA

DOC 1 dal Catechismo della Chiesa Cattolica

Il Credo

Fonte:* Catechismo della Chiesa Cattolica*, n. 184

Il testo del Credo che ancora oggi si recita in Chiesa durante la celebrazione della Messa, è articolato in due sezioni. Nella **prima parte** si confessa l'uguaglianza di Gesù rispetto al Padre sul piano dell'essere divino, la sua preesistenza e il suo ruolo nella creazione. Nella **seconda parte** viene ripresa la storia dell'Incarnato, crocifisso e risorto, secondo uno schema presente nei simboli più antichi. Il *Catechismo* lo riporta affiancandolo alla più antica professione di fede la cui redazione è attribuita agli stessi apostoli.

Simbolo degli apostoli
Io credo in Dio, Padre onnipotente,
Creatore del cielo e della terra.
E in Gesù Cristo, suo unico Figlio,
nostro Signore,
il quale fu concepito di Spirito Santo,
nacque da Maria Vergine,
patì sotto Ponzio Pilato,
fu crocifisso, morì e fu sepolto;
discese agli inferi;
il terzo giorno risuscitò da morte;
salì al cielo,
siede alla destra di Dio Padre onnipotente:
di là verrà a giudicare i vivi e i morti.
Credo nello Spirito Santo,
la santa Chiesa cattolica,
la comunione dei santi,
la remissione dei peccati,
la risurrezione della carne,
la vita eterna.
Amen

Credo niceno-costantinopolitano
Credo in un solo Dio, Padre onnipotente,
Creatore del cielo e della terra,
di tutte le cose visibili e invisibili.
Credo in un solo Signore, Gesù Cristo,
Unigenito Figlio di Dio,
nato dal Padre prima di tutti i secoli:
Dio da Dio, Luce da Luce,
Dio vero da Dio vero,
generato, non creato,
della sostanza del Padre;
per mezzo di Lui tutte le cose
sono state create.
Per noi uomini e per la nostra salvezza
discese dal cielo,
e per opera dello Spirito Santo
si è incarnato nel seno della Vergine Maria
e si è fatto uomo.
Fu crocifisso per noi sotto Ponzio Pilato
morì e fu sepolto.
Il terzo giorno è risuscitato,
secondo le Scritture,
è salito al cielo, siede alla destra del Padre.
E di nuovo verrà, nella gloria
per giudicare i vivi e i morti
e il suo Regno non avrà fine.
Credo nello Spirito Santo,
che è Signore e dà la vita,
e procede dal Padre e dal Figlio.
Con il Padre e il Figlio
è adorato e glorificato,
e ha parlato per mezzo dei profeti.
Credo la Chiesa,
una santa cattolica e apostolica.
Professo un solo Battesimo
per il perdono dei peccati.
Aspetto la risurrezione dei morti
e la vita del mondo che verrà.
Amen

DOC 2 dalla *Regola* di san Benedetto

Gli strumenti delle buone opere

***Fonte: San Benedetto,* Regola**

COMPRENDERE E INTERPRETARE

- Riportate sul vostro quaderno o su un file quali sono le basi della fede cristiana, cioè le cose in cui un cristiano deve assolutamente credere.
- Provate, quindi, a interrogarvi se vi sono chiari tutti i fondamenti della fede cristiana. Per esempio, sapete che cosa significa credere «*nella comunione dei santi*» e nella «*remissione dei peccati*».

Luca Signorelli, **La comunione degli apostoli**, *1512; Cortona, Museo diocesano.*

LETTURE INTERDISCIPLINARI

DOC 3 il pensiero storico

La fede di Costantino

Fonte: Franco Cardini, **Il sogno di Costantino**

DOC 4 voci narrative

L'umiltà di Francesco

Fonte: Herman Hesse, **Francesco d'Assisi**

DOC 5 IL PENSIERO STORICO

L'Europa cristiana: una definizione inadatta?

***Fonte: Franco Cardini,* "EastJournal"**

Lo storico Franco Cardini, in un'intervista rilasciata all'"EastJournal" (12 luglio 2011), ha sostenuto (come molti altri, del resto) che il cristianesimo non è l'unico elemento ad avere costituito l'Europa e che comunque esso ha perso il suo valore in relazione all'Europa moderna.

Un gruppo multietnico di bambini.

Professor Cardini, nel suo libro* Europa e islam, storia di un malinteso *afferma che l'equazione "Europa uguale cristianesimo" e "Asia uguale islam" è sbagliata. Può spiegare questo punto?
È generica, astratta e non significa nulla, storicamente parlando. Non si può fare nessuna equazione precisa fra Europa moderna e cristianesimo. Il cristianesimo è uno degli elementi, una delle radici dell'Europa moderna, come si dice adesso. Non è il solo però. Certo la sua importanza è rilevantissima, e non solo dal punto di vista religioso, spirituale e filosofico, ma anche dal punto di vista istituzionale, per il valore che ha avuto la Chiesa occidentale nella costruzione dell'Europa medievale e poi moderna.

Ma nell'Europa di oggi il valore del cristianesimo è rimasto immutato rispetto al passato?
L'Europa contemporanea ha preso una strada molto diversa rispetto al cristianesimo, pur mantenendo certi aspetti della morale individuale, o anche artistici. Ma gli elementi fondamentali, come l'atteggiamento cristiano davanti ai grandi problemi sociali e civili, la politica, le leggi, l'economia: questo è stato eliminato e distrutto con la modernità. Ovviamente ci restano moltissimi frammenti di questa eredità, che però è stata composta da scelte diverse. Questo è noto a chiunque esca dalla genericità e pensi a cos'è oggi la scienza, la tecnica, a cos'è oggi il primato dell'individualismo. La modernità si è costruita sulla volontà di potenza dell'individuo: la modernità è qualcosa di diverso e spesso opposto rispetto al Cristianesimo istituzionalizzato.

COMPRENDERE E INTERPRETARE

- Cardini riconosce che il cristianesimo è alle radici dell'Europa, ma non è l'unica radice. Fate una ricerca a piccoli gruppi e confrontatevi: quali altri fattori hanno determinato l'unificazione culturale dell'Europa?
- Secondo il vostro giudizio quali valori cristiani sono andati perduti (come sostiene lo storico) nell'Europa moderna? Sapreste portare degli esempi legati all'attualità?

VERIFICA DELLE CONOSCENZE

VERO O FALSO?

- V F I Romani perseguitarono i cristiani per tutta la durata dell'Impero
- V F Il messaggio cristiano era rivoluzionario per la società dell'Impero romano
- V F Il fenomeno dei pellegrinaggi fu fondamentale per lo sviluppo dell'Europa
- V F I cristiani assunsero una posizione ostile rispetto agli Imperatori
- V F Il cristianesimo divenne religione ufficiale dell'Impero con l'editto di Teodosio
- V F Un'eresia è un'affermazione contraria all'insegnamento della Chiesa
- V F I popoli presso cui la Chiesa diffuse il proprio messaggio nei primi secoli erano politeisti
- V F La diffusione capillare del cristianesimo in Europa si deve al monachesimo
- V F Benedetto tolse ogni autorità alla figura dell'abate
- V F I pellegrinaggi influirono sull'economia e sulla cultura
- V F Nei monasteri benedettini si praticava solo il lavoro manuale
- V F L'editto di Milano concedeva libertà di culto solo ai cristiani
- V F Il *Dictatus Papae* fu emanato da Gregorio Magno
- V F Lo scisma tra la Chiesa d'Oriente e quella d'Occidente avvenne nel 1054
- V F Il monachesimo benedettino ebbe un'importanza anche civile e culturale
- V F Gli ordini mendicanti furono fondamentali nella riforma della Chiesa
- V F Lo scisma tra la Chiesa d'Oriente e quella d'Occidente avvenne per profonde diversità culturali e liturgiche
- V F Gli ordini mendicanti difesero i valori evangelici della povertà e dell'umiltà

BLOG IN CLASSE

CAMMINI D'EUROPA

Il patrimonio culturale di diversi Paesi europei rappresenta un'eredità culturale comune

Avete ragionato su:

#ereditàspirituale
#messaggiodisperanza
#guardarealfuturo
#importanzadelleradici
#vitasocialeeculturale
#progettoperil futuro
#importanzadelVangelo
#unacasacomune
#Europacreazionecristiana
#difendereivalori
#importanzaculturale

- # Immaginate di lavorare per un'**agenzia di viaggi** che si occupa di TURISMO RELIGIOSO. Il vostro compito consiste nell'organizzare dei viaggi che permettano di cogliere questi aspetti.
- # Individuate alcune **mete meno note e famose**, scegliendo, per esempio, tra i luoghi della vostra regione dove vi siano chiese, abbazie, monasteri che, a vostro giudizio, meritino una visita.
- # In alternativa, potete tracciare, con l'aiuto degli insegnanti e facendo delle ricerche, dei **cammini attraverso l'Europa** (per esempio: *Le abbazie cluniacensi*; oppure *Le grandi cattedrali romaniche* e così via).
- # Preparate una ***brochure* a colori**, pieghevole, di quattro facciate, che potete rendere disponibile in forma cartacea o in PDF sul sito della scuola (ma potete anche offrirla alla vostra parrocchia o al vostro quartiere). Essa deve contenere le **informazioni dettagliate sul viaggio** (le mete, le tappe, la durata, i costi per gli spostamenti e il soggiorno ecc.) e avere una **copertina accattivante**.

UNA MAPPA PER TUTTI

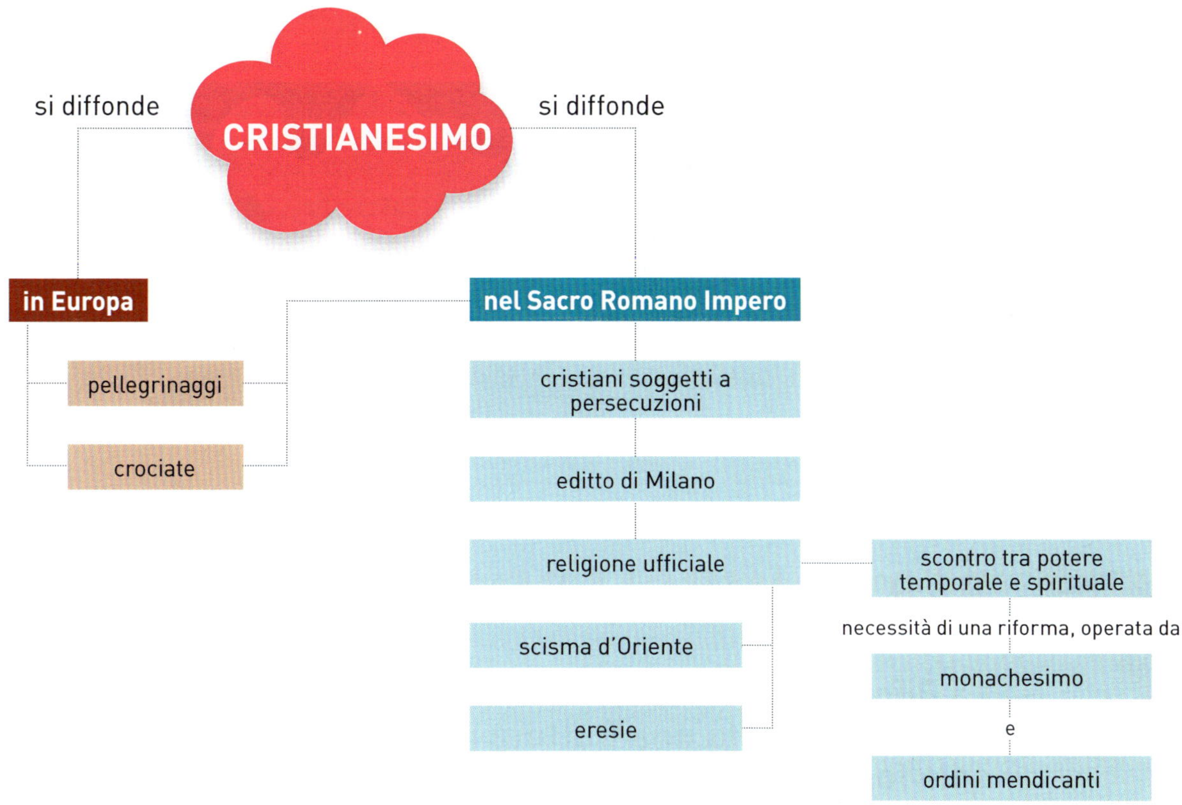

DIDATTICA INCLUSIVA

IL PERCORSO IN BREVE

Abbiamo imparato:

- come il cristianesimo si diffuse nell'Impero romano;
- cosa furono le persecuzioni e quando avvennero i primi riconoscimenti della Chiesa;
- che cosa ha significato l'editto di Milano;
- che cosa è un'eresia;
- come il cristianesimo si diffuse in tutta Europa;
- che cosa fu il monachesimo (in particolare quello benedettino) e l'importanza che ebbe all'interno della Chiesa;
- quali furono le cause della decadenza della Chiesa;
- che cos'è lo scisma d'Oriente, perché avvenne, a cosa ha dato origine e qual è la situazione oggi;
- quali furono i movimenti ereticali medievali;
- quali furono gli ordini mendicanti e che ruolo svolsero nella società.

PERCORSO 5 LA RIFORMA PROTESTANTE E LA RISPOSTA CATTOLICA

DIDATTICA COOPERATIVA

PER COMINCIARE INSIEME

La Riforma protestante, che studierete in questo *Percorso*, è stata una frattura nella storia della Chiesa solo formalmente ricomposta. Anche lo scisma d'Oriente, che avete studiato nel *Percorso* precedente, ha diviso la cristianità in modo tale da lasciarne tracce ancora oggi. Negli ultimi cinquant'anni, tuttavia, le Chiese cristiane hanno compiuto grandi sforzi per una maggiore comprensione reciproca, con la volontà di mettere in luce gli elementi che le accomunano piuttosto che quelli di divisione.

- Papa Francesco ha sottolineato che «*Cristo non può essere diviso, perché nessuno lo possiede (nemmeno le Chiese) e perché Cristo lo si dà*».
Insomma, al di là delle divisioni, il Vangelo è uno solo e compito di tutte le Chiese è quello di diffonderlo ovunque. Questo comporta **il confronto con altre culture**, che è diventato un obiettivo necessario entro un autentico spirito missionario.
Provate a riflettere in che cosa consiste essere autenticamente cristiani, tenendo conto che il cristianesimo:
  - non è un'ideologia e non consiste solo in una conoscenza intellettuale della figura di Gesù;
  - è una esperienza spirituale profonda, che prevede l'incontro con una persona autentica e reale;
  - non significa semplicemente ubbidire a delle norme, ma è lasciare che Cristo prenda possesso della vita di coloro che credono in Lui e la trasformi.
- Ipotizzate delle risposte alle seguenti domande:
  - Perché è importante che i cristiani camminino insieme, sulla strada verso la piena unità?
  - Perché è importante dialogare, capirsi, e riconoscere i propri errori?
  - Quali valori alla base del cristianesimo possono essere trasmessi anche a persone di fede diversa o a chi non crede?
- Prestate, dunque, attenzione al tema:

IL CRISTIANESIMO E LA SFIDA DEL DIALOGO E DEL CAMBIAMENTO

Il cristianesimo deve sempre riformarsi, per essere al passo con i tempi

- Fate tutto questo alla luce dei contenuti delle pagine che seguono e delle parole di papa Francesco e di quelle di Enzo Bianchi, priore della comunità monastica di Bose, poste all'inizio di ogni lezione. Tenete anche in considerazione il DOC 6 a p. 119.

Buono studio!

LEZIONE 1 LA RIFORMA PROTESTANTE

Enzo Bianchi @ La certezza di essere la vera Chiesa toglie il desiderio di poter ricevere qualche dono dalle altre tradizioni cristiane e coltiva una diffidenza verso ogni tipo di incontro, di confronto, di dialogo e di possibile cammino verso l'unità. Certamente occorre comprensione reciproca e volontà di dialogare #importanzadeldialogo

?

Quali atteggiamenti favoriscono il dialogo?
Quali, invece, lo impediscono?

PAGINE DIGITALI
La stampa a servizio della Riforma

LA CENTRALITÀ DELL'UOMO

Intorno al XV secolo, dopo un'epoca in cui il divino aveva dominato ogni dimensione della vita umana, cominciò a farsi strada un **nuovo modo di pensare e di concepire la vita e l'uomo**: grandi movimenti culturali, l'**Umanesimo** e il **Rinascimento**, spostarono progressivamente l'attenzione dal mondo divino a un **nuovo interesse per l'uomo**, di cui si esaltavano la ragione e il fare pratico.
La cultura si rinnovò completamente in ogni campo: delle arti, delle scienze e delle lettere. Anche la **Chiesa**, come le altre corti dei signori, divenne un **centro di produzione artistica** in campo sia letterario sia musicale sia figurativo.

UN MOMENTO DIFFICILE PER LA CHIESA

Anche se florida dal punto di vista intellettuale, la Chiesa si trovava in un **momento** particolarmente **difficile**, poiché i sovrani degli Stati europei mal sopportavano la politica di accentramento burocratico e fiscale esercitata dal Papato e rivendicavano la loro autonomia.
Vari **mali**, inoltre, la travagliavano al suo interno: **simonia**, **nepotismo** (vedi a **p. 95**), una ricchezza eccessiva, l'allontanamento dai princìpi religiosi che avrebbero dovuto ispirarla erano le critiche più frequenti mosse alla Chiesa da parte di numerosi cristiani, laici ed ecclesiastici, i quali sostenevano la **necessità di una riforma** che riportasse la Chiesa alla purezza dei valori evangelici.

Due **ministri protestanti donne,** *una delle istituzioni protestanti più avversata dal cattolicesimo.*

LE DEBOLEZZE DELLA CHIESA

All'inizio del Cinquecento, contro il degrado della Chiesa si scagliò un giovane monaco tedesco: **Martin Lutero** (nato a Eisleben nel 1483, sacerdote e professore di Sacra Scrittura a Wittenberg). L'azione di critica nei confronti della Chiesa di Roma condotta da Lutero fu provocata da un complicato **intreccio di eventi storici, politici, sociali e religiosi**: la Riforma fu un fatto socialmente complesso e, nel contempo, opera di singole, eccezionali personalità.

- Tra le **cause scatenanti** si possono indicare le evidenti **incoerenze di tipo morale** che caratterizzavano la Chiesa romana che abbiamo ricordato, ma anche un **forte nazionalismo** antiromano presente in modo accentuato in Germania;
- inoltre, **motivi di tipo teologico** e forti **inquietudini umane e sociali**.
- L'autorità pontificia era, poi, fortemente indebolita dalla **decadenza del Papato** che, troppo compromesso con la sfera secolare, vedeva diminuire il suo prestigio e la sua autorevolezza spirituale. I frequenti **anatemi** emessi dal pontefice non favorivano l'acquisizione di una maggiore autorità e si diffuse la **dottrina conciliarista**, secondo la quale l'autorità del Papa poteva essere sostituita da quella del Concilio, indetto anche contro la volontà del Papa stesso.

LE ISTANZE DI RINNOVAMENTO SI TRADUCONO IN "PROTESTA"

Contro gli abusi e la corruzione della vita religiosa si diffusero, specialmente in Germania, forme di **misticismo** e di **individualismo religioso** che si basavano sugli insegnamenti diretti del Vangelo e sulla lettura della Bibbia.
Quella di **Martin Lutero** fu la personalità più importante tra coloro che tentarono di mettere in atto una **riforma della vita della Chiesa**. La sua dottrina teologica venne influenzata dal clima in cui visse e si formò. Quanto scaturì dal suo pensiero e dalle sue azioni non era più conciliabile con la dottrina della Chiesa romana: i suoi princípi in materia ecclesiastica divennero noti come **Riforma protestante**.

Anatemi
Dal greco *anáthema*, "maledizione". L'anatema è la condanna di un'eresia alla quale abitualmente segue la scomunica.

Misticismo
Una conoscenza della divinità che avviene grazie a un'esperienza intensamente spirituale.

Riforma protestante
Nel 1529 alla Dieta di Spira sei príncipi e quattordici città "protestarono" apertamente contro l'Imperatore, che vietava l'introduzione di innovazioni religiose e dava ai cattolici libertà di culto nei territori luterani. Il documento iniziava con la parola *protestamur*, "dichiariamo solennemente". Di qui il nome di "protestanti" dato ai seguaci di Lutero.

SOCIAL FORUM

La traduzione della Bibbia in tedesco, operata da Lutero nel 1534 (avvenuta affinché ogni cristiano potesse entrare direttamente in contatto con la Parola di Dio) e la contestuale invenzione della stampa a opera di Johan Gutenberg, favorirono enormemente la diffusione e la conoscenza del testo sacro.

- Perché, secondo voi, proprio la Bibbia fu uno dei primi testi a essere stampato?
- Vi sembra che oggi, con l'avvento dell'editoria digitale, si possa configurare una rivoluzione culturale analoga a quella del XVI secolo? Chiedete aiuto all'insegnante di lettere (se potete coinvolgete gli insegnanti in un dibattito) per svolgere la vostra riflessione.

Pagina della **Bibbia** *stampata da Gutenberg; 1450-1455.*

LEZIONE 2

LA RIFORMA E LE SUE CONSEGUENZE

Papa Francesco @ Cattolici e luterani possono chiedere perdono per il male arrecato gli uni agli altri e per le colpe commesse davanti a Dio, e insieme gioire per la nostalgia di unità che il Signore ha risvegliato nei nostri cuori, e che ci fa guardare avanti con uno sguardo di speranza #perdonoesperanza

? # La Chiesa ha chiesto più volte perdono per gli errori commessi nel corso delle sua storia. Sapreste citare qualche esempio?

Indulgenze
L'indulgenza (dal latino *indulgentia*) è la remissione dinanzi a Dio della "pena temporale" per i peccati, già rimessi in quanto alla colpa, che il fedele ottiene per intervento della Chiesa, a determinate condizioni. Le indulgenze erano state introdotte per trasformare in "opere buone" alcune penitenze pubbliche per colpe molto gravi.

Magistero
Dal latino *magisterium*, "insegnamento", è l'insegnamento esercitato dalla Chiesa stessa per permettere agli uomini una piena comprensione della fede in Cristo.

LUTERO SI SCAGLIA CONTRO LA PRATICA DELLE INDULGENZE

Un elemento fondamentale del pensiero di Lutero fu la **polemica sulle indulgenze**: nel 1517 formulò e inviò ai vescovi competenti una lunga **protesta in latino**, compresa in **95 tesi**, in cui negava il valore delle indulgenze. Egli non criticava la pratica in sé, ma **l'abuso** che ne veniva fatto: in particolare, l'episodio che scatenò la sua azione fu la vendita di indulgenze per incamerare denaro destinato alla costruzione della nuova basilica di San Pietro a Roma.

SI APRE LO SCONTRO CON IL PAPATO

Nel 1519 Lutero **attaccò l'autorità del magistero del Papa** e criticò l'ordine sacramentale della Chiesa intesa come comunità di salvezza (vedi a p. 62): secondo Lutero, infatti, ogni cristiano può porsi in contatto diretto con Dio, senza la mediazione della Chiesa. Egli si scagliò contro: **la frattura tra laici e ceto sacerdotale; la subordinazione della Bibbia all'interpretazione della Chiesa; il diritto esclusivo del Papa a convocare i Concili.**
Per Lutero **l'unica vera Chiesa era stata quella di Gerusalemme** e la Chiesa del suo tempo non aveva più nulla a che fare con l'ideale voluto da Gesù.

LA FRATTURA: LUTERO SCOMUNICATO E BANDITO DALL'IMPERO

Lutero ruppe definitivamente i suoi rapporti con la Chiesa quando il 10 dicembre 1520 bruciò pubblicamente la **bolla papale di scomunica** (*Exurge Domine*) e i libri di diritto canonico. La scomunica papale venne resa ancor più pesante dall'imperatore Carlo V nella Dieta di Worms del 1521 – dove Lutero era stato invitato a giustificarsi – con la **messa al bando dall'Impero**. Lutero morì nel 1546. [vedi DOC 2]

SOLA FIDE, SOLA GRATIA, SOLA SCRIPTURA

Il pensiero di Lutero si può così sintetizzare:

- La **salvezza** è **dono della misericordia di Dio** verso l'uomo peccatore, che si

Lucas Cranach il Vecchio, **La Chiesa cattolica e la Chiesa protestante,** *XV secolo; Wittenberg, Duomo.*

salva grazie alla clemenza di Dio, cui deve affidarsi con una fede e una fiducia fondate sulla salvezza promessa da Dio in Gesù Cristo.

- La **fede** è **totale fiducia in Dio** ed è **autonoma dalle opere** buone o cattive compiute. Grazie alla sola fede l'uomo può ottenere la **giustificazione**.
- Per ottenere la **grazia,** cioè l'aiuto gratuito che Dio concede all'uomo per guidarlo verso la salvezza, non sono indispensabili né le opere meritorie né i sacramenti: essa **dipende** esclusivamente dall'**iniziativa divina**.
- La Chiesa di Roma non ha l'autorevolezza dottrinaria né è depositaria dell'interpretazione della Scrittura. Per questo Lutero **negò il valore della tradizione**, affermando che, mediante il **libero esame**, è possibile accostarsi al testo sacro e interpretarlo liberamente.

Giustificazione
Secondo Lutero la remissione dei peccati è un dono di Dio. Il Concilio di Trento affermò che la remissione dei peccati avviene sì per i meriti di Cristo, ma senza annullare il valore delle opere umane. Fu quindi riaffermato il ruolo della Chiesa come custode della rivelazione e della salvezza.

Tradizione
Sono gli insegnamenti originati da Cristo o rivelati dallo Spirito Santo e tramandati dalla Chiesa come realtà di fede.

Consustanziazione
Lutero affermava la presenza simultanea del pane e del corpo di Cristo. Il Concilio di Trento condannò questa dottrina, definendo il concetto di "transustanziazione" (vedi a p. 108).

I CAMBIAMENTI NELLE PRATICHE RELIGIOSE

Da un punto di vista pratico, Lutero prese posizioni ben definite.

- Dichiarò che soltanto **due sacramenti** hanno sicuro **fondamento biblico**: eucaristia (sostenendo però la **consustanziazione**) e battesimo. Inoltre affermò che «*la fede senza sacramenti salva; i sacramenti senza la fede non salvano*».
- La **Messa**, da rinnovamento del sacrificio di Cristo, fu interpretata come **cena di comunione**, con un rito semplificato, con celebranti che spesso non indossavano alcun paramento e distribuivano ai fedeli pane e vino.
- Abolì inoltre le pratiche devozionali, il culto dei santi, i voti monastici.

Nacque così gradualmente una comunità cristiana separata da Roma. [vedi DOC 3]

NETWORK

Con la rottura dell'unità della Chiesa si infranse il denominatore comune di molti popoli europei. La crisi europea di quel periodo si riverbera ancora oggi in vari settori della vita, dal mondo del pensiero all'organizzazione economica.

➘ Con l'aiuto degli insegnanti di storia e italiano provate a interpretare un periodo tanto complesso, da cui è nato un nuovo assetto dell'Europa.

LEZIONE 3 LA DIFFUSIONE DELLA RIFORMA IN EUROPA

Papa Francesco @ Cattolici e luterani devono proseguire il dialogo, affrontando anche le questioni fondamentali. Certo le difficoltà non mancano e non mancheranno, richiederanno ancora pazienza, dialogo, comprensione reciproca, ma non ci spaventiamo #superareledifficoltà

Più volte sia papa Francesco sia papa Giovanni Paolo II hanno sottolineato l'importanza di "non avere paura". In quale modo la paura può ostacolare i rapporti tra gli uomini?
Quali atteggiamenti determina la paura?

CARTA INTERATTIVA
I luoghi della Riforma

I RISVOLTI POLITICI DELLA RIFORMA

Anche se nelle intenzioni di Lutero la ribellione aveva sempre avuto un carattere puramente religioso, i **contatti tra religione e politica** furono inevitabili giacché i príncipi tedeschi erano pronti a strumentalizzare la situazione a proprio favore contro l'autorità papale e contro quella imperiale.
A un **periodo di lotta** seguì la **pace di Augusta** nel 1555. In essa veniva sancita la **divisione religiosa della Germania** e veniva data **pari dignità al luteranesimo e al cattolicesimo**.

LA RIFORMA SI DIFFONDE

La Riforma era ormai una realtà e aveva assunto **connotazioni europee**. La Pace augustana riconobbe ai príncipi e ai signori territoriali tedeschi il **diritto di essere cattolici o protestanti**. In ciascun territorio i sudditi dovevano seguire la religione del loro sovrano oppure emigrare. Per i beni ecclesiastici e per la loro gestione venne raggiunto il compromesso che, qualora un vescovo o un abate fosse diventato luterano, i beni rimanevano alla Chiesa cattolica ed egli ne perdeva la signoria.
Il luteranesimo si diffuse anche al di fuori dei confini della Germania: in Danimarca e in Svezia, in Norvegia e in parte della Svizzera.

PAGINE DIGITALI
Il libero arbitrio

LE ALTRE CHIESE RIFORMATE: ZWINGLI E CALVINO

Negli stessi anni in cui la Riforma luterana si andava diffondendo nei territori tedeschi, altri religiosi e laici desiderosi di un **radicale rinnovamento della Chiesa** misero in discussione l'interpretazione ufficiale della Bibbia. Essi, come nel caso dello svizzero **Ulrich Zwingli** e del francese **Giovanni Calvino**, si staccarono, analogamente a Lutero, dalla Chiesa cattolica e crearono nuove **Chiese**, dette **riformate**.
Per opera di Calvino, Ginevra si sostituì a Wittenberg come centro di propagazione del protestantesimo in Europa.

In Francia, nel 1560 circa, un quinto della popolazione seguiva le idee riformate, alle quali aderirono anche la Scozia, i Paesi Bassi settentrionali, in parte la Polonia e l'Ungheria.

ANCHE L'INGHILTERRA SI DISTACCA DA ROMA

Fin dalla prima metà del Cinquecento anche l'Inghilterra si staccò dalla Chiesa cattolica senza aderire però in un primo tempo alla Riforma luterana. **Enrico VIII** (1509-1547) per **motivi dinastici e strettamente politici** (egli voleva divorziare dalla prima moglie, Caterina d'Aragona, da cui non era nato un erede maschio; inoltre il monarca voleva sospendere la giurisdizione del Papa sul suo regno, sostituendola con la propria), si staccò da Roma e nel 1535, attraverso l'***Atto di supremazia***, si fece proclamare dal Parlamento "Capo supremo della Chiesa d'Inghilterra". Dopo quest'*Atto*, egli:

- fece giustiziare chi gli si opponeva (come, per esempio, il vescovo **John Fisher** e l'ex lord cancelliere **Thomas More**);
- cominciò a perseguitare gli appartenenti agli ordini religiosi, a far chiudere monasteri e conventi e a fare confiscare le loro terre, vendendole poi a ricchi nobili e borghesi e utilizzando i proventi in spese militari.

L'AFFERMAZIONE DELLA CHIESA ANGLICANA

La conversione dell'Inghilterra all'anglicanesimo ebbe inizio soltanto sotto Edoardo VI: nel 1549 venne introdotto il ***Book of Common Prayer*** che ormai non rispecchiava più la dottrina cattolica.
Sotto la regina Maria la Cattolica (1553-1558) fu ristabilito il cattolicesimo e i protestanti inglesi (anglicani e calvinisti) furono perseguitati, ma con Elisabetta I (1558-1603) l'anglicanesimo si riaffermò.
La promulgazione dell'**Atto di uniformità** del 1559 e dei ***Trentanove articoli*** (1563) ribadirono l'**impronta calvinista per gli aspetti dottrinali** e il **modello luterano per la concezione dell'autorità della Chiesa**. Si negava l'esistenza del Purgatorio, il valore delle indulgenze, il culto delle immagini e delle reliquie, il celibato ecclesiastico, e si riducevano i sacramenti ai soli battesimo e comunione.

PAGINE DIGITALI
Salvezza, sacramenti e Chiesa nelle diverse confessioni cristiane

NETWORK

Thomas More (Tommaso Moro) fu anche un fine letterato umanista a cui dobbiamo l'opera *Utopia*, in cui critica le condizioni politiche dell'Inghilterra dei Tudor e propone quindi uno Stato ideale (Utopia).

- Sapete spiegare con che significato si usa correntemente "utopia"?
- Chiedete all'insegnante di inglese di parlarvi di quest'opera.

Enrico VIII impersonato da Eric Bana nel film **L'altra donna del re** *(2008).*

LEZIONE 4 LA RIFORMA CATTOLICA

Enzo Bianchi @ Conversione e riforma fanno parte del cammino personale e comunitario della vita religiosa sicché questa deve essere costantemente rinnovata. Nella vita religiosa si può dire che ogni secolo ha conosciuto una riforma in cui si è cercato di ripartire da capo, di ricominciare in un'obbedienza e fedeltà al Vangelo più profonda e rinnovata #importanzadelcambiamento

Che cosa significa "convertirsi"? Cercate l'etimologia di questa parola sul vocabolario.
Secondo voi quale analogia c'è tra "conversione" e "riforma"?

LA RISPOSTA CATTOLICA: UN CONCILIO PER RINNOVARE LA CHIESA

GALLERIA FOTOGRAFICA
Il Concilio di Trento

Mentre la Riforma protestante prendeva sempre più piede in Europa, la Chiesa mise a punto la sua reazione. Il 13 dicembre 1545 papa **Paolo III** convocò a **Trento** il **Concilio della Riforma cattolica**, durante il quale furono gettate le **basi di un significativo rinnovamento dottrinale e pastorale**. Destinato a prolungarsi fino al 1563 e presieduto, negli anni, da ben cinque Papi, il Concilio di Trento fu la risposta della Chiesa cattolica al protestantesimo.

LE DECISIONI TEOLOGICHE DEL CONCILIO

Nel corso del Concilio di Trento fu definita la posizione cattolica sulla Sacra Scrittura in relazione alla **tradizione** e al **magistero** (vedi a **p. 104**) della Chiesa, sul **peccato originale**, sulla **giustificazione** e vennero chiariti **alcuni punti relativi ai sacramenti**.

- In particolare, venne stabilita la dottrina della **transustanziazione**, secondo la quale nel mistero dell'eucaristia il pane e il vino si trasformano realmente, nella loro **sostanza** (vedi a **p. 86**), nel corpo e nel sangue di Cristo.
- Il Concilio elaborò inoltre la ***Professio tridentinae fidei***, cioè la professione di fede che doveva essere pronunciata solennemente da ogni sacerdote.
- Venne realizzato un **catechismo per i parroci**, furono rielaborati e uniformati il **messale** e il **breviario** come affermazione di unità liturgica sotto il Papato romano.

Peccato originale
È la colpa ereditaria, di cui si è macchiata l'umanità attraverso il peccato di Adamo ed Eva, che viene cancellata con il battesimo.

Transustanziazione
Dal latino *trans*, "oltre", e *substantia*, "materia", significa che una materia diventa un'altra materia. Per la Chiesa cattolica nella Santa Messa il pane e il vino divengono corpo e sangue di Cristo, mentre Lutero affermava la consustanziazione (vedi a p. 105).

LE AZIONI PRATICHE

Durante il Concilio fu decisa anche la **riforma in campo disciplinare**, per frenare gli abusi denunciati, specialmente con riferimento ai benefici ecclesiastici, dando invece preminenza agli scopi pastorali.

- Rimase l'istituto del **beneficio ecclesiastico** (il complesso dei beni patrimoniali di vescovi e abati) ma condizionato dall'obbligo di residenza e di predicazione da parte del vescovo sul territorio affidatogli.

- Vennero dichiarate legittime, ma ridimensionate, la **devozione ai santi** e le **pratiche di suffragio per i defunti**.
- Vennero istituiti **seminari** che avevano il compito di formare spiritualmente nuovi sacerdoti e prepararli culturalmente sotto il diretto controllo dei vescovi. Inoltre, fu ridefinito il **modo di agire dei parroci**, che con la loro azione pastorale diventarono più presenti nella vita dei fedeli. [vedi DOC 4]

Ecumenismo
Il termine deriva dal greco *oikouméne*, "tutta la terra abitata", e riguarda la riunione di tutti i cristiani in una sola fede e Chiesa visibile.

IL DIALOGO FRA LE DIVERSE CHIESE OGGI

Nel corso del Novecento le diverse Chiese hanno compiuto grandi sforzi per una maggiore **comprensione reciproca**, con la volontà di esaltare gli elementi che accomunano. È cominciato un cammino lento e faticoso di **riavvicinamento** finalizzato a superare le secolari divisioni tra i cristiani.
Nel 1938 nacque il **Consiglio Ecumenico delle Chiese** (CEC) che riunisce più di 320 confessioni cristiane. La Chiesa cattolica non ne fa parte ufficialmente, ma collabora alle iniziative ed è membro di alcuni organismi ecumenici. [vedi DOC 1]

DIALOGO ED ECUMENISMO

L'**ecumenismo** della Chiesa cattolica ha il suo fondamento in **due documenti del Concilio Vaticano II** (vedi a **p. 128**): la **Dichiarazione sulla libertà religiosa** (*Dignitatis humanae*) e il **Decreto sull'ecumenismo** (*Unitatis redintegratio*), cui hanno fatto seguito nel 1993 il Direttorio vaticano per l'ecumenismo e nel 1995 l'**enciclica di Giovanni Paolo II *Ut unum sint***.
Nel discorso papale per la Quaresima del 2000, tra le varie colpe di cui la Chiesa cattolica ha chiesto perdono, sono stati indicati anche i «*peccati che hanno compromesso l'unità del corpo di Cristo: scomuniche, persecuzioni, divisioni*».
Ogni anno, dal 18 al 25 gennaio, i cristiani di tutte le confessioni celebrano la **Settimana ecumenica di preghiera per l'unità dei cristiani**. Sono giorni in cui i cattolici, i protestanti, gli ortodossi e gli anglicani pregano insieme perché si avvicini il giorno in cui tutti possano riconoscersi nella stessa Chiesa. [vedi DOC 6]

Il cardinale **Carlo Borromeo** *mentre istituisce i corsi di dottrina cristiana.*

NETWORK

Il clima scaturito dalla Riforma cattolica influenzò profondamente l'arte sacra, sia l'architettura sia la pittura sia la scultura. San Carlo Borromeo, arcivescovo di Milano dal 1560 al 1584, pubblicò nel 1577 delle precise istruzioni destinate ad architetti, pittori e scultori di soggetti sacri, che rimasero come modello di rigore per l'arte del periodo successivo.

- Insieme all'insegnante di religione analizzate qualche esempio di edificio ecclesiastico di quel periodo, prestando attenzione agli elementi estetici e ai soggetti sacri presenti al suo interno.

EDIFICI CRISTIANI A CONFRONTO

CHIESA CATTOLICA

Ogni epoca storica ha costruito le chiese con gusti architettonici differenti. Le parti della chiesa, tuttavia, rimangono immutate perché ripropongono un canone fisso che si è sviluppato lungo la tradizione. Ricordiamo: il **presbiterio**, il luogo, separato dall'assemblea dei fedeli, riservato al clero e agli officianti del culto; l'**altare centrale** (in alcune chiese vi sono anche altari laterali), posto di solito al centro del presbiterio, sul quale viene celebrata l'eucaristia; il **tabernacolo**, il luogo più importante, nel quale viene conservato perennemente il pane consacrato, cioè il corpo reale di Gesù presente "qui" e "ora" tra gli uomini; il **pulpito**, il luogo dal quale il sacerdote si rivolge ai fedeli con una predica.

VISITA DIDATTICA INTERATTIVA
La chiesa cattolica

CHIESA ORTODOSSA

VISITA DIDATTICA INTERATTIVA
La chiesa ortodossa

A differenza degli edifici cattolici, che sono cambiati nei secoli, le chiese ortodosse sono molto simili tra loro, riconoscibili all'esterno per le **cupole "a cipolla"**. Nella chiesa ortodossa ogni particolare ha un **significato simbolico**. Lo spazio interno è diviso in due parti da una **iconostasi**, una parete coperta interamente da **icone**, che separa lo spazio dove i fedeli assistono (in piedi) al rito, dal **santuario** (o ***Bema***), una parte non visibile ai fedeli, accessibile solo ai sacerdoti o agli officianti del culto; all'interno del santuario è contenuto l'**altare**, sul quale il sacerdote consacra il pane e il vino; le **porte regali**, a due battenti, collocate al centro dell'iconostasi, sono attraversate dal sacerdote in momenti definiti della liturgia.

VISITA DIDATTICA INTERATTIVA
Il tempio protestante

TEMPIO PROTESTANTE

Il tempio è l'edificio in cui si riuniscono i cristiani delle varie confessioni protestanti. In questa rappresentazione si vede come è fatto un **tempio valdese.** L'interno è nudo e privo di ornamenti; in esso vi sono: il **pulpito**, riservato al pastore quando pronuncia un sermone; il **tavolo eucaristico** o **tavola della Santa Cena**, un altare molto semplice, sul quale viene celebrato dall'officiante il rito dello spezzare il pane al cospetto dell'assemblea dei fedeli (alla quale sono riservate anche la **galleria** e la **cantoria**); il **banco** con il leggio, dove il pastore, ma anche un predicatore laico, può leggere i passi delle Sacre Scritture. La musica dell'**organo** (sempre presente negli edifici protestanti), con la sua solennità, accompagna abitualmente la preghiera e il dialogo con Dio.

LEZIONE 5 IL RINNOVAMENTO E LA SPINTA MISSIONARIA

Papa Francesco @ Unitevi sempre a Cristo edificando il suo Regno con la fraternità, la condivisione e le opere di misericordia. La fede è una forza potente capace di rendere il mondo più giusto e più bello!
#fraternitàecondivisione

?

Sapete che cosa sono le "opere di misericordia"? Informatevi ed eventualmente leggete il *Catechismo* e Mt 25,31-46.
Secondo voi, i valori indicati da papa Francesco valgono solo per chi è cristiano o anche per chi appartiene a una fede diversa o, addirittura, per chi non ha fede?

NASCONO NUOVI ORDINI RELIGIOSI

La Riforma cattolica diede i suoi frutti anche all'interno degli ordini religiosi: quelli già esistenti vissero profondamente i nuovi ideali del rinnovamento religioso. Sorsero anche **nuovi ordini**. I **teatini** e i **cappuccini** si dedicarono soprattutto alla **carità** e alla **predicazione**; i **barnabiti** e gli **scolopi** si preoccuparono di **educare i giovani** nel rispetto della religione cattolica; i **fatebenefratelli** e i **camilliani** operarono nel campo dell'**assistenza ai malati**.

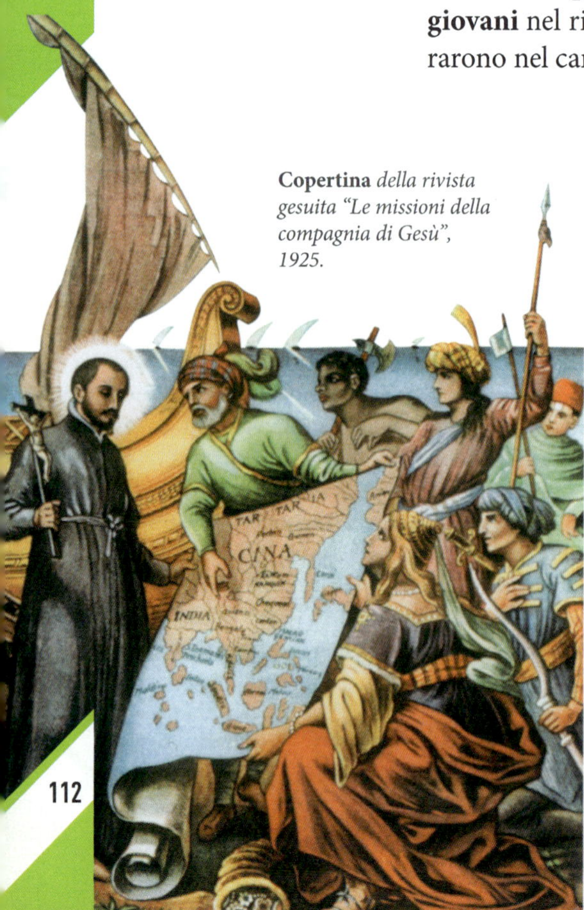

Copertina *della rivista gesuita "Le missioni della compagnia di Gesù", 1925.*

I GESUITI

Assai importante fu l'azione dei **gesuiti**, i membri della **Compagnia di Gesù** fondata da **Ignazio di Loyola** e riconosciuta ufficialmente nel 1540 da papa Paolo III, caratterizzati da una **dedizione totale all'apostolato**.
Ignazio ebbe un'intuizione feconda: fondare un **ordine religioso libero dalle osservanze di tipo monastico**, interamente dedito all'**apostolato**, con un **superiore generale** eletto a vita che dirige l'attività di tutti i suoi religiosi, legato da un vincolo speciale di obbedienza al Papa, oltre a essere sottoposto ai voti consueti di povertà, castità e obbedienza.

LA FEDELTÀ AL PONTEFICE E GLI ESERCIZI SPIRITUALI

Ignazio era convinto che alla salvezza della Chiesa servisse, più che una contestazione, la **totale dedizione e fedeltà al pontefice**. La selezione per entrare nell'ordine gesuita richiedeva una **lunga formazione culturale** che perlopiù terminava con la laurea in teologia e quindi con una preparazione dottrinale superiore a quella media del clero di quel tempo.

L'ispirazione di Ignazio di Loyola affonda le proprie radici "mistiche" negli ***Exercitia Spiritualia*** (Esercizi spirituali) [vedi DOC 2] e l'organizzazione della Compagnia fu regolata nelle *Costituzioni*.

L'ordine crebbe rapidamente: alla morte del suo fondatore, nel 1556, era ormai diffuso in Paraguay, in India e in Giappone e costituiva uno dei capisaldi della Riforma cattolica.

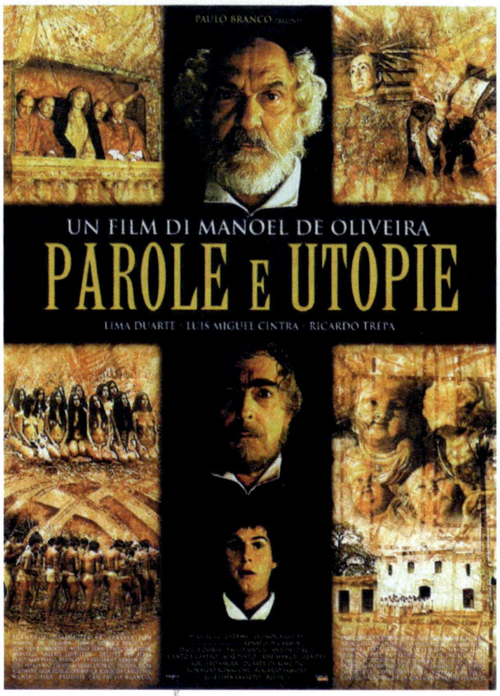

Parole e utopia *(2000) diretto da Manuel de Oliveira, che narra la vita di un gesuita portoghese del XVII secolo.*

LE MISSIONI DI EVANGELIZZARE ED EDUCARE

Molti gesuiti si impegnarono nelle missioni: a titolo di esempio ricordiamo **Matteo Ricci** in Cina e **Francesco Saverio** in Giappone. Essi adattarono a tal punto la loro attività missionaria alle forme e alle espressioni di culture così diverse da conquistarsi ovunque accoglienza e rispetto.

Altri si impegnarono in Europa nella **pastorale estesa a tutte le classi sociali**. Già entro la fine del XVI secolo la Compagnia di Gesù poteva fare affidamento su un efficientissimo piano di azione educativa. Le **scuole** e i **seminari** furono tra i principali fattori di riscossa della Chiesa.

IL RISPETTO PER LE IDENTITÀ CULTURALI

Lo sforzo riorganizzativo della Chiesa coincise con il **mutamento storico** determinato dalle **nuove scoperte geografiche**. Al seguito di esploratori, conquistatori e mercanti, si posero in viaggio anche uomini di fede come missionari. Da quel momento in poi **il cristianesimo travalicò la dimensione europea** e si diffuse in tutto il mondo, incontrando culture e mentalità molto diverse da quella entro cui si era sviluppato.

- Per comprendere le ragioni e le caratteristiche di questo incontro, occorre tener presente che **il cristianesimo è una religione, non un modello culturale**. Per questo possono essere cristiani sia gli Europei sia gli Africani sia gli Asiatici, e ognuno secondo la sua identità culturale.
- **Inculturare** il cristianesimo significa quindi **"tradurre" i valori cristiani secondo i modelli culturali e la mentalità delle popolazioni indigene**, rispettando gli altri, il loro modo di vivere secondo la propria identità culturale, religiosa, sociale. Lo spirito missionario cristiano è appunto uno spirito di inculturazione. [vedi DOC 5]
- L'**insegnamento evangelico** di Gesù, raccolto e trasmesso dalla Chiesa, è **universale**: tutti i popoli possono accoglierlo e diventare cristiani, senza abbandonare la propria identità culturale. Il cristianesimo quindi è una religione che deve incarnarsi (inculturarsi) nella mentalità di chi ne vuole far parte. Ne consegue che la **Chiesa**, dal canto suo, non può che essere **multiculturale** e **multietnica**.

VIDEO
- Missionari con Pauline Marie Jaricot
- La messa celebrata nella regione del Kaffa

SOCIAL FORUM

Attraverso la figura, le parole e le azioni di papa Francesco, il primo pontefice gesuita, delineate, con l'aiuto dell'insegnante, le caratteristiche della spiritualità gesuita e delle sue peculiarità pastorali e di testimonianza.

↘ Secondo voi è importante per l'evangelizzazione e la testimonianza conoscere e rispettare le popolazioni alle quali si comunica il messaggio di Gesù?

LEZIONE 6 IL CRISTIANESIMO NELLE AMERICHE

Papa Francesco @ Sappiamo bene che l'unità non è primariamente frutto del nostro sforzo, ma dell'azione dello Spirito Santo al quale occorre aprire i nostri cuori con fiducia perché ci conduca sulle via della riconciliazione e della comunione #riconciliazioneecomunione

? # Per i cristiani è la forza dello Spirito a fare da propulsore verso l'unità. Per chi non è cristiano quale forza può spingere alla riconciliazione e al dialogo?

MISSIONARI IN TERRE NUOVE: IL NORD AMERICA

PAGINE DIGITALI
Puritani e quaccheri

Nel XVI secolo, favorito dalle scoperte, il cristianesimo uscì dai confini dell'Europa diffondendosi nel mondo.
Nell'**America del Nord** il cristianesimo giunse con gli Europei che avevano lasciato i loro Paesi d'origine cercando una speranza e un futuro migliore.
Alcuni di essi fuggivano dall'Europa proprio per **motivi religiosi**, com'è il caso dei **puritani** e dei **quaccheri**.

NETWORK

La festa del *Thanksgiving day* (Giorno del Ringraziamento), appartenente alla tradizione religiosa statunitense e canadese, commemora il patto amichevole stipulato tra il governatore dei coloni europei con il capotribù. Nell'autunno del 1621 fu indetto il primo *Thanksgiving day* per festeggiare l'abbondante raccolto. I nativi portarono in dono tacchini selvatici che entrarono a far parte del menù della festa.
Il *Thanksgiving day* è anche una festività secolare, legata alle vicende storiche della Guerra d'indipendenza americana.

- Ricercate i vari documenti con cui è stata proclamata questa festività da vari Presidenti americani e individuate l'elemento in essi ricorrente.
- Come e quando viene celebrata questa festività? Si tratta, per quanto potete comprendere, di una tradizione viva e sentita ancora oggi? Chiedete notizie anche all'insegnante di inglese.

In Nordamerica, il tacchino è il piatto principale consumato nel **giorno del Ringraziamento**.

Montaggio di immagini tratte dal film **Mission**, *diretto da Roland Joffe (1986).*

VIDEO
La mia vita tra gli Indios

L'EVANGELIZZAZIONE DELL'AMERICA LATINA

L'**evangelizzazione dell'America Latina** fu affidata dal Papato ai sovrani di Spagna e Portogallo che, a loro volta, fecero affidamento su alcuni ordini religiosi: gli **agostiniani**, i **domenicani**, i **francescani** e i **gesuiti**.
In molti casi coloro che dovevano portare la buona notizia di Gesù collaborarono con i conquistatori nella sottomissione, anche violenta, degli Indios. L'evangelizzazione (anche forzata) diventò talora un alibi per compiere l'asservimento di quelle popolazioni.
I primi a **levare la voce contro l'oppressione degli Indios** furono alcuni frati domenicani, che intervennero in loro favore: **Bartolomeo de Las Casas** e il teologo **Francisco de Vitoria**.

PAGINE DIGITALI
Bartolomeo de Las Casas

LE *REDUCCIONES* FONDATE DAI GESUITI

In America Latina, in particolare nel Paraguay, i gesuiti diedero vita a decine di **villaggi modello** (detti *reducciones*), grazie ai quali gli Indios vennero sottratti all'asservimento degli Spagnoli.

- Qui i gesuiti insegnavano ai nativi sia le verità della fede cristiana sia le norme del vivere civile sia le tecniche agricole più adatte. In questi villaggi (che erano costituiti da una piazza centrale con la chiesa, la scuola, laboratori artigianali, il magazzino comune e case monofamiliari), le terre lavorate e i laboratori erano di **comune proprietà**; nutrimento, vestiti e alloggi erano uguali per tutti. Soprattutto, **lo stile di vita e le tradizioni degli Indios venivano rispettati**.
- Le *reducciones*, che arrivarono a ospitare 150 000 indigeni e 400 missionari in una trentina di centri, furono avversate dai grandi proprietari terrieri e dalle autorità politiche spagnole e portoghesi. Nel 1773 la soppressione della Compagnia di Gesù (con l'accusa di aver formato nel Paraguay una specie di regno avverso a Spagna e Portogallo) comportò l'**espulsione di tutti i gesuiti dall'America Latina**: le missioni vennero presto distrutte e gli indigeni, privi ormai di ogni protezione, furono annientati.

LEZIONE 7 IL CRISTIANESIMO IN ASIA E IN AFRICA

Papa Francesco @ Siate una presenza della misericordia di Dio e testimoniate al mondo che le tribolazioni, le prove, le difficoltà, la violenza o il male non potranno mai sconfiggere Colui che ha sconfitto la morte: Gesù Cristo #presenzaattiva

?

L'attività missionaria della Chiesa è un'azione di testimonianza: è possibile effettuarla solo con le parole e non con i fatti?

Quali fatti possono compiere concretamente i cristiani per testimoniare il Vangelo?

PAGINE DIGITALI
- Matteo Ricci
- Francesco Saverio

UN'ANTICA MISSIONE

Il cristianesimo era giunto **in Asia nella tarda antichità**, rimanendo tuttavia isolato per via dell'espansione araba nel Vicino Oriente.

In epoca medievale alcuni francescani erano riusciti a raggiungere la Cina: in particolare fra' **Giovanni da Montecorvino**, che nel 1307 aveva ricevuto dal Papa la nomina a primo vescovo della Chiesa cinese. Tale missione, che sembrava promettere buoni risultati (il cristianesimo veniva ben accolto), fu interrotta tuttavia dalle conquiste della nuova dinastia dei Ming, che aveva reso ancora una volta difficili e pericolose le vie per la Cina.

Fu nel XVI secolo che riprese la missione dei cristiani in Oriente, e questa volta per opera dei gesuiti: **Matteo Ricci** per la Cina e **Francesco Saverio** per il Giappone e l'India. I gesuiti seppero adattare la loro attività missionaria alle forme e alle espressioni di culture così diverse e si conquistarono ovunque accoglienza e rispetto.

Lu Hongnian, **Annunciazione**, *1942, 1942; Collezione monsignor Comisso, Casarsa.*

LE RADICI DEL CRISTIANESIMO IN AFRICA

Il cristianesimo in Africa giunse già nei primi secoli: secondo la tradizione nel 42 d.C. l'evangelista Marco avrebbe fondato la Chiesa di Alessandria d'Egitto, che dunque divenne una delle comunità più prestigiose della cristianità.

Africani furono molti **martiri per la fede**. Africano, inoltre, fu il vescovo di Ippona, **Agostino**, uno dei Padri della Chiesa; africani furono altri illustri **scrittori cristiani** (come **Tertulliano**, **Cipriano** e **Lattanzio**).

In Egitto, infine, ebbe origine il **monachesimo**. Nei secoli successivi il messaggio di Cristo tentò di penetrare all'interno del continente, raggiungendo la Nubia e l'Etiopia.

L'espansione araba, tuttavia, non solo **limitò la diffusione del cristianesimo** ma la ridusse in maniera notevole (molti cristiani, per opportunismo, si convertirono infatti all'islam).

LA PENETRAZIONE MISSIONARIA

Intorno all'anno Mille alcuni missionari cristiani giunsero per lo più nelle zone settentrionali o a est, spingendosi lungo le rive del Nilo, verso il Sudan meridionale.
Tentativi di cristianizzare l'Africa ebbero luogo a partire dal XIII secolo: francescani e domenicani raggiunsero il Marocco e la Tunisia, ma la loro missione non ebbe risultati durevoli.
A partire dal XV secolo il cristianesimo penetrò nel continente **al seguito dei dominatori portoghesi**, ma senza ottenere i risultati sperati: i missionari (francescani, gesuiti e domenicani) erano in numero insufficiente e spesso venivano annientati dal clima micidiale. Essi inoltre incontrarono notevoli **difficoltà** nella loro attività di evangelizzazione, a causa della tratta degli schiavi e degli interessi militari e commerciali dei conquistatori, cui le popolazioni locali si ribellavano. L'opera missionaria rimase comunque **limitata alle zone di penetrazione militare o commerciale**.
Nel sud del continente furono gli olandesi a fondare nel 1652 la prima Chiesa.
Nel XIX secolo **la predicazione cristiana si intensificò**, andando di pari passo con la colonizzazione europea. Se, da un lato, l'evangelizzazione dell'Africa coloniale aiutò molte popolazioni indigene, portando scuole e assistenza, dall'altro gli Europei tolsero spesso ogni forma di dignità alle culture e alle cerimonie locali.

In questa immagine è raffigurato uno degli **slogan** *più diffusi* **contro la tratta degli schiavi**, *in cui un nero in ginocchio e in catene chiede* «Io non sono un uomo e un fratello?», *1787 circa.*

ALCUNI MISSIONARI SI OPPONGONO ALLA TRATTA DEGLI SCHIAVI

Gli abitanti dell'Africa subirono le conseguenze della spietata colonizzazione da parte degli Europei in America. I latifondi e le grandi piantagioni di cotone delle colonie meridionali, infatti, si reggevano sul lavoro degli schiavi importati dal continente africano in condizioni disumane.
La tratta ebbe inizio nel Cinquecento per iniziativa spagnola e diede luogo a guerre commerciali. Più tardi, dagli inizi del Settecento, essa divenne monopolio dei cristiani. A questo trattamento disumano **si opposero i gesuiti**, **i metodisti** e **i quaccheri** che tentarono di difendere gli Africani, in quanto fratelli in Cristo.

Matteo Ricci *fu molto impegnato a evangelizzare l'Estremo Oriente.*

NETWORK

L'attore e regista cinese Zhāng Yimóu ha detto di Matteo Ricci che *«è un simbolo in Cina. È il primo esempio positivo di incontro tra Oriente e Occidente. È un personaggio popolare che appartiene a tutti noi, non solo ai cattolici. Ha insegnato ai nostri antenati la matematica, l'astronomia, la geografia e il più significativo esempio di dialogo interreligioso»*.

- Approfondite la figura straordinariamente moderna di questo missionario, se possibile con l'aiuto dei vostri insegnanti di materie scientifiche.
- Con l'aiuto dell'insegnante di religione cercate invece notizie sulla "pedagogia della gradualità" e le relazioni intrattenute dal gesuita con le classi colte dell'Impero cinese.

LA PAROLA

DOC 1 le parole del Pontefice

Che cosa significa essere uniti

Fonte:* Evangelii Gaudium, *n. 246

Leggete attentamente queste parole tratte dall'esortazione apostolica *Evangelii Gaudium* di papa Francesco, in cui viene sottolineata la vocazione missionaria della Chiesa.

La ricerca di percorsi di unità diventa urgente. I missionari in Asia e in Africa menzionano ripetutamente le critiche, le lamentele e le derisioni che ricevono a causa dello scandalo dei cristiani divisi. Se ci concentriamo sulle convinzioni che ci uniscono e ricordiamo il principio della gerarchia delle verità, potremo camminare speditamente verso forme comuni di annuncio, di servizio e di testimonianza. [...] Sono tante e tanto preziose le cose che ci uniscono! E se realmente crediamo nella libera e generosa azione dello Spirito, quante cose possiamo imparare gli uni dagli altri! Non si tratta solamente di ricevere informazioni sugli altri per conoscerli meglio, ma di raccogliere quello che lo Spirito ha seminato in loro come dono in noi.

Gruppo di **bambini della missione Zway** *seguita dall'associazione di volontari "amici di Sidamo", Etiopia.*

COMPRENDERE E INTERPRETARE

- Perché è urgente che i cristiani trovino l'unità?
- Quali difficoltà incontrano i missionari?
- Su che cosa è necessario concentrarsi?

DOC 2 le parole dei maestri della fede

L'importanza di essere umili

***Fonte: Ignazio di Lojola,* Esercizi spirituali**

LETTURE INTERDISCIPLINARI

DOC 3 il pensiero storico

In che cosa fu "grande" Lutero?
Fonte: Roland Herbert Bainton, **Lutero**

DOC 4 il pensiero storico

La riorganizzazione della Chiesa
Fonte: Alain Molinier, **Il Diciassettesimo secolo (1620-1740)**

DOC 5 IL PENSIERO TEOLOGICO

La presenza del Cristo nella cultura e nelle culture

Fonte: Commissione Teologica Internazionale,* Fede e inculturazione, *1989, nn. 2, 2, 12-14

Per i cristiani l'inculturazione ha anche una **motivazione teologica**: per diventare uomo, **Gesù** si è incarnato, cioè è diventato un uomo del suo tempo. Il Figlio di Dio **per incarnarsi si è dovuto, quindi, inculturare**.

Poiché è stata integrale e concreta, l'incarnazione del Figlio di Dio è stata un'incarnazione culturale: «*Cristo stesso, attraverso la sua incarnazione, si legò a determinate condizioni sociali e culturali degli uomini con cui visse*» [*Ad Gentes*, n. 10].
Il Figlio di Dio ha voluto essere un ebreo di Nazareth di Galilea, che parlava aramaico, che era sottomesso a pii genitori d'Israele, che li ha accompagnati al Tempio di Gerusalemme, dove lo ritrovano «*seduto in mezzo ai dottori, mentre li ascoltava e li interrogava*» [Lc 2,46]. Gesù cresce in mezzo agli usi e alle istituzioni della Palestina del I secolo, imparandovi mestieri del suo tempo, osservando il comportamento dei pescatori, dei contadini e dei commercianti del suo ambiente. Le scene e i paesaggi di cui si nutre l'immaginazione del futuro *rabbi* sono di un Paese e di un'epoca ben determinati. Nutrito dalla pietà d'Israele, formato dall'insegnamento della Legge e dei Profeti, al quale un'esperienza del tutto singolare di Dio come Padre permette di dare una profondità inaudita, Gesù si situa in una tradizione spirituale ben determinata, quella del profetismo ebraico.

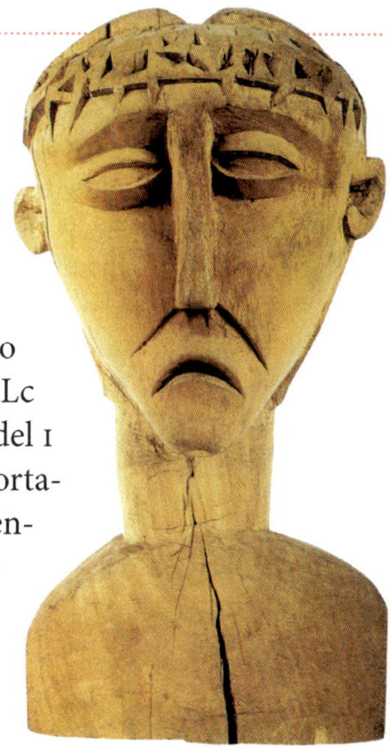
Gesù africano, *scultura lignea.*

COMPRENDERE E INTERPRETARE

- Perché quella di Cristo è stata un'incarnazione culturale?
- Che significato ha avuto per Gesù essere nato in un determinato luogo, in un'epoca precisa?
- Per i cristiani quale conseguenza comporta il fatto che Gesù si sia incarnato?

DOC 6 il pensiero storico

Come può il cristianesimo rimanere vitale?
Fonte: Jean Delumeau, **Il fatto religioso**

VERIFICA DELLE CONOSCENZE

VERO O FALSO?

- V F Nel XVI secolo la Chiesa attraversa un periodo particolarmente difficile
- V F Lutero si opponeva al fatto che il Papa risiedesse a Roma
- V F La tesi conciliarista sosteneva la superiorità del Papa sul Concilio
- V F Il numero dei sacramenti nel protestantesimo è superiore a quello del cattolicesimo
- V F La Chiesa protestante è una comunità separata dalla Chiesa romana
- V F Tra la Chiesa cattolica e quella romana non esiste alcun tipo di dialogo
- V F L'anglicanesimo nacque esclusivamente per motivi religiosi
- V F Cattolicesimo e anglicanesimo convissero senza alcuna difficoltà
- V F Per i protestanti valgono solo i sacramenti del battesimo e dell'eucaristia
- V F Lutero riteneva che la Scrittura fosse accostabile senza la mediazione della Chiesa
- V F I missionari erano per lo più al seguito dei conquistatori di terre nuove
- V F L'America Latina fu evangelizzata dai quaccheri
- V F La Chiesa di Roma rispose al protestantesimo con molti provvedimenti presi dal Concilio di Trento
- V F Le cause che scatenarono la Riforma protestante furono varie e di diversa natura
- V F Verso la metà del XVI secolo il protestantesimo era diffuso in molti Paesi europei
- V F La Chiesa romana scomunicò Lutero
- V F La Chiesa romana si riconciliò con Enrico VIII
- V F La Chiesa di Roma non avvertì nessun desiderio di riformarsi
- V F Il Concilio di Trento intervenne sia su aspetti liturgici, sia dottrinali, sia culturali
- V F Dopo il Concilio di Trento la Chiesa ebbe una nuova spinta missionaria
- V F Con le scoperte geografiche del XVI secolo il cristianesimo uscì dall'Europa
- V F Il metodo di missione della Chiesa prevede il rispetto delle culture locali
- V F Ignazio di Loyola fondò l'ordine dei teatini
- V F I gesuiti furono particolarmente importanti nell'opera missionaria della Chiesa
- V F La Chiesa cattolica fa parte del CEC
- V F La Chiesa cattolica favorisce il dialogo ecumenico
- V F Protestanti e cattolici considerano diversamente la Messa
- V F L'inculturazione ha un fondamento teologico
- V F Lutero affisse sul portale della cattedrale di Wittemberg 100 tesi

BLOG IN CLASSE

IL CRISTIANESIMO E LA SFIDA DEL DIALOGO E DEL CAMBIAMENTO

Il cristianesimo deve sempre riformarsi, per essere al passo con i tempi

Vi siete soffermati su alcuni temi fondamentali:

#importanzadeldialogo
#perdonoesperanza
#superareledifficoltà
#importanzadelcambiamento
#fraternitàecondivisione
#riconciliazioneecomunione
#presenzaattiva

Quali potrebbero essere, secondo voi, delle **soluzioni efficaci** perché prevalga ciò che unisce piuttosto che ciò che divide e per fare in modo che il cristianesimo **dialoghi con la società moderna**?
Organizzate una TAVOLA ROTONDA della durata di un'ora su questi argomenti.

Invitate a dibattere, nella vostra scuola, un sacerdote, un missionario, uno storico (reperiteli con l'aiuto dell'insegnante).
Preparate una **scaletta** e scegliete tra voi un **moderatore dell'evento**, che dia la parola ai relatori, permetta al pubblico di fare delle domande, tiri le fila della discussione.

UNA MAPPA PER TUTTI

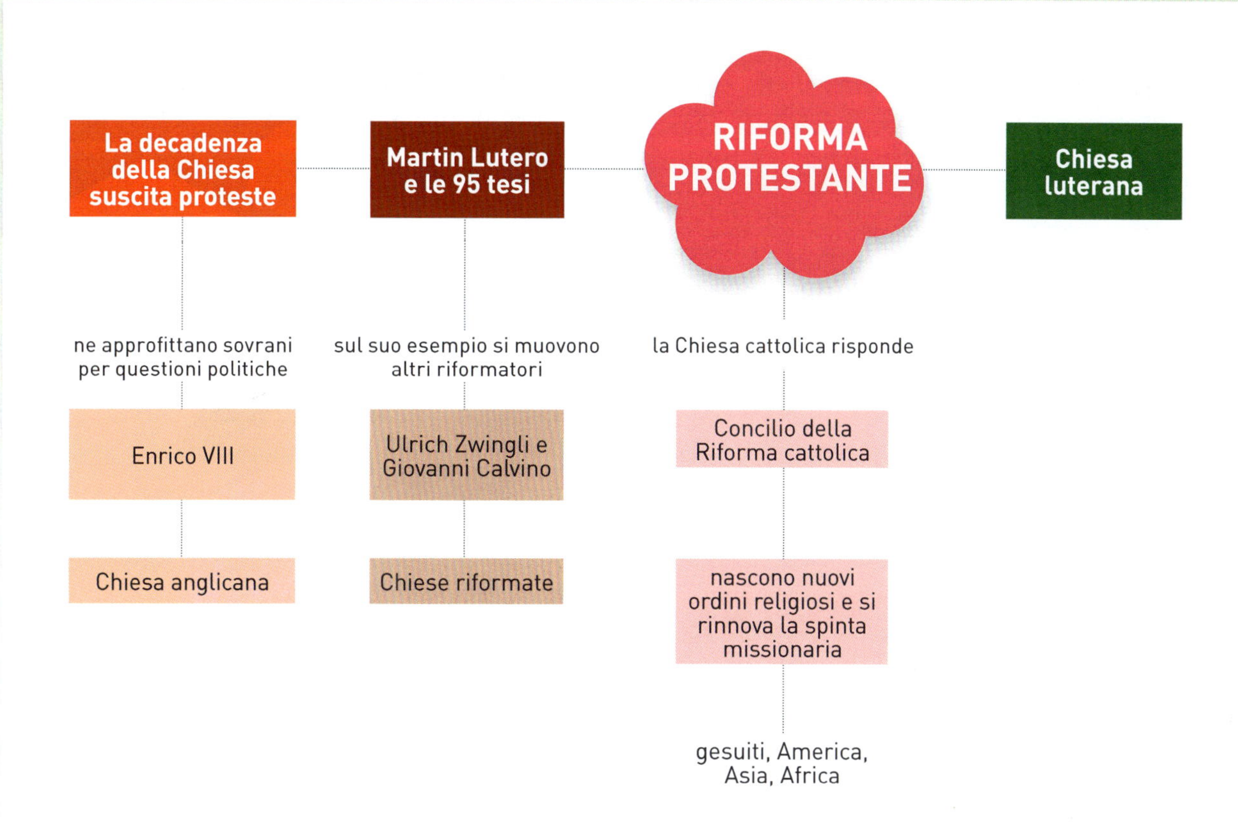

DIDATTICA INCLUSIVA

IL PERCORSO IN BREVE

Abbiamo imparato:

- perché si verificò la Riforma protestante e quali furono le sue conseguenze;
- chi fu Martin Lutero e quale fu il suo ruolo nella Riforma;
- come si diffuse la Riforma in Europa;
- quali altri movimenti riformatori nacquero e si svilupparono;
- chi furono e cosa fecero Ulrich Zwingli e Giovanni Calvino;
- come nacque la Chiesa anglicana;
- quale fu la risposta della Chiesa alla Riforma protestante;
- quali decisioni furono prese durante il Concilio della Riforma cattolica;
- com'è il dialogo oggi tra le Chiese e che cos'è l'ecumenismo;
- quali ordini religiosi nacquero sulla spinta della Riforma cattolica;
- come si estrinsecò la nuova spinta missionaria della Chiesa verso le Americhe, l'Asia e l'Africa.

PERCORSO 6 LA CHIESA DEI NOSTRI GIORNI

DIDATTICA COOPERATIVA

PER COMINCIARE INSIEME

Quanti siete nella vostra classe? Tanti? Pochi? L'importante è constatare che il vostro gruppo è uno specchio della società: ognuno è diverso dagli altri; spesso, anche sugli argomenti più banali, si hanno opinioni diverse.
Insomma «*tante teste, tante idee*», come dicevano gli antichi. E questo va benissimo (guai se la pensassimo tutti nello stesso modo!), purché le idee differenti possano diventare un'occasione di confronto e non di scontro, come, invece, molto spesso capita.

Dialogare *aiuta a risolvere i conflitti e arricchisce reciprocamente.*

- Il conflitto è una naturale parte dell'interazione umana, ma bisogna imparare a farci i conti. Anzi, meglio, bisogna imparare a gestirlo e a farlo diventare un motivo di **arricchimento reciproco**. Provate, quindi, a confrontarvi sulle domande poste di seguito:
  - Le differenze tra di noi esistono: devono essere riconosciute e rispettate oppure vanno annullate?
  - Per quale motivo le divergenze di opinione possono essere un valore?
  - Per quale motivo, invece, sono fonte di ostilità, spesso insanabili?
  - Per evitare conflitti è necessario piegarsi alle idee altrui e rinunciare alle proprie?
  - Quale atteggiamento verso gli altri può evitare i conflitti?

- Cercate di rispondere a queste domande aiutandovi con le parole di Giovanni Paolo II e da quelle dello storico Jean Delumeau, che trovate all'inizio di ogni lezione. Tenete anche in considerazione il DOC 8 di Moni Ovadia a p. 137.

- Mentre svolgete il vostro lavoro, tenete ben presente la **realtà che vi circonda**: quella della vostra classe (magari in occasione dell'elezione dei rappresentanti) o quella di un gruppo (sportivo, musicale, familiare ecc.) al quale appartenete. Oppure fate riferimento a vicende che coinvolgono la società in cui viviamo e che accadono sotto i vostri occhi o che apprendete dai media o da varie letture e trovate almeno **tre esempi** di situazioni di conflitto.
- Cercate di rintracciare dei **motivi ricorrenti** o **delle analogie** negli esempi che avete trovato (potrebbero anche riguardare le reazioni emotive o fisiche che una situazione conflittuale comporta). Riflettete, quindi, sul tema:

COLLEGARE, NON DIVIDERE

Affrontare il conflitto per valorizzare la diversità

Buono studio!

LEZIONE 1 LA CHIESA TRA OTTOCENTO E NOVECENTO

Giovanni Paolo II @ È sperabile che quanti, in una misura o l'altra, sono responsabili di una vita più umana verso i propri simili, ispirati o no da una fede religiosa, si rendano pienamente conto dell'urgente necessità di un cambiamento degli atteggiamenti spirituali #necessitàdelcambiamento

Secondo voi quali atteggiamenti spirituali è importante cambiare?
Quelli che definiscono i rapporti con se stessi, quelli che definiscono i rapporti con il prossimo o entrambi?

CAMBIANO I TEMPI

Nel corso dell'Ottocento e del Novecento, tra varie **difficoltà** di carattere politico, culturale e religioso, la Chiesa ha cercato di **adeguarsi ai cambiamenti e alle esigenze del mondo moderno e contemporaneo**. Esso aveva, infatti, subito profondi cambiamenti:

- la Rivoluzione francese aveva sovvertito tutto il sistema politico assolutistico dell'*Ancien Régime*;
- la rivoluzione industriale, sotto la spinta delle invenzioni tecnologiche e della loro applicazione ai sistemi produttivi, aveva cambiato totalmente il sistema economico e il modo di vivere;
- i movimenti di pensiero alla base dell'illuminismo e del liberalismo avevano determinato lo sviluppo di una nuova **visione del mondo** e di una società che non si riconosceva più nei valori cristiani.

Case operaie *in High Street, a Glasgow, nel 1850.*

RIVOLUZIONE INDUSTRIALE E DISAGIO SOCIALE

A partire dalla metà del Settecento, dapprima in Inghilterra, poi negli altri Paesi del continente europeo, la **rivoluzione industriale** aveva originato una situazione di estremo **degrado sociale**.

- La creazione delle nuove fabbriche prevalentemente **nelle città** aveva costretto gran parte degli abitanti delle campagne a trasferirsi nei nuovi centri industriali, provocando un **sovraffollamento** urbano che costringeva intere famiglie a vivere in case piccole, vecchie e fatiscenti, che però avevano affitti molto cari. La situazione igienica era disastrosa: l'insalubrità dell'ambiente domestico, insieme alla nocività di quello di lavoro, provocava migliaia di vittime. Rachitismo, tubercolosi, alta mortalità infantile e alcolismo erano largamente diffusi. Per contro i **salari** erano **bassi**, le **condizioni di lavoro spaventose**, la **miseria diffusissima**.

- Non molto diversa era la situazione **nelle campagne**, dove la gran parte dei contadini non erano proprietari della terra che lavoravano, ma dei semplici braccianti salariati, che spesso dovevano spostarsi da un'azienda agricola a un'altra, senza avere una casa propria.

LE NUOVE IDEOLOGIE OTTOCENTESCHE OSTEGGIANO CHIESA E RELIGIONE

Le ingiustizie sociali e le notevoli differenze di condizioni di vita tra proletariato e classi al potere indussero molti intellettuali a **ricercare le cause di queste diseguaglianze**, formulando delle **ideologie** (come socialismo e marxismo), che permettessero anche di superarle.
Queste nuove ideologie avevano in comune un atteggiamento ostile verso la Chiesa e verso la religione:

- verso la prima, in quanto considerata alleata delle classi dominanti;
- verso la seconda, in quanto considerata strumento con cui le classi dominanti stesse mantenevano sottomesse le classi più umili.

Don Bosco *insieme ai bambini.*

LA BASE DELLA CHIESA SI MOBILITA

Il rifiuto aperto della religione e le condizioni di estremo degrado in cui versava il proletariato furono le **sfide** che la Chiesa dovette e seppe raccogliere soprattutto nel corso dell'Ottocento.

- Di fronte ai gravi problemi sociali, la "base" della Chiesa diede luogo, dal punto di vista pratico, a una serie di **iniziative assistenziali e caritative**, ispirate da un **sentimento religioso del tutto disinteressato** e volto ad **alleviare le sofferenze dei più poveri**.
- Laici e sacerdoti si adoperarono in campo sociale a favore della **promozione degli ultimi** e diedero vita a **opere assistenziali**, alcune delle quali tutt'oggi esistenti. Particolarmente significative, a questo riguardo, sono le figure dei "**santi sociali**", come **Giuseppe Cottolengo** (1786-1842) e **Giovanni Bosco** (1815-1888). Quest'ultimo, in particolare, attraverso la capillare **diffusione degli oratori**, svolse un'importante opera di **educazione della gioventù**, portando avanti anche in questo modo una fondamentale azione di promozione sociale, proseguita in seguito dalla congregazione religiosa da lui fondata, quella dei salesiani. [vedi **DOC 6**]

GALLERIA FOTOGRAFICA
Giovanni Bosco

CINE-TRAILER
Il villaggio di cartone

SOCIAL FORUM

- Alcuni di voi frequentano o hanno frequentato l'oratorio?
- Confrontatevi sulla vostra esperienza a riguardo (le attività, l'organizzazione ecc.), provando a riflettere sulle diversità o similitudini esistenti fra gli oratori fondati da san Giovanni Bosco e quelli dei giorni nostri.

LEZIONE 2 LE SFIDE DEL NOVECENTO

Giovanni Paolo II @ **La solidarietà non è un sentimento di vaga compassione. Al contrario è la determinazione ferma e perseverante di impegnarsi per il bene comune: ossia per il bene di tutti e di ciascuno, perché tutti siamo veramente responsabili di tutti**
#importanzadellasolidarietà

?

\# Quali azioni concrete possono essere fatte per dimostrare solidarietà verso gli altri?
\# Il bene comune è in contrasto con il bene di ciascuno?

LEONE XIII E LA DOTTRINA SOCIALE DELLA CHIESA

Papa **Leone XIII** (1810-1903, divenuto Papa nel 1878), si mostrò sensibile non solo verso i bisognosi, ma anche verso le nuove **esigenze del mondo moderno**. Nel 1891 con l'**enciclica** *Rerum Novarum* (*Le cose nuove*) tracciò le linee del comportamento cristiano nella società industriale: ai **lavoratori** chiese di rispettare le gerarchie sociali e la proprietà privata; agli **imprenditori** raccomandò di non calpestare la dignità umana dei lavoratori, di concedere salari equi e tali da consentire un tenore di vita dignitoso, case e ambienti di lavoro igienici, e di promuovere iniziative assistenziali. [vedi **DOC 2**]

Papa Leone XIII *indicò ai cattolici la strada per interpretare i cambiamenti sociali con una originale "terza via" tra capitalismo e socialismo.*

UN PUNTO DI RIFERIMENTO PER LA CHIESA DEL NOVECENTO

Nella *Rerum Novarum*, rimasta punto di riferimento per **Giovanni Paolo II**, il quale nella sua enciclica *Centesimus annus* (scritta nel 1991 proprio per commemorare i cento anni della *Rerum novarum*) ne mise in luce gli **aspetti profetici e ancora attuali**, quindi:

- veniva ribadito il **diritto naturale di proprietà privata** (osteggiato, invece, a quell'epoca dal socialismo), ma ne era anche sottolineata la **funzione sociale**;
- era attribuito allo Stato il compito di promuovere la prosperità pubblica e privata, ma venivano posti all'azione statale limiti invalicabili;
- veniva **condannata la lotta di classe**, ma era riconosciuto agli operai il diritto di riunirsi per difendere i loro **diritti**, incoraggiando lo **spirito di aggregazione**.

NETWORK

Chiedendo aiuto agli insegnanti di religione e storia approfondite la figura di Leone XIII e i contenuti della *Rerum Novarum*.

- In che modo deve configurarsi, a vostro giudizio, l'impegno sociale di chi è cristiano?
- Papa Francesco ha affermato che la politica è un dovere per i cristiani. Concordate con questa affermazione? Motivate le vostre risposte.

Edith Stein, *ebrea convertitasi al cattolicesimo poi deportata e uccisa ad Auschwitz nel 1942.* **Dietrich Bonhoeffer** *e* **padre Massimiliano Kolbe**.

LE GUERRE MONDIALI E I TOTALITARISMI

Nella prima metà del Novecento, la Chiesa condivise con larga parte dell'umanità la tragedia di due guerre mondiali e visse, in Europa, la drammatica **stagione dei totalitarismi**.

- L'«***inutile strage***», come fu definita da papa **Benedetto XV** la **Prima guerra mondiale**, sconvolse le nazioni e determinò un clima di incertezza in cui nacquero movimenti violenti e autoritarismi.
- I rapporti di papa **Pio XI** con il dittatore fascista Benito Mussolini e quello nazista Adolf Hitler furono contrassegnati da tormentati incontri e scontri. L'evoluzione sempre più pesante dei due regimi spinse il Papa a scrivere **due encicliche** *Non abbiamo bisogno* e *Mit brennender Sorge* (*Con viva cura*), in cui espresse le **posizioni critiche della Santa Sede contro il fascismo** (29 giugno 1931) **e il nazismo** (14 marzo 1937). [vedi DOC 3]

Con un'altra enciclica, *Quas primas* (1925), papa Pio XI aveva sollecitato i cattolici ad **agire per alleviare le sofferenze materiali e spirituali** dei popoli in balia dei regimi dittatoriali.

- La **Seconda guerra mondiale** spinse l'uomo a livelli di inaudita barbarie e a punte di brutalità che tuttora rimangono nella memoria collettiva come monito. Per la Chiesa, guidata da Pio XI, fu un **periodo difficilissimo** e neppure l'autorità del Papa e gli interventi di alcuni episcopati riuscirono a mutare le sorti del conflitto e a salvare il popolo ebraico dal **genocidio**.

NUOVI MARTIRI PER TESTIMONIARE LA FEDE IN CRISTO

Anche nei momenti più terribili alcuni cristiani testimoniarono la loro fede e per questo subirono il **martirio**. Per il mondo contemporaneo due esempi sono offerti:

- dal teologo protestante **Dietrich Bonhoeffer**, importante esponente della Chiesa evangelica, che si oppose strenuamente al nazismo, impiccato nel carcere di Flössenburg. Le sue idee hanno influenzato molti movimenti cristiani contro la guerra e i regimi repressivi, esaltando il concetto di **sequela** di Cristo, fino al martirio;
- da **padre Massimiliano Kolbe**, già voce viva della Polonia cattolica prima che scoppiasse la Seconda guerra mondiale, che ad Auschwitz nel 1941 fu ucciso, dopo essersi offerto volontariamente al martirio al posto di un padre di famiglia, che grazie a lui ebbe salva la vita.

VIDEO

- Il martirio nella Rivoluzione russa
- Papa Pio XI, il Papa nemico dei totalitarismi
- Dietrich Bonhoeffer e la Chiesa confessante
- La Rosa Bianca, un'amicizia per la verità
- Edith Stein e padre Kolbe: persecuzione e dono di sé

Enciclica
È una lettera, abitualmente redatta in latino e intitolata con le prime parole del testo, che il Papa rivolge ai vescovi e ai fedeli di tutto il mondo. Letteralmente significa "lettera circolare" (dal greco *enkýklios*).

Genocidio
Dal greco *ghénos*, "stirpe", indica la soppressione sistematica di un gruppo etnico o religioso.

Sequela
Parola che deriva dal latino *sequor*, "seguire", e indica le azioni e gli atteggiamenti messi in atto per seguire l'insegnamento di Gesù.

LEZIONE 3 IL CONCILIO VATICANO II

Giovanni Paolo II @ In virtù del suo impegno evangelico, la Chiesa si sente chiamata a restare accanto alle folle povere, a discernere la giustizia delle loro richieste, a contribuire a soddisfarle, senza perdere di vista il bene dei gruppi nel quadro del bene comune #importanzadelbenecomune

?

\# Perché la salvaguardia delle masse povere non deve avvenire a svantaggio della società nel suo insieme?

\# In che modo chi è più ricco potrebbe migliorare la situazione dei meno fortunati?

LA CHIESA SI INCAMMINA VERSO IL RINNOVAMENTO

Dopo la Seconda guerra mondiale maturarono lentamente nella Chiesa l'esigenza e la necessità di procedere a una profonda **opera di rinnovamento**. Una sensibilità nuova nei confronti dei problemi del mondo fece prendere coscienza della necessità che essa si aprisse ai **cambiamenti di una realtà nuova**. L'attenzione a quelli che vennero definiti come "segni dei tempi" (messa in rilievo da **Giovanni XXIII**, successore di Pio XII) determinò l'apertura all'**impegno ecumenico** (cioè l'impegno di tutti i cristiani delle diverse confessioni a riunirsi in una sola fede e in **una sola Chiesa visibile** e al **dialogo interreligioso**.

Dialogo interreligioso
È l'apertura agli appartenenti a religioni diverse da quella cristiana, verso i quali si è disponibili a un sereno confronto di opinioni.

UN CONCILIO PER L'"AGGIORNAMENTO" DELLA CHIESA

Lo scopo principale che si prefisse papa Giovanni XXIII era quello di unificare la Chiesa e intuì che per ottenerlo era necessario un profondo **rinnovamento della vita del clero e dei fedeli**. Lo definì "aggiornamento" e ne espose le linee principali in due encicliche, la *Mater et Magistra* (1961) e la *Pacem in terris* (1963).
Nel 1962 Giovanni XXIII convocò un **nuovo Concilio ecumenico** e, superando le obiezioni che venivano dagli schieramenti più conservatori, riuscì a ottenere un **risultato epocale per la vita della Chiesa**: mai si era tenuta un'**assemblea** così **numerosa** e con **caratteri** così **universali**. Vennero infatti **coinvolti i rappresentanti di tutte le Chiese cristiane**.

PAGINE DIGITALI
Giovanni XXIII è eletto Papa

Papa Giovanni XXIII.

I LAVORI CONCILIARI

Dopo tre anni di intensa preparazione, **il Concilio si aprì in Vaticano l'11 ottobre 1962 e durò fino all'8 dicembre 1965**. Fu inaugurato da papa **Giovanni XXIII**, attorniato da 2860 prelati di tutti i Paesi (il 45% dei quali proveniva dal Sud del Mondo) e da 93 osservatori appartenenti ad **altre religioni** e al **mondo laico**.
Giovanni XXIII assisté solo alla prima sessione (in tutto furono quattro), perché morì il 3 giugno 1963 e il suo successore, **Paolo VI** (**Giovanni Battista Montini**), portò a termine i lavori nel 1965, mediando tra l'ala tradizionalista e quella innovatrice del Concilio.

VIDEO
Una giornata al Concilio

Una seduta del **Concilio Vaticano II** *(1962) che si tenne a Roma nella Basilica di San Pietro, che, per l'occasione, venne adibita ad aula.*

LE "INNOVAZIONI" DEL CONCILIO

Il profilo della Chiesa venne ridisegnato dal Concilio:

- venne dato **ampio spazio all'apostolato laico**, ovvero all'opera di diffusione del messaggio e dei valori cristiani da parte dei laici;
- alla condanna delle altre religioni si sostituì la **ricerca del dialogo**, sia con le Chiese protestanti e ortodosse sia con i non cristiani;
- venne avviata una **riforma della liturgia** che portò poi alla scelta di non celebrare più la Messa in latino, ma nelle lingue correnti e di rivolgere l'altare verso i fedeli;
- furono anche rivalutati la **partecipazione vissuta** alla liturgia e l'approfondimento della Parola di Dio.
- Il messaggio della Chiesa non venne più legato esclusivamente a modelli propri della civiltà mediterranea, ma fu **calato nelle differenti culture del mondo**.

Dal Concilio emerse una Chiesa che, proprio attraverso l'impegno di **annunciare il Vangelo** a tutti i popoli, si prodigava per affermare la **giustizia**, giungendo a chiedere **perdono** per tutti quei cristiani che non furono fedeli al Vangelo.

SOCIAL FORUM

- «Il *Concilio Vaticano II è pietra miliare nella storia della Chiesa*» ha detto papa Francesco. Qual è il significato di queste parole, secondo voi?
- Secondo il Concilio, la Chiesa deve essere attenta ai "segni dei tempi". Che cosa significa da un punto di vista pratico? Discutetene in classe.

LA CHIESA SEGNO E STRUMENTO DELL'AMORE DI DIO

Il rinnovamento determinato dal Concilio sottolineò con vigore che la Chiesa nei confronti del mondo è segno e strumento dell'**unione degli uomini con Dio e degli uomini tra loro**:

- è **segno** perché manifesta in modo visibile (attraverso le proprie opere) questa unione, che è una realtà invisibile e nascosta;
- è **strumento** perché, per l'incontro di salvezza con Dio, offre all'uomo i mezzi necessari: la Parola di Dio, l'insegnamento della Chiesa (il magistero) e i sacramenti.

LEZIONE 4 LA CHIESA OGGI

Giovanni Paolo II @ La solidarietà ci aiuta a vedere l'"altro" – persona, popolo o Nazione – non come uno strumento qualsiasi, ma come un nostro "simile", un "aiuto" (Gen 2,18), da rendere partecipe, al pari di noi, del banchetto della vita, a cui tutti gli uomini sono egualmente invitati da Dio #importanzadellapartecipazione

Che cosa intende dire il Papa con partecipazione al «*banchetto della vita*», secondo voi?
Se tutti possono partecipare a tale banchetto, quali mali sociali possono essere evitati?

LA COMUNITÀ CRISTIANA: IL CLERO

PAGINE DIGITALI
La Chiesa: un'unità fra Cristo e il suo popolo

La Chiesa è la **modalità visibile** che Cristo ha scelto per proseguire, dopo la Pentecoste (vedi a p. 61), la sua opera di redentore; è l'**organismo vitale** in cui lo Spirito inserisce e fa crescere l'uomo nuovo, riconciliato, attraverso il battesimo, con il Padre. [vedi DOC 1]

Nella Chiesa cattolica, il ministero sacerdotale viene esercitato nei **tre gradi distinti** del diaconato, del presbiterato e dell'episcopato. I tre ordini nel loro complesso costituiscono il **clero**.

- I **vescovi** sono i responsabili delle unità amministrative della Chiesa (chiamate diocesi). Hanno il compito di ordinare sacerdoti e diaconi e di amministrare il sacramento della cresima. L'insieme dei vescovi (il collegio episcopale) ha per **capo il vescovo di Roma**, il Papa: egli è il successore di Pietro e, come Pietro, è segno e fondamento dell'unità della fede e della comunione dei vescovi tra loro e di tutta la Chiesa. Il Papa nomina i vescovi e i cardinali.
- I **presbiteri** o **sacerdoti** o **preti** collaborano con il vescovo e, all'occorrenza, possono sostituirlo. Se sono a capo di una comunità locale (parrocchie) sono detti **parroci**. I sacerdoti sono ministri della Parola di Dio (annunciano a tutti il Vangelo), celebrano i sacramenti, sono pastori della Chiesa ed educatori del popolo di Dio nella fede.
- I **diaconi** sono coadiutori dei sacerdoti nelle comunità locali, e si occupano del servizio e dell'organizzazione della comunità: distribuiscono l'eucaristia, benedicono i matrimoni, presiedono ai funerali, proclamano il Vangelo, si dedicano ai vari servizi della carità. I diaconi permanenti possono sposarsi, ma soltanto prima della loro ordinazione.

SOCIAL FORUM

Fin dalla scelta del nome, papa Francesco ha sottolineato l'importanza di «*una Chiesa povera per i poveri*», prendendo aperta posizione contro abitudini dispendiose da parte dei membri della gerarchia ecclesiastica e dando per primo l'esempio di una vita sobria.

- In un'occasione il Papa si è dichiarato contrario ai «*cristiani da salotto*» privi di «*fervore apostolico*». Come interpretate queste parole? Concordate con esse?
- In quali azioni potrebbe tradursi, secondo voi, lo "zelo apostolico" invocato dal Papa? Affrontate in un dibattito la questione.

UN NUOVO RUOLO PER I LAICI

Con il Concilio Vaticano II è stato **rivalutato fortemente il ruolo dei laici** (cioè chi non è prete né religioso), che devono agire con libertà e responsabilità:

- **all'interno della Chiesa**, dove sono chiamati a svolgere compiti che in precedenza erano affidati ai sacerdoti;
- **nel mondo**, per renderlo più cristiano, per santificarlo con la loro presenza.

I laici dunque sono oggi considerati **membri della Chiesa a pieno titolo**.

Papa Francesco con i monaci buddhisti in **Sri Lanka**, **13 gennaio 2015**.

INCONTRO AL MONDO

Dal Concilio è emersa rinforzata l'**anima missionaria della Chiesa**, portatrice a tutti della Buona Novella.

- Papa **Paolo VI** uscì per la prima volta dal Vaticano per recarsi nei Luoghi Santi e incontrare le Chiese orientali, poi per visitare l'India e poi ancora per andare a New York all'ONU.
- Ancor più sistematicamente papa **Giovanni Paolo II** (1920-2005) e papa **Benedetto XVI** hanno moltiplicato i viaggi e si sono presentati come "**pellegrini**" o "**missionari**", adoperandosi per la costruzione di un mondo più giusto. Con loro l'**apertura ecumenica** e la volontà di dialogo con le diverse confessioni cristiane, con le altre religioni e con il mondo laico sono arrivate a piena maturazione.
- La volontà di dialogo con tutti e l'impegno missionario sono state le prime intenzioni manifestate dall'attuale **papa Francesco** (il primo Papa, tra l'altro, ad aver sorvolato la Cina per recarsi in Corea), che si prodiga per conferire alla Chiesa la vitalità e la forza necessarie per confrontarsi con la poliedrica e contraddittoria civiltà moderna.

PAGINE DIGITALI
- I sacramenti
- La liturgia e i sacramenti
- Il benvenuto dei buddhisti a papa Francesco

LA CHIESA INAUGURA IL REGNO DEI CIELI

La Chiesa propone **la salvezza di Cristo indistintamente a tutti gli uomini**: sta a loro scegliere se appartenere o meno alla Chiesa, perché Gesù è morto e risorto per tutti. Lo Spirito raccoglie nell'unità della Chiesa coloro che hanno accettato di credere e guida la comunità ecclesiale all'incontro con Dio. **L'incontro nell'amore di Dio è la realizzazione del suo Regno**: gli uomini, riconoscendo Dio come Padre, accettano di compiere in eterno la sua volontà. **Il Regno inaugurato dalla Chiesa si compirà oltre la storia e il tempo**, nella realtà più perfetta e completa che si realizzerà nel Regno dei cieli. [vedi DOC 5]

Storico incontro avvenuto a **Roma il 13 aprile 1986** *tra Giovanni Paolo II e il rabbino capo Elio Toaff: per la prima volta in duemila anni un Papa romano si reca in visita alla sinagoga di Roma, rompendo un tabù durato per secoli.*

LEZIONE 5 LA RELIGIONE OGGI

Jean Delumeau @ Gli uomini del nostro tempo si aspettano che la religione insegni loro la compassione. La compassione include necessariamente l'amore del prossimo, specialmente quando non ci assomiglia #fratellanzauniversale

- # Mettere in pratica l'insegnamento di Gesù aiuta ad avere compassione del prossimo?
- # Chi è il nostro prossimo? Solo chi è immediatamente intorno a noi o qualunque essere umano?

IL VARIEGATO CONTESTO RELIGIOSO ATTUALE

Con il Concilio Vaticano II la **Chiesa** si è aperta al mondo e tutt'oggi è **desiderosa di andare incontro a ogni uomo**. Essa, tuttavia, vive e opera in un mondo complesso e variegato, nel quale la **secolarizzazione** sconfina nel **secolarismo**, la **laicità** nel **laicismo**, l'**ateismo** (la negazione di Dio: vedi a **p. 236**) e l'**agnosticismo** (la sospensione di giudizio circa l'esistenza di Dio) sono diffusi e, quando è presente, il sentimento religioso si esprime in modi differenti, spesso contraddittori e in qualche caso persino ambigui e violenti.

Secolarizzazione
La parola arriva dal latino *saeculum*, che significa " mondo" e sta a indicare l'emergere di modelli di vita orientati appunto al mondo e non a Dio. Il termine designa in generale il fenomeno per il quale la realtà della vita umana viene vissuta in modo non sacrale e del tutto autonomo rispetto alle norme o alle istituzioni religiose.

Secolarismo
È una concezione del mondo dipendente dal processo di secolarizzazione. Questa concezione tende a una totale separazione tra Stato e Chiesa, tra la politica e la religione, all'esclusione di Dio e della religione dalla riflessione del pensiero umano.

TENDENZE DIVERSE

Oltre la metà della popolazione mondiale professa una religione, sebbene si debba tener conto di situazioni assai diverse sia nell'ambito di una stessa religione sia nella comparazione di religioni differenti.
All'interno di una religione si possono distinguere **modi diversi di praticarla**:

- alcuni credenti, per esempio, consacrano tutta la loro vita alla ricerca spirituale, assumendo un atteggiamento di rinuncia nei confronti del "mondo" (beni materiali o affetti familiari);
- altri sono praticanti regolari, nel pieno rispetto delle loro tradizioni religiose;
- altri ancora hanno una pratica meno rigorosa, un'appartenenza religiosa più vaga, legata magari a consuetudini familiari o sociali o a momenti significativi della vita (ad esempio la nascita, il matrimonio ecc.).

Tra tante religioni non è facile disegnare un quadro unitario: la scena religiosa oggi è infatti caratterizzata da molte tendenze, assai diverse fra loro, spesso contraddittorie. Nell'attuale **panorama religioso sfaccettato** si possono tuttavia distinguere alcuni **atteggiamenti ricorrenti**.

IL FONDAMENTALISMO E L'INTEGRALISMO

Uno dei fenomeni più preoccupanti della nostra epoca è l'**applicazione intransigente e incondizionata** che una religione fa **delle proprie credenze** e la tendenza

a interpretare in modo acritico i princípi fondamentali della propria fede, riaffermando vigorosamente la tradizione specifica della religione di appartenenza, rifiutando ogni ipotesi d'evoluzione storica ed estendendo la propria intransigenza anche nell'ambito della vita sociale e politica.
Queste posizioni, definite come **integralismo** o **fondamentalismo** religioso, ignorano il fatto che la religione è oggetto di una libera scelta e la fede non si può imporre.

IL SINCRETISMO

Ormai quasi tutte le grandi religioni del mondo hanno superato la loro culla storica e sono presenti in tutti i continenti: quest'espansione ha provocato al loro interno uno straordinario **miscuglio di culture e tradizioni**. Sono anche emerse **nuove forme di pratiche religiose** che mescolano tradizioni differenti e sintetizzano credenze nuove e credenze antiche: è quello che va sotto il nome di **sincretismo** religioso.

L'ECLETTISMO

Lo scenario religioso è ulteriormente frammentato dalla **nascita di nuovi culti** e da un crescente interesse verso ciò che è **magico e misterioso**, secondo una logica che un importante studioso del fatto religioso, **Jean Delumeau**, ha definito "del bricolage" [vedi **DOC 7**]: in base a essa il riferimento a tradizioni religiose specifiche sfuma dietro la ricerca di una felicità spicciola, che si tenta di raggiungere mediante **spunti tratti da spiritualità molto diverse, che appartengono a religioni differenti**. Poiché in questo caso è assente un tentativo di sintesi si parla non più di sincretismo ma di **eclettismo** religioso.

Laicità
È la condizione di indipendenza di uno Stato dai poteri religiosi e, di conseguenza, l'atteggiamento con cui si garantisce la libertà di culto ai fedeli delle varie religioni riconosciute dallo Stato.

Laicismo
Il termine laicismo è la dottrina socio-politica che teorizza la separazione tra Stato e Chiesa. Nel panorama attuale il laicismo è a volte indicato come un atteggiamento orientato a confinare le religioni nell'ambito privato e in tal modo a reprimerle.

Sincretismo
È la fusione di dottrine diverse, senza armonizzazione fra loro. Il termine di origine greca, composto da *syn*, "con", e *kreté*, "Creta", ha origini estranee all'ambito religioso.

SOCIAL FORUM

- Come definireste la presenza religiosa nella società contemporanea? Ritenete che sia significativa o no? Sotto quali forme?
- Il sociologo Franco Garelli ha affermato che «*l'espressione religiosa nella nostra società non può fare a meno di essere pluralista*». Sapreste giustificare il significato di questa affermazione?

PAGINE DIGITALI
Atteggiamenti fondamentalisti

La **meditazione** *caratterizza numerose pratiche sincretiche in tutto il mondo.*

LEZIONE 6 LA CHIESA IN DIALOGO

Jean Delumeau @ La speranza è che la necessaria rivendicazione di identità delle grandi religioni del mondo si associ, in esse, all'accettazione e alla comprensione delle ricchezze altrui; in altre parole, che l'affermazione religiosa sia legata alla virtù della tolleranza #accettazioneetolleranza

Accettare gli altri significa rinunciare alla propria identità?
Che cosa vuol dire essere tolleranti verso gli altri?

LE PAROLE DEL PAPA
La globalizzazione

LA NECESSITÀ DEL DIALOGO

La diffusione delle relazioni e l'interdipendenza tra i vari popoli hanno via via prodotto una maggiore **compresenza di varie religioni in uno stesso territorio**, tant'è che si può parlare anche di una **globalizzazione** (vedi a **p. 350**) **religiosa**. In questo frangente l'**apertura all'altro**, a universi religiosi diversi dal proprio, ai quali ci si rivolge con atteggiamento di accoglienza e volontà di incontro è assolutamente prioritaria. Uno straniero che irrompe nella nostra vita suscita sentimenti contrastanti: paura, ma anche pietà, antagonismo, ma anche amicizia, sospetto, ma anche curiosità, egoismo, ma anche solidarietà. La presenza di altri, però, offre anche un'opportunità unica, quella del **dialogo**, tenendo conto che il dialogo con gli altri presuppone innanzitutto il dialogo con noi stessi.

LA TOLLERANZA È IL PRIMO PASSO VERSO IL DIALOGO

L'**atteggiamento di dialogo** implica una predisposizione che va oltre la tolleranza: quest'ultima è infatti una sorta di accettazione passiva, ma essere tolleranti è importante per poter progredire nell'incontro con l'altro.

Infatti un **atteggiamento tollerante** è il primo gradino da cui parte la **via verso l'ecumenismo**, in cui religioni simili cercano di integrarsi a livello organizzativo e formale, per arrivare al gradino più elevato, quello del **dialogo interreligioso** nel quale ciascuna religione coopera e si rapporta con tutte le altre. Il dialogo interreligioso è necessario in vista dei problemi e dei bisogni che riguardano l'umanità, per chiarire il senso della vita e per promuovere un'azione in vista della pace e della giustizia nel mondo. [vedi DOC 4]

Tuttavia, **intraprendere un dialogo non è così semplice**: presuppone **apertura** e **accettazione** di coloro che hanno una mentalità e delle abitudini spesso molto diverse dalle nostre, a volte addirittura in conflitto con le nostre regole sociali.

Papa Francesco con il leader musulmano *Maulavi Ash-Sheikh M.F.M. Fazil.*

LA PAURA DI CHI È "ALTRO" DA NOI

VIDEO
Storie dell'altro mondo

Al di là di quello che possono suggerirci il buon senso e la riflessione sulla necessità del dialogo, resta il fatto che si tratta di **una realtà molto difficile da realizzare** e che trova di fronte a sé mille ostacoli. Forse è semplicistico dire che il motivo è la **paura**, ma può esserci del vero in questa diagnosi: le ansie e il timore di essere sopraffatti da un "**altro**" **non conosciuto** sono connaturati all'essere umano e l'istinto di difesa è ben radicato in noi. [vedi DOC 9]

L'"altro", lo straniero ci fa paura, ma questo non è necessariamente negativo. Il teologo **Enzo Bianchi** ha detto a questo proposito che «*la paura è rivelatrice. È uno stadio da affrontare nel difficile cammino di conoscenza dell'altro*».

- Non ha quindi senso ignorarla, ma occorre affrontarla nella consapevolezza che può uscirne un contributo a comprendere meglio noi stessi, mettendo in crisi le nostre conoscenze acquisite.
- Nel momento in cui ci chiediamo chi sia l'altro, infatti, ci poniamo anche una domanda su noi stessi: "Chi siamo noi?".

Il problema del dialogo interreligioso investe dunque problemi di ambito antropologico ed etico che si imperniano sulla dinamica "io" e "gli altri" (per questo vedi a **p. 310**).

SOCIAL FORUM

- Sapreste riportare alcuni dei pregiudizi ricorrenti nella nostra società nei confronti di chi è straniero?
- Quali luoghi comuni ricorrono nei discorsi quotidiani della gente? In quali occasioni?
- Che cosa si potrebbe fare per estirparli, secondo voi?

SUPERARE LE DIFFERENZE, VINCERE IL PREGIUDIZIO

Altri elementi di ostacolo, accanto alla paura, sono certamente la **diffidenza**, l'**incomprensione** e il **pregiudizio**. Quest'ultimo è un'opinione che viene fondata su convincimenti tradizionali – spesso luoghi comuni – che impediscono una valutazione equilibrata e spassionata. Il pregiudizio è dunque una convinzione che non ha nulla a che fare con l'evidenza, investe vari aspetti (etnici, razziali, sociali) e si esprime spesso attraverso concezioni superficiali e semplificate.

In genere, chi formula un pregiudizio si percepisce sempre estraneo, se non superiore, comunque distante dai gruppi o dagli individui pregiudicati. [vedi DOC 8]

RISPETTO PER LE DIFFERENZE...

È indubbio, tuttavia, che **l'altro è portatore di una cultura diversa** da quella in cui si inserisce e questo provoca spesso problemi anche di natura pratica: si pensi al caso di islamici per i quali **il giorno sacro** è il venerdì. O, ancora, all'**abbigliamento** o alle **abitudini alimentari**.

L'altro può esigere rispetto per quelli che ritiene siano i suoi valori (religiosi, etnici, razziali ecc.), ma alcuni di quei valori ledono il nostro concetto di libertà.

... NON ANNULLAMENTO DELLE PROPRIE TRADIZIONI

Ospitare lo straniero significa annullarci in lui, in un semplice gesto di benevolenza? In realtà no: l'**ospitalità è qualcosa di più complesso**, che non deve certo tradursi in quella che **Enzo Bianchi** definisce suggestivamente come «*sindrome di Cristoforo Colombo*» (cioè l'ignorare completamente ciò che lo straniero pensa di sé, imponendogli brutalmente il nostro modello culturale), ma neppure deve significare accettazione passiva di tutto ciò che lo straniero esige.

DOCUMENTI PER APPROFONDIRE

LA PAROLA

DOC 1 dal Nuovo Testamento

Un solo corpo in Cristo

Fonte: Rm 12,1-8

In questa lettera ai Romani, san Paolo paragona la Chiesa a un corpo vivente: come ogni corpo, è formata da parti diverse, che, insieme, formano un "tutto". Tutte le parti, in base alla loro funzione e al "dono" che hanno ricevuto, devono contribuire al funzionamento dell'intero corpo.

Etienne Parrocel, **San Paolo**, *1740.*

Vi esorto dunque, fratelli, per la misericordia di Dio, a offrire i vostri corpi come sacrificio vivente, santo e gradito a Dio; è questo il vostro culto spirituale. Non conformatevi alla mentalità di questo secolo, ma trasformatevi rinnovando la vostra mente, per poter discernere la volontà di Dio, ciò che è buono, a lui gradito e perfetto.
Per la grazia che mi è stata concessa, io dico a ciascuno di voi: non valutatevi più di quanto è conveniente valutarsi, ma valutatevi in maniera da avere di voi una giusta valutazione, ciascuno secondo la misura di fede che Dio gli ha dato. Poiché, come in un solo corpo abbiamo molte membra e queste membra non hanno tutte la medesima funzione, così anche noi, pur essendo molti, siamo un solo corpo in Cristo e ciascuno per la sua parte siamo membra gli uni degli altri.
Abbiamo pertanto doni diversi secondo la grazia data a ciascuno di noi. Chi ha il dono della profezia la eserciti secondo la misura della fede; chi ha un ministero attenda al ministero; chi l'insegnamento, all'insegnamento; chi l'esortazione, all'esortazione. Chi dà, lo faccia con semplicità; chi presiede, lo faccia con diligenza; chi fa opere di misericordia, le compia con gioia.

COMPRENDERE E INTERPRETARE

- Ritenete efficace l'immagine del corpo fatto di tante membra che utilizza san Paolo per la Chiesa?
- Le parole di Paolo evidenziano come ognuno sia importante allo stesso modo nella Chiesa, poiché tutti contribuiscono con le proprie attitudini. Questo paragone può essere applicato alla società o alla famiglia?

DOC 2 le parole del Pontefice

Essere cristiani nella società industriale

Fonte: Leone XIII,* Rerum Novarum*, n. 19

DOC 3 le parole del Pontefice

La condanna del nazismo

***Fonte: Pio XI,* Mit Brennender Sorge**

DOC 4 il magistero della Chiesa

Tutte le religioni hanno valori apprezzabili

***Fonte: Concilio Vaticano II,* Nostra Aetate**

DOC 5 il magistero della Chiesa

La missione della Chiesa

Fonte: Concilio Vaticano II,* Lumen Gentium*, n. 5

LETTURE INTERDISCIPLINARI

DOC 6 il pensiero pedagogico

Il sistema educativo di don Bosco

Fonte:* *Domenico Ricca,* Convegno di apertura del progetto "Torino di santi, quale futuro?", *ottobre 2010

DOC 7 il pensiero sociologico

Religione fai-da-te?

***Fonte:* *Franco Garelli,* Relazione al Congresso mondiale su "Religione e generazione"**

DOC 8 **VOCI LETTERARIE**

La fratellanza universale

***Fonte:* *Moni Ovadia,* Vai a te stesso**

Attore, regista e musicista italiano, Moni Ovadia è in realtà nato in Bulgaria, a Plodiv, da una famiglia ebraica trasferitasi a Milano poco dopo la sua nascita. Più volte nei suoi scritti ricorre la riflessione sul significato di essere stranieri.

Vi è dunque ancora oggi un ideale per il quale vale la pena vivere e se è necessario morire: la costruzione della fratellanza universale. È la condizione della fratellanza universale. È la condizione necessaria per una pace autentica e può essere raggiunta solo vivendo da straniero tra gli stranieri. Diventare stranieri a se stessi è intraprendere un lungo e travagliato viaggio al termine del quale l'essere umano manifesta lo splendore della propria nudità esistenziale, spogliata degli orpelli burocratici, delle paure e dei pregiudizi.

Una scena da **Salomone "Moni" Ovadia** *con la Moni Ovadia Stage Orchestra, in scena al Teatro Strehler con "Oylem Goylem".*

COMPRENDERE E INTERPRETARE

- Quale relazione c'è tra la fratellanza universale e la pace?
- Che cosa significa l'espressione «*diventare stranieri a se stessi*», secondo voi?

DOC 9 voci letterarie

Lo straniero

***Fonte:* *Stephen Crane,* L'albergo azzurro**

VERIFICA DELLE CONOSCENZE

VERO O FALSO?

- V F Il Concilio Vaticano II fu aperto da Paolo VI
- V F Leone XIII rifiutò di prendere in considerazione i problemi sociali dell'età moderna
- V F Benedetto XV condannò la Prima guerra mondiale
- V F La Chiesa nel XIX secolo seppe raccogliere le sfide sociali
- V F Accogliere gli stranieri significa imporre la propria cultura
- V F Al Concilio Vaticano II non furono ammessi esponenti di religioni diverse dal cristianesimo
- V F La rivoluzione industriale determinò un miglioramento delle condizioni di vita per tutti
- V F Leone XIII condannò la proprietà privata
- V F Pio XI prese ufficialmente posizione contro il nazismo e il fascismo
- V F Di fronte ai totalitarismi molti cristiani opposero resistenza a costo della vita
- V F Dopo il Concilio Vaticano II la Chiesa ha sottolineato la sua volontà di dialogo con tutti
- V F Pio XI esortò i cristiani ad agire per aiutare gli oppressi
- V F Il Concilio Vaticano II sottolineò l'importanza dei laici nella Chiesa
- V F Leone XIII approvò la lotta di classe
- V F Dopo le guerre mondiali la Chiesa sentì una profonda esigenza di rinnovamento
- V F Il Concilio Vaticano II fu aperto da Giovanni XXIII
- V F I santi cosiddetti "sociali" furono coloro che si adoperarono in azioni caritative a favore dei più deboli
- V F Il Concilio Vaticano II ribadì la necessità di una Chiesa missionaria
- V F L'universo religioso attuale è complesso e multiforme
- V F Il Concilio Vaticano II non fece riforme dal punto di vista liturgico
- V F C'è un unico modo per praticare una religione
- V F Dopo il Concilio Vaticano II la Chiesa allargò i confini del suo impegno
- V F È normale avere paura di chi è diverso da noi
- V F Lo scopo del Concilio Vaticano II fu quello di aggiornare la Chiesa

BLOG IN CLASSE

COLLEGARE, NON DIVIDERE

Affrontare il conflitto per valorizzare la diversità

Quali potrebbero essere, secondo voi, delle soluzioni efficaci perché prevalga il valore della differenza sullo scontro?

- Un confronto aperto?
- Una comunicazione efficace e non aggressiva delle proprie posizioni?
- La mediazione di qualcuno rispetto al conflitto?
- La capacità di assumere il punto di vista dell'altro?
- La volontà di trovare degli elementi su cui negoziare?
- La disponibilità a mettersi in discussione?
- Altro?

Rispondete tenendo a mente:

#necessitàdelcambiamento
#importanzadellasolidarietà
#importanzadelbenecomune
#importanzadellapartecipazione
 # fratellanzauniversale
#accettazioneetolleranza

Fissate la vostra sintesi su un cartellone visibile per tutti e provate a elaborare una CAMPAGNA PUBBLICITARIA sul WEB che utilizzi le vostre proposte e delle foto da voi cercate e da voi scattate. Lo scopo della campagna è far conoscere a un pubblico il più vasto possibile l'**importanza morale**, **civile** ed **educativa del confronto e del dialogo**. Prendete ispirazione dalla campagna di "Pubblicità Progresso", di cui potete trovare notizie in Internet.

UNA MAPPA PER TUTTI

DIDATTICA INCLUSIVA

IL PERCORSO IN BREVE

Abbiamo imparato:

- come la Chiesa affrontò i cambiamenti sociali avvenuti nell'Ottocento con la rivoluzione industriale;
- quali furono le sfide del Novecento e quali Papi le affrontarono;
- in che modo la Chiesa considerò la barbarie del nazismo e delle guerre mondiali;
- che cosa ha significato il Concilio Vaticano II (il suo impulso missionario e l'impegno ecumenico) per la Chiesa del XX secolo;
- come sono strutturate la gerarchie ecclesiastiche post conciliari e qual è il nuovo ruolo dei laici;
- quali sono le sfide per la Chiesa in una realtà religiosa sempre più sfaccettata, in cui sono diffusi fondamentalismi e integralismi;
- che cosa significano sincretismo ed ecclettismo;
- l'importanza della tolleranza, del dialogo e del rispetto per le differenze.

UN LABORATORIO DI UMANITÀ

IL DIAMANTE E LA CORDA

Il **primo** "**altro**" con cui ci si confronta nella propria esistenza (fatta eccezione per coloro che si prendono cura di noi quando siamo molto piccoli e non autonomi nelle funzioni vitali elementari) siamo **noi stessi**. Come il bambino piccolo impara a conoscere il proprio corpo, scoprendolo giorno dopo giorno, succhiandosi le mani o i piedini, così dobbiamo **esplorare la nostra interiorità**.

L'importante è che questa conoscenza avvenga in modo **adeguato** ed **equilibrato**, senza esaltarsi né rimpicciolirsi (cioè senza incorrere nelle derive della mancanza di autostima o, al contrario, dell'eccessivo amore di sé, come diciamo a **p. 310**). Conoscersi vuol dire accettarsi nella **ricchezza delle proprie potenzialità**, per metterle a frutto e ritagliarsi un **ruolo specifico al mondo**. Questo processo di auto-conoscenza non deve, però, avvenire a scapito della socializzazione: anzi, ha il ruolo di favorirla. Tessendo rapporti con gli altri, infatti, si percorrono le tappe della costituzione del proprio "io", si assorbono e si rielaborano modelli, alternando – come sempre capita nella vita – vittorie e sconfitte.

TAPPA 1

- Prova a **esprimere** ciò che pensi di te stesso **attraverso un'immagine**.
  Un esempio che potrebbe andare bene per tutti è rappresentare **la persona come un diamante grezzo**, che, per risplendere in tutta la sua luce, deve essere intagliato e levigato sapientemente.
  Ciascuno di noi è come una pietra preziosa con un suo stile inconfondibile, che va però messo in luce ed esaltato, perché possa **distinguersi** e **individuarsi**.

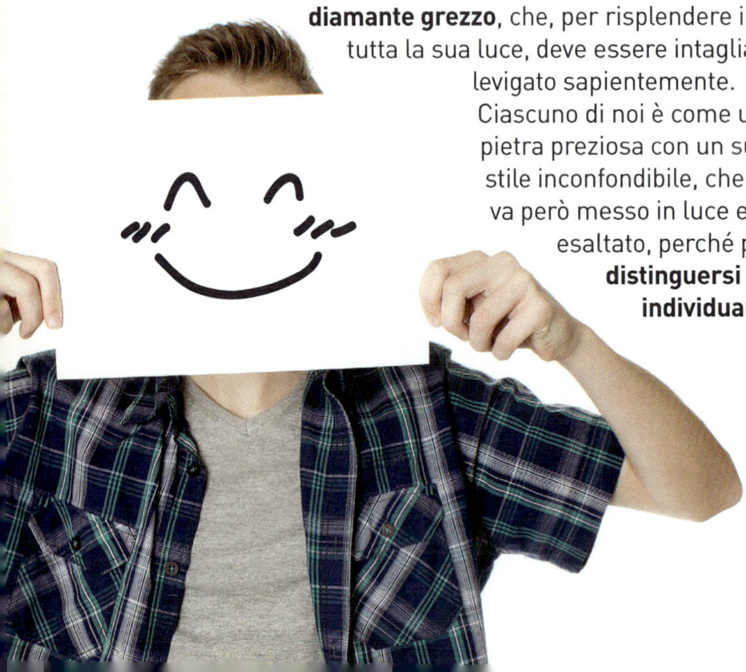

TAPPA 2

- Avere una buona conoscenza di sé può aiutare nella relazione con le altre persone. Infatti, quello che siamo chiamati a realizzare, nella vita, è **un difficile gioco di equilibri**: dobbiamo sviluppare la nostra **individualità** e **unicità** (cioè non siamo chiamati a diventare "un altro", sia pure la persona più grande, ma noi stessi) a partire dal **rapporto costitutivo con gli altri**, dai quali dobbiamo però **differenziarci**.
  Che cosa vuol dire tutto questo? In pratica, la domanda che ognuno di noi, tutti i giorni, deve porsi è: "Quale ruolo devono svolgere gli altri nella formazione del mio 'io' individuale?".
  Nel ***Diario*** occorre, dunque, soffermare l'attenzione sul **nodo di relazioni a partire dal quale ciascuno di noi è costituito**. Le domande seguenti possono essere d'aiuto.
  > Quali sono state e sono le relazioni determinanti per la mia formazione? Cioè: chi sono "gli altri" che "sono in me"(i genitori, i nonni, altri famigliari, alcuni insegnanti e educatori, gli amici ecc.).
  > In quale modo e in quale misura la mia vita partecipa e riceve significato dalle relazioni con gli altri (dalle loro esigenze, dalle loro speranze, dalle loro paure ecc.)?

TAPPA 3

- In base a quanto conosci e hai appreso, ti pare che l'insegnamento cristiano possa aiutare a comprendere e realizzare il rapporto con se stessi e con gli altri? In quale modo?

TAPPA 4

- Trova ora delle **immagini per esprimere visivamente chi sei e qual è il ruolo degli altri rispetto al tuo "io"**. Un esempio generico è quello del diamante grezzo, che abbiamo usato sopra. Un altro potrebbe essere la rappresentazione della propria vita come **una corda in cui si intrecciano i fili di molte vite**.
  Tu devi però trovare **un'immagine che sia soltanto tua** e che ti rappresenti al meglio.
  Fai un piccolo schizzo sul tuo ***Diario*** o allega un'immagine a tua scelta (una foto, un'opera d'arte o un dettaglio di essa ecc.). Non è detto che l'immagine che ti rispecchia sia la stessa per tutti questi cinque anni.

OSARE, LANCIARSI

Alle spalle una casa, un compagno di giochi, una madre che sorveglia da lontano.
Davanti, un giardino: natura "addomesticata", eppure sconosciuta e temibile: il bimbetto sembra esitare.
Quando si muovono in primi passi in un territorio nuovo, ci si trova a dover affrontare la **coesistenza di noto e ignoto**, di presente e futuro.

Claude Monet, **Il giardino dell'artista a Vétheuil**, *1881; Washington, National Gallery of Art.*

- Conosci questa sensazione, in questa fase della tua esistenza?
- Trovi difficile da affrontare la compresenza di due realtà contrastanti?
- Di fronte al nuovo che ti aspetta prevale in te il presagio di una felicità futura o un senso di ansia e il bisogno di protezione?
- Quale rapporto c'è, a tuo giudizio, tra l'essere radicati e prendere il volo?
- E tra immobilità e indipendenza?

AREA 2

DIO E GLI UOMINI

PERCORSO 1 LA BIBBIA, RIVELAZIONE DI DIO

PERCORSO 2 L'ANTICO TESTAMENTO E IL NUOVO

PERCORSO 3 IL MONDO DI GESÙ

PERCORSO 4 GESÙ DIVENTA IL MAESTRO

PERCORSO 5 GESÙ È IL MESSIA

CONOSCENZE

- Le radici ebraiche del cristianesimo e la singolarità della rivelazione del Dio Uno e Trino.
- La formazione e i processi interpretativi della Bibbia, fonte del cristianesimo.
- La persona, il messaggio e l'opera di Gesù Cristo nei Vangeli, documenti storici e libri di fede.
- L'identità e la missione di Gesù alla luce del mistero pasquale.
- La storia umana e la storia della salvezza: la concezione cristiana dell'uomo e del tempo.
- L'identità del cristianesimo in riferimento all'evento centrale della nascita, morte e risurrezione di Gesù e in relazione ai documenti fondanti.

ABILITÀ

- Riconoscere le fonti bibliche e gli altri documenti relativi alla figura di Gesù.
- Dialogare e confrontarsi in modo libero e rispettoso con posizioni diverse dalla propria.
- Analizzare e interpretare correttamente le fonti della tradizione cristiano-cattolica.
- Collegare la storia umana e quella della salvezza, ricavandone la concezione cristiana dell'uomo e del tempo.
- Dialogare con culture diverse dalla propria in modo aperto, libero e costruttivo.
- Confrontare la visione cristiana della vita con quella di altre religioni e sistemi di pensiero.

COMPETENZE

- Valutare la dimensione della vita umana a partire dalla conoscenza della persona e dell'opera di Gesù.
- Riconoscere il senso e il significato del linguaggio religioso cristiano.

PRIMO BIENNIO — SECONDO BIENNIO — QUINTO ANNO

?

Il desiderio di luce produce luce.
C'è vero desiderio quando c'è uno sforzo d'attenzione.
E si desidera realmente la luce
quando manca qualunque altro movente.
Se anche gli sforzi d'attenzione
rimanessero per anni apparentemente sterili,
un giorno una luce a essi esattamente proporzionale
inonderà l'anima.
Ogni sforzo aggiunge un po' d'oro
a un tesoro che nulla al mondo ci può sottrarre.

Simone Weil

PERCORSO 1 LA BIBBIA, RIVELAZIONE DI DIO

DIDATTICA COOPERATIVA

PER COMINCIARE INSIEME

La cultura occidentale sarebbe in gran parte incomprensibile se si prescindesse dalla Bibbia. Questo grande libro ha infatti agito sulla formazione del nostro pensiero e della nostra condotta morale, ma è anche stato fondamentale per la nostra cultura in genere. L'esempio più immediato viene dalla pittura.

Juan de Valdés Leal, **Il sacrificio di Isacco**, *1670 ca.*

Raffaello Sanzio, **Giudizio di Salomone**, *1518-1519; Città del Vaticano, Palazzi Vaticani, Loggia di Raffaello.*

Orazio Gentileschi, **Davide e Golia**, *1605-1607; Dublino, National Gallery of Ireland.*

- Pensate ora alla **musica**. L'influenza del testo sacro sulla musica è assai considerevole: ovviamente la Bibbia ha grande rilevanza per la musica sacra, poiché in ogni secolo e cultura i cristiani hanno voluto cantare la loro fede: si pensi soltanto alla tradizione del canto gregoriano, alla polifonia rinascimentale, ai capolavori di compositori come Bach.

- La Bibbia, dunque, è prima di tutto un **libro di fede**, ma è anche una **fonte culturale** inesauribile.
  Soffermatevi a valutare il molteplice valore della Bibbia con l'aiuto delle parole di Piero Coda e di Roberto Mussapi docente di drammaturgia e giornalista e leggete il DOC 5 a p. 159.

- Concentrate la vostra attenzione su una delle arti in particolare: noi vi suggeriamo **il teatro**, che, nell'ambito letterario, ha spessissimo attinto da temi religiosi. Pensate, per esempio, alle laudi medioevali come quelle di Jacopone da Todi, che sicuramente avete incontrato nei vostri studi di letteratura italiana.

- Tenete conto che, da sempre, la "messa in scena" di un evento costituisce un metodo particolarmente efficace per raccontarlo, perché **la drammatizzazione è emotivamente toccante e coinvolgente** e lavorate in questa direzione.

BENVENUTI A TEATRO

Episodi e protagonisti della Bibbia ci parlano

Buono studio!

LEZIONE 1 LA RIVELAZIONE DEL DIO UNICO

Piero Coda @ La rivelazione è quell'evento che avviene nella storia o, meglio ancora, che istituisce la storia della salvezza come storia dell'alleanza tra Dio e il suo popolo e, per esso, in prospettiva, con tutti gli uomini #storiadellasalvezza

Che cosa significa che la rivelazione «*istituisce la storia della salvezza*», secondo voi?
Sapreste spiegare perché la storia della salvezza riguarda tutti gli uomini e non solo gli Ebrei?

LE SACRE SCRITTURE

La **rivelazione** del **Dio unico** all'interno **della storia di un popolo**, quello **ebraico**, è tipica della religione ebraico-cristiana. Secondo la fede ebraica e secondo quella cristiana la **storia della rivelazione** (vedi a **p. 11**) ha espressione scritta in quello che da ebrei e cristiani è riconosciuto come "libro sacro": la **Bibbia** (vedi a **p. 144**). La Bibbia viene anche chiamata "**Scrittura**" o "**Sacre Scritture**", per significare la Parola di Dio messa per iscritto e quindi la sacralità del testo.

PAROLA DI DIO IN PAROLE UMANE

Nella Bibbia è racchiusa la **Parola di Dio** espressa attraverso **parole umane**, che narrano il dispiegarsi del **disegno divino di salvezza** (vedi a **p. 56** e sgg.). Dio ha parlato agli uomini, si è rivelato nella trama storica dei grandi eventi e nella quotidianità, secondo un suo progetto che ha uno **sviluppo progressivo** e questa rivelazione è, appunto, narrata in un **testo scritto**, un libro complesso, un libro fatto di libri, molto diversi tra loro.

Sieger Köder,
Il germoglio di Jesse.

L'ATTESA DEL MESSIA

Se ebrei e cristiani condividono la credenza che Dio si sia rivelato nella storia umana, occorre però tener presente che gli ebrei attendono ancora il Messia promesso dal Signore per mezzo dei **profeti**. I cristiani ritengono, invece, che la salvezza sia stata definitivamente donata attraverso la figura di **Gesù di Nazareth**, da essi riconosciuto come il **Messia** (il Cristo, vedi a p. 58) promesso da Dio, venuto a salvare gli uomini, riconciliandoli con Dio, redimendoli dal peccato e liberandoli dalla morte. Questa diversa concezione ha dei **riflessi sul contenuto del testo sacro**.

NETWORK

- Riprendete il testo del Credo riportato a p. 96. Con quali parole è espressa la fede trinitaria?
- L'elaborazione della dottrina della Trinità determinò, nei primi anni del cristianesimo, vari dibattiti. In che modo ne parla il vostro manuale di storia?

CON GESÙ SI COMPIE IL DISEGNO DIVINO

Il disegno di Dio che si attua nella rivelazione, pur procedendo progressivamente, è caratterizzato da **unitarietà** e **coerenza**. Ogni vicenda in cui Dio si manifesta getta una nuova luce sugli avvenimenti precedenti e aiuta a comprenderli meglio, cogliendo una **continuità tra eventi lontani** tra loro. Tutto il disegno divino, secondo i cristiani, si **riassume** e si **compie nell'evento storico di Gesù Cristo**, che porta a pienezza quanto era stato promesso ai Padri (Eb 1-2).

LO STESSO DIO

Il **Dio dei Padri è il Dio di Gesù**: è il Dio che si è rivelato al popolo d'Israele, che è intervenuto nella sua storia, che è fedele e leale, ma pretende dagli uomini, la stessa fedeltà e la stessa lealtà. È il **Dio liberatore**, il **Dio della vita**, che intervenendo con il suo amore nella storia dell'uomo, da lui stesso creato libero di sbagliare, gli offre la salvezza, vincendo il male, la divisione, la violenza.

GALLERIA FOTOGRAFICA
I profeti nella Cappella Sistina

UN DIO CHE VA VERSO L'UOMO

Il **Dio creatore**, donatore di vita, colui che ha fatto esistere per sua libera iniziativa il mondo e l'umanità, è **potente**, **fedele**, **salvatore**, **misericordioso**.

- Mantiene le sue promesse se il popolo si attiene a quanto Dio gli ha richiesto, ma è disposto anche a comprendere l'errore umano e a dare agli uomini la possibilità di riscattarsi.
- Dio soprattutto, pur essendo il Santo per eccellenza (cioè il "separato", il "differente") **va per primo verso l'uomo**: è lui che va incontro all'uomo, che prende l'iniziativa di cercarlo, instaurando con lui una relazione privilegiata, attestando la sua unicità e la sua personalità [vedi DOC 1].
- È il Dio che ha eletto, che **ha parlato**, che **ha promesso**, che **ha amato per primo** (1Gv 4,10). L'«*Io sono Colui che sono*» di Es 3, 14 trova sorprendente riscontro nell'«*Io sono*» che Gesù molte volte dice di se stesso.

UN UNICO ESSERE, TRE PERSONE

La sorprendente novità del cristianesimo rispetto alla religione ebraica è l'affermazione di **un Dio unico nell'essere, ma in tre Persone** distinte: il Padre, il Figlio e lo Spirito. In realtà, il termine "**Trinità**" non compare nella Bibbia, ma è frutto di una complessa riflessione teologica che si è venuta elaborando nei primi secoli del cristianesimo.

Persone
Ogni Persona della Trinità è anche designata come "ipostasi" (dal greco) oppure "sostanza" (dal latino) per indicare che le tre Persone divine (Padre, il Figlio e lo Spirito Santo), pur essendo distinte, si riferiscono le une alle altre.

LEZIONE 2 IL PATTO CON DIO

Piero Coda @ Dio, nella rivelazione di sé, interpella l'uomo riguardo alla decisione di entrare in rapporto con Lui, fidandosi della Sua Parola e affidandosi alla Sua promessa #alleanzaconDio

Facendo riferimento a quanto scritto a p. 57, sapreste spiegare qual è il contenuto della promessa fatta da Dio all'uomo?
Questa promessa è avvenuta una sola volta o è stata ripetuta?

IL LEGAME PROFONDO TRA UOMO E DIO

Il popolo ebraico intese la propria realtà storica come un grande **dialogo reciproco** con Dio a volte difficile e complicato dalle incomprensioni. La Bibbia si presenta come il racconto del **cammino dell'uomo con Dio e verso Dio**. Nell'arco della storia biblica **Dio e l'uomo** sono sempre visti in un **rapporto interpersonale**, in alcuni momenti in totale **sintonia**, in altri, invece, in **conflitto**. Si tratta di incontri e scontri, come avviene in ogni legame importante, dal significato profondo.

L'ALLEANZA DI DIO CON ISRAELE...

L'essenza e la **particolarità** di questo rapporto è il **patto di fedeltà e lealtà reciproca**, che si traduce nell'**alleanza**, tramite la quale Dio, per primo, sceglie Israele, lo benedice e lo difende, gli dà la sua Legge, lo porta alla salvezza. Poi il popolo sceglie il Dio unico, ascolta la sua Parola e osserva le sue leggi. A volte trasgredisce il patto, ed è richiamato con irruenza all'ordine dai **profeti**, il cui messaggio è teso a difendere e approfondire il legame tra il Signore e il suo popolo: non solo un patto esteriore, ma **comunione di vita, rapporto d'amore** che esige **assoluta fedeltà**.

SOCIAL FORUM

Alleanza: intorno a questa parola chiave si articola il significato della religione ebraico-cristiana nella sua espressione biblica.

- Riflettete allora sul concetto di alleanza, focalizzando la vostra attenzione sulla correlazione di questo termine con il concetto di "patto".
- Che significato ha stringere un patto con qualcuno? Quale tipo di impegno comporta? Quali disposizioni d'animo mette in gioco? Se è possibile fate riferimento alla vostra esperienza personale e a situazioni note.

... RINNOVATA CON L'INVIO DEL CRISTO

L'amore di Dio secondo il credo cristiano trova il culmine della sua espressione nell'**invio del Figlio**, per **rinnovare l'alleanza** che lega quel Dio al suo popolo in un patto di scambievole impegno e lealtà. Il perfezionamento dell'alleanza del Sinai, il suo rinnovamento sono suggellati dal sangue di Cristo (vedi a **p. 60**) e la promessa di salvezza si compie con la risurrezione dopo la morte in croce.

IL VALORE TEOLOGICO DEL RACCONTO BIBLICO

Anche se divergono nell'interpretazione della rivelazione divina per quanto concerne la figura di Gesù, ebrei e cristiani condividono il fatto di ritenere la Bibbia come una testimonianza complessa, in cui gli **eventi storici** assumono un **significato**

teologico. Questa prospettiva non va mai dimenticata quando si legge la Bibbia, una biblioteca di testi molto diversi tra loro, scritti e ambientati in luoghi ed epoche differenti, e che rispecchiano **mentalità e sentimenti molto vari**.

LA BIBBIA, UN'ESPERIENZA DI FEDE NELLA SALVEZZA

I testi biblici possono apparire semplicemente come un insieme di diversi racconti, ciascuno frutto di una certa epoca e di un certo contesto culturale, e in parte certamente è così, ma occorre sapere che per ebrei e cristiani il racconto delle vicende del popolo di Dio non è semplicemente "storia", ma è sempre **narrazione di un'esperienza di fede**, talvolta messa alla prova o in certi casi addirittura rinnegata e poi rinsaldata in un ritrovato **rapporto di alleanza con Dio**. Per i credenti tutto, nella Bibbia, è da leggere in questa **prospettiva teologica**, alla luce della **fede in un Dio che salva**: senza questo importante presupposto la Bibbia sarebbe deprivata della caratteristica fondamentale di essere un **libro sacro**. [vedi **DOC 2**]

PAGINE DIGITALI
Schema dell'Antico Testamento

LE DIFFERENZE TRA BIBBIA EBRAICA E CRISTIANA

La divergente interpretazione della storia delle salvezza (già compiutasi secondo i cristiani, ancora da compiersi secondo gli ebrei) ha una ricaduta anche sul **contenuto del testo sacro**: tra la Bibbia ebraica e quella cristiana vi sono infatti **alcune significative differenze**.

- Per i cristiani i libri biblici sono raggruppati in due grandi raccolte, ciascuna denominata come **Testamento**. La Bibbia è, dunque, l'insieme dei libri che parlano dell'alleanza che Dio ha stretto con Israele (**antica alleanza**) e che, secondo i cristiani, ha perfezionato in Gesù (**nuova alleanza**).
- La seconda raccolta, il Nuovo Testamento, non è ritenuta dagli ebrei libro sacro, proprio per una diversa concezione dello sviluppo della storia della salvezza: per gli ebrei, infatti, Gesù non è il Messia annunciato nell'Antico Testamento.

Tra Bibbia ebraica e quella cristiana, tuttavia, vi sono anche alcune altre piccole differenze circa la composizione dell'Antico Testamento (vedi a **p. 155**).

Testamento
La parola testamento, dal latino *testamentum*, da *testari*, "dare le ultime volontà", corrisponde alla parola ebraica *berith*, che significa "alleanza", "patto".

Festa del *Timkat* *(o battesimo di Cristo) che si celebra il 19 gennaio in cui i sacerdoti espongono i* tabot*, copie lignee dell'Arca dell'alleanza con le Tavole della Legge; Addis Abeba, Etiopia.*

LEZIONE 3 I CRISTIANI E LA BIBBIA

Piero Coda @ **Trattandosi di un evento, la rivelazione non è semplicemente un fatto verbale, non riguarda cioè solo delle dottrine comunicate da Dio su di sé o sul mondo. Dio, infatti, chiama e parla, interviene e agisce in prima persona nella storia del suo popolo** **#Diovaincontroall'uomo**

? # In base a quanto sapete o avete studiato, sapreste citare degli esempi (almeno tre) tratti dall'Antico Testamento in cui Dio parla o agisce in prima persona nella storia dell'uomo?

UNA RIVELAZIONE PROGRESSIVA

Secondo i cristiani, il Nuovo Testamento narra l'attuazione della redenzione di Gesù il Cristo alla luce dell'annuncio del Messia narrato nell'Antico Testamento.

- Nella concezione cristiana **storicamente l'Antico Testamento prepara il Nuovo Testamento**, giacché è la storia della scelta del popolo ebraico che progressivamente viene preparato ad accogliere il **Messia**.
- Si può parlare, dunque, di una "rivelazione progressiva", in quanto nell'Antico Testamento si manifesta per la prima volta l'unico vero Dio, onnipotente e santo, con **la promessa di un Messia**, mentre nel Nuovo Testamento si ha la rivelazione dell'attuazione della salvezza a opera di **Gesù Cristo**, Figlio di Dio, che secondo i cristiani è il Messia promesso, che rende l'uomo partecipe della vita divina.

IL LEGAME TRA ANTICO E NUOVO TESTAMENTO

Gesù stesso precisa di non essere venuto ad abolire, ma a completare (come è detto in Mt 5,17) la Legge e i Profeti (vedi a **p. 149** e **p. 216**): questa è la sua posizione rispetto alla rivelazione che l'ha preceduto.
Non solo: egli presuppone come **acquisiti**, da parte dei suoi ascoltatori, **tutti gli insegnamenti dell'Antico Testamento**, che fa da sfondo alla sua Parola e a cui Egli fa continuo riferimento. Semplicemente il suo rapporto filiale con Dio getta una **nuova luce sul mistero divino** quale si configura nell'Antico Testamento.

PER CAPIRE IL NUOVO TESTAMENTO OCCORRE CONOSCERE L'ANTICO

Il **Nuovo Testamento non rompe**, quindi, **con l'Antico Testamento**, **né lo supera completamente**: piuttosto si pone **in continuità** con esso e lo **perfeziona**.
Per leggere il Nuovo Testamento occorre dunque aver presente l'Antico: in questa circolarità si raggiunge **il significato profondo della rivelazione cristiana**.
La scelta compiuta da Dio nei confronti di Israele si rinnova per i cristiani nella scelta della prima comunità cristiana come suo **nuovo popolo**.

Gesù e Maria, *scena del film* La Passione di Cristo *(2004) di Mel Gibson.*

IL DISEGNO DI SALVEZZA DI DIO

Il concetto di rivelazione elaborato dalla teologia cristiana prevede, dunque, una stretta continuità con la fede dei Padri.

- La prima manifestazione di Dio avviene con la chiamata di Abramo (vedi a **p. 166**), al quale vengono promesse una terra e una discendenza, istituendo un **legame personale**, e prosegue attraverso interventi specifici che hanno come destinatari singole persone (Mosè, i profeti) e per loro tramite tutto il popolo di Israele, attraverso una serie di **esperienze che sono personali e comunitarie** insieme.
- Dio non si rivela fin dal principio compiutamente, ma la sua è una rivelazione, il cui ritmo, fatto di tappe in cui si alternano soste e improvvise irruzioni, esprime l'attuarsi graduale del disegno di salvezza. **Dio rispetta** infatti **i tempi dell'uomo**, che può accogliere il dono della rivelazione solo un poco alla volta.

Kérygma
In greco "annuncio".

Parusía
Parola greca che significa "presenza"; è la venuta di Gesù alla fine dei tempi per instaurare il Regno di Dio.

GESÙ CULMINE DELLA RIVELAZIONE

La rivelazione si svolge dunque secondo un asse temporale che culmina per i cristiani con l'**incarnazione**, la **morte** e la **risurrezione del Figlio**, **evento definitivo della storia della salvezza**. [vedi **DOC 4**]

- L'annuncio del ***kérygma***, ovvero il **messaggio pasquale**, la risurrezione di Gesù come punto di partenza fondamentale della predicazione cristiana, è al centro del Nuovo Testamento.
- Facendo memoria continua della **Pasqua di Gesù** nella **celebrazione eucaristica**, si attualizza la **storia della salvezza nel presente della Chiesa**, proiettando contemporaneamente la speranza umana verso la **parusía** (1Ts, 16-17).

SOCIAL FORUM

- Quale significato ha, secondo la vostra opinione, vivere la propria esistenza confidando nel fatto di essere salvati?
- Questa credenza può cambiare la percezione e l'interpretazione di ciò che capita nella vita? Discutetene in classe.

LEZIONE 4 TRASMETTERE E INTERPRETARE LA PAROLA

Roberto Mussapi @ In realtà la Bibbia, nel suo insieme, è uno dei pilastri della letteratura occidentale, accanto all'Iliade e all'Odissea: [...] agisce, al pari dei poemi omerici, come perenne fonte di ispirazione e modello letterario #Bibbiaeletteratura

? # Per quale motivo, secondo voi, la Bibbia è accostata proprio all'Iliade e all'Odissea e non ad altre opere?

LA TRASMISSIONE ORALE

Tutti i libri della Bibbia si sono formati durante un lungo arco di tempo attraverso **una serie di tappe**:
1. la tradizione orale; **2.** la messa per iscritto; **3.** la redazione finale.

- Nelle antiche società preletterarie vigeva una **cultura orale**: i racconti venivano mandati a memoria, poi trasmessi a voce di generazione in generazione facendo uso di **discorsi ritmici**, **ripetizioni**, **rime**, **ritornelli**, **assonanze**, al fine di facilitarne il ricordo.
- Tutte le più importanti tradizioni bibliche furono originariamente trasmesse di padre in figlio all'interno del gruppo di appartenenza. Il modo di narrare veniva adattato alla situazione e all'ambiente di vita in cui veniva raccontato.

Per evitare che il passaggio da uomo a uomo e da generazione a generazione tradisse il senso del messaggio e gli facesse perdere fissità e autorevolezza, era indispensabile l'opera non del singolo individuo, ma dell'**intera comunità** che manteneva viva la tradizione.

LA TRASMISSIONE SCRITTA

Il valore riconosciuto dalla fede ai libri biblici come **Parola di Dio** fece sì che, quando questi vennero fissati definitivamente, furono soggetti a due fenomeni:
1. da un lato vennero continuamente usati, quindi **trascritti** e **trasmessi**;
2. dall'altro vi fu un forte controllo per rimanere **fedeli al testo originale**.

Come per gli altri testi dell'antichità, il testo biblico veniva **ricopiato a mano**. Fin dall'inizio emerse l'attenzione costante a eliminare gli errori dei copisti, sia quelli dovuti alla disattenzione umana sia quelli introdotti volontariamente per cambiare il senso del testo.
I manoscritti originali del Nuovo Testamento furono scritti dal 50 al 105 circa d.C.
Per quanto riguarda **le lingue** con cui fu scritta la Bibbia:

- la maggior parte dei testi dell'Antico Testamento è scritta in **ebraico** o in **aramaico**;

- alcuni di essi (detti "deuterocanonici") sono scritti in **greco**;
- il Nuovo Testamento è integralmente scritto in un **greco** particolarmente colloquiale, detto **della *koinè*** ("comune" in greco).

UN TESTO MOLTO STUDIATO

La Bibbia è uno dei testi al mondo più intensamente studiati.

- Fin dal II secolo gli studiosi greci e latini, e poi dal IV quelli siriani e armeni si dedicarono all'**esegesi** del testo biblico, inaugurando il filone della **Patristica**, che proseguì fino al VII secolo influenzando in modo determinante la cultura medioevale.
- Dal canto loro, anche gli ebrei svolsero durante i secoli un'importante attività di spiegazione della Legge e dei Profeti (vedi a **p. 13**): i **masoreti**, che lavorarono a cavallo tra i secoli VIII e X, furono capillari nello studio e nella trasmissione dei testi.
- Molto più tardi, nel XVII secolo, si sviluppò l'interesse **storico-critico** nei confronti del testo scritturale, producendo, da un lato, l'attenzione per il riscontro dell'autenticità e della cronologia dei fatti raccontati nell'Antico Testamento e per gli autori biblici, dall'altro, nei tempi moderni, sconfinamenti razionalistici (oggi decisamente minoritari), tesi a sostenere che l'intera Bibbia è un racconto romanzesco, senza il minimo valore storico.

Esegesi
Dal greco *eksegéomai*, "spingo fuori". È l'interpretazione critica che "spinge fuori" i significati da far emergere.

Patristica
Le opere e le dottrine elaborate dai Padri della Chiesa attraverso l'interpretazione del testo biblico.

Masoreti
Da *masorah*, "tradizione".

IL VALORE CULTURALE DEL TESTO BIBLICO

Il mondo della Bibbia è complesso e vari sono i modi di avvicinarsi al testo. Non possiamo ignorare **la valenza culturale della Sacra Scrittura**, che è il **grande codice dell'Occidente** [vedi **DOC 5**]. Questa definizione rende ragione della determinante influenza biblica sui **comportamenti**, la **mentalità**, il **costume** della nostra storia. La portata del suo influsso è così grande che riesce difficile tracciarne i confini: si pensi solo al fatto che la nostra produzione letteraria (poesia, teatro, narrativa) risulterebbe in gran parte irriconoscibile se omettessimo la presenza della Bibbia. [vedi **DOC 6**]

LE DIVERSE INTERPRETAZIONI DELLA BIBBIA

Ai fedeli, però, interessa soprattutto il fatto che la Bibbia sia stata letta nei secoli come **testo religioso** e **rivelato**: se infatti non ci fosse stata la tradizione religiosa ad accogliere e tramandare questi scritti ritenendoli sacri, forse essi non sarebbero mai giunti fino a noi e avrebbero influenzato molto meno la nostra cultura.
Per leggere correttamente il testo biblico occorre saperlo **interpretare**. Secondo la religione cattolica, la giusta interpretazione della Bibbia spetta al **magistero della Chiesa** grazie alla sua **tradizione** di fede. Sul valore della tradizione divergono la Chiesa cattolica e quella protestante (vedi a **p. 104**).

Un **amanuense** *scrive su un codice di pergamena; bassorilievo in avorio del X secolo; Vienna, Museo di Storia dell'Arte.*

NETWORK

- Facendovi aiutare dagli insegnanti di italiano e storia, cercate di definire meglio che cosa significa "tradizione orale".
- Quali opere letterarie che noi ora leggiamo hanno alle spalle una tradizione orale?
- Attraverso quali tecniche i racconti venivano tramandati a memoria?

LEZIONE 5 LA STRUTTURA DELLA BIBBIA

Roberto Mussapi @ Come i poemi omerici si pongono a modelli esemplari di poesia epica, mettendo in scena, con i loro eroi, i miti dei primordi, così la Bibbia diviene modello di narrazione: la forza della sua trama narrativa è straordinaria #modellinarrativi

?

In queste parole si citano due generi letterari: il mito e la poesia epica. Sapreste citare qualche altro esempio di genere letterario presente nella Bibbia?
Secondo voi, per quale motivo sono presenti, all'interno dello stesso libro, generi letterari tanto diversi?

I CANONI DELLA BIBBIA

L'Antico Testamento, cioè la prima parte della Bibbia, è comune a ebrei e cristiani, ma il **canone non è lo stesso.**

- Vi sono alcune varianti: gli ebrei (seguiti dai protestanti) riconoscono infatti solo i libri scritti in ebraico (vedi le lingue della Bibbia a **p. 152**), che sono 39. Essi si attengono al **canone ebraico o palestinese**, che fu fissato verso la fine del I secolo d.C.
- I cattolici e gli ortodossi (per la spiegazione di questi termini vedi a **p. 77** e **p. 87**), invece, considerano canonici altri sette libri, scritti in greco, detti **deuterocanonici**, cioè entrati solo in un secondo tempo nel canone.
- Il **canone cattolico** segue per l'Antico Testamento il cosiddetto **canone greco o alessandrino**, così detto dalla comunità di Alessandria d'Egitto, una delle più importanti sviluppatesi nel corso del III secolo a.C., durante la **diaspora** (vedi a **p. 30**). Gli Ebrei di Alessandria avevano incominciato a tradurre in greco le Scritture, perché ormai più nessuno degli esuli parlava l'ebraico. Secondo una leggenda, la traduzione venne affidata dal re d'Egitto, Tolomeo Lagos, a **70 saggi** che, in **70 giorni**, pur lavorando separati gli uni dagli altri, produssero un testo identico, parola per parola. La versione greca dell'Antico Testamento è nota come ***Septuaginta*** (dei "Settanta").
- Il canone cattolico, già riscontrabile nei primi secoli della Chiesa, è stato definitivamente fissato nel Concilio di Trento nel 1546 e comprende 46 libri per l'Antico Testamento e 27 per il Nuovo Testamento. I libri esclusi dal canone vengono detti **apocrifi**.
- Il Nuovo Testamento è identico per tutti i cristiani.

Canone
Si dice che un testo biblico è canonico se fa parte dell'elenco di scritti che un'autorità religiosa (i rabbini del I secolo nel caso dei testi dell'Antico Testamento; la Chiesa, nel caso di quelli del Nuovo Testamento) ha ritenuto e dichiarato ispirati direttamente da Dio. Vedi a p. 156.

SOCIAL FORUM

La Bibbia, pur avendo influenzato in modo significativo il nostro modo di pensare e la nostra cultura, è un testo conosciuto molto poco.

- A vostro parere dovrebbe rientrare fra le letture che fanno tutti, anche i non credenti?
- Potrebbe essere utile proporre a scuola la lettura di alcuni passi biblici al di fuori dell'ora di religione (nell'ora di italiano, per esempio)? Motivate le risposte.

I LIBRI DELL'ANTICO TESTAMENTO SECONDO I CATTOLICI...

Nell'Antico Testamento i libri ritenuti ispirati dai cattolici sono **46** così suddivisi:

- il Pentateuco: sono i primi cinque libri (che nella Bibbia ebraica sono raggruppati sotto il nome di *Torah*, la Legge) e cioè **Genesi**: i racconti delle origini e la storia dei patriarchi; **Esodo**: la storia della liberazione del popolo ebraico dall'Egitto e della sua alleanza con Dio; **Levitico**: un insieme di leggi religiose; **Numeri**: il cammino del popolo ebraico sino all'arrivo alla Terra Promessa; **Deuteronomio**: un codice di leggi civili e religiose raccolto in tre grandi discorsi di Mosè;
- i **Libri storici**, 16 libri che presentano momenti particolari della storia del popolo ebraico;
- i **Libri poetici e sapienziali**, sette libri che educano il popolo a vivere con saggezza nei confronti di Dio e dei propri simili;
- i **Libri profetici**, 18 libri che raccolgono gli scritti dei profeti maggiori e minori.

Apocrifi
Il termine deriva dal greco *apókryphos*, "nascosto", e designa i libri di contenuto affine a quelli biblici, ma considerati non ispirati da Dio.

... E SECONDO GLI EBREI (E I PROTESTANTI)

Gli ebrei propongono una suddivisione che corrisponde in parte a quella cattolica:

- i cinque libri della "**Legge Mosaica**" (la ***Torah***), un insieme di norme e prescrizioni morali e legali che guida il popolo al rispetto dell'Alleanza;
- i "**Profeti**" (i ***Nebim***), 21 libri che raccolgono le tradizioni storiche del popolo ebraico e dei grandi profeti ebrei;
- gli "**Scritti**" (i ***Ketubim***), 13 libri di vario genere, composti per insegnare al popolo la sapienza degli antichi, per offrire buoni esempi di vita, per raccogliere preghiere o canti liturgici.

Le iniziali di questi tre gruppi di libri danno il nome di ***Tanak*** alla Bibbia ebraica.

Torah *nella custodia.*

LA BIBLIOTECA BIBLICA

COME SI CITA UN BRANO BIBLICO

I titoli dei libri della Bibbia vengono abitualmente citati in modo convenzionalmente abbreviato. Tutti i libri della Bibbia sono divisi in capitoli e versetti. Quando si citano brani della Bibbia si usano questa regole:

- il primo numero indica il numero del capitolo (Gen 22 = Genesi capitolo 22);
- il numero che segue la virgola indica il numero del versetto (Gen 22,3 = Genesi, capitolo 22, versetto 3);
- il trattino (-) dopo il numero del versetto rimanda ai versetti compresi tra i due numeri citati (Gen 22,3-13 = Genesi, capitolo 22, dal versetto 3 al versetto 13);
- il punto dopo il versetto rimanda ai singoli versetti indicati (Gen 22,3.13 = Genesi, capitolo 22, versetto 3 e versetto 13);
- il trattino (-) rimanda inoltre a un gruppo di capitoli (Gen 22,3-25,11 = Genesi dal capitolo 22, versetto 3, al capitolo 25 fino al versetto 11).

LE ABBREVIAZIONI DEI LIBRI DELL'ANTICO TESTAMENTO

Ab	Abacuc	Est	Ester	Lv	Levitico	2Re	2 Re
Abd	Abdia	Ez	Ezechiele	1Mac	1 Maccabei	Rt	Ruth
Ag	Aggeo	Gb	Giobbe	2Mac	2 Maccabei	Sal	Salmi
Am	Amos	Gdc	Giudici	Mi	Michea	1Sam	1 Samuele
Bar	Baruc	Gdt	Giuditta	Ml	Malachia	2Sam	2 Samuele
1Cr	1 Cronache	Gen	Genesi	Na	Naum	Sap	Sapienza
2Cr	2 Cronache	Ger	Geremia	Ne	Neemia	Sir	Siracide
Ct	Cantico dei cantici	Gl	Gioele	Nm	Numeri	Sof	Sofonia
Dn	Daniele	Gn	Giona	Os	Osea	Tb	Tobia
Dt	Deuteronomio	Gs	Giosuè	Pr	Proverbi	Zc	Zaccaria
Es	Esodo	Is	Isaia	Qo	Qoèlet		
Esd	Esdra	Lam	Lamentazioni	1Re	1 Re		

LEZIONE 6

IL CAMMINO VERSO LA BIBBIA CRISTIANA

Roberto Mussapi @ **Da questi due pilastri ha inizio e fondamento la letteratura d'Occidente, esattamente come dalla costola greca e da quella giudaica si origina la nostra civiltà. [...] La nostra poesia, il nostro teatro e la nostra narrativa sarebbero irriconoscibili se omettessimo la presenza continua della Bibbia #presenzadellaBibbia**

A parte l'influenza artistica e letteraria, sapreste fare almeno due esempi di come la Bibbia ha influenzato il nostro modo di pensare e di agire?

DALLA BIBBIA DEGLI EBREI...

Gli autori del Nuovo Testamento, testimoni della pienezza della rivelazione compiutasi in Gesù il Cristo, avevano consapevolezza di stare scrivendo dei testi destinati a formare, accanto a quelli dell'Antico Testamento un tutto unitario, cioè la Bibbia cristiana? Certamente no. Anzi, per loro non esisteva nessun Antico Testamento e ai loro tempi non si parlava neppure di "Bibbia", ma semplicemente di *Tanak*, la Scrittura d'Israele (vedi a **p. 155**). Gesù e i suoi apostoli erano rispettivamente il realizzatore e gli annunciatori delle promesse di Dio contenute nella Bibbia ebraica.

... A QUELLA DEI CRISTIANI

La **nascita della Bibbia cristiana** dunque è l'esito di un processo durato almeno un paio di secoli, culminato nel concepirsi da parte del cristianesimo come religione differente da quella ebraica, anche se nata in seno ad essa. Potremmo quindi dire che per la formazione del canone cristiano della Bibbia furono preliminari **la lettura e il commento di tutte le Scritture ebraiche in modo cristiano**. Gli scritti precedenti assunsero così una funzione nuova, culminante nel loro essere interpretati come un preannuncio di ciò che si sarebbe compiuto in Cristo.

NETWORK

Molti modi di dire usati nel linguaggio corrente sono di origine biblica.

- Quali significati hanno e a quali episodi si riferiscono espressioni come: "avere la pazienza di Giobbe"; "essere vecchio come Matusalemme"; "fare delle geremiadi"; "venire come la manna dal cielo"?
- Ne sapreste citare altre?

UN LIBRO ISPIRATO DA DIO

La Bibbia è un testo religioso e, allo stesso tempo, un'opera letteraria, poetica e una fonte di documentazione storica. Questa complessità deriva dal fatto che la Bibbia ha un duplice fondamento: un'**origine divina** e un **carattere umano**. È la Parola di Dio espressa attraverso parole umane. La varietà della

Bibbia (di origine, di autori, di argomenti, di stili letterari) non intacca la sostanza e la verità del suo insegnamento, considerato dai credenti vero e immutabile, in quanto dettato dall'**ispirazione** divina.

L'OPERA DEGLI AGIOGRAFI

Quando diciamo che la Bibbia è un libro di **ispirazione divina**, intendiamo che l'**iniziativa** della sua stesura è **partita direttamente da Dio** e dalla sua volontà. Ma, per rendere comprensibile la sua Parola, Dio ha scelto degli uomini cui far giungere la sua ispirazione. Tramite l'ispirazione tali uomini, detti **agiografi**, hanno avuto l'intelligenza **di comprendere e tradurre** per il resto dell'umanità l'intendimento divino.
Per mezzo di costoro, insomma, la Parola divina ha acquistato le caratteristiche formali della parola umana, per poter essere compresa da tutti.

LE DIVERSE TRADUZIONI

Nel corso dei secoli sono state moltissime le traduzioni del testo biblico nelle varie lingue nazionali.

- Già nel III secolo a.C. l'Antico Testamento venne tradotto in greco per gli ebrei residenti fuori della Palestina (è la cosiddetta "Bibbia dei Settanta", a p. 154). Questo testo venne utilizzato dai primi cristiani e poi unito al Nuovo Testamento.
- Nel IV secolo d.C. **San Girolamo** tradusse sia l'Antico Testamento sia il Nuovo Testamento in latino, dando luogo alla ***Vulgata***, la versione più diffusa e utilizzata nel mondo. Esistono, tuttavia, frammenti più antichi di traduzioni latine.
- Sempre al IV secolo risale una traduzione in siriano del Nuovo Testamento.
- Seguirono le **traduzioni nazionali**. In Italia si diffusero la Bibbia Diodati tra i protestanti (1607) e tra i cattolici la Bibbia Martini (1781), tradotta dalla *Vulgata*.
- Nel 1971 la Conferenza Episcopale Italiana ha prodotto la traduzione italiana ufficiale, rivista nel 2008. [vedi DOC 3]

IL RUOLO DELLA CHIESA

Al di là delle diverse lingue in cui è stato tradotto il testo biblico, per leggerlo correttamente (come abbiamo già detto a p. 153) occorre **saperlo interpretare**. Secondo i cattolici la giusta interpretazione della Bibbia spetta al **magistero** della Chiesa. Molti teologi del passato interpretavano i testi biblici a partire dalle loro conoscenze personali e dal contesto culturale nel quale vivevano i destinatari del loro insegnamento. In ogni epoca serve rendere sempre nuovamente attuale il messaggio della Scrittura. Ma questo non può avvenire senza essere adeguatamente formati nella conoscenza della tradizione ecclesiastica.

Ispirazione
Dal latino *inspiráre*, composto da *in*, "in", "sopra", e *spirare*, "soffiare", significa "soffiare sopra", "instillare".

Agiografo
Il termine, dal greco *hághios*, "santo" e *grapho*, "scrivo", indica coloro che hanno redatto (sono infatti detti anche "redattori") il testo biblico.

LA PAROLA

Incipit del **Vangelo di Giovanni**, *particolare scultoreo, Nîmes, abbazia di Saint-Gilles.*

DOC 1 il magistero

Dio viene incontro all'uomo

Fonte:* Catechismo della Chiesa Cattolica. Compendio, *nn. 6-9

Come spiega questo brano il Dio della Bibbia è un Dio che va incontro all'uomo e per questo gli si rivela progressivamente, fino alla rivelazione finale determinata dalla incarnazione di Gesù.

Che cosa Dio rivela all'uomo?
Dio, nella sua bontà e sapienza, si rivela all'uomo. Con eventi e parole rivela Se stesso e il suo disegno di benevolenza, che ha prestabilito dall'eternità in Cristo a favore dell'umanità. Tale disegno consiste nel far partecipare, per la grazia dello Spirito Santo, tutti gli uomini alla vita divina, quali suoi figli adottivi nel suo unico Figlio.

Quali sono le prime tappe della rivelazione di Dio?
Dio, fin dal principio, si manifesta ai progenitori, Adamo ed Eva, e li invita a un'intima comunione con lui. Dopo la loro caduta, non interrompe la sua rivelazione e promette la salvezza per tutta la loro discendenza. Dopo il diluvio, stipula con Noè un'alleanza tra lui e tutti gli esseri viventi.

Quali sono le tappe successive della rivelazione di Dio?
Dio sceglie Abram chiamandolo fuori del suo Paese per fare di lui «il padre di una moltitudine di popoli» (Gen 17,5), e promettendogli di benedire in lui «tutte le Nazioni della terra» (Gen 12,3). I discendenti di Abramo saranno i depositari delle promesse divine fatte ai patriarchi. Dio forma Israele come suo popolo di elezione, salvandolo dalla schiavitù dell'Egitto, conclude con lui l'Alleanza del Sinai e, per mezzo di Mosè, gli dà la sua Legge. I profeti annunziano una radicale redenzione del popolo e una salvezza che includerà tutte le Nazioni in una alleanza nuova ed eterna. Dal popolo d'Israele, dalla stirpe del re Davide nascerà il Messia: Gesù.

Qual è la tappa piena e definitiva della rivelazione di Dio?
È quella attuata nel suo Verbo incarnato, Gesù Cristo, mediatore e pienezza della Rivelazione. Egli, essendo l'Unigenito Figlio di Dio fatto uomo, è la Parola perfetta e definitiva del Padre. Con l'invio del Figlio e il dono dello Spirito la rivelazione è ormai pienamente compiuta, anche se nel corso dei secoli la fede della Chiesa dovrà coglierne gradualmente tutta la portata.

COMPRENDERE E INTERPRETARE

- Schematizzate e riassumete brevemente le diverse tappe della rivelazione come descritte dal *Catechismo*.
- Che cosa significa che «*con l'invio del Figlio e il dono dello Spirito la rivelazione è ormai pienamente compiuta*»? Provate a commentare questa frase con l'aiuto dell'insegnante.

DOC 2 il magistero

I sensi della Scrittura

Fonte: **Catechismo della Chiesa Cattolica, *nn. 116-118***

DOC 3 voci teologiche

La verità parla nel tempo

Fonte: Anselm Stolz, **La teologia mistico-sapienziale**

LETTURE INTERDISCIPLINARI

DOC 4 VOCI LETTERARIE

Il sacrificio di Gesù per il compimento dell'alleanza

***Fonte: Charles Péguy,* Getsemani**

Gesù Dio fatto uomo trema davanti alla morte, e chiede di esserne dispensato. Eppure sa che essa è il prezzo della nuova alleanza.

Tutto era pronto, lui solo, lui solo non lo era. Tutta la creazione era convocata, [...]. L'appello era fatto; non soltanto l'appello di quella prima decuria, e della sinistra di questa seconda, e di Malco: l'appello della creazione intera. Il centurione, il Fiammingo aveva detto: Ci sarà un borghese, uno scrivano della polizia, che guiderà la pattuglia. La creazione era pronta; la creazione temporale attendeva. Anche lui, lui stesso attendeva. Venti secoli, quaranta secoli prima, venti secoli, quaranta secoli anteriori, quaranta secoli temporali, cinquanta secoli prima attendevano prima, come sospesi in avanti. E lui era la chiave di volta. Venti secoli, quaranta secoli, cinquanta secoli ulteriori, un numero incalcolabile di secoli, dei secoli di secoli, attendevano dopo. Fino al giudizio, fino al giorno del giudizio. E il giudizio, che sarebbe, che sarebbe, se il Giusto non fosse morto per la salvezza del mondo. Un numero incalcolabile di secoli ulteriori dopo attendevano dopo, dietro attendevano dietro, come sospesi dopo, come sospesi. E lui stesso attendeva. Perché era la chiave di volta.

COMPRENDERE E INTERPRETARE

- In questo brano Péguy definisce il Figlio che sta per affrontare la morte la «*chiave di volta*». Che cosa significa questa espressione e che significato le vuole dare lo scrittore francese?

DOC 5 VOCI SOCIOLOGICHE

Il grande codice

***Fonte: Northrop Frye,* Il grande codice. La Bibbia e la letteratura**

«*Le Sacre Scritture sono l'universo entro cui la letteratura e l'arte occidentale hanno operato fino al* XVIII *secolo e stanno ancora in larga misura operando*». Così si esprimeva il critico letterario canadese Northrop Frye spiegando il rapporto tra Bibbia, arte e letteratura.

La Bibbia è chiaramente un elemento di rilievo della nostra tradizione immaginativa, qualsiasi cosa possiamo credere al suo riguardo. Perché questo enorme, spropositato, eccessivo libro siede qui inesplicabilmente nel mezzo della nostra eredità culturale, frustrando tutti i nostri tentativi di camminarci attorno.

DOC 6 voci letterarie

Caino implora il perdono

***Fonte: Samuel Taylor Coleridge,* I vagabondaggi di Caino**

Francesco da Milano, **Arresto di Cristo**, *1511, affresco; Conegliano (Treviso), Duomo, Sala dei Battuti.*

VERIFICA DELLE CONOSCENZE

VERO O FALSO?

- V F La Bibbia contiene il racconto della storia della salvezza
- V F Gli ebrei distinguono tra Antica alleanza e Nuova alleanza
- V F Il canone del Nuovo Testamento è diverso a seconda delle Chiese cristiane
- V F Bibbia e Sacre Scritture sono termini usati come sinonimi
- V F La Bibbia è in realtà un insieme di libri diversi
- V F La Bibbia è esclusivamente letta come libro di fede e non ha avuto alcuna influenza sulla cultura
- V F Secondo i cristiani il Messia promesso ai Padri è Gesù
- V F La Bibbia di ebrei e cristiani è identica
- V F Secondo gli ebrei Gesù è la seconda persona della Trinità
- V F Il canone dell'Antico Testamento è uguale per ebrei e cristiani
- V F La maggior parte dei libri dell'Antico Testamento è scritta in ebraico
- V F Ebrei e cristiani condividono la fede in un'alleanza che Dio ha stretto con l'uomo
- V F Gli ebrei ritengono che Gesù sia il Messia promesso ai Padri
- V F Gesù, con la sua venuta, ha abolito l'Antico Testamento
- V F Per i cristiani il Nuovo Testamento è incomprensibile se non si conosce l'Antico
- V F San Girolamo ha tradotto la Bibbia in greco nel IV secolo
- V F I libri biblici sono stati scritti da autori diversi in tempi diversi
- V F I cristiani credono che l'alleanza sia stata rinnovata dalla Pasqua di Gesù
- V F La Chiesa cattolica ritiene che ogni cristiano possa capire la Bibbia senza alcun aiuto
- V F La Bibbia è ritenuta dai fedeli un libro ispirato da Dio

BLOG IN CLASSE

BENVENUTI A TEATRO

Episodi e protagonisti della Bibbia ci parlano

Provate a cimentarvi anche voi con una **SCRITTURA TEATRALE** che faccia emergere il rapporto particolare di Dio con l'uomo, dopo aver studiato e riflettuto sugli argomenti:

#storiadellasalvezza
#alleanzaconDio
#Diovaincontroall'uomo
#Bibbiaeletteratura
#modellinarrativi
#presenzadellaBibbia

- # Scegliete **uno o due episodi biblici** da sceneggiare (fatevi consigliare dall'insegnante oppure partite da uno degli episodi rappresentati nei dipinti a p. 144) e invitate a teatro i vostri compagni.
- # Prima **leggete** l'episodio tutti insieme, in modo espressivo, e cercate di farne emergere la specificità.
- # Quindi, dividetevi a piccoli gruppi: uno si occuperà della **sceneggiatura**, prevedendo le parti, le battute e le didascalie. Tenete conto che la vostra fantasia deve **elaborare e dare vita ai sentimenti dei protagonisti**, quindi è molto probabile che la sceneggiatura superi in lunghezza il racconto biblico.
- # Distribuite le **parti** tra coloro che hanno maggiori doti interpretative: gli attori devono provare più volte le loro parti, in modo che la loro interazione sia efficace e l'interpretazione emozionante. Le prove devono avvenire con la supervisione di un **regista** (magari l'insegnante, coadiuvato da un gruppetto di voi).
- # Un altro gruppo di voi si occupi dell'**allestimento scenico**, un altro della **colonna sonora**, un altro ancora dei **costumi**, un quarto delle **luci**.
- # Pubblicizzate adeguatamente l'evento, attraverso **locandine**.

UNA MAPPA PER TUTTI

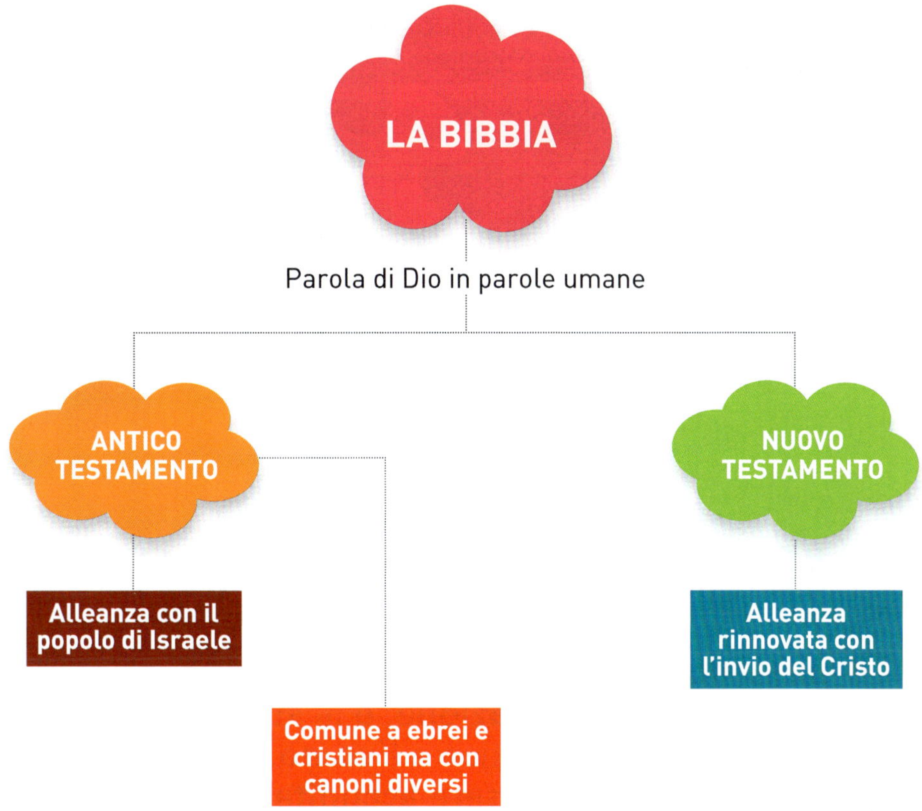

DIDATTICA INCLUSIVA

IL PERCORSO IN BREVE

Abbiamo imparato:

- che nella Bibbia è racchiusa la Parola di Dio;
- perché Gesù è il compimento del disegno divino;
- come mai tra uomo e Dio esiste un legame profondo, un'alleanza;
- perché la Bibbia è un'esperienza di fede oltre che uno dei fondamenti della cultura occidentale;
- quali sono le differenze tra Bibbia ebraica e Bibbia cristiana;
- qual è il legame tra Antico e Nuovo Testamento;
- come è avvenuta la trasmissione e l'interpretazione della Parola di Dio;
- qual è la struttura della Bibbia e quali sono i canoni biblici;
- qual è stato il lungo processo di formazione della Bibbia.

PERCORSO 2 L'ANTICO E IL NUOVO TESTAMENTO

DIDATTICA COOPERATIVA

PER COMINCIARE INSIEME

Il messaggio biblico, trasmesso fedelmente di generazione in generazione, è la storia di una relazione personale tra il Dio unico e l'uomo. Come ogni relazione, essa ha bisogno di essere accudita e coltivata.
In particolare, per i cristiani, è importante anche il valore della testimonianza, che è stato specificatamente affidato ai discepoli. Quanti insegnamenti può, quindi, dare la Bibbia, nel suo insieme, riguardo all'impegno che si deve mettere nelle relazioni?

Pellegrini *provenienti da ogni parte del mondo si incontrano a Gerusalemme per condividere momenti di preghiera e riflessione.*

- Cercate di "fissare", attraverso un ***brainstorming***, alcune **caratteristiche** che, a vostro giudizio, sono indispensabili in una relazione.
- Mentre leggerete le pagine successive, cercate di estrapolare alcune parole chiave che riguardano le relazioni, così come emergono dalle storie bibliche: per esempio la fedeltà, la lealtà, la pazienza, l'umiltà, il perdono ecc. Per ogni episodio biblico tra quelli citati, provate ad estrapolare almeno una parola chiave.
- Riflettete poi sul valore di **testimoniare** tutte le qualità che avete attribuito alle relazioni. Per esempio, in quale modo può essere testimoniata la lealtà? Pensate a **fatti reali**, **concreti**, che coinvolgono le vostre relazioni. In quale modo, per esempio, si può rendere evidente che abbiamo perdonato qualcuno?
- Rivolgete la vostra attenzione alla cura che le relazioni esigono e tenete presente il seguente tema:

I CARE

L'importanza dell'impegno nelle relazioni personali

- Nella vostra riflessione ponete particolarmente attenzione alle parole poste all'inizio di ogni lezione.
  Ci parlano la poetessa e scrittrice **Cristina Campo**, la quale ci aiuta a comprendere che c'è un'altra vista, oltre quella degli occhi; padre **David Maria Turoldo**, che sottolinea, nella sua *Preghiera*, che per i cristiani le relazioni hanno un valore particolare, perché «*tutti i volti degli uomini insieme fanno il volto di Dio*»; infine l'enciclica *Lumen fidei* di **papa Francesco** (2,26).

Buono studio!

LEZIONE 1 L'ELABORAZIONE DELL'ANTICO TESTAMENTO

Cristina Campo @ L'attenzione è il solo cammino verso l'inesprimibile, la sola strada al mistero. I simboli delle Sacre Scritture, dei miti, delle fiabe, che per millenni hanno nutrito e consacrato la vita, si vestono delle forme più concrete di questa terra #importanzadell'attenzione

?

In che cosa si traduce un atteggiamento di attenzione verso gli altri e verso tutto ciò che ci circonda?
Perché l'attenzione apre la via al mistero, secondo voi?

ALLE RADICI DELLA STORIA EBRAICA

L'Antico Testamento narra le vicende del popolo ebraico nei tempi più antichi. Alcuni racconti risalivano all'epoca dei patriarchi e a questi se ne aggiunsero altri relativi all'esperienza dell'esodo. Al tempo dei re, momento di passaggio per il popolo ebraico da una vita seminomade a una vita sedentaria e di sviluppo della **liturgia,** si incominciarono a mettere per iscritto le narrazioni storiche e i Salmi. Anche i profeti contribuirono al formarsi di una tradizione sempre più ricca.
Tutto questo ci aiuta a capire che **i testi dell'Antico Testamento non sono legati a un solo autore né tanto meno sono circoscrivibili a un breve periodo di tempo**: riguardano un arco temporale di quasi un migliaio di anni (i testi più antichi risalgono infatti a oltre 1000 anni a.C., i più recenti al I secolo a.C.) e furono messi per iscritto solo dopo essere stati a lungo tramandati oralmente (vedi a **p. 152**).

Il **Rotolo del Tempio**, *ritrovato a Qumran, offre un elenco di sacrifici e offerte festive e le pratiche liturgiche per pregare nel Tempio.*

UNA STESURA COMPLESSA

I momenti principali di stesura dell'Antico Testamento furono tre:

1. il **primo** fu durante la **monarchia di re Salomone** (X secolo a.C.), il quale comprese che per consolidare il suo regno avrebbe dovuto favorire il formarsi di una cultura omogenea nel suo popolo;
2. il **secondo** momento fu durante il **regno di Giosia**, re di Giuda (VII secolo a.C.) il quale tentò di amalgamare le culture del Regno del Nord e di quello del Sud;
3. il **terzo**, infine, fu il periodo in cui **Esdra e Neemia** (V secolo a.C.) che lavorarono alla redazione definitiva del Pentateuco.

LA DEFINIZIONE DEL TESTO

Furono alcuni **studiosi ebrei**, i **masoreti**, a studiare e fissare, **tra l'VIII e il X secolo d.C.**, il testo ebraico dell'Antico Testamento. La riprova della loro estrema attenzione a non alterare il testo si ebbe quando fu possibile confrontarlo con alcuni manoscritti ritrovati a partire dal 1947 a **Qumran**, e risalenti circa al I-II secolo d.C.

- Tra i testi di Qumran e il testo masoretico non si rilevarono varianti sostanziali. Il primo ritrovamento riguarda testi dell'Antico Testamento, nessuno dei quali, però, completo.
- Questi manoscritti facevano parte della biblioteca di una comunità religiosa, gli **esseni**, vissuti solo tra il 150 a.C. e il 70 d.C. Questo significava che per gli ultimi libri dell'Antico Testamento tra la stesura del testo originale e le prime copie erano passate solo poche decine di anni. Gli studiosi appurarono che il testo contenuto in quei rotoli corrispondeva al testo tramandato nel corso dei secoli.

Vasi di terracotta *rinvenuti negli scavi di Khirbet Qumran, I secolo a.C.- I secolo d.C.*

LE TRADIZIONI DEI PRIMI LIBRI

La ricostruzione del testo biblico è un lavoro che esige la competenza e la pazienza di studiosi specializzati: questo approccio al testo biblico (che ha preso piede a partire dal XVII secolo) è orientato a comprendere e presentare le **modalità attraverso cui sono stati redatti i singoli libri**.

Gli studiosi hanno per esempio messo in luce che i compilatori dei primi cinque libri dell'Antico Testamento dovevano aver usato **fonti molto diverse tra loro**, che si intrecciano in vario modo nel racconto, frutto, nella sua forma attuale, di **tradizioni** che si sono strutturate lungo i secoli.

Le analisi letterarie hanno fatto emergere l'esistenza di almeno quattro fonti:

- la **javhista** (X-IX secolo a.C.), così chiamata perché Dio è chiamato con il tetragramma biblico JHWH. Il suo stile è narrativo e popolare;
- la **elohista** (da *Elohim*, nome comune di Dio, VIII secolo a.C.), è più elaborata della precedente;
- la **deuteronomista** (VII secolo a.C.), è contenuta soprattutto nel libro del Deuteronomio, da cui prende il nome, ha un carattere moraleggiante;
- la **sacerdotale** (VI secolo a.C.), è caratterizzata da uno stile solenne e da un marcato interesse per il sacerdozio.

Qumran
Località vicino al mar Morto, nell'attuale Cisgiordania.

Esseni
Comunità religiosa giudaica, le cui notizie cominciano con il II secolo a.C. Gli esseni risiedevano nella regione del Mar Morto e rappresentavano una sorta di ordine monastico. I membri della comunità facevano vita comunitaria, praticavano il celibato e si sostenevano esclusivamente con l'agricoltura, rifiutando ogni tipo di commercio.

SOCIAL FORUM

«Alcuni dicono che / quando è detta / la parola muore. / Io dico invece che / proprio quel giorno / comincia a vivere».

- Che cosa vi suggerisce questo verso della poetessa inglese Emily Dickinson rispetto all'uso che noi facciamo delle parole nella vita quotidiana?
- E rispetto alla Parola per eccellenza, quella divina?

GALLERIA FOTOGRAFICA
I manoscritti del Mar Morto

PAGINE DIGITALI
Le lingue dell'Antico Testamento

LEZIONE 2 L'EPOCA DEI PATRIARCHI

Cristina Campo @ Davanti alla realtà l'immaginazione indietreggia. L'attenzione la penetra invece, direttamente e come simbolo. [...] la parola svela istantaneamente da quale grado di attenzione sia nata #parolaeattenzione

? # Nei vari rapporti che intratteniamo, poniamo gradi diversi di attenzione. Quali relazioni, a vostro giudizio, meritano il massimo grado di attenzione?

ABRAMO, IL PRIMO PATRIARCA

All'epoca delle origini la figura centrale della narrazione biblica è quella del **patriarca** (vedi a **p. 57**) nome che viene attribuito agli antenati degli israeliti, principalmente ad **Abramo**, **Isacco**, **Giacobbe**.

- **Abramo** è considerato il capostipite di coloro che professano le religioni che da lui prendono il nome di "**abramitiche**" (ebraismo, cristianesimo e islam) e che sono contraddistinte dal **monoteismo**, cioè dalla **credenza in un solo Dio**.
- Abramo accetta per primo la **rivelazione** di Dio nella storia, si fida della sua parola, crede in Lui e nelle sue promesse nel momento in cui il Signore gli si rivela come il "Dio dei viventi".

Le **storie di Abramo** non trovano conferma storica e, come le storie degli altri patriarchi, vanno considerate come un insieme di **racconti tradizionali collettivi** che narrano come il Signore elesse e guidò Israele, il suo popolo.

L'ALLEANZA TRA DIO E ABRAMO

L'**alleanza** tra Abramo e il suo Dio è segnata dal **cambiamento di nome** (da *Abram*, padre eccelso, in *Abraham*, padre di una moltitudine) e dal rito della **circoncisione** (vedi a **p. 57**), a cui, da allora, ogni individuo ebreo di sesso maschile deve sottoporsi l'ottavo giorno dopo la nascita.

- Obbedendo all'ordine, Abramo si incamminò, attorno al 1850 a.C. circa, verso una terra sconosciuta e questo fu **il primo dei suoi atti di fede** che avrebbero condotto alla formazione del popolo d'Israele.
- In cambio ottenne il compimento della promessa, più volte fatta dal Signore, secondo la quale Abramo sarebbe diventato il **progenitore di una grande nazione**, nonostante egli e la moglie fossero già anziani e non avessero figli. **Sara** partorì un figlio maschio che fu chiamato **Isacco**, nome che significa "risata", perché Sara aveva riso all'idea di poter avere un figlio all'età di novant'anni.
- La fede di Abramo venne messa alla prova in modo decisivo quando Dio gli ordinò di **sacrificare il figlio**. Abramo obbedì senza discutere.

Strumenti per la **circoncisione**, *rito praticato per essere ammessi alla comunità ebraica, 1681; Gerusalemme, Israel Museum.*

- Verificata la **grande fede** di Abramo, il Signore intervenne e impedì il sacrificio del fanciullo, sostituito con quello di un ariete. [vedi DOC 9]

GIACOBBE E LA NASCITA DELLE TRIBÙ

Isacco ebbe due figli dalla moglie Rebecca: **Esaù**, il primogenito, e **Giacobbe** che, con l'astuzia e con l'aiuto della madre, riuscì a ottenere la primogenitura e la benedizione paterna, divenendo così erede della promessa di Dio. Giacobbe, detto anche Israele (Gen 32,23-30), diede inizio con i suoi dodici figli alle **dodici tribù** d'Israele.

SOCIAL FORUM

L'attore e autore teatrale Moni Ovadia così ha descritto il primo patriarca: «*Abramo abbandona pascoli sicuri e fidando in una promessa si inoltra in una vera avventura [...] è figura di colui che cerca di trovare veramente... a costo di finire in un vicolo cieco*».

↘ Secondo voi, alla luce anche di questa definizione, è corretto definire Abramo "padre dei credenti"? Motivate la risposta.

GIUSEPPE E IL TRASFERIMENTO IN EGITTO

La **storia di Giuseppe** figlio di Giacobbe e Rachele narrata nella Genesi (Gen 37-50), conclude l'epoca dei patriarchi e fa da **congiunzione con gli avvenimenti narrati nel libro dell'Esodo**.

VIDEO
- Abramo: un Dio per amico
- Isacco: e Dio se la ride
- Giacobbe: la conversione di un truffatore

- Giuseppe, secondo il racconto della Bibbia, era l'undicesimo figlio di Giacobbe e di Rachele; poiché era il prediletto del padre, **i fratelli maggiori si ingelosirono** e lo vendettero come schiavo a una carovana diretta in **Egitto**.
- In Egitto Giuseppe, aiutato da Dio, grazie alla sua abilità nell'interpretare i sogni, divenne **primo ministro del faraone**. Quando il faraone sognò sette vacche grasse seguite da sette vacche magre, Giuseppe interpretò il sogno rivelando che sarebbero seguiti a sette anni di prosperità sette anni di carestia e che perciò era necessario creare riserve di grano.
- Anche **i popoli confinanti** furono colpiti dalla carestia **e confluirono in Egitto** alla ricerca di cibo. Così fecero anche i fratelli di Giuseppe. **Giuseppe tuttavia non si vendicò**, bensì **li perdonò** e permise loro di stabilirsi in Egitto con il padre e con tutto il clan. [vedi DOC 5]

LA PRESENZA DEGLI EBREI IN EGITTO

La storia di Giuseppe è tra le più note della Bibbia, ma è di **difficile inquadramento storico**. Vi è comunque nella storia egizia ampia documentazione riguardo alla presenza di un **popolo di origine semita** e di provenienza siriana, gli *Hýksos*, re-pastori, che dal 1700 a.C. regnarono per circa due secoli su gran parte dell'Egitto.

Giacobbe *lascia la terra di Sichem, scena dal film* Giuseppe *(1995) diretto da Roger Young.*

LEZIONE 3

MOSÈ E L'ESODO DEL POPOLO EBRAICO

David Maria Turoldo @ Lodato sia il mio Signore per l'unità delle cose: / ogni oggetto involge la sua Parola, /ogni forma è una sua epifania. / E la terra è il suo paese e tutti i volti degli uomini /insieme fanno il suo unico volto #unitàdituttiinDio

?

In quali modi possiamo scorgere Dio negli altri?
Perché il volto di tutti gli uomini è, per i cristiani, il volto di Dio?

LA RIVELAZIONE DI DIO

Con il passare degli anni gli **Ebrei** vennero **ridotti in schiavitù** dagli Egizi, che li impiegarono nei lavori forzati. Con la descrizione della schiavitù degli Ebrei in Egitto, che durò per circa quattro secoli e mezzo, la Bibbia introduce una delle figure più significative dell'Antico Testamento: **Mosè**. Lo stile di questi racconti è quello dell'**epopea**, ovvero della narrazione delle gesta eroiche di uomini e popoli. Inoltre lo scopo dello scritto è quello di dare **massimo rilievo all'intervento di Dio**.

MOSÈ E IL NOME DI DIO

Mosè, nato da una famiglia ebrea, e quindi destinato alla morte, venne affidato dalla madre alle acque del Nilo; fu salvato da una figlia del faraone e allevato a corte. Per aver preso le difese dei suoi fratelli ebrei e aver ucciso un guardiano, egli dovette fuggire nel deserto oltre i confini del regno, nella terra di Madian. Si sposò, visse come pastore e fu scelto da Dio per guidare Israele nella liberazione dalla schiavitù. Nel racconto di Esodo 3 Dio si manifesta a Mosè attraverso il **roveto ardente**, rivelandogli il suo nome, **JHWH**, e la sua volontà di riscatto per il popolo ebraico. Dio si presenta come un fuoco che brucia ma non si consuma: è una **teofania** (vedi a **p. 23**), cioè manifestazione della divinità sotto forma di fenomeni naturali.

JHWH
La parola JHWH (ovvero le quattro consonanti con cui si scrive il nome di Dio nella lingua ebraica) è interpretata come "Io sono". Alcuni commentatori gli riconoscono un significato di causa: "Io faccio essere", "Io porto all'esistenza", "Io rendo presente in modo libero e gratuito", evidenziando in questo modo il rapporto interpersonale che si instaura tra JHWH e il suo popolo. Poiché è il nome proprio di Dio ed è santo, per gli ebrei non si può pronunciare e viene sostituito con *Adonaj* (che significa "Signore") o con *Elohim* (che significa "Dio").

LE DIECI PIAGHE D'EGITTO

Dopo aver ricevuto da Dio l'ordine di ritornare presso il suo popolo e di liberarlo, **Mosè rientrò in Egitto**, ma si scontrò con l'ostinazione del faraone. Con l'aiuto di Dio Mosè compì grandi **prodigi** e l'Egitto fu colpito dalle dieci **piaghe**, fenomeni naturali che, nel racconto biblico, mettono in evidenza la potenza del Dio d'Israele.

LA FUGA DALL'EGITTO

Mosè, dopo aver dato istruzioni circa i preparativi per la partenza e per il viaggio, guidò il suo popolo fuori dall'Egitto, attraversando il Mar Rosso, passando per la zona paludosa del Mare dei Giunchi. Gli Egizi, che li inseguivano con carri e caval-

PAGINE DIGITALI
Le dieci piaghe d'Egitto

VIDEO
Mosè: l'uomo che parlava con Dio

PAGINE DIGITALI
L'esodo

Una scena dal film Exodus. Dei e re *(2015) diretto da R. Scott, in cui si vedono* **Mosè e il faraone**.

li, rimasero impantanati nelle paludi, quindi furono travolti dall'alta marea. La vicenda della **liberazione dall'Egitto** prese in seguito il nome di **Pasqua** (vedi a **p. 27**), la più importante delle feste ebraiche.

L'ALLEANZA DEL SINAI

Usciti dall'Egitto, gli Ebrei dovettero affrontare un lungo e faticoso viaggio attraverso il deserto della penisola del Sinai. Proprio sul monte **Sinai** venne stipulata l'**alleanza** tra Dio e il popolo ebraico, con la consegna a Mosè delle **Tavole della Legge** [vedi DOC 2].

- Con questa alleanza Israele si impegnò a riconoscere **JHWH come unico Dio**, rinunciando alle tentazioni di politeismo e impegnandosi a rispettare la Legge di Dio, espressa in **dieci "parole"** o comandamenti (vedi a **p. 302**).
- Ma il popolo ebraico era ancora immaturo, incapace di tener fede all'alleanza, come ci racconta l'episodio di idolatria del vitello d'oro. **L'alleanza con Dio deve** quindi **essere messa continuamente alla prova**, è la conquista continua di un popolo che deve crescere e maturare. **La traversata del deserto** si associa quindi concettualmente alla **traversata del tempo**, della storia che conduce alla **salvezza**.

Mosè, per aver dubitato di JHWH, non poté entrare nella Terra Promessa: egli morì sul Monte Nebo, in vista della città di Gerico (che sarebbe stata conquistata dal suo successore **Giosuè**), nella Terra di Canaan.

SOCIAL FORUM

La narrazione biblica dell'esodo è stata interpretata per secoli come una metafora: il viaggio come scoperta di sé, come situazione che mette allo scoperto le incertezze e le paure profonde, il senso di precarietà e incertezza che caratterizza la vita umana.

- Vi riconoscete nella metafora dell'esodo come cambiamento? Che opportunità può offrire il lasciarsi alle spalle il passato per incontrare una situazione nuova?
- Che cosa significa per voi cambiare? Che cosa fare del passato? Lasciarselo semplicemente alle spalle, dimenticandolo, o farlo diventare un bagaglio di esperienze sul quale costruire il futuro?

LEZIONE 4 LA TERRA PROMESSA

David Maria Turoldo @ Lodato sia il mio Signore perché le cose sono buone / per gli occhi che ci ha dato a contemplare queste cose. / Lodato sia perché esistono i fanciulli e le donne: / perché l'uomo è grande e infinita come lui / è la sua inquietudine #grandezzadell'uomo

In che cosa consiste la grandezza dell'uomo?
Perché l'uomo è inquieto? In che cosa si traduce questa inquietudine?

NELLA TERRA DI CANAAN

Il racconto biblico prosegue con la storia del successore di Mosè, **Giosuè**: egli guidò il popolo, suddiviso in **dodici tribù**, alla conquista di quella che allora era detta Terra di Canaan e che nel v secolo a.C. lo storico greco Erodoto chiamò **Palestina**. Gli Ebrei si stabilirono poco per volta nella Terra di Canaan: le varie tribù, raccolte in diversi gruppi, occuparono il Paese sia come pacifici emigranti sia facendo guerra a Cananei e Filistei che abitavano quei territori. Talvolta si allearono con altre tribù non ebree e talvolta si scontrarono con gruppi che volevano stabilirsi nelle stesse terre.

Palestina
Questo nome risale allo stanziamento dei Filistei nella regione (XII secolo a.C.): il loro nome in ebraico era *pelishtim* e la zona da loro occupata divenne *Pelesheth*. Il nome si estese poi a Canaan e sotto la dominazione romana indicò l'intera regione compresa tra il mare e il Giordano.

Unzione
Quando la comunità d'Israele riconosceva che su un uomo era presente la divina benedizione, lo indicava con il termine di "unto", in ebraico *mashiah*, messia, in greco *christós*.

L'EPOCA DEI GIUDICI

Attorno al 1200 a.C. le tribù israelite erano guidate dai **giudici**, persone cui era affidato il compito di governare il popolo nei momenti di difficoltà (come guerre e carestie) e di governare i vari gruppi in tempo di pace. Ogni tribù ebbe, di volta in volta, i suoi giudici. Tali persone erano elette in base alle loro capacità individuali e alla loro grande autorità. Tra i più famosi giudici ricordiamo Gedeone, Sansone e Jefte.

L'ETÀ DEI RE

Verso l'anno 1000 a.C. le tribù d'Israele si scontrarono violentemente con i Filistei e, al fine di affrontare meglio il nemico, decisero di organizzarsi come gli altri popoli **sotto la guida di un re**, presentato nel contesto biblico unicamente come luogotenente di JHWH e consacrato a lui mediante l'**unzione** del capo con olio prezioso e profumato, simbolo della benedizione stabile di Dio su un uomo.

- Il primo re fu **Saul**, figlio di Kish della tribù di Beniamino, che, dopo alcuni successi iniziali, fu sconfitto dai Filistei sul colle di Gelboe.
- Il suo successore fu **Davide**, figlio di Jesse, della tribù di Giuda, che sconfisse definitivamente i Filistei, conquistò molti dei piccoli regni cananei ancora indipendenti e governò con forza su Israele. Conquistò la rocca di **Gerusalemme** e ne fece la **capitale del suo regno**. Gerusalemme ebbe un ruolo unificatore per le varie tribù d'Israele. Davide vi trasferì l'arca dell'alleanza, che non solo conteneva le Tavole della Legge, ma era anche considerata "trono del Signore". La presenza

VIDEO
- L'Arca dell'alleanza e la Terra Promessa
- Sansone: vincere perdendo
- Giuditta: il coraggio di una donna
- Naaman: il dilemma di un generale

dell'arca a Gerusalemme significava la presenza di Dio e consacrava Gerusalemme come **città santa**.

- Dopo Davide regnò il figlio **Salomone**. Con lui il regno toccò il massimo dello splendore e della prosperità [vedi DOC 1]. Salomone abbellì Gerusalemme e fece **erigere il primo grande Tempio** in onore di JHWH, dov'era custodita l'arca dell'alleanza, una reggia e molti palazzi. Diede forte impulso al commercio e alla diplomazia, ma nel contempo autorizzò l'imposizione di tasse gravose e di lavori forzati.

SOCIAL FORUM

«Dio non realizza tutti i nostri desideri, bensì tutte le sue promesse» ha scritto il teologo tedesco Dietrich Bonhoeffer.

- Che cos'è per voi un desiderio? Secondo voi tutti i desideri vanno soddisfatti?
- Credete che ci siano desideri la cui realizzazione non è un bene? Quali? E nel caso, perché li proviamo? Perché Dio non realizza tutti i nostri desideri?

IL REGNO SI DIVIDE

Alla morte di Salomone, verso il 930 a.C., stanche dell'autoritarismo della monarchia davidica, molte tribù si rifiutarono di accettare come loro re un figlio del sovrano defunto, Roboamo. La ribellione portò alla **divisione del Regno in due**:

- a sud il **Regno di Giuda**, con capitale **Gerusalemme**, costituito dalla tribù di Giuda;
- a nord il **Regno d'Israele**, con capitale **Samaria**, costituito dalle altre tribù di Israele.

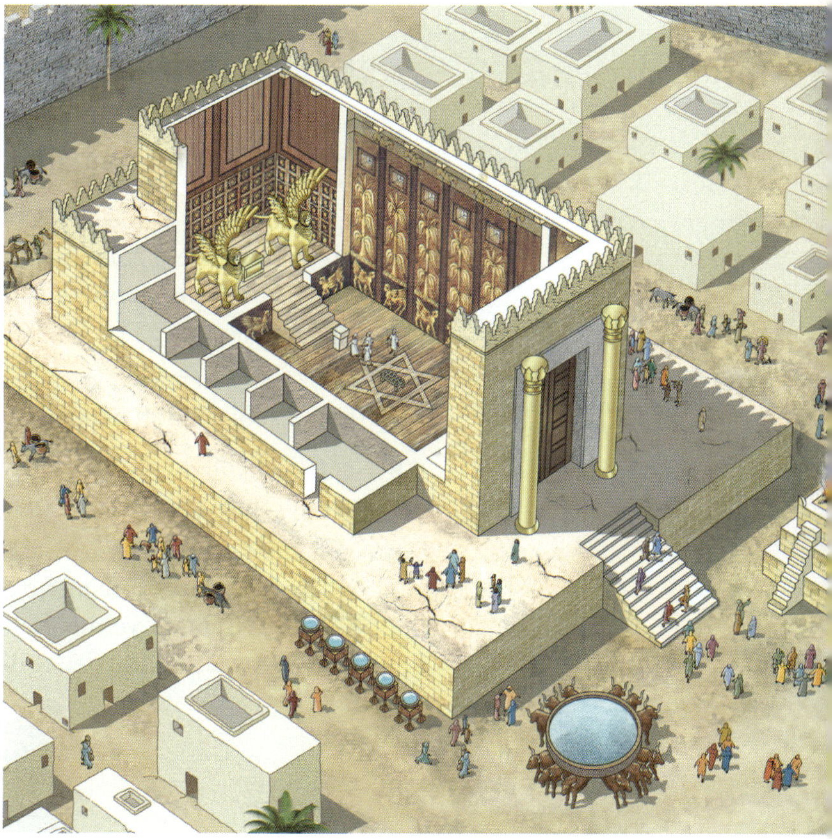

Ricostruzione del primo **Tempio di Salomone**, *eretto nel x secolo a.C.*

I PROFETI

Secondo il racconto biblico la storia dei due regni, salvo qualche eccezione, fu costellata da **episodi di corruzione, di dispotismo, di idolatria** e in questo periodo cominciarono a parlare, come voce di un Dio vivente che non si lascia manovrare dai re e dai potenti, i **profeti** (vedi a **p. 13**), uomini pieni dello Spirito di Dio, che alla luce della fede scoprono il senso della situazione presente, annunciano la Parola di Dio e denunciano il peccato.

- I profeti mettevano in guardia il popolo da ingiustizie e prevaricazioni; i re e i potenti da alleanze politiche con popoli stranieri che li avrebbero ridotti nuovamente in schiavitù; ricordavano inoltre **la fede nell'unico Dio**, invitando ad abbandonare i culti di idoli stranieri.
- Le parole dei profeti furono un continuo richiamo alla **fedeltà all'alleanza con Dio** da parte del popolo e un invito alla speranza in una salvezza futura garantita da Dio, fedele alle sue promesse.
- Tra il IX e il VI secolo a.C. ricordiamo l'attività di predicazione di alcuni profeti: **Amos, Osea, Isaia, Geremia, Zaccaria**.

VIDEO
- Giona: il profeta ribelle
- Il Tempio di Salomone

LEZIONE 5 LA DIASPORA DEGLI EBREI

David Maria Turoldo @ Lodato sia per le nostre case / e per queste macchine e città: / perché nulla vi è di profano nell'opera dell'uomo./ Lodato sia anche l'uomo fratello di ogni creatura, / aiuto e amico del mio Signore #fratellanzaumana

?

Per i cristiani tutti gli uomini sono fratelli e questo è fondamentale nelle loro relazioni. Che cosa si fa per un fratello?
Quali caratteristiche ha la relazione tra fratelli?

LA DOMINAZIONE STRANIERA

Il Regno di Giuda e quello d'Israele non resistettero a lungo all'espansione delle grandi potenze che si contendevano il dominio del Vicino Oriente e per essi fu un susseguirsi di **dominazioni straniere** che non consentirono più loro la conquista della piena libertà.

AUDIO
G. Verdi, *Coro "Va' pensiero"*

- Nel 721 a.C. Samaria, la capitale del Regno d'Israele, venne conquistata dagli Assiri, i suoi abitanti deportati, il regno ridotto a una provincia di quell'Impero.
- Nel 605 i Babilonesi imposero il loro dominio sul Regno di Giuda. Il re di Giuda Ioiakim, su istigazione del sovrano d'Egitto di cui era alleato, si ribellò.
- Nabucodonosor II, re dei Babilonesi, assediò Gerusalemme e la conquistò nel 597, facendo **deportare parte dei suoi abitanti**. Dopo una nuova ribellione, nel **587 Gerusalemme venne distrutta**, il Tempio venne incendiato e incominciò per gli Ebrei il periodo dell'**esilio**.

Una rappresentazione teatrale del **Nabucco** *di Giuseppe Verdi, che ha come tema l'esilio degli Ebrei a Babilonia.*

L'ESILIO A BABILONIA

Con l'esilio, Israele perse il possesso della Palestina, l'autonomia politica e il Tempio. Molti dei deportati si adattarono alla nuova vita in cattività e **rielaborarono nel momento della sofferenza i contenuti della loro fede**.

- Aiutato dall'incessante **attività dei profeti**, che motivarono l'esilio come legato all'aver troppo confidato nelle alleanze umane, all'infedeltà a Dio, all'immoralità, all'idolatria dilagante e alla necessità di un'"amara medicina", il popolo ebraico rifletté sulla necessità di **fedeltà assoluta a JHWH**. [vedi DOC 6]
- Privo del Tempio, Israele imparò a incontrarlo nell'ascolto della Parola nella sinagoga (vedi a p. 25).

SOCIAL FORUM

«So come gli uomini in esilio si nutrono con sogni di speranza» ha scritto il drammaturgo dell'antica Grecia Eschilo.

- Quali speranze, secondo voi, accompagnano chi è costretto a vivere lontano dalla propria terra?
- A vostro parere, il legame con le origini diminuisce quanto più cresce il grado di integrazione nel luogo in cui si è emigrati? Riportate la vostra esperienza personale e situazioni che conoscete.

IL "RESTO" D'ISRAELE

Durante il periodo dell'esilio nacque anche l'idea di una **nuova comunità**, prevalentemente **costituita di poveri**, totalmente votati a Dio, che attendevano da Lui solo la salvezza: i "poveri di JHWH", il "resto".

- Nel **538 a.C. i Persiani conquistarono Babilonia** e Israele diventò una **provincia del loro Impero**.
- Nello stesso anno, **Ciro il Grande** permise a chi lo desiderava di ritornare in patria e di ricostruire il Tempio. **Ritornò un "resto" del popolo**, poiché molti preferirono non rinunciare alla posizione che avevano raggiunto in terra straniera.

LA DIASPORA

La lontananza dalla Terra Promessa, che perdurò nel tempo ed esiste tutt'oggi, viene definito **diaspora** (vedi a p. 30) cioè **il disperdersi di comunità ebraiche fuori di Israele** in seguito alla conquista babilonese. A partire dal v secolo a.C. le comunità della diaspora divennero sempre più numerose e importanti, soprattutto in Babilonia e in Egitto. Ai tempi di Gesù gruppi di Ebrei erano presenti in ogni città importante dell'Impero romano.

IL NUOVO ESODO

Incominciò quindi il **nuovo esodo**, con la **ricostruzione del Tempio** e delle case, e ricominciò la vita della comunità ebraica a Gerusalemme.

- Verso l'anno **400 a.C.** il governatore **Neemia** e il sacerdote **Esdra** operarono un'importante **riforma religiosa**, richiamando il popolo di Gerusalemme al più rigoroso rispetto delle norme della Legge mosaica e della tradizione dei Padri.
- Nel 333 a.C. **Alessandro il Grande** conquistò l'Impero persiano: Gerusalemme passò sotto il governo dei Macedoni e poi dei loro successori.

VIDEO
L'esilio e il ritorno

DALLA GRECIA A ROMA

Sotto la dominazione greca **si tentò di introdurre in Palestina la cultura, la lingua e soprattutto la religione dei Greci**. Gli Ebrei si ribellarono guidati dai **fratelli Maccabei** e ottennero l'indipendenza, che durò poco: **nel 63 a.C. le truppe romane conquistarono Gerusalemme e la Palestina** che divenne una provincia romana.

LEZIONE 6 IL NUOVO TESTAMENTO

David Maria Turoldo @ Lodatelo perché egli è ancora più grande, / eppure mi parla e mi ama, / perché si è fatto uomo #Diofattouomo

?

\# La fratellanza per i cristiani sul fatto che tutti gli uomini sono figli di Dio e fratelli in Cristo: leggete 1Gv 5,12.

\# Perché Dio ha mandato il Figlio tra gli uomini?

CHE COSA SI INTENDE PER NUOVO TESTAMENTO

La **parte della Bibbia considerata sacra dai cristiani**, ma non riconosciuta dagli ebrei, come abbiamo visto a p. 149, costituisce il Nuovo Testamento: essa annuncia e parla di Gesù come Figlio di Dio e Messia.
Anche la composizione del Nuovo Testamento è stata fissata in un **canone** (vedi a p. 154),uguale per tutte le Chiese cristiane, che comprende:

- i **quattro Vangeli**: Matteo, Marco, Luca, Giovanni;
- gli **Atti degli apostoli**;
- le **Lettere**;
- l'**Apocalisse**.

L'ordine del canone non rispecchia la cronologia: le Lettere di Paolo, per esempio, sono sicuramente anteriori ai Vangeli.

Copertina del Vangelo *raffigurante i quattro evangelisti, XI-XII secolo; Chiavenna, Collegiata di San Lorenzo, Museo del Tesoro.*

GLI SCRITTI AL DI FUORI DEL CANONE

Al di fuori del canone vi sono i **Vangeli** cosiddetti apocrifi (cioè considerati non ispirati da Dio vedi a p. 155) dai quali derivano molte **notizie sulla vita di Gesù** che ormai appartengono al nostro immaginario (alcuni esempi: la grotta di Betlemme, la presenza dell'asino e il bue; il nome dei magi; il nome dei genitori di Maria), ma che la letteratura canonica tace. È interessante notare come molti di questi particolari non accolti ufficialmente dalla Chiesa abbiano invece influenzato la tradizione pittorica.

QUANDO È STATO SCRITTO IL NUOVO TESTAMENTO

Come per l'Antico Testamento, la stesura del Nuovo Testamento non fu immediata, ma avvenne in **fasi successive**, in un arco di tempo di circa cinquant'anni. La stesura scritta si colloca in un **periodo immediatamente successivo alla morte e risurrezione**, e fu preceduto da un periodo di **trasmissione orale** della Parola di Gesù.

Gesù, di suo pugno, non scrisse nulla, né chiese agli apostoli di scrivere il suo messaggio, bensì li esortò a **predicare** il suo **Vangelo**.

- In quel tempo (come abbiamo visto a p. 152), si usava molto la memoria e poco la parola scritta. I maestri spirituali, quando insegnavano, usavano mezzi pedagogici che facilitassero la **memorizzazione**: formule ritmiche, ripetizioni, rime, similitudini. Anche Gesù, esprimendosi in aramaico, con frasi brevi, molto ritmate, ricche di immagini, facili da ricordare, fece sì che gli apostoli memorizzassero gran parte delle parole da lui pronunciate.
- Dopo la morte di Gesù gli apostoli, scossi dall'avvenimento pasquale e dalle apparizioni di Gesù, guidati dallo Spirito Santo, su mandato di Gesù stesso cominciarono ad annunciare la Buona Notizia: è il **Vangelo predicato**, prima in aramaico, poi ben presto in **greco**.

Vangelo
Parola di origine greca, significa "lieto annuncio", "buona notizia", "notizia di gioia e di salvezza".

TANTI MATERIALI ALLA BASE DEI VANGELI

Negli ultimi due secoli i Vangeli (che sono scritti in un greco detto della *koiné*, cioè "parlato dal popolo") sono stati oggetto di interesse da parte di numerosi studiosi.

- La critica oggi sembra concorde nell'affermare che gli **evangelisti** (tradizionalmente identificati con i nomi di Matteo, Marco, Luca e Giovanni) non abbiano scritto i loro Vangeli semplicemente sulla base di un'esperienza diretta, ricordando parole e fatti relativi a Gesù da essi ascoltati o visti personalmente. Si tratterebbe invece di **redattori che elaborarono i loro scritti rifacendosi anche a testimonianze altrui sulla vita di Gesù**: sia tramandate oralmente, sia raccolte in forma scritta e anonima, senza indicazione dell'autore.
- Un certo gruppo di studiosi cercò addirittura di rintracciare all'interno della parole evangeliche **le parole precise** pronunciate da Gesù ("*ipsissima verba Jesu*"), tentativo che oggi appare ridimensionato da una maggiore attenzione alla trasmissione e al contenuto dei detti di Gesù, piuttosto che dalla loro forma, influenzata in ogni fonte evangelica dal contesto in cui ogni evangelista scrisse.

SOCIAL FORUM

- Avete mai letto i Vangeli? In quale occasione?
- Sapreste citare qualche episodio che vi ricordate?
- Quale significato hanno nella vostra esistenza i Vangeli? Confrontatevi in classe.

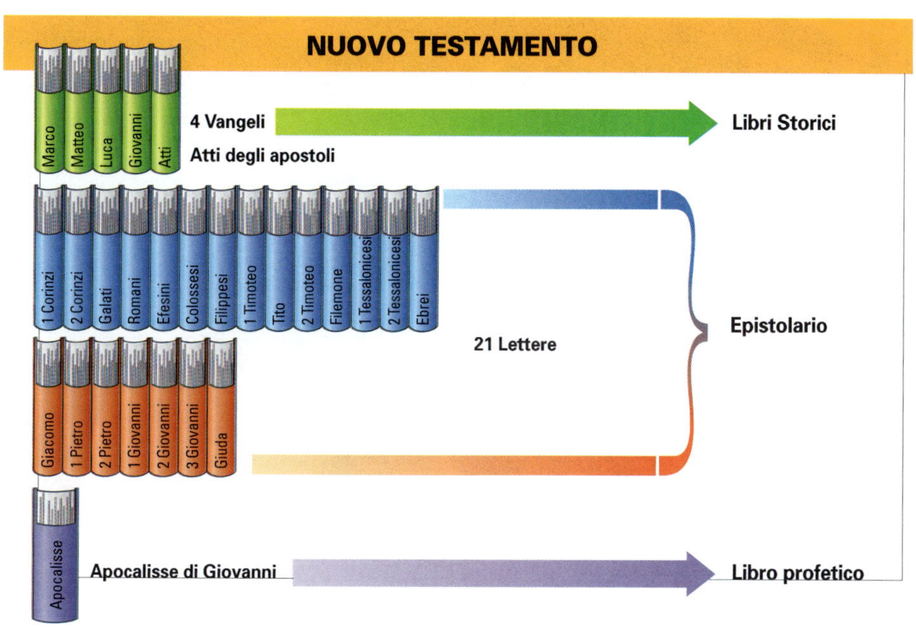

PAGINE DIGITALI
La lingua del Nuovo Testamento

LEZIONE 7 LA BUONA NOVELLA

David Maria Turoldo @ Lodatelo perché esiste e gioca nella creazione / e gode della stessa mia gioia. / Lodate il mio Signore per ogni tristezza e dolore, / per ogni goccia di gioia nascosta nelle cose #Dioèovunque

?

Dio è nella gioia ma anche nel dolore: sapreste spiegare perché, secondo la visione di ebrei e cristiani?
In quale modo Gesù rende presente il Padre in ogni aspetto della vita?

I VARI SIGNIFICATI DI VANGELO

Come abbiamo visto, per indicare il messaggio di Gesù, secondo il quale la salvezza attesa da Israele era vicina, si utilizza la parola "Vangelo", che significa letteralmente "lieto annuncio", "buona notizia", "notizia di gioia e di salvezza". Occorre, per maggiore chiarezza, distinguere tra Vangelo "di" Gesù, Vangelo "su" Gesù e Vangelo della rivelazione.

- Il **Vangelo "di" Gesù** è il messaggio che Gesù di Nazareth predicò annunciando il Regno di Dio;
- il **Vangelo "su" Gesù** è il messaggio che è stato predicato dagli apostoli ovvero l'annuncio della risurrezione di Gesù, del fatto che Gesù è il Messia Figlio di Dio, delle sue parole e delle sue azioni;
- il **Vangelo della rivelazione** è Gesù stesso in quanto in Gesù, Dio stesso che si rivela, annuncia a tutti gli uomini la salvezza. [vedi DOC 7]

Gesù di Nazareth *in una scena del film* Jesus *(1979) diretto da J. Krish e P. Sykes.*

LE FONTI DEI VANGELI

PAGINE DIGITALI
Il genere letterario Vangelo

Nella redazione dei loro scritti, gli evangelisti si rifecero alle **testimonianze sulla vita di Gesù**: sia quelle tramandate oralmente sia quelle raccolte in forma scritta e anonima, senza indicazione dell'autore. In particolare, gli studiosi hanno identificato alcuni **nuclei di materiali** su cui lavorarono gli evangelisti:

1. **racconti della passione-morte-risurrezione di Gesù**, che costituiscono il cuore dell'annuncio originario (il *Kérygma*, vedi a p. 151);
2. **narrazioni** contenenti la raccolta dei suoi **miracoli**;
3. **raccolta dei detti e delle massime** più memorabili di Gesù (i cosiddetti *lóghia*).

DALLE PRIME STESURE ALL'EDIZIONE DEFINITIVA

Marco scrisse **per primo** il suo Vangelo, intorno al 65 d.C. circa, rifacendosi alla predicazione di Pietro e alle raccolte precedenti.
Seguirono Matteo e Luca, che utilizzarono entrambi il testo di Marco, unitamente a un'altra fonte comune, la fonte Q (dal tedesco *Quelle*, "fonte").
Giovanni scrisse molto **più tardi** il suo Vangelo e rielaborò il materiale in modo autonomo.
Anche il testo del Nuovo Testamento, come quello dell'Antico Testamento, fu studiato e oggetto di **frequenti revisioni**, di cui è possibile verificare la storia tramite lo **studio critico dei numerosissimi manoscritti** pervenuti (sono più di 5000). Il papiro più antico, il papiro Ryland, risale alla prima metà del II secolo d.C.

I VANGELI, DOCUMENTI STORICI E TESTIMONIANZA DI FEDE

I Vangeli sono **testi storici**, in quanto riportano **testimonianze attendibili su un fatto storico**: la vita e la predicazione di Gesù.
Tuttavia, **non possono essere considerati biografie vere e proprie**, in quanto la loro finalità non è quella di offrire un quadro completo e fedele della vita di Gesù e dei suoi tempi, bensì quella di mettere in risalto gli episodi dell'esperienza vissuta dalla Chiesa delle origini, della Pasqua di Cristo, volti a dimostrare che **la presenza di Cristo risorto continua nel presente**, non è un semplice fatto concluso in un'epoca storica, ma si verifica ancora nella sua Chiesa. I Vangeli sono insomma una **testimonianza di fede**.
Perciò se, da un lato, è possibile compiere una ricerca sul **Gesù storico** presente nei Vangeli, dall'altro lato la testimonianza evangelica si propone la finalità di far comprendere ai **lettori il mistero di Cristo, Figlio di Dio**, e di condurre il lettore all'adesione nella fede. ([vedi DOC 4]; [vedi DOC 8])

Gli **evangelisti**, *miniatura greca; Venezia, Biblioteca Marciana.*

SOCIAL FORUM

La "buona notizia" evangelica ha una portata esistenziale: è un annuncio che rivoluziona la prospettiva con cui si guarda la vita e la morte, è una notizia che ha ricadute sul proprio modo di essere.

- Come, secondo la vostra esperienza, può essere diffusa e condivisa una buona notizia in una società come la nostra, abituata all'enfasi data dai media alle cattive notizie, proposte con clamore, per "fare colpo"?
- Attraverso quali mezzi di comunicazione potrebbe diffondersi oggi la "buona notizia"?

LEZIONE 8 I VANGELI CANONICI

Papa Francesco @ L'amore non si può ridurre a un sentimento che va e viene. Esso tocca, sì, la nostra affettività, ma per aprirla alla persona amata e iniziare così un cammino, che è un uscire dalla chiusura nel proprio io e andare verso l'altra persona, per edificare un rapporto duraturo #rapportoconglialtri

Per quale motivo l'amore autentico è duraturo?
Che cosa vuol dire amare gli altri?

QUATTRO AUTORI DIVERSI

La Chiesa riconosce come canonici quattro Vangeli.

- Quelli di **Marco**, **Matteo** e **Luca** sono detti **sinottici** in quanto, se si confrontano tra loro mettendoli in colonne diverse, ma nella stessa pagina, si possono cogliere le **molteplici affinità** e i **frequenti parallelismi**. Queste similitudini sono dovute al fatto che gli autori usarono **tradizioni orali e fonti scritte comuni**. Tuttavia, un'analisi più attenta rivela che ogni evangelista **rielaborò** i dati **in modo originale** e secondo le esigenze della comunità cui era rivolto lo scritto. [vedi DOC 3]
- Il quarto Vangelo, quello di **Giovanni**, è **indipendente dai sinottici** e si apre con un celebre *Prologo*, che esalta Cristo come Parola, **Verbo** divino, entrato però nella "carne" dell'umanità (vedi a p. 233).

Sinottici
Da "sinossi", termine che deriva dal greco *sýnopsis*, "sguardo d'insieme". Se si ponessero i Vangeli di Matteo, Marco e Luca su tre colonne parallele, si potrebbe vedere che l'esposizione segue il medesimo schema.

Verbo
Per Giovanni il *Lógos* ("ragione", "sapienza") è la Parola di Dio, che ha forza creatrice e salvifica: Genesi narra che Dio ha creato il mondo attraverso la sua Parola e attraverso essa ha comunicato il suo disegno di salvezza. Per Giovanni, poi, la Parola di Dio prende il volto di Gesù, che è il Verbo fattosi carne.

OGNI VANGELO HA LE PROPRIE PARTICOLARITÀ

Ogni evangelista rivela un **approccio personale** nel presentare la figura di Gesù. Ogni Vangelo ha una sua **struttura**, un suo **progetto** e una sua **visione teologica**, cioè un modo specifico di interpretare la persona e l'opera di Gesù.

L'Ultima Cena, *scena del film* La passione di Cristo *(2004) di Mel Gibson.*

Occorre, inoltre, tener presente che ciascun evangelista scriveva per un **pubblico diverso** e, a seconda dei destinatari, si possono spiegare le caratteristiche di ciascun Vangelo.

MATTEO: GESÙ È IL MESSIA DELL'ANTICO TESTAMENTO

Matteo, uno dei dodici apostoli, faceva parte di una comunità di cristiani provenienti dall'ebraismo e i suoi **destinatari** erano **ebrei convertiti al cristianesimo**. Ciò spiega perché nel suo testo viene dato **ampio spazio alle parole di Gesù**, attraverso cinque solenni **discorsi**.
Nel contempo vi è un'attenzione particolare a collegare la figura e l'insegnamento di Gesù all'Antico Testamento. Lo scopo del suo Vangelo era dimostrare ai suoi lettori che **Gesù** era veramente **il Messia annunciato dalle Scritture**.
La stesura definitiva del suo Vangelo viene fatta risalire all'**80 d.C.** circa e comprende **28 capitoli**.

GALLERIA FOTOGRAFICA
I quattro evangelisti

MARCO: UN PERCORSO VERSO LA RIVELAZIONE

Marco fu discepolo e interprete di Pietro e scrisse il suo Vangelo probabilmente a Roma, per **pagani convertiti**, intorno al **65 d.C**. Proprio perché si rivolge a cristiani che vivono fuori dalla Palestina si preoccupa di **spiegare espressioni aramaiche** (la sua lingua d'origine) **e riti giudaici**. Nel suo testo il lettore viene avviato su un itinerario che procede **dall'oscurità verso la piena rivelazione**: a metà del suo cammino **Gesù** è riconosciuto da Pietro come il "Cristo", cioè **il Messia**. Gesù è presentato come un uomo, che però compie atti sorprendenti di liberazione dal male nei confronti di coloro che sono malati sia fisicamente sia spiritualmente. Il Vangelo di Marco, composto di **16 capitoli**, è il più breve dei quattro.

L'attore Enrique Irazoqui nei panni di Gesù ne **Il Vangelo secondo Matteo** *(1964) di Pier Paolo Pasolini.*

LUCA: IL VIAGGIO VERSO GERUSALEMME

Luca, collaboratore di Paolo di Tarso, possedeva una **notevole cultura greca e giudaica** e infatti il suo scritto è più elaborato dei precedenti sia nel progetto sia nello stile. Scrisse il suo Vangelo intorno all'**80 d.C**. ed è indicato anche come l'autore del libro degli Atti degli apostoli. I destinatari sono tutti i **cristiani provenienti dal mondo pagano**.
Il filo del racconto è un lungo **viaggio verso Gerusalemme**, in cui Luca tratta i temi che ai suoi occhi meglio raffigurano il volto di Cristo: l'amore, la gioia, la povertà.
Il Vangelo di Luca è composto di **24 capitoli**.

GIOVANNI: UN TESTO MOLTO COMPLESSO

Giovanni è identificato dalla tradizione con l'apostolo fratello di Giacomo e figlio di Zebedeo e Salome. La data di redazione definitiva dello scritto viene fatta risalire alla **fine del I secolo**, e il suo Vangelo è il frutto di una **lunga elaborazione all'interno della comunità che riconosceva in lui il suo fondatore**. Il **testo** è molto **elaborato e complesso**, ricco di simboli ed è destinato ai **cristiani dell'Asia Minore** che vogliono conoscere meglio il messaggio di Gesù. È composto di **21 capitoli**.

SOCIAL FORUM

«I Vangeli raccontano una storia non come appartenente solo al passato, ma una storia che parla al presente» ha affermato il biblista Giuseppe Segalla.

- Che cosa significa, secondo voi, «*una storia che parla al presente*»?
- Quando un testo scritto ci parla, quale reazione si produce nel lettore?
- Che tipo di coinvolgimento si realizza, a vostro giudizio? Fate riferimento, se possibile, all'esperienza di ciascuno di voi.

LEZIONE 9 GLI ALTRI SCRITTI DEL NUOVO TESTAMENTO

Papa Francesco @ Solo in quanto è fondato sulla verità l'amore può perdurare nel tempo, superare l'istante effimero e rimanere saldo per sostenere un cammino comune. Se l'amore non ha rapporto con la verità, è soggetto al mutare dei sentimenti e non supera la prova del tempo #camminareinsieme

?

Che cos'è un «*cammino comune*» e perché un amore duraturo è necessario perché questo avvenga?
Che cosa significa camminare insieme?

GLI ATTI DEGLI APOSTOLI: LA NASCITA E LA DIFFUSIONE DELLA CHIESA

Dopo la morte di Gesù all'interno delle nascenti **comunità cristiane** nacquero nuove esigenze e richieste che portarono alla redazione degli **altri testi** del Nuovo Testamento.

Il libro degli **Atti degli apostoli** fu composto **intorno all'80 d.C.** L'autore, **Luca**, descrive la **nascita della Chiesa e il suo sviluppo, guidato dallo Spirito Santo**, e racconta come il Vangelo, predicato da Pietro, dagli altri testimoni e soprattutto da Paolo, raggiunse Roma, la capitale dell'Impero, attraversando l'intera area del Mediterraneo.

Apocalittica
Questo genere letterario (dal greco *apokálypsis*, "rivelazione") ebbe origine nel mondo ebraico precristiano per sostenere la fede dei credenti in periodi di crisi ed ebbe molta fortuna anche in epoca cristiana, dando origine a opere che riportano visioni del tempo futuro e segni che lo preannunciano. La letteratura apocalittica offre una visione pessimista del presente, mentre è ottimista per l'avvenire segnato dall'avvento del Regno di Dio.

LE LETTERE DEGLI APOSTOLI: VARIE QUESTIONI PER LE COMUNITÀ CRISTIANE

Le Lettere degli apostoli sono una serie di **lettere** indirizzate **ad alcune comunità cristiane**. Comprendono:

- il complesso delle **Lettere di Paolo**: sono **13 scritti** contrassegnati in modo esplicito dal nome dell'apostolo Paolo e un quattordicesimo che è a se stante, la **Lettera agli ebrei**. Questa venne attribuita a Paolo sin dal II secolo, ma in realtà oggi è considerata nettamente distinta dall'epistolario paolino. Nelle Lettere di Paolo sono contenute ampie **riflessioni teologiche** su Gesù Cristo e sulla Scrittura e vengono trattate **tematiche d'ordine pratico e di ordine teorico** che le prime comunità cristiane si trovavano a dover affrontare nei contatti con il mondo ebraico e il mondo pagano;
- le **Lettere cattoliche**: 7 lettere composte **tra il 60 e il 100 d.C.**, attribuite agli apostoli Giacomo, Pietro, Giovanni e Giuda, e definite "cattoliche" (cioè "universali") dalla tradizione, che le ha considerate **dirette a tutta la cristianità**.

L'APOCALISSE: UN TESTO DI DIFFICILE INTERPRETAZIONE

Questo testo, **attribuito a Giovanni**, è l'ultimo libro della Bibbia e venne scritto intorno alla fine del I secolo d.C. Come suggerisce il titolo, appartiene a un genere letterario preciso: l'**apocalittica**. È indirizzato **alle Chiese dell'Asia Minore**, colte nel loro travagliato itinerario terreno, ma prospetta il loro destino glorioso, raffigurato dalla **Gerusalemme celeste**, la città della speranza e dell'incontro pieno con Cristo. Il libro è scritto utilizzando un **linguaggio letterario costellato di simboli gloriosi e terribili** e questo ha fatto sì che nel tempo il suo messaggio di speranza venisse equivocato o non compreso.

CRONOLOGIA DEGLI SCRITTI DEL NUOVO TESTAMENTO

40 d.C.	1-2 Tessalonicesi
50	1-2 Corinti
	Filippesi
	Romani
	Galati
	Giacomo
60	1 Pietro
	Colossesi
	Efesini
	Filemone
	Tito
	Vangelo di Marco
70	1-2 Timoteo
	Ebrei
80	Vangelo di Matteo
	Vangelo di Luca
	Atti degli apostoli
	Giuda
	2 Pietro
90	Vangelo di Giovanni
100	1-2-3 Giovanni
	Apocalisse

LE ABBREVIAZIONI DEI LIBRI DEL NUOVO TESTAMENTO

Ap	Apocalisse	Mt	Matteo
At	Atti degli apostoli	1Pt	1 Pietro
Col	Colossesi	2Pt	2 Pietro
1Cor	1 Corinti	Rm	Romani
2Cor	2 Corinti	1Tm	1 Timoteo
Eb	Ebrei	2Tm	2 Timoteo
Ef	Efesini	1Ts	1 Tessalonicesi
Fil	Filippesi	2Ts	2 Tessalonicesi
Fm	Filemone	Tt	Tito
Gal	Galati		
Gc	Giacomo		
Gd	Giuda		
Gv	Giovanni		
1Gv	1 Giovanni		
2Gv	2 Giovanni		
3Gv	3 Giovanni		
Lc	Luca		
Mc	Marco		

Rembrandt, **San Paolo**, *1627-1629; Parigi, Musée du Louvre.*

NETWORK

Le lettere del Nuovo Testamento appartengono al genere letterario chiamato "epistolografia".

- Sapreste spiegare qual è la differenza tra una lettera personale e una di carattere ufficiale?
- Ciascuno di voi provi a scrivere due brevi lettere, una di carattere familiare (a un amico, a un compagno ecc.) e un'altra invece formale (una lettera a un giornale, per esempio), in cui spieghi il senso del messaggio evangelico e l'importanza di conoscerlo, indipendentemente dall'adesione di fede. Confrontate i vostri elaborati facendo emergere affinità e differenze.

LA PAROLA

DOC 1 dall'Antico Testamento

Il giudizio di Salomone

***Fonte:* 1Re 3,16-28**

Il giudizio di Salomone, *XVII secolo, miniatura armena. Venezia, Isola di San Lazzaro degli Armeni.*

Re Salomone è passato alla storia per la sua grande saggezza e per l'acume dei suoi giudizi, come dimostra l'episodio seguente.

Un giorno vennero dal re due prostitute e si presentarono innanzi a lui. Una delle due disse: «Perdona, mio signore! Io e questa donna abitiamo nella stessa casa; io ho partorito mentre lei era in casa. Tre giorni dopo il mio parto, anche questa donna ha partorito; noi stiamo insieme e non c'è nessun estraneo in casa fuori di noi due. Il figlio di questa donna è morto durante la notte, perché lei gli si era coricata sopra. Ella si è alzata nel cuore della notte, ha preso il mio figlio dal mio fianco, mentre la tua schiava dormiva, e se lo è messo in seno e sul mio seno ha messo il suo figlio morto. Al mattino mi sono alzata per allattare mio figlio, ma ecco, era morto. L'ho osservato bene al mattino; ecco, non era il figlio che avevo partorito io». L'altra donna disse: «Non è così! Mio figlio è quello vivo, il tuo è quello morto». E quella, al contrario, diceva: «Non è così! Quello morto è tuo figlio, il mio è quello vivo». Discutevano così alla presenza del re. Il re disse: «Costei dice: "Mio figlio è quello vivo, il tuo è quello morto", mentre quella dice: "Non è così! Tuo figlio è quello morto e il mio è quello vivo"». Allora il re ordinò: «Andate a prendermi una spada!». Portarono una spada davanti al re. Quindi il re aggiunse: «Tagliate in due il bambino vivo e datene una metà all'una e una metà all'altra». La donna il cui figlio era vivo si rivolse al re, poiché le sue viscere si erano commosse per il suo figlio, e disse: «Perdona, mio signore! Date a lei il bimbo vivo; non dovete farlo morire!». L'altra disse: «Non sia né mio né tuo; tagliate!». Presa la parola, il re disse: «Date alla prima il bimbo vivo; non dovete farlo morire. Quella è sua madre». Tutti gli Israeliti seppero della sentenza pronunciata dal re e provarono un profondo rispetto per il re, perché avevano constatato che la sapienza di Dio era in lui per rendere giustizia.

COMPRENDERE E INTERPRETARE

- Il racconto biblico ha, in questo episodio, il carattere della narrazione popolare, in cui i protagonisti (tranne il re) sono anonimi e il narratore non interviene con giudizi, ma lascia che siano i personaggi a parlare. Conoscete altri passi della Bibbia che abbiano questo carattere di apologo?
- Il re viene interpellato perché ha anche la funzione di giudice. Si tratta di una situazione normale nelle società antiche?
- Attraverso questo episodio, Salomone dimostra di aver raggiunto la capacità di «*distinguere il bene dal male*» che egli stesso invoca a Dio (1Re, 3, 9) e che è alla base di ogni giudizio morale (vedi a p. 294). Vi sembra che la sua azione sia giusta? Avreste agito in modo diverso per smascherare la donna mentitrice?

DOC 2 dall'Antico Testamento

I dieci Comandamenti

***Fonte:* Es 20, 2-17**

DOC 3 dal Nuovo Testamento

La guarigione del lebbroso nei Vangeli sinottici

***Fonte:* Mt 8,1-4; Mc 1,40-45; Lc 5,12-16**

LETTURE INTERDISCIPLINARI

DOC 4 dal magistero

La fede è obbedienza

Fonte: **Concilio Vaticano II, Dei Verbum,** ***n. 5***

DOC 5 voci narrative

Il perdono di Giuseppe

Fonte: Thomas Mann, **Giuseppe e i suoi fratelli**

DOC 6 voci letterarie

Essere stranieri

Fonte: Moni Ovadia, **Vai a te stesso**

DOC 7 voci teologiche

Tutta la fede c'era sin dall'inizio

Fonte: Vittorio Messori, **Ipotesi su Gesù**

DOC 8 **VOCI LETTERARIE**

La fede e la speranza

Fonte: Dante Alighieri, **Divina Commedia. Paradiso,** ***XXIV, 64-66***

Nel Paradiso Dante definisce la fede in relazione alla speranza riprendendo san Paolo (Eb 11,1).

Fede è sustanza di cose sperate e argomento de le non parventi; e questa pare a me sua quiditate.

COMPRENDERE E INTERPRETARE

- Riflettete sulle parole di Dante. Che cosa è per voi la fede?

DOC 9 **INTERDISCIPLINARE** Dal testo all'arte

Il sacrificio di Isacco

La scena è drammatica: alla risolutezza di Abramo si contrappone l'espressione terrorizzata di Isacco: altrettanto risoluto è il gesto dell'angelo che ferma la mano omicida.

Il paesaggio: Elemento insolito nei quadri di Caravaggio, non è soltanto un elemento decorativo dello sfondo: le nubi che si diradano, lasciando irrompere la luce, simboleggiano l'intervento divino.

Le mani di Abramo: Abramo non esita nell'offrire a Dio l'unico suo figlio; la sua risolutezza è rappresentata dalla raffigurazione delle mani: una impugna saldamente il coltello, l'altra immobilizza il figlio senza dargli scampo.

Il viso di Isacco: Esprime l'orrore e la paura, ed è contrapposto all'espressione quieta e rassegnata del montone.

Le mani dell'angelo: I loro gesti sono risoluti come quelli di Abramo: una blocca con decisione la mano che impugna il coltello, l'altra indica il montone da sacrificare in luogo di Isacco.

Michelangelo Merisi da Caravaggio, **Sacrificio di Isacco**, *1598; Galleria degli Uffizi, Firenze*

VERIFICA DELLE CONOSCENZE

VERO O FALSO?

- V F L'Antico Testamento narra la vicenda di Gesù
- V F L'Apocalisse usa un linguaggio simbolico
- V F I libri dell'Antico Testamento sono stati scritti in epoche diverse
- V F La messa per iscritto dell'Antico Testamento si colloca tra il x e il v secolo d.C.
- V F Le fonti del Pentateuco sono quattro
- V F Le religioni abramitiche condividono la fede in un Dio unico
- V F I profeti furono attivi solo nel Regno del Nord
- V F Dio stringe per la prima volta alleanza con il suo popolo attraverso Abramo
- V F Le tribù di Israele sono 14
- V F Giuseppe in Egitto non perdonò i suoi fratelli
- V F Gli Ebrei furono immediatamente resi schiavi dagli Egiziani
- V F Giuseppe è colui che ha liberato gli Ebrei dalla schiavitù egiziana
- V F Mosè guidò gli Ebrei fuori dall'Egitto per tornare nel Canaan
- V F I libri dell'Antico Testamento sono stati scritti da autori diversi
- V F Dio stringe per la prima volta alleanza con il suo popolo attraverso Gesù
- V F L'alleanza è un patto che prevede un impegno reciproco
- V F Dio rivelò il suo nome a Giacobbe
- V F La comunità degli esseni era di tipo religioso
- V F Sul Sinai venne stipulato il primo patto tra Dio e Israele
- V F L'alleanza del Sinai fu sancita dalla consegna delle Tavole della Legge
- V F Mosè entra nella Terra Promessa insieme agli Ebrei
- V F I profeti richiamano Israele ai doveri dell'alleanza con Dio
- V F Abramo è il primo patriarca a cui il Dio biblico si rivela
- V F L'annuncio cristiano è unico ma i Vangeli sono quattro
- V F I Vangeli sinottici sono quattro
- V F Durante l'esilio gli Ebrei meditarono sulla loro fede
- V F Le lettere del Nuovo Testamento sono tutte di Paolo

I CARE

L'importanza dell'impegno nelle relazioni personali

Perché nelle relazioni umane occorre impegnarsi?
Perché, per i cristiani, questo impegno è legato alla figura di Gesù?
Ci avete riflettuto alla luce di:

#importanzadell'attenzione
#parolaeattenzione
#unitàdituttiinDio
#grandezzadell'uomo
#fratellanzaumana
#Diofattouomo
#Dioèovunque
#rapportoconglialtri
#camminareinsieme

Preparate un'INTERVISTA riguardante l'impegno nelle relazioni interpersonali a uomini che si dedicano integralmente alle relazioni umane, animati dall'amore di Cristo: i **missionari**.

Preparate delle domande da rivolgere ai missionari che siete riusciti a individuare: per esempio, chiedete loro che cosa li ha spinti sul cammino che hanno intrapreso; quali valori sono centrali nella loro vita; se la promozione umana è una delle loro priorità ecc.

Scrivete la vostra intervista sul giornalino della scuola (cartaceo o sul WEB), presentandola adeguatamente e corredandola di **immagini significative** che testimonino il racconto dei missionari.

UNA MAPPA PER TUTTI

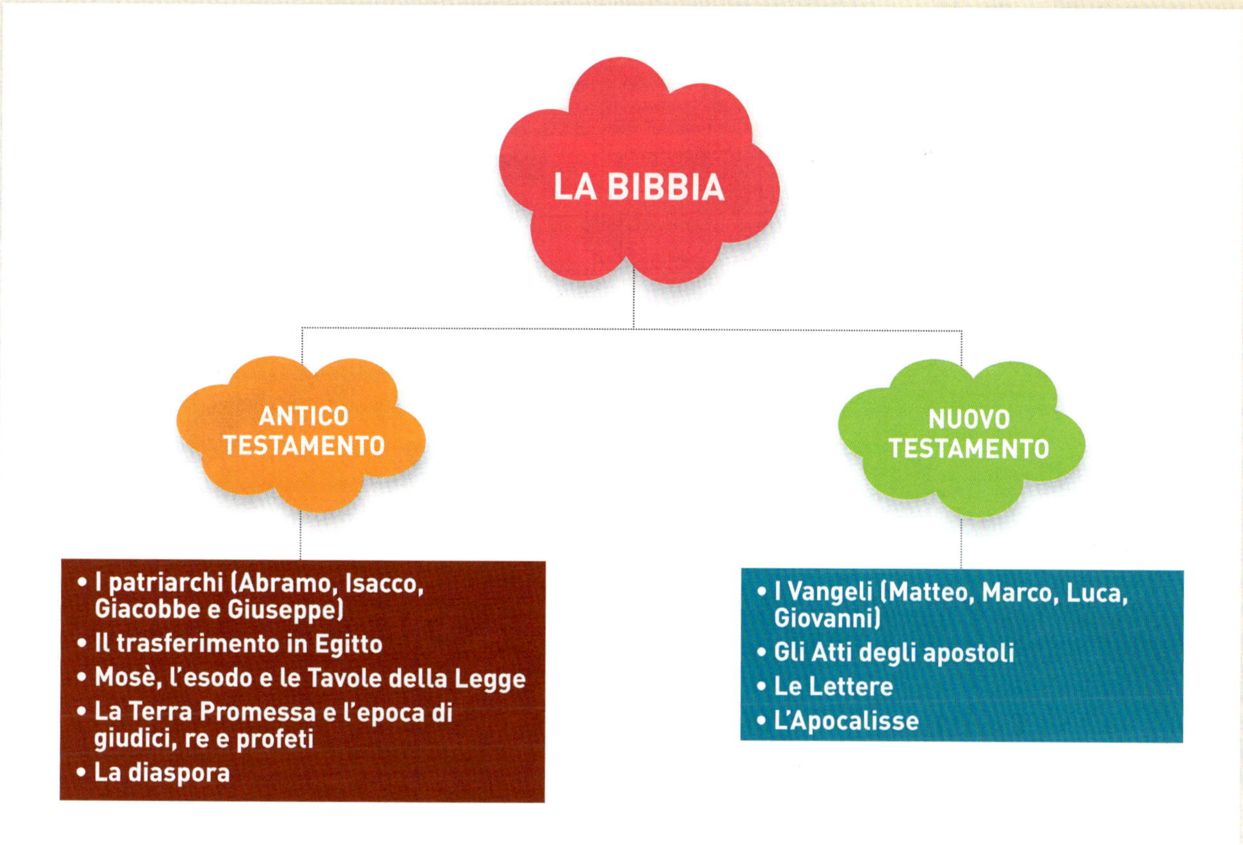

DIDATTICA INCLUSIVA

IL PERCORSO IN BREVE

Abbiamo imparato:

- come avvenne l'elaborazione dell'Antico Testamento;
- quali sono le origini degli ebrei e chi sono i patriarchi;
- quali vicende riguardarono Mosè e l'esodo del popolo ebraico;
- come gli ebrei giunsero nella Terra Promessa;
- quali furono gli avvenimenti che riguardarono i giudici, i re e i profeti del popolo ebraico;
- che cosa fu la diaspora degli ebrei e come avvenne;
- che cosa si intende con Nuovo Testamento;
- quali sono i testi che lo compongono;
- da chi e quando sono stati scritti i diversi testi;
- qual è il loro contenuto: la buona novella;
- chi furono i quattro evangelisti e le diversità dei quattro Vangeli;
- che i Vangeli sono libri storici e testimonianza di fede insieme.

PERCORSO 3 IL MONDO DI GESÙ

DIDATTICA COOPERATIVA

PER COMINCIARE INSIEME

I cristiani credono che Gesù il Cristo tornerà di nuovo sulla terra, alla fine dei tempi, in vista di un giudizio finale (vedi a p. 235), come ci racconta il Vangelo di Matteo (25,31-46). Egli chiamerà a sé i giusti, dicendo loro: «*Venite, benedetti del Padre mio, ricevete in eredità il Regno preparato per voi fin dalla creazione del mondo, perché ho avuto fame e mi avete dato da mangiare, ho avuto sete e mi avete dato da bere, ero straniero e mi avete accolto, nudo e mi avete vestito, malato e mi avete visitato, ero in carcere e siete venuti a trovarmi*».

- Le parole di Gesù suscitano stupore nei giusti, che, infatti rispondono: «*Signore, quando ti abbiamo visto affamato e ti abbiamo dato da mangiare, o assetato e ti abbiamo dato da bere? Quando mai ti abbiamo visto straniero e ti abbiamo accolto, o nudo e ti abbiamo vestito? Quando mai ti abbiamo visto malato o in carcere e siamo venuti a visitarti?*». La spiegazione è semplice: «*In verità io vi dico: tutto quello che avete fatto a uno solo di questi miei fratelli più piccoli, l'avete fatto a me*». Dunque, per chi crede, non è difficile **trovare e vedere Gesù**, concretamente **nel prossimo** e, di conseguenza, **impegnarsi attivamente**, nel nome dell'amore che Gesù ha insegnato [vedi DOC 9 e 10].
- Ma facciamo un'ipotesi del tutto fantasiosa, che, tuttavia, alcuni scrittori (come Dostoevskij, Bulgakov e, in tempi più recenti Coetzee) hanno già preso in considerazione.

SE GESÙ TORNASSE OGGI SULLA TERRA

Da quali segni, da quali atteggiamenti, da quali parole ci sarebbe possibile riconoscerlo?

- Nel sogno che fa Ivan (ne *I fratelli Karamazov* di **Fëdor Dostoevskij**) non solo Gesù, tornando sulla terra, non viene riconosciuto, ma viene imprigionato e processato [vedi DOC 8].

- Che cosa accadrebbe però oggi, se ci trovassimo di fronte a un ragazzino dodicenne, caparbio, che rifiuta ogni convenzione e risposta confezionata dagli adulti?
- Oppure a un giovane uomo molto intelligente, incorruttibile e profondo, sempre in polemica con il moralismo formale?
- Se Gesù ci chiedesse, come ha fatto con i suoi discepoli, «*Chi dite che io sia?*» che cosa risponderemmo? Saremmo capaci di riconoscerlo?

- Provate a riflettere mentre affrontate le pagine successive, ascoltando il suggerimento delle parole che trovate all'inizio di ogni *Lezione*: ci parlano il giornalista francese **André Frossard**, un ateo entusiasticamente convertito dal Vangelo, e lo scrittore **Giovanni Papini**, in una biografia letteraria di Gesù. Prendete anche in considerazione le raccomandazioni contenute in Mt 24,3-13; 23-27 e la necessità di guardare all'essenziale [vedi DOC 4].

Buono studio!

LEZIONE 1 LA PALESTINA AI TEMPI DI GESÙ

André Frossard @ Ai nostri giorni il temerario che volesse fondare una religione cercherebbe innanzitutto il modo più efficace e più rapido per far conoscere la propria dottrina #diffondereunadottrina

?

Gesù parlò solo e non scrisse nulla: a chi affidò le sue parole?
Quale compito consegnò ai suoi discepoli (per aiutarvi andate a p. 208)?

LA PALESTINA SOTTO L'IMPERO ROMANO

Nel periodo in cui visse Gesù la situazione politica in **Palestina**, la regione si trovava sotto il dominio romano (dal 63 a.C.) con l'imperatore **Augusto** (morto nel 14 d.C.) e poi con l'imperatore **Tiberio**.

- I Romani portarono in Palestina, come in tutte le province del loro Impero, un **governo stabile** e un sistema di strade organizzato; costruirono grandi opere pubbliche ed ebbero rispetto per la religione locale, permettendo il culto nel Tempio.
- Controllavano la regione tramite quattro legioni, con a capo un funzionario, chiamato **procuratore o governatore** (che di solito risiedeva a Cesarea), e imponevano forti tasse doganali, che si aggiungevano alle imposte ebraiche (tra queste significativo era il tributo per il Tempio).

NETWORK

Con l'aiuto dell'insegnante di storia, cercate di ricostruire la storia della Giudea, prima prefettura poi provincia romana, una delle più turbolente dell'Impero.

- Ricordate quali furono le azioni di Pompeo a Gerusalemme?
- Ricordate chi furono i protagonisti e qualche episodio delle guerre giudaiche che opposero i ribelli nazionalisti ai Romani? Fate eventualmente una breve ricerca.

UN FORTE MALCONTENTO

Le **imposte romane** riguardavano i beni fondiari e immobiliari, le eredità e il tributo a Cesare.
I Romani spesso davano in appalto la riscossione delle tasse a Ebrei chiamati **pubblicani**.

- Questi firmavano un contratto, secondo cui si impegnavano a versare una quota fissa ai Romani, ma poi estorcevano ai loro compatrioti più denaro di quanto fosse richiesto, arricchendosi alle loro spalle. Per questo motivo i pubblicani erano **malvisti e presi in odio** dalla gente.
- Fu proprio il carico delle tasse a suscitare negli Ebrei **forti risentimenti** che sfociarono in numerose **rivolte antiromane**.

RE E GOVERNATORI

Tra le autorità, **Erode il Grande** fu l'unico a essere **re** di tutta la Palestina, seppur sempre sotto il protettorato romano; il suo regno durò dal 37 a.C. al 4 a.C.
Alla morte di Erode il Grande la Palestina fu suddivisa fra i tre figli. **Erode Antipa**, in particolare, governò la Galilea, ossia la regione in cui si trovava Nazareth, fino al 39 d.C., mentre, dal 26 d.C., fu procuratore (cioè governatore per conto dei Romani) **Ponzio Pilato**: sono gli anni in cui si sviluppa la vicenda terrena di Gesù.

IL SOMMO SACERDOTE E IL SINEDRIO

A Gerusalemme l'istituzione più importante era il **Sinedrio**, che aveva a capo il **sommo sacerdote**.

- Al tempo di Gesù il sommo sacerdote era la personalità più importante dal punto di vista religioso. Doveva avere almeno 20 anni, rispettare rigorosamente le norme della religione ebraica. La sua carica era ereditaria; quando non la esercitava più perché anziano o perché deposto, conservava il suo titolo e il suo prestigio.
- Il Sinedrio era formato da 71 membri scelti tra i sommi sacerdoti destituiti e tra gli anziani appartenenti alle famiglie più abbienti di Gerusalemme.
- Il Sinedrio aveva il compito di amministrare la **vita religiosa**, **giuridica ed economica** degli Ebrei e a tale scopo aveva alle sue dipendenze un proprio corpo di polizia; inoltre, poteva emettere sentenze di morte, che tuttavia dovevano essere sottoposte al consenso dei Romani.

GLI OPPOSITORI DELLA DOMINAZIONE ROMANA

All'interno della società ebraica si svilupparono forti **resistenze** nei confronti della dominazione romana.

VIDEO
Erode il Grande

- Gli **zeloti**, in particolare, avevano come obiettivo la **cacciata degli invasori romani** e la **costruzione del Regno di Dio sulla terra**, attraverso una rivoluzione violenta. Zelanti (questo significa il loro nome) nella difesa della Legge data da Dio a Mosè, incontrarono la simpatia del popolo e diffusero in tutto il Paese la loro organizzazione clandestina, provocando attentati e sommosse. Nel 70 d.C., quando Tito distrusse la città di Gerusalemme, si rifugiarono nella fortezza di Masada e, costretti alla resa, si suicidarono in massa.
- Un altro gruppo era quello degli **erodiani**. Essi erano sostenitori della dinastia monarchica di Erode e in particolare, al tempo di Gesù, di Erode Antipa (identificato con il Messia tanto atteso).

LEZIONE 2 LA SITUAZIONE RELIGIOSA AI TEMPI DI GESÙ

André Frossard @ **Consapevole della vastità del compito che si propone, non trascurerebbe alcun mezzo di propaganda e diffusione** #farsiconoscere

?

Quali sono, oggi, i mezzi di comunicazione disponibili per far conoscere al maggior numero di persone possibili il proprio pensiero?
Si tratta di mezzi tutti egualmente efficaci?

I DIVERSI GRUPPI RELIGIOSI: FARISEI, SADDUCEI...

Al tempo di Gesù la società giudaica era frammentata in gruppi religiosi e sette che, pur accomunati dalla fede in JHWH, davano interpretazioni diverse della tradizione e della Legge.

- I **farisei** erano un gruppo forte e ben organizzato (composto essenzialmente da contadini, artigiani, mercanti) che si era arrogato il compito di **custodire la Legge e di interpretarla**, adattandola alle situazioni nuove. I farisei dunque erano **molto religiosi** e ligi nell'osservanza del **sabato**, delle **norme di purità** (cioè le regole riguardanti l'alimentazione, la vita sessuale, le malattie ecc. che gli ebrei

Ebreo in preghiera *indossa il Tallit, il caratteristico scialle con le frange, simbolo della devozione ebraica e il tefillin, un laccio che termina con una capsula contenente alcuni brani della* Torah.

SOCIAL FORUM

Ai tempi di Gesù l'ostilità tra Giudei e Samaritani era molto viva, tant'è che Gesù stesso raccomandò ai Dodici: «*Non andate fra i pagani e non entrate nelle città dei samaritani*» (Mt 10 e Gv 8,48). Eppure nel racconto evangelico, sono proprio alcuni Samaritani a rappresentare il modello dell'autentico fedele. Particolarmente significativo è quanto raccontato in Gv 4.

- Di quale episodio si tratta?
- Perché Gesù dà prova di non curarsi delle opinioni correnti?
- Con la guida dell'insegnante di religione cercate di risalire al significato del racconto.
- In riferimento all'episodio in questione, vi sembra che Gesù dia una risposta soddisfacente a una domanda esistenziale? Confrontatevi in classe.

dovevano rispettare) e del pagamento delle imposte per il Tempio. Ebbero con Gesù numerose discussioni, ma non gli furono totalmente ostili; più volte Gesù li accusò di essere ipocriti, cioè di rispettare la Legge di Mosè solo formalmente, senza curarsi del vero spirito dei comandamenti di Dio.

- I **sadducei** erano un **gruppo sociale**, **religioso** e **politico** formato da **ricche famiglie patrizie e sacerdotali**. Erano **conservatori** sia nell'ambito religioso sia in quello politico (con i dominatori romani scendevano a compromessi), interpretavano la Legge alla lettera, rifiutando le tradizioni orali e le credenze del popolo. Molti dei membri del Sinedrio appartenevano spesso a questo gruppo.

... SCRIBI E SACERDOTI

- Gli **scribi** erano "**gli uomini del Libro**", gli specialisti e gli **interpreti delle Sacre Scritture**. Si preparavano a entrare nella corporazione attraverso un lungo ciclo di studi sotto la guida di un maestro ed erano incaricati di conservare la tradizione, di spiegare e applicare la Scrittura. Godevano la stima della popolazione e molti di loro appartenevano al Sinedrio.
- I **sacerdoti** e i **leviti** erano **appartenenti alla tribù di Levi**, che dal tempo di Mosè avevano l'incarico di immolare gli animali offerti in sacrificio. Essi dunque erano i soli che potessero **prestare servizio nel Tempio**, godendo in cambio delle offerte e delle decime. I leviti assicuravano anche servizi annessi al culto, come il canto e la musica, e si occupavano della sua manutenzione materiale.

ESSENI, SAMARITANI, PROSELITI: LE ALTRE SETTE

Alcuni gruppi facevano parte della società giudaica, ma al contempo se ne separavano.

- Gli **esseni** avevano abbandonato Gerusalemme e il Tempio, ritenendo che fossero stati contaminati, e si erano rifugiati nel deserto di Giuda. Qui vivevano in comunità, attendendo il Messia e osservando scrupolosamente la Legge.
- I **samaritani** erano gli abitanti della regione della Samaria. Ritenevano luogo di culto non il Tempio di Gerusalemme bensì un tempio che sorgeva sul monte Garizim, situato nella loro regione, e a loro giudizio, luogo prescelto da Dio per i sacrifici. Riconoscevano come libri sacri soltanto la *Torah* e attendevano la venuta di un nuovo Mosè.
- I **proseliti** erano i pagani che, affascinati dall'ebraismo, desideravano entrare a far parte del popolo ebraico. A loro era adibito un settore del Tempio ed era consentito partecipare alle grandi feste ebraiche.

IL RUOLO DEI RABBINI

Fondamentale era l'**insegnamento dei rabbini** (cioè i maestri che nelle sinagoghe leggevano e commentavano la *Torah* per la comunità e istruivano i fedeli circa i comportamenti da tenere in varie circostanze).

- Essi dovevano conoscere a memoria sia la *Torah* (il cui canone, nel I secolo d.C., era già stato fisato) sia l'insegnamento dei Padri (raccolto più tardi nella *Mishnah*) e le diverse interpretazioni (che confluiranno in seguito nel *Talmud*), per poter trovare facilmente e rapidamente nella Bibbia e nella tradizione risposte autorevoli ai problemi che venivano loro posti.
- I rabbini erano attorniati dal gruppo di **discepoli** che frequentavano la loro scuola: per questi discepoli essi dovevano costituire un modello non solo nello studio della *Torah*, ma anche nella condotta di vita.

Sabato

Il sabato era l'ultimo giorno della settimana nel calendario ebraico e giornata dedicata integralmente a Dio. Dal tramonto del venerdì sera veniva sospesa ogni attività di qualunque tipo (in ebraico *shabat* significa infatti "riposo") e ci si dedicava solo alla preghiera.

Scriba ebreo (sofer) *mentre ripara un Rotolo delle Torah; ancora oggi il* Sefer Torah *è scritto interamente a mano da un* sofer.

LEZIONE 3 I LUOGHI E LA SOCIETÀ DI GESÙ

André Frossard @ Il fondatore del cristianesimo procede in modo esattamente opposto. Con il Vangelo trionfa la comunicazione sommersa, lo scambio confidenziale #comunicazionesommersa

?

Che cosa pensate di queste parole? Il messaggio evangelico è un messaggio confidenziale?
In che modo si è diffuso il messaggio di Gesù?
In quale modo può diffondersi oggi?

LA GEOGRAFIA DELLA PALESTINA

VIDEO
Gerusalemme, l'antica città

La Palestina è una regione dalla forma rettangolare, non più lunga di 300 km e non più larga di 90, con una superficie di circa 25 000 km^2 (poco meno della Sicilia o del Piemonte). Percorsa da una depressione, lungo la quale scorre da nord a sud il fiume Giordano che forma il lago di Tiberiade e che sfocia nel Mar Morto, è divisa in due parti diseguali: la **Cisgiordania**, a ovest della depressione, la **Transgiordania** a est. La Palestina vera e propria è identificata comunemente con la Cisgiordania e comprende da nord a sud tre regioni diverse:

- la **Galilea**, regione montagnoso-collinosa con piccole pianure, molto fertile e coltivata. Fu il centro principale dell'attività missionaria di Gesù;
- la **Samaria**, situata in posizione centrale, con montagne degradanti dolcemente, ricca di pascoli, di valli coltivate e con la vasta e fertile pianura di Esdrelon;
- la **Giudea**, regione piuttosto montagnosa che scende a dirupi verso il Mar Morto, mentre degrada lentamente verso il Mediterraneo con alte colline.

Ancora oggi, come ai tempi di Gesù, sono tanti i **poveri** *e gli emarginati.*

VILLAGGI E CITTÀ

Al tempo di Gesù la Palestina era abitata da poco più di mezzo milione di persone, distribuite in **piccoli villaggi** e **città**.

- Il centro più importante era **Gerusalemme**, una delle più antiche città del mondo. Situata in Giudea, custodiva tra le sue mura il Tempio, centro religioso di tutto il Paese. Quando la città fu assalita dai Romani nel 63 a.C., le sue mura furono distrutte. Con la vittoria definitiva di Roma e la proclamazione del re Erode il Grande, "amico e alleato" dei Romani, furono costruiti molti edifici pubblici: il teatro, l'anfiteatro, la reggia con tre torri, e fu ricostruito il Tempio, ultimato solo nel 62 d.C., poco prima di essere nuovamente distrutto.
- Per i Samaritani il centro più importante era invece l'antica città di **Samaria**.
- Tra le altre città importanti all'epoca di Gesù ricordiamo **Gerico**, **Betlemme**, **Emmaus** e **Betania** in Giudea; **Tiberiade**, **Cafarnao**, **Nazareth** e **Cana** in Galilea.

VIDEO
Cafarnao, la città di Gesù

Modellino ricostruttivo del ***secondo Tempio****, ricostruito da Erode a Gerusalemme. Uno dei luoghi più importanti di Gerusalemme era il Tempio, che all'epoca in cui Gesù visse non era ancora ultimato, ma già funzionante; fa da sfondo a diversi episodi del Nuovo Testamento.*

LA SOCIETÀ AI TEMPI DI GESÙ

Nella Palestina del I secolo d.C. la maggior parte delle persone viveva in **condizioni modeste** e del proprio lavoro quotidiano. Le abitazioni erano estremamente povere e gli uomini condividevano lo spazio con gli animali.

- Commercianti, proprietari terrieri, usurai e i pubblicani erano invece **benestanti** e vivevano in abitazioni decisamente più confortevoli.
- Disprezzati ed emarginati in quanto ritenuti **peccatori e impuri** erano invece i **poveri**, i mendicanti, i malati, i portatori di handicap fisici e psichici.
- Gli schiavi erano in fondo alla scala sociale.

PAGINE DIGITALI
Come era fatto il Tempio

VIDEO
- Il Tempio erodiano
- Le abitazioni comuni ai tempi di Gesù
- La "Casa grande" del quartiere erodiano

LA CONDIZIONE DELLA DONNA

Analogamente a quanto succedeva nelle altre regioni dell'Oriente antico, la donna non andava a scuola; non poteva partecipare alla vita pubblica né al culto.
Poteva sposarsi, in genere giovanissima, solo con il **consenso paterno**, rimanendo poi sotto l'**autorità del marito**. Una donna poteva chiedere il divorzio, ma solo il marito poteva concederlo. Viceversa poteva essere ripudiata a discrezione del marito.
In casa la donna doveva macinare il grano, cucinare, preparare il pane, lavare, tessere, prendersi cura dei bambini e doveva **obbedienza assoluta al marito**.

SOCIAL FORUM

Poche parole del Vangelo di Luca (capitolo 2) ci suggeriscono che Gesù abbia vissuto le tappe normali della crescita. Ma tutto quello che avvenne prima dell'inizio della vita pubblica, a Nazareth, possiamo solo supporlo in base a quello che sappiamo di quella società e quei tempi. Sicuramente Giuseppe lo istruì nel suo mestiere (il testo greco dice che era *tékton*, "falegname" o "carpentiere"). Sicuramente Gesù frequentò la scuola, ascoltò la Scrittura, pregò in sinagoga e in famiglia e celebrò le festività religiose.

- Riuscite a immaginare una giornata-tipo di Gesù ragazzo?
- Dove andava? Chi poteva incontrare?
- In base alla vostra esperienza di adolescenti, quali pensate possano essere stati i suoi pensieri?

LEZIONE 4 IL GESÙ STORICO

UN PERSONAGGIO REALMENTE ESISTITO

Il cristianesimo, come religione, è **un fatto storico** e ruota intorno alla figura di Gesù, il Cristo. Se credere che Gesù sia il Figlio di Dio incarnato e risorto è un **atto di fede**, il fatto che egli sia veramente vissuto è invece una certezza storica.

In passato sono stati avanzati dubbi sulla sua reale esistenza e qualcuno ha ipotizzato che Gesù fosse un personaggio mitico o leggendario. Oggi la sua **storicità** è **fuor di dubbio**. Possiamo affermare con certezza l'esistenza di Gesù seguendo il **metodo storico**, che documenta i fatti attraverso le **fonti**, distinguendo tra:

- **fonti dirette** (cioè cristiane, canoniche e non canoniche);
- **fonti indirette** (cioè non cristiane, giudaiche e romane).

Giovanni Papini @ Ha espiato fin all'ultimo ed è morto. Ora comincia la nostra espiazione – e non è ancora finita #necessitàdiespiare

?

Per quale motivo, secondo la fede cristiana, Gesù si è incarnato ed è morto in croce?
Perché noi uomini dobbiamo ancora espiare se è venuto Gesù?

LE FONTI CRISTIANE CANONICHE: I VANGELI

Gesù personalmente non lasciò alcuna testimonianza scritta. L'attestazione della sua esistenza ci viene dai **quattro Vangeli canonici**, il cui scopo, tuttavia, non era biografico, ma quello di **servire all'annuncio della fede nella risurrezione**. Come abbiamo accennato a p. 178, i quattro Vangeli evidenziano **aspetti diversi e complementari** della vita di Gesù, del suo messaggio e del significato salvifico della sua venuta.

- **Marco** presenta Gesù come il **Messia sofferente e nascosto**, che solo al momento della crocifissione si rivela pienamente come Figlio di Dio;
- **Matteo** indica Gesù come il **Maestro**, il nuovo Mosè, il portatore della Parola di Dio ultima e definitiva;
- **Luca** lo presenta come l'**amico dei poveri**, dei peccatori, degli emarginati;
- **Giovanni** evidenzia più di ogni altro che Gesù è il **Messia e** il **Figlio di Dio**, rivelatore del Padre e della sua Parola.

Piero della Francesca, **San Giovanni evangelista**, *XV secolo; Collezione Frick, New York.*

NETWORK

- Ricordate che cosa significa il concetto di "fonte" secondo il metodo storico?
- Che cosa sono le fonti storiche e di quali tipi sono (con ogni probabilità tutto questo è spiegato all'inizio del vostro manuale di storia)? Fatevi aiutare dall'insegnante di storia.
- A quale tipologia appartengono le fonti che attestano l'esistenza di Gesù?

Pur nelle loro differenze, i Vangeli ci restituiscono un **quadro d'insieme coerente**, per cui possiamo considerarli come un **unico racconto**, narrato solo secondo **punti di vista diversi**.

L'infanzia di **Gesù** *assume toni fantastici nei Vangeli apocrifi: in questa miniatura tratta da un salterio del tardo XIII secolo, conservato a Cambridge, il futuro Messia compie miracoli piuttosto bizzarri, cavalcando un raggio di sole.*

LE FONTI CRISTIANE CANONICHE: PAOLO DI TARSO

Un'altra importante fonte cristiana relativa alla figura di Gesù è costituita dagli **scritti di Paolo** (vedi a **p. 180**). L'apostolo concentra la propria attenzione sul Cristo crocifisso, risuscitato dai morti, che libera gli uomini dal potere del peccato e della morte, e dona loro la libertà a cui aspirano come figli di Dio. La sua **riflessione teologica** si basa tuttavia sul fatto reale che Gesù di Nazareth è nato, vissuto, è stato messo a morte ed è risorto, e che ci sono persone che ne danno testimonianza.

I VANGELI APOCRIFI

Anche i Vangeli apocrifi (vedi a **p. 155**), di cui è difficile verificare l'attendibilità, **confermano** indirettamente **l'esistenza storica di Gesù**. Questi testi, pur non essendo testi canonici, sono **fonti di ambiente cristiano** risalenti al I secolo che hanno al centro la vicenda di Gesù. Essi raccontano episodi in particolare della sua infanzia (periodo riguardo al quale i Vangeli canonici sono alquanto avari di notizie) e della sua passione, fornendo notizie non presenti negli scritti neotestamentari.

LE FONTI NON CRISTIANE GIUDAICHE

Esistono altre fonti, contemporanee a Gesù o alla nascita del cristianesimo, che attestano l'esistenza storica di Gesù. Queste testimonianze, derivanti da persone che non credevano in Gesù come Figlio di Dio, sono **imparziali** e ci danno la **certezza della sua reale esistenza**. Esse sono:

- *La guerra giudaica* e *Le antichità giudaiche*, di **Giuseppe Flavio** (37-97 d.C.), che, narrando la storia della Palestina nel periodo della dominazione romana, riportano alcune informazioni in merito a Gesù e ai cristiani;
- il ***Talmud* babilonese**, una raccolta ebraica di insegnamenti, redatta nel V-VI secolo. Essa parla di un certo "mago" di nome Gesù, personaggio vissuto in Palestina e fondatore del cristianesimo.

LE FONTI NON CRISTIANE ROMANE

Anche in alcuni autori latini troviamo riferimenti ai cristiani; tra le fonti romane:

- una lettera che **Plinio il Giovane** (61-113 d.C.), in qualità di governatore della Bitinia, una provincia dell'Impero romano in Asia Minore, inviò all'imperatore Traiano, in cui chiedeva istruzioni su come agire nei confronti dei cristiani (Traiano rispose di non andare a ricercare i cristiani per perseguitarli; punirli però nel caso fossero stati denunciati e si rifiutassero di sacrificare all'Imperatore);
- gli *Annali* dello storico romano **Tacito** (55-120 d.C.). Nel racconto dell'incendio di Roma del 64 d.C., si citano i cristiani e il loro fondatore;
- la biografia dell'imperatore Claudio dello storico romano **Svetonio** (ca. 70-140 d.C.), in cui si riferisce dell'editto di espulsione da Roma di ebrei e cristiani (risalente al 49 d.C.), editto di cui parlano anche gli Atti degli apostoli. [vedi **DOC 5**]

LEZIONE 5 LE CERTEZZE STORICHE: LE NOTIZIE SU GESÙ

Giovanni Papini @ **Abbiamo bisogno di te, di te solo, e di nessun altro. Tu solamente, che ci ami, puoi sentire per tutti noi che soffriamo, la pietà che ciascuno di noi sente per se stesso... Ma noi, gli ultimi, ti aspettiamo #pietàcristiana**

?

Perché gli ultimi, più di tutti gli altri, aspettano Gesù?
In quale modo Gesù può confortare chi soffre?

DALLE FONTI CRISTIANE: L'INFANZIA E LA VITA NASCOSTA

Dall'insieme di fonti cristiane si ricavano molte informazioni su Gesù di Nazareth:

- Gesù era **ebreo** e viveva secondo usanze ebraiche; [vedi DOC 7]
- nacque a **Betlemme**, in Giudea, mentre sua madre, Maria, e il suo sposo Giuseppe erano in viaggio verso Gerusalemme per il censimento voluto da Quirino;
- l'anno di nascita è da collocare con ogni probabilità **tra il 7 e il 4 a.C.**, cioè negli ultimi anni di regno di Erode il Grande;
- otto giorni dopo la sua nascita, secondo le tradizioni ebraiche, venne **circonciso** (vedi a p. 57);
- visse la sua **infanzia a Nazareth**, un villaggio situato in Galilea, con i suoi genitori e a 12 anni discusse autorevolmente con i Dottori del Tempio di Gerusalemme. [vedi DOC 6]

VIDEO
- L'annunciazione del Signore
- La notte di Betlemme

DALLE FONTI CRISTIANE: LA VITA PUBBLICA

A circa **trent'anni** lasciò la sua famiglia e, dopo il battesimo ricevuto da Giovanni il Battista (vedi a p. 206), iniziò la sua attività pubblica come **predicatore itinerante**:

- la sua attività si concentrò in **Galilea**;
- insegnò come un ***rabbi***, raccolse intorno a sé un gruppo di **discepoli** e, inizialmente, trovò molti seguaci tra la sua gente (vedi a p. 208);
- tra i vari discepoli, ne scelse dodici – gli **apostoli** (vedi a p. 208) – che abbandonarono le loro famiglie per seguirlo;
- guarì alcuni malati e compì vari **gesti straordinari** (vedi a p. 214).

Rabbi
In aramaico significa "mio maestro". Il *rabbi* era la guida spirituale della comunità, che interpretava autorevolmente e faceva applicare la Legge.

DALLE FONTI CRISTIANE: L'ARRESTO, IL PROCESSO, LA MORTE

Durante le festività della Pasqua, a Gerusalemme, le autorità giudaiche lo fecero **arrestare** e lo accusarono di fronte al procuratore **Ponzio Pilato** di disturbo dell'ordine pubblico e istigazione alla sommossa contro l'Imperatore romano (vedi a p. 228):

- fu condannato alla morte per **crocifissione**, che ebbe luogo fuori dalle mura di Gerusalemme (vedi a **p. 229**);
- i suoi discepoli, in un primo tempo, fuggirono; poi, incominciarono a diffondere la notizia che **era risorto** (vedi a **p. 230**);
- in attesa del suo ritorno, i suoi discepoli diedero vita, a Gerusalemme, a una **comunità**, affermando che Gesù era il Messia annunciato dalle Scritture (vedi a **p. 62**);
- da Gerusalemme la predicazione dei discepoli si diffuse dapprima in **Asia Minore**, poi in **vari territori dell'Impero romano** (vedi a **p. 65**).

LE INFORMAZIONI DALLE FONTI NON CRISTIANE

Le fonti non cristiane **attestano con certezza**:

- **il nome dei cristiani risale a Cristo**, appellativo attribuito a Gesù dai suoi seguaci;
- Gesù **visse in Palestina**;
- condannato dal procuratore Ponzio Pilato, patì la **morte in croce** all'epoca dell'imperatore Tiberio;
- pochi decenni dopo la sua morte, i **cristiani** erano già **presenti in vari territori dell'Impero** e non solo a Roma; erano distinti dagli ebrei; si radunavano in giorni stabiliti.

Una **scena dal film** Maria di Nazareth *(2012), diretto da G. Campiotti.*

QUANDO È NATO GESÙ

Anche se non si conosce con certezza in quale giorno, mese, anno sia nato Gesù, la sua nascita è comunque per i cristiani il **fatto centrale della storia umana**: per questo motivo **in Occidente si contano gli anni** a partire da questo evento, utilizzando come **riferimento l'anno 0**.

- Fu il monaco **Dionigi il Piccolo**, nel VI secolo d.C., a introdurre tale computo. Egli calcolò che Gesù fosse nato il **25 dicembre 753 dalla fondazione di Roma**, anno da cui fino a quel momento si contavano gli anni abitualmente. Gli studiosi moderni hanno accertato che Dionigi **sbagliò i calcoli** di qualche anno, per cui la data della nascita di Gesù risalirebbe in realtà al **746/749 dalla fondazione di Roma**. Quando ci si accorse dell'errore, era però troppo tardi per correggere il computo dell'era cristiana.
- La scelta del **25 dicembre** è probabilmente da collegarsi alla **cristianizzazione della festa pagana del "dio Sole invitto"**, fissata nel giorno del solstizio d'inverno (il 25 dicembre, appunto): a essa venne contrapposta la nascita di Gesù, il "sole di giustizia" (Ml 3,20), la "luce del mondo" (Gv 8,12).

NETWORK

Nell'Occidente cristiano il calcolo del tempo parte dall'anno di nascita di Gesù, con un errore.

- Come contava gli anni il mondo ebraico nel quale Gesù nacque?
- E quello romano che aveva il controllo politico di quei territori? Approfondite l'argomento coinvolgendo anche l'insegnante di storia.

LEZIONE 6 GESÙ PRIMA DELLA PREDICAZIONE

Giovanni Papini @ Ti aspetteremo ogni giorno [...]. E tutto l'amore che potremo torchiare dai nostri cuori devastati sarà per te, Crocifisso, che fosti tormentato per amor nostro e ora ci tormenti con tutta la potenza del tuo implacabile amore #amorecristiano

?

Secondo voi perché l'amore di Gesù è definito «*implacabile*»?
Vi sembra che le parole di Papini si accordino con quanto dice Matteo (vedi a p. 186)?

CINE-TRAILER
Io sono con te

VISITA VIRTUALE
Le storie della Vergine nella Cappella degli Scrovegni

UN CONCEPIMENTO STRAORDINARIO

Secondo il racconto evangelico, all'origine della straordinarietà della persona di Gesù c'è un fatto inedito: il suo **concepimento**, nel grembo di una vergine, per **opera dello Spirito Santo**. Questo fatto è stato reso possibile dall'**accettazione incondizionata della volontà di Dio** da parte di Maria («*Ecco la serva del Signore: avvenga per me secondo la tua Parola*», Lc 1,38) e da parte del suo promesso sposo Giuseppe (Mt 1,18-25). [vedi DOC 1]

Come **Abramo** i genitori umani di Gesù costituiscono il **modello del credente perfetto**, che non comprende appieno un disegno più grande di lui, ma lo accetta e vi si sottomette con fiducia assoluta.

LA NASCITA DI GESÙ

Fra gli evangelisti, solo **Matteo** e **Luca** (e, in particolare, il primo e il secondo capitolo dei loro scritti, che sono chiamati **Vangeli dell'infanzia**) ci danno notizie relative alla nascita di Gesù. Ma, anche in questo caso, il **racconto** non è fine a se stesso: il fatto è **illuminato dalla luce nella risurrezione**. La nascita di Gesù viene presentata dai due evangelisti come il **compimento della storia della salvezza** già iniziata con il popolo di Israele.

Matteo (1,1-17) e Luca (3,23-38), inoltre, sottolineano l'**origine umana di Gesù** attraverso le **genealogie** (l'elenco delle generazioni), riportando i nomi dei suoi antenati: Matteo evidenzia l'appartenenza di Gesù alla famiglia di Davide, alla tribù di Giuda, al popolo discendente da Abramo; Luca risale ad Adamo per dichiarare l'appartenenza di Gesù a tutta l'umanità. [vedi DOC 2]

SOCIAL FORUM

Gesù dodicenne per la prima volta lasciò, con i suoi genitori, Nazareth per recarsi a Gerusalemme.

↘ Cercate di ricostruire come poteva presentarsi agli occhi di un ragazzino abituato a una vita rurale, la grande città. Provate a immaginarlo facendo riferimento a una vostra esperienza in cui vi siete trovati per la prima volta in un luogo a lungo immaginato.

Nadia Khlifi interpreta il ruolo di Maria nel film **Io sto con te** (2010) di Guido Chiesa.

VISITA VIRTUALE
L'infanzia di Gesù nella Cappella degli Scrovegni

LA BIBBIA NELL'ARTE
L'infanzia di Gesù nei capolavori dell'arte

VIDEO
La presentazione di Gesù al Tempio

LA MADRE DI GESÙ: DAI VANGELI CANONICI E DAGLI APOCRIFI

La madre di Gesù, Maria, non è quasi mai rappresentata autonomamente, ma sempre **in relazione a Gesù**. La prima menzione di Maria si trova nell'episodio dell'annunciazione narrato da Luca (1,26-38), e poi in altri episodi dei Vangeli dell'infanzia; la ritroviamo poi alle nozze di Cana (Gv 2,1-11), durante la crocifissione (Gv 19,25-27), e poi negli Atti degli apostoli nell'episodio della Pentecoste (1,12-14).
Una serie di testi incentrati specificamente su Maria fa parte dei cosiddetti **Vangeli apocrifi**: queste **narrazioni dal carattere aneddotico** tanta parte hanno avuto nel formarsi dell'immaginario, anche iconografico, che riguarda la figura di Maria: ella nasce a Gerusalemme, da Gioacchino e Anna, coppia rimasta a lungo sterile; passa con i genitori i primi tre anni della sua vita ed è poi accolta nel Tempio, dove vive fino ai dodici anni, quando esce per sposare l'anziano Giuseppe. Un'altra serie di testi tratta della **morte** e dell'**assunzione in cielo di Maria**; sono testi che ebbero un certo peso anche per l'**elaborazione della dottrina mariana** da parte dei **Padri della Chiesa**.

LA VITA DI GESÙ PRIMA DEI TRENT'ANNI

A parte i Vangeli dell'infanzia, nessun'altra fonte canonica parla della vita di Gesù prima dei trent'anni, quando, cioè, Gesù iniziò la propria missione. [vedi DOC 8]
Soltanto Luca (2,41-50) [vedi DOC 3] ci fa intravedere un **Gesù dodicenne al Tempio**, tra i dottori della Legge, che tiene loro testa con le sue sapienti argomentazioni. Il fatto va letto alla luce della vita religiosa ebraica: Gesù compie **un gesto profetico** che manifesta la propria natura di Figlio di Dio, la consapevolezza della sua missione, la sua futura separazione dalla famiglia, a dodici anni, l'età cioè in cui un ebreo sta per diventare **adulto nella fede** con la celebrazione del ***bar mitzvah***.
I tre giorni trascorsi da Gesù a Gerusalemme, dedicati a un'appassionante meditazione religiosa nel Tempio, segnano per Gesù un **momento fondamentale**. La sfida tra il mondo ebraico e quello greco-latino in atto, (**due culture profondamente diverse**) fu decisiva perché, secondo alcuni studiosi, da quei tre giorni cominciò a germinare il cristianesimo, alla cui base c'è il superamento della lotta tra Israele e Roma.

Padri della Chiesa
È un titolo che a partire dal IV secolo la Chiesa attribuì ad alcuni pensatori e scrittori di materia religiosa, le cui dottrine erano ritenute conformi alla retta interpretazione dei testi sacri.
La letteratura che essi produssero fu detta "patristica".

Bar mitzvah
Con questo termine (in ebraico "figlio del precetto") si indica il rito con il quale l'adolescente (le femmine a 12 anni e i maschi a 13), si assume le proprie responsabilità e inizia a farsi carico dei propri doveri nei confronti della Legge.

LA PAROLA

DOC 1 dal Nuovo Testamento

Eccomi, sono la serva del Signore

***Fonte:** Lc 1,26-38*

DOC 2 dal Nuovo Testamento

La nascita di Gesù

***Fonte:** Lc 2,7-20*

DOC 3 dal Nuovo Testamento

Tre giorni che cambiano la storia

***Fonte:** Lc 2,41-47*

DOC 4 le parole del Pontefice

Dio ci fa conoscere l'essenziale

***Fonte:** Benedetto XVI,* **Luce del mondo**

Una conversazione tra il papa emerito Benedetto XVI e il giornalista Peter Seewald mette in luce come Dio possa tutto e il fatto che voler spiegare tutto in termini razionali, da parte dell'uomo, è una forma d'arroganza.

Il semplice è il vero, e il vero è semplice. Il nostro problema consiste nel fatto che, per i troppi alberi, non riusciamo più a vedere la foresta intera; che con tutto questo sapere non troviamo più la sapienza. In questo senso anche Saint-Exupéry nel *Piccolo principe* ha ironizzato sull'intelligenza del nostro tempo, mostrando come essa trascuri l'essenziale e che invece il Piccolo principe, che non capisce nulla di tutte quelle cose intelligenti, in fin dei conti vede di più e meglio.
Qual è il punto? Che cosa è l'essenziale, cos'è quello che sorregge tutto? Vedere ciò che è semplice, tutto dipende da questo. Perché Dio non dovrebbe essere in grado di far scaturire la vita in una Vergine? Perché Cristo non potrebbe risorgere? Certo, se sono io stesso a fissare quello che può e quello che non può essere, se sono *io* e nessun altro a definire i limiti del possibile, allora fenomeni simili sono da escludere.
È un'arroganza dell'intelletto, dire: questo ha in sé qualcosa di contraddittorio, di insensato, già per questo è impossibile. Eppure non è cosa nostra decidere quante possibilità cela il cosmo, quante se ne nascondano sopra e dentro il cosmo. Per mezzo dell'annuncio di Cristo e della Chiesa la conoscenza su Dio si avvicina a noi in modo credibile. Dio voleva entrare nel mondo. Dio voleva che non lo intuissimo da lontano, solo attraverso la fisica e la matematica. Si voleva mostrare a noi. E così poté anche operare quello che è riportato nei Vangeli. Così, nella Risurrezione, ha potuto creare una dimensione nuova di esistenza.

Illustrazione per il **Piccolo Principe** *di Antoine de Saint-Exupéry.*

COMPRENDERE E INTERPRETARE

- Conoscete il libro che cita il Papa? Se no, cercate notizie (e, magari, leggetelo!).
- In esso si dice che «*l'essenziale è invisibile agli occhi*». Stando anche alle parole del Papa, che cosa significa, secondo voi?

LETTURE INTERDISCIPLINARI

DOC 5 voci storiche

Un uomo chiamato Gesù
Fonte: *Giuseppe Flavio,* Le antichità giudaiche, ***XVIII, 3,3***

Cristiani a Roma
Fonte: *Publio Cornelio Tacito,* Annali, ***XV, 44***

DOC 6 voci letterarie

La vita a Nazareth
Fonte: *Josè Saramago,* Il Vangelo secondo Gesù

DOC 7 voci letterarie

Un ragazzo ebreo di nome Gesù
Fonte: *Robert Aron,* Gli anni oscuri di Gesù

DOC 8 voci letterarie

Sei tu?
Fonte: *Fëdor Dostoevskij,* I fratelli Karamazov

DOC 9 testimoni di oggi

Dov'è Gesù?
Fonte: *Madre Teresa,* Dove c'è amore, c'è Dio

DOC 10 VOCI TEOLOGICHE

Se Cristo tornasse

Fonte: Gianfranco Ravasi, "Il mattutino", in "Avvenire", 25 settembre 2011

Se Cristo tornasse oggi tra noi, la gente non lo metterebbe più in croce. Lo inviterebbe a cena, lo ascolterebbe e gli riderebbe dietro le spalle. [...] Potrebbe capitare a Gesù, con quei lineamenti un po' "orientali", di essere fermato per un controllo dei documenti. L'elemento che vorrei sottolineare è, però, quello della derisione benevola. No, non è un'esagerazione teatrale o narrativa. Tanti cristiani non prendono sul serio il cristianesimo con le sue verità e le scelte che esige.

Un'infarinatura di preghiere e di qualche opera buona non è una risposta al *Discorso della montagna* e ai suoi appelli, così come una vaga conoscenza dei Vangeli non copre la richiesta che Cristo avanza di adesione alla sua rivelazione di verità, di amore, di libertà. Le sue parole, se ridotte a dialogo di società, si spengono, perché esse in realtà hanno il fuoco dentro e vorrebbero invece accendersi nelle menti e nelle anime. Non si può solo lasciarlo parlare e poi irriderlo perché è "esagerato". Eppure è questo il rischio che stiamo correndo nel grigiore dei nostri giorni.

Madre Teresa *di Calcutta, fondatrice delle Figlie della Carità, congregazione religiosa che si occupa dell'assistenza ai più poveri e umili e opera in tutto il mondo.*

COMPRENDERE E INTERPRETARE

- Che cosa pensate di questa supposizione di monsignor Ravasi?
- Vi sembra di cogliere delle analogie tra queste parole e gli appelli che frequentemente papa Francesco lancia in favore dell'essere autenticamente cristiani?

DOCUMENTI PER APPROFONDIRE

VERIFICA DELLE CONOSCENZE

LA SCELTA GIUSTA

- V F I Vangeli dell'infanzia sono Matteo e Giovanni
- V F A capo del Sinedrio c'era il sommo sacerdote
- V F Gesù visse sotto gli imperatori Augusto e Tito
- V F Nella realtà sociale in cui visse Gesù la ricchezza era distribuita in modo uniforme
- V F La Palestina ai tempi di Gesù era una colonia greca
- V F I Vangeli narrano la vita di Gesù alla luce della fede nella sua risurrezione
- V F Quando nacque Gesù a Roma c'erano i re
- V F I pubblicani erano esattori delle tasse
- V F Alcuni gruppi politici erano ostili a Roma
- V F L'istituzione più importante di Gerusalemme era il Sinedrio
- V F Ponzio Pilato risiedeva a Roma
- V F Gesù nacque a Nazareth
- V F I gruppi religiosi ai tempi di Gesù erano due
- V F Gli scribi erano interpreti della Legge
- V F Erode era re di Roma
- V F I rabbini insegnavano nelle sinagoghe
- V F Gesù fu riconosciuto come un *rabbi*
- V F Gli zeloti erano sostenitori di Roma
- V F Solo sacerdoti e leviti potevano prestare servizio al Tempio
- V F Era consuetudine che un rabbino fosse circondato da discepoli
- V F Le fonti romane su Gesù ci dicono che Egli è risorto
- V F Il giorno festivo per gli ebrei è il sabato
- V F I farisei erano Ebrei strettamente osservanti
- V F Il centro più importante della Palestina era Betlemme
- V F Il Tempio si trovava a Gerusalemme
- V F Le donne ai tempi di Gesù andavano a scuola
- V F Nella società in cui visse Gesù molti erano i poveri e gli emarginati
- V F Ai sadducei appartenevano genti povere e modeste
- V F La Palestina era una regione estremamente ricca
- V F Gesù predicò nel Tempio di Gerusalemme
- V F Il Sinedrio poteva emettere sentenze di condanna a morte
- V F Nessuna fonte ebraica parla di Gesù
- V F Ai tempi di Gesù era diffuso un forte malcontento contro Roma
- V F I Vangeli sono biografie complete
- V F Nessuno dei Vangeli parla dell'infanzia di Gesù
- V F Gesù era a capo del Sinedrio

BLOG IN CLASSE

SE GESÙ TORNASSE OGGI SULLA TERRA

Da quali segni, da quali atteggiamenti, da quali parole ci sarebbe possibile riconoscerlo?

Avete condotto le vostre riflessioni alla luce di:

#diffondereunadottrina **#necessitàdiespiare**
#farsiconoscere **#pietàcristiana**
#comunicazionesommersa **#amorecristiano**

A quali conclusioni siete giunti in proposito?

Se Gesù tornasse, riusciremmo ad accorgercene o viviamo in una società troppo frettolosa e superficiale e siamo troppo occupati a pensare a noi stessi, per cui l'evento passerebbe del tutto inosservato?

Provate a organizzare la **SCALETTA DI UN TELEGIORNALE**. Dovete dare **l'annuncio del ritorno di Gesù**. Come reagisce la gente?

Siate **sintetici**, ma date una **notizia completa**. Ricordate di rispettare la regola giornalistica delle cinque W (*Who, Wath, Where, When, Why*) che, con ogni probabilità, è anche spiegata dal vostro manuale di italiano.

UNA MAPPA PER TUTTI

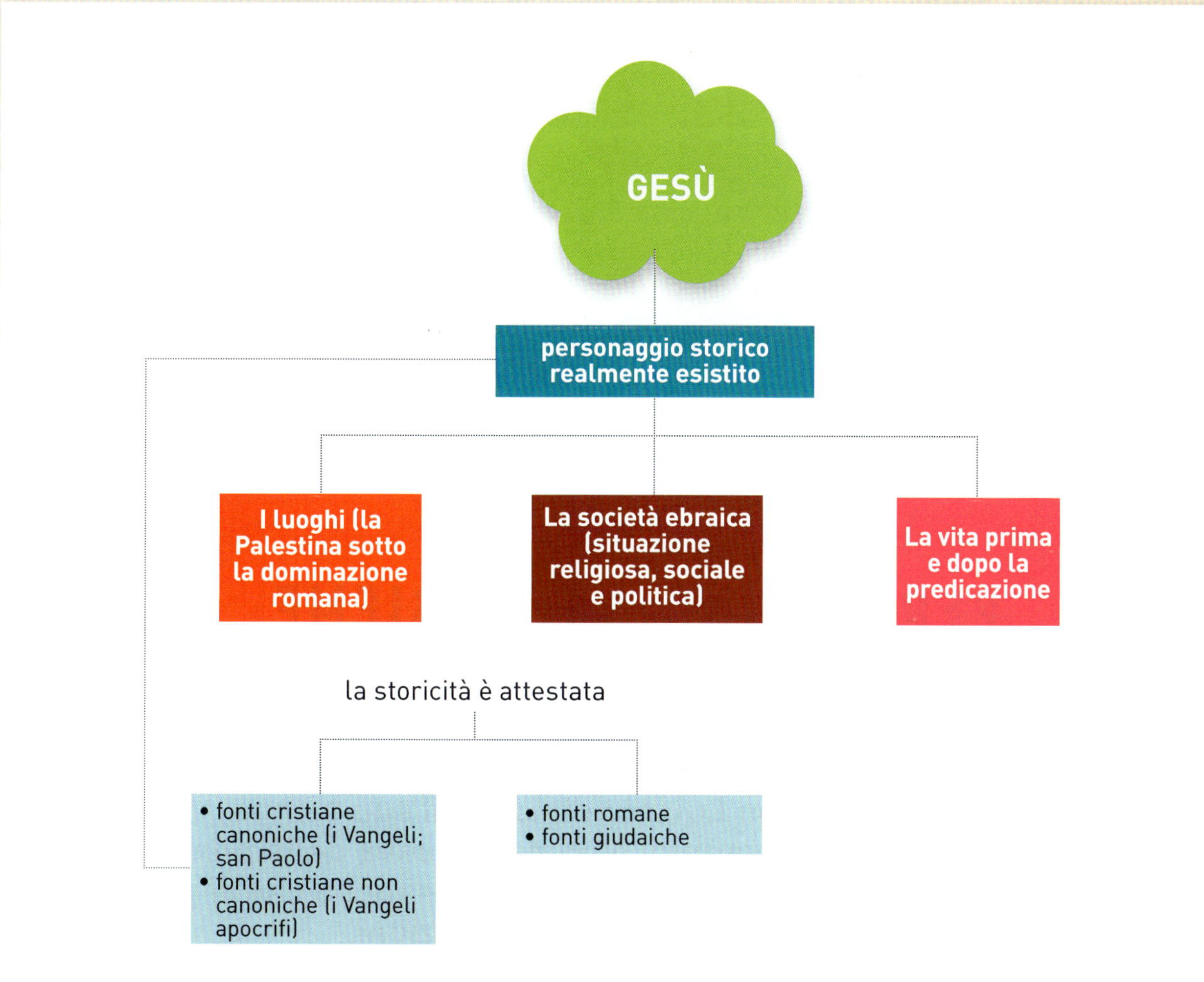

DIDATTICA INCLUSIVA

IL PERCORSO IN BREVE

Abbiamo imparato:

- qual era la situazione storico-politica e religiosa dei luoghi di Gesù;
- come era strutturata la società a quei tempi;
- che Gesù è un personaggio storico, realmente esistito;
- quali sono le fonti che attestano la sua storicità, cristiane e non cristiane;
- dove nacque e dove visse Gesù;
- come si svolse la sua vita prima dell'inizio della predicazione.

PERCORSO 4 GESÙ DIVENTA IL MAESTRO

DIDATTICA COOPERATIVA

PER COMINCIARE INSIEME

L'insegnamento di Gesù maestro, come vedremo in questo *Percorso*, era fondato su un rapporto particolare con i suoi discepoli, di vicinanza reciproca: chi seguiva Gesù, stava con Lui, condivideva il suo tempo, ne seguiva l'esempio. Non ne riceveva delle prescrizioni, ma dei motivi per meditare su tematiche che si prestano sempre aperte a nuove interpretazioni.

Gesù (come altri maestri famosi nella storia, che vedete nelle immagini qui sotto) ci ha lasciato degli insegnamenti che sono passati indenni attraverso i secoli, senza perdere nulla in freschezza e vitalità.

Gesù.

Buddha.

Socrate.

L'insegnante eccezionale John Keating impersonato dall'attore Robin Williams nel film **L'attimo fuggente** *(1989).*

- Certo, quella di Gesù era **una personalità fuori dall'ordinario**, capace **di colpire** chi ascoltava i suoi discorsi. Non perché fosse un oratore eccezionale, ma perché aveva la straordinaria capacità di trovare **le parole giuste** per trasmettere un'**autentica saggezza**.
- Accanto a questo, l'**autorevolezza** del suo insegnamento, un mix di forza e dolcezza che non è mai calato dall'alto, ma è **un'esperienza condivisa** e si traduce nell'essere essi stessi, in prima persona, degli **esempi da seguire**.
- Il suo insegnamento è sempre attuale perché, ancora oggi, si rivolge a chiunque di noi porti in sé le **domande fondamentali** a cui non ha trovato risposta. Riflettete su questo argomento:

UN BUON INSEGNANTE

Qualcuno capace di cambiarci la vita

Ognuno di noi ha bisogno di un buon maestro nella sua vita: qualcuno che lo guidi e gli insegni a comprendere che:

- non è solo importante ciò che si impara, ma come si impara;
- le cose che si imparano servono concretamente per la vita: magari non direttamente, ma ci aiutano a ragionare;
- è importante apprendere non per ricavare semplicemente delle certezze, ma per valutare la realtà con occhio critico.

Dice il biblista **Gianfranco Ravasi** che l'efficacia pedagogica di Gesù si basa sulla sua capacità di provocare un cambiamento nei suoi discepoli, una conversione profonda. Perché Gesù è stato un maestro così efficace? Riflettete anche alla luce del DOC 3 e del DOC 4, in cui **Teresa d'Avila** è polemica verso la devozione insulsa (del resto, il suo parere sui predicatori del suo tempo era molto negativo: non avevano il "fuoco" di Cristo) e ai DOC 6 e 7 in cui parlano **Enzo Bianchi** e **Marco Lodoli**. Fate anche riferimento al *Social Forum* della *Lezione 3*.

LEZIONE 1

L'INIZIO DELLA VITA PUBBLICA

Gianfranco Ravasi @ Gesù ci appare come un maestro polemico, provocatore, sdegnato. Molte sue parole e azioni sono una testimonianza che il vero maestro non teme di denunciare il male #rischiodell'impopolarità

Gesù, con il suo comportamento, si attirò le antipatie di molti e per molti divenne impopolare. Come giudicate questo atteggiamento da parte di chi insegna: coraggioso o imprudente?

Spiega Ravasi che lo sdegno è una virtù, al contrario della collera, che, invece, è un vizio. Sapreste spiegare la differenza tra "collera" e "sdegno"?

LA BIBBIA NELL'ARTE
L'inizio della vita pubblica nei capolavori dell'arte

GIOVANNI IL BATTISTA ANNUNCIA LA VENUTA DEL MESSIA

Ai tempi di Gesù un diffuso **clima di attesa** animava l'ebraismo. Un uomo, in particolare, annunciava alle folle l'imminenza della **venuta del Messia**. Era un individuo singolare, che conduceva un'austera vita di privazioni e penitenza nel deserto di Giuda. Agli uomini diceva che presto, dopo di lui (che alcuni scambiavano per il Messia in persona) sarebbe giunto «*uno più forte*» a cui egli non sarebbe stato «*degno di portargli i sandali*» (Mt 3,11). Era **Giovanni il Battista**, cugino di Gesù di qualche mese più anziano di lui. «*Che cosa siete andati a vedere nel deserto? Una canna sbattuta dal vento? Allora, che cosa siete andati a vedere? Un uomo vestito con abiti di lusso? Ecco, quelli che portano vesti sontuose e vivono nel lusso stanno nei palazzi dei re. Ebbene, che cosa siete andati a vedere? Un profeta? Sì, io vi dico, anzi, più che un profeta*». Così Gesù (in Lc 7,24-26) interpella la folla in merito al **ministero** di Giovanni.

Ministero
La parola deriva dal latino e indica un incarico a cui si deve assolvere. In riferimento a Cristo, possiamo dire che con ministero intendiamo la sua missione.

L'INVITO ALLA CONVERSIONE E IL BATTESIMO DI ACQUA

Giovanni preparava la venuta del Messia predicando la **conversione**, cioè un cambiamento di vita ma anche di mentalità. Segno di questa conversione era il **battesimo "di acqua"** che egli impartiva nel fiume Giordano (il soprannome di Giovanni era infatti "il Battista", cioè "il Battezzatore"), battesimo preparatore di quello che Gesù avrebbe impartito nello Spirito. Anche **Gesù si fece battezzare da Giovanni nel Giordano** e visse in modo solidale con il popolo ebraico il momento penitenziale, in obbedienza al piano di Dio.

GALLERIA FOTOGRAFICA
Il battesimo di Gesù

L'ESPERIENZA NEL DESERTO...

Subito dopo il battesimo, Gesù si recò nel **deserto** di Giuda, spinto dallo Spirito (Lc 4,1-13). Qui visse in povertà e privazione, respingendo tutte le **tentazioni del diavolo** e restando fedele alla volontà del Padre.

Ricordiamo che il deserto, luogo di silenzio, di solitudine, di sobrietà di vita, è, nella Bibbia, il luogo ideale per incontrare Dio.
Il Dio dei Padri si è manifestato nel deserto del Sinai, dove il suo popolo, fuggito dall'Egitto, vagò per quarant'anni prima di rientrare nella Terra Promessa.
Gesù trascorre nel deserto quaranta giorni (quaranta è un numero simbolico, che rappresenta un tempo molto lungo. Ma il richiamo a **Mosè** è evidente) senza flettersi alle lusinghe del Maligno. La **forza dello spirito** prevale sulla debolezza della carne, provata dalle privazioni e dal digiuno

SOCIAL FORUM

Di Giovanni ci parlano le fonti apocrife, le quali raccontano che egli avesse abbandonato i genitori, la protezione assicurata dalla famiglia e le sue certezze, ancora bambino, per condurre una vita di penitenza nel deserto.

- È necessario lasciarsi alle spalle ciò che ci è familiare per andare incontro alla propria vita?
- Quale prezzo ha avventurarsi su vie nuove e conquistare la propria indipendenza? Rispondete confrontandovi tra di voi e facendo riferimento alla vostra esperienza.

... E L'INIZIO DELLA PREDICAZIONE

Successivamente, Gesù incominciò il proprio ministero attraverso una **predicazione itinerante**. Il Gesù dei Vangeli è **un Gesù in cammino** e questo è sottolineato anche dai verbi scelti dagli evangelisti per narrare il periodo del suo ministero in Galilea: egli va, percorre, passa, entra, attraversa, esce, ritorna e così via; attraversa il lago di Tiberiade e raggiunge le regioni abitate dai pagani.
Si muove così tanto che non ha nemmeno il tempo per mangiare (Mc 3,20; 6,31). Se nell'esperienza del deserto Gesù era presentato come un nuovo Mosè, ora, nel momento del viaggio, egli appare un nuovo **Abramo**. [vedi DOC 5]

VISITA VIRTUALE
L'inizio della vita pubblica nella Cappella degli Scrovegni

Il **battesimo** *settimanale dei mandei (o cristiani di San Giovanni, che vivono in Iran e Iraq) è un rituale che serve a purificarsi dalle decisioni sbagliate.*

LEZIONE 2 AL SEGUITO DI GESÙ

Gianfranco Ravasi @ Gesù è un maestro paziente, che si adatta al nostro lento viaggio, cioè al nostro lento apprendimento. [...] Gesù, che è un maestro "progressivo", ci fa passare dall'oscurità alla luce non in maniera sconcertante, ma in modo paziente e lento #importanzadellapazienza

?

Secondo voi, è importante che chi insegna sia paziente con i suoi allievi? Perché?
Fino a quale punto deve spingersi la pazienza di un insegnante?

GESÙ CHIAMA A SÉ I SUOI FEDELISSIMI

LA BIBBIA NELL'ARTE
Pietro e Andrea: la Parola, l'arte, la tradizione

Poco dopo l'inizio della sua missione, Gesù chiamò a sé alcune persone perché lo seguissero da vicino: erano due coppie di fratelli, **Simone** (poi detto Pietro) e **Andrea**, **Giacomo** e **Giovanni**. A loro chiese di compiere una **scelta radicale**: essi, che erano pescatori, abbandonarono la loro barca e la loro famiglia e lo seguirono ovunque egli andasse. Con il passare del tempo il numero dei suoi **fedelissimi** andò aumentando: si aggiunsero **Filippo** e **Bartolomeo**, **Tommaso** e **Matteo**, il pubblicano, **Giacomo** e **Taddeo**, **Simone** (che era del partito degli zeloti) e **Giuda Iscariota** (quello che poi lo avrebbe tradito). [vedi DOC 3]

LA SCELTA RADICALE DI SEGUIRE GESÙ

Gesù chiese a questi uomini di **abbandonare tutto** per affiancarlo nella sua predicazione itinerante: si trattava di andare incontro a una **vita nuova**, vivendo della carità e dell'ospitalità altrui. Ed essi, fidandosi della sua parola, lo seguirono. A un certo punto i discepoli di Gesù vennero inviati in missione alle *«pecore perdute della casa d'Israele»*. Il Maestro infatti chiese loro di andare a predicare in suo nome e a compiere gli stessi gesti miracolosi che Egli compiva: guarire i malati, risuscitare i morti, sanare i lebbrosi, scacciare i demoni (Mt 10,1-10). Da quel momento loro diventarono i suoi **apostoli**.

Apostoli
Coloro che sono inviati (in greco *apostéllo*) ad annunciare la buona novella di Gesù. Il Maestro ne radunò dodici, numero simbolico che richiama quello delle tribù d'Israele (Mt 19,28).

CHI ERANO GLI APOSTOLI?

Dal racconto dei Vangeli apprendiamo che ben quattro apostoli, come abbiamo detto, erano **pescatori**: Simone e Andrea, Giacomo e Giovanni. Gesù infatti, passando lungo il mare di Galilea, chiamò i primi due mentre erano intenti a gettare le reti in mare; i secondi mentre con Zebedeo, loro padre, le riassettavano (Mt 4,18-21).
Due apostoli pare fossero **falegnami**. Un altro discepolo era un **esattore delle tasse**: Matteo (detto Levi) era seduto al banco delle imposte quando Gesù, passando, lo chiamò ed egli subito lo seguì.

CHI SEGUIVA GESÙ

Il racconto evangelico ci informa che Gesù era seguito da una **folla di persone**.

- Vicino a loro c'era il gruppo dei **discepoli**: persone che erano conquistate dal suo messaggio e che lo seguivano nella sua predicazione itinerante.
- C'erano poi i **simpatizzanti**: persone che erano attratte dal messaggio di Gesù ma che non avevano compiuto una scelta radicale per Lui. Essi infatti rimanevano nelle proprie case, continuando il loro lavoro: come per esempio, Giuseppe ad Arimatea, Zaccheo a Gerico e Lazzaro a Betania.
- C'era infine la **folla**, spesso molto numerosa, di coloro che accorrevano ad ascoltarlo o a chiedere un miracolo: questi, dopo averlo incontrato, se ne tornavano poi alle loro case, senza che tale incontro producesse, almeno apparentemente, effetti significativi. Verso questa folla spesso Gesù prova grande compassione, perché, come spiega l'evangelista Marco (6,34) «*erano come pecore senza pastore*».

SOCIAL FORUM

La Maddalena simboleggia le possibilità di ravvedersi e redimersi.

↘ Facendo riferimento alla vostra esperienza, ritenete che sia possibile ripensare le proprie scelte e intraprendere nuove direzioni?

VIDEO
Magdala, crocevia di storia, archeologia e religione

PAGINE DIGITALI
Una donna e discepola: Maria di Magdala

ANCHE LE DONNE FRA I SEGUACI DI GESÙ

Sappiamo da Luca (8,1-3) che Gesù accettava al suo seguito anche le donne, contrariamente alle usanze del tempo, che nella società ebraica erano marginalizzate. Di alcune di queste conosciamo anche i nomi: **Maria di Magdala**; **Giovanna** e **Susanna**. Esse, precisa l'evangelista, «*erano state guarite da spiriti cattivi e da infermità*» dal Maestro: forse anche per questo «*lo servivano con i loro beni*».
L'importanza del ruolo femminile è confermata da diversi elementi: sono proprio le donne ad accompagnare Gesù sulla **croce**; sono loro che, da lontano, ne seguono la **sepoltura** (Lc 23,55-56); e sono ancora loro che si recano alla tomba per ungere il corpo di Gesù, trovando la sua tomba vuota (Lc 24,1-11). Sono le donne che ricevono il **primo annuncio della risurrezione**.
Ma la testimonianza di una donna, nella società del tempo, non aveva alcun valore: dunque, anche se hanno visto la tomba vuota, hanno ascoltato l'annuncio dei due angeli, hanno ricordato le parole del Maestro, le donne non vengono credute dagli apostoli, che giudicarono le loro parole «*un vaneggiamento*».

La predicazione di Gesù, *scena del film* Il Messia *(1976) di Roberto Rossellini.*

LEZIONE 3 LA PREDICAZIONE DI GESÙ

Gianfranco Ravasi @ Gesù è un maestro sapiente, che usa la parabola, il simbolo, la narrazione, il paradosso, l'immagine folgorante. Rispetto alle nostre squallide, grigie, modeste predicazioni, Gesù parlava passando dai piedi, dalle mani, dalla polvere della terra #efficaciacomunicativa

?

Leggete le parabole di Gesù e portate qualche esempio di «*immagine folgorante*».
Secondo voi che cosa significa «*parlava passando dai piedi, dalle mani, dalla polvere della terra*»?

GESÙ, UN PREDICATORE E UN MAESTRO

LA BIBBIA NELL'ARTE
La predicazione nei capolavori dell'arte

Nella quotidianità dei tre anni di vita pubblica Gesù si spostava di villaggio in villaggio presentandosi come un **maestro** e predicando ai suoi seguaci e alla gente. Essa rimaneva colpita dal fatto che Gesù fosse **diverso** dagli altri maestri del tempo:

- era **Lui a chiamare** a sé i propri discepoli (di solito avveniva il contrario: i discepoli sceglievano un maestro e si recavano da lui, pregandolo di accoglierli nella sua schiera);
- annunciava la venuta del Regno di Dio con parole comprensibili da tutti, facendo spesso riferimento all'ambiente rurale in cui i suoi uditori vivevano;
- rendeva più convincenti le sue parole con l'**esempio del proprio comportamento**, con le sue opere;
- la sua parola era piena di **autorità**;

Un gruppo di bambini ebrei, con l'aiuto dell'insegnante, consulta la **Torah**. *L'insegnamento della* Torah *ai bambini oggi è anche praticato dalle donne, che possono essere ordinate rabbino.*

- Egli poneva al **centro della sua predicazione** la **venuta** del **Regno dei cieli**, nel quale ci sarebbe stata la gioia della giustizia e della pace tra i popoli.

GESÙ INSEGNA ATTRAVERSO PARABOLE

Gesù trasmise gran parte del suo insegnamento attraverso **parabole**.
La parabola era un tipo di **racconto a carattere religioso** molto usato dai rabbini e dai maestri della Legge: piccole storie, **facili da memorizzare**, fondate su un **paragone** e destinate a comunicare un **insegnamento**. Gesù ne fece un uso particolare, servendosi di un **linguaggio semplice**, che raccontava storie tratte dalla **vita quotidiana** in grado di simboleggiare, con grande forza comunicativa, verità di difficile comprensione.
Lo scopo di Gesù non era solo quello di far capire: era soprattutto quello di **far meditare**. Attraverso le parabole, Egli:

- rivelava il misterioso agire di Dio;
- apriva alla visione della fede;
- stimolava l'uomo nel profondo, sollecitando la sua conversione.

E tutto ciò rispettando la libertà degli ascoltatori, non pretendendo di imporre scelte, ma limitandosi a suggerirle.

SOCIAL FORUM

Lo storico greco Plutarco scriveva: «*L'opera di un buon maestro non consiste nel riempire un sacco, ma nell'accendere una fiamma*».

- Che cosa significa, a vostro giudizio, "riempire un sacco"?
- Concordate con il fatto che un buon insegnante debba "accendere una fiamma", cioè aprire squarci di vita e di verità, offrendo insieme al sapere anche se stesso come esempio concreto? Discutetene in classe argomentando le vostre risposte.

Parabole
Il termine parabola deriva dal greco *parabolé*, "accostamento", ed è la traduzione dall'ebraico *mashal* con significati diversi: "similitudine", "proverbio", "indovinello".

IL MAESTRO NELLA TRADIZIONE EBRAICA

L'insegnamento attraverso le parabole adottato da Gesù è indizio di un modo particolare di concepire la sua funzione di maestro. Nella tradizione religiosa ebraica dalla quale Gesù prese le mosse l'insegnamento era fondato su un rapporto particolare tra il discepolo e il maestro: si trattava non tanto di un'istruzione su certi contenuti, non di imparare astrattamente delle "formule", ma soprattutto di un'esperienza da condividere, di un **coinvolgimento reciproco**, di "stare con" il maestro e seguirne l'esempio.
La conoscenza che si acquisisce in un contesto simile è una **scoperta progressiva** che va dall'accoglienza del messaggio, al ripensamento, all'approfondimento. Questo tipo di insegnamento presuppone quindi non tanto un progresso di conoscenze razionali, quanto piuttosto un'**esperienza emozionale ed esistenziale**, un **appropriarsi del messaggio** e **tradurlo nella propria vita**.

AUDIO
Pregare il Padre in tutte le lingue del mondo

LE PARABOLE, PER RIFLETTERE SULLE DOMANDE DELLA VITA

L'insegnamento attraverso le parabole si inserisce in questo tipo di tradizione: Gesù non dà un contenuto prescrittivo, ma offre il modo di **riflettere** su tematiche che restano aperte a nuove interpretazioni e a nuovi approfondimenti. Per questo le parabole sono **inesauribili e sempre attuali**. Potremmo definirle come **racconti incentrati sul problema esistenziale**, il significato della vita umana, che si rivolgono a chiunque porti in sé le domande fondamentali a cui non ha trovato risposta. Chiaramente perché una parabola sia efficace occorre che chi l'ascolta sia disposto a riceverla, a meditarla, a farla propria, a tradurla nella propria vita.

LEZIONE 4 GLI INSEGNAMENTI DEL MAESTRO

Gianfranco Ravasi @ Gesù insegna la radicalità: «*Siate perfetti...*», non come un santo, ma «*come è perfetto il Padre vostro che è nei cieli*» (Mt 5,48). Ed è questo il messaggio cristiano: un infinito viaggio nell'infinito mistero di Dio #essereradicali

?

\# Vi sembra importante che l'insegnamento proponga obiettivi alti?
\# In quale modo si possono aiutare coloro che hanno difficoltà a raggiungerli?

GALLERIA FOTOGRAFICA
Le parabole nell'arte

IL TEMA CENTRALE DELLA PREDICAZIONE DI GESÙ

Il tema fondamentale della predicazione di Gesù è l'**annuncio del Regno di Dio**. Esso si colloca nell'ambito delle attese del suo tempo (vedi a **p. 58**), ma contemporaneamente si stacca da esse, proclamando l'**intervento di Dio nel presente**: **il Regno**, infatti, è legato alla persona di Gesù e si fa presente in Lui, dunque è qui e ora. L'attesa dell'Antico Testamento, dunque, è finita: **il Messia è venuto** per liberare gli uomini dal peccato e per stabilire il suo **Regno d'amore, di giustizia e di pace**.

Jean-François Millet, **Il seminatore**, *1850; Boston (Massachusetts, Usa), Museum of Fine Arts.*

LE PARABOLE ILLUSTRANO LA REALIZZAZIONE DEL REGNO DI DIO

L'annuncio del Regno di Dio può avvenire da diversi punti di vista:

- alcune parabole vogliono far capire gli **esiti della presenza del Regno nella storia**: come quella del seminatore (Mt 13,3-9);
- altre riguardano lo **stato nuovo dell'uomo invitato al Regno** e in connessione con queste il **rapporto amorevole tra Dio e l'uomo**: come quella del padre misericordioso (Lc 15,11-32);
- altre presentano il **valore inestimabile del Regno** per accedere al quale è necessario essere saggi e accorti: così, per esempio, quella delle vergini stolte e prudenti (Mt 25,1-13);
- altre ammoniscono contro l'**insipienza**: come quella del ricco cattivo e del povero Lazzaro (Lc 16,19-31);
- altre raffigurano i **comportamenti di chi**, discepolo di Gesù, **vuole vivere nel suo Regno**: come quella del buon Samaritano (Lc 10,30-37).

ALCUNI TEMI AFFRONTATI NELLE PARABOLE

La giustizia divina

Nella **parabola del figliol prodigo** (Lc 15,11-32) il concetto umano di giustizia sembra capovolgersi. Il più giovane dei due figli di un uomo va via di casa dopo essersi fatto dare dal padre tutte le sue sostanze, che inesorabilmente dissipa. Fa allora ritorno a casa e, invece di essere rimproverato, come si sarebbe aspettato il figlio maggiore rimasto a casa e fedele al padre, viene accolto con grande festa. Spiega il padre al figlio: «*bisognava far festa e rallegrarsi, perché questo tuo fratello era morto ed è tornato in vita, era perduto ed è stato ritrovato*».

Anche la **parabola degli operai nella vigna** (Mt 20,1-16; 22-14) ci dà un'idea della giustizia divina. Gli operai arrivati per ultimi a lavorare nella vigna ricevono dal padrone la stessa paga rispetto a coloro che lavorano dall'alba, perché Dio, essendo buono, dispone dei suoi beni secondo la sua volontà.

Vincent van Gogh, **Il buon samaritano**, *1890; Otterlo, Kröller-Müller Museum.*

■ Il destino dei ricchi

Nella predicazione di Gesù «*i primi saranno gli ultimi*» come dimostra la **parabola dell'uomo ricco e del povero Lazzaro** (Lc 16,19-31).

Una volta morto, il ricco e avaro, in vita privo di ogni pietà verso il mendicante Lazzaro, finisce all'Inferno tra atroci tormenti, mentre Lazzaro va in Paradiso. Gesù, per bocca di Abramo, ricorda che Lazzaro è riscattato dalle sofferenze patite in terra con la felicità eterna, mentre il ricco è definitivamente perduto.

■ Accogliere o rifiutare Dio

La **parabola del seminatore** (Mc 4,1-20) pone l'accento sull'opera divina che, pur incontrando resistenze (simbolicamente rappresentate dai vari tipi di terreno) riesce ad avere il suo frutto terminale: il seme della terra buona dà un risultato ottimo, rendendo «*ora il trenta, ora il sessanta e ora il cento per uno*». **Gesù è il seminatore**, **il seme è il Regno di Dio annunciato da Gesù**, che non dà frutto nello stesso modo ovunque in abbondanza. Il Regno di Dio si manifesta e si realizza nonostante le difficoltà incontrate dal seminatore e dalla disposizione dell'uomo dipende il rifiuto oppure l'accoglienza del Regno. [vedi **DOC 1**]

■ Il nostro prossimo

La **parabola del buon Samaritano** (cioè un uomo sostanzialmente ostile: vedi a **p. 191**), che soccorre un altro uomo caduto nelle mani dei briganti (raccontata in Lc 10,25-37), spiega chi è per Gesù il nostro prossimo: chi veramente si prende cura di noi e per noi prova compassione.

■ L'importanza di essere essere vigili

L'uomo, insegna Gesù, non sa quando Dio ci chiamerà. Per questo occorre essere pronti e non dimenticare il proprio destino. Questo è quanto capita alle **vergini stolte** (Mt 25,1-13) che, a differenza di quelle sagge, non prendono con sé l'olio per le lampade e dunque, a causa del buio, non riescono a entrare nella casa dello sposo. L'insegnamento è dunque: «*Vegliate, perché non sapete né il giorno, né l'ora*».

SOCIAL FORUM

Ricercate e leggete la parabola del buon Samaritano (Lc 10,25-37), che richiama all'apertura verso il prossimo, anche straniero.

- Ritenete che le parole di Gesù possano essere ancora attuali e riportabili alla vostra esperienza?
- Chi è per voi il prossimo?
- Quali sentimenti e doveri sentite di avere nei suoi confronti?

LEZIONE 5 I MIRACOLI

Gianfranco Ravasi @ Non esiste mai la tappa di arrivo, noi andiamo sempre oltre fino a entrare in Dio. L'insegnamento del vero Maestro, del vero Mosè cristiano si lega a una "scontentezza" continua, a un superamento sistematico; bisogna sempre andare oltre #capacitàdisuperarsi

- # Secondo voi la "scontentezza" a cui allude Ravasi è un bene o un male?
- # Riuscite a pensare allo studio come qualcosa che ci fa "andare oltre" e non è semplicemente finalizzato a un voto o a una *performance*?

IL REGNO DI DIO È PRESENTE E VISIBILE

Gesù annunciò il Regno di Dio e insieme lo rese **presente** e **visibile** tra gli uomini attraverso le azioni più semplici e normali, così come attraverso quelle più straordinarie e inaudite, come le **azioni taumaturgiche**: toccava con le mani i malati ed essi guarivano; avvicinava i lebbrosi e li sanava. Inoltre, Gesù sedeva a tavola fraternamente con i peccatori e con la forza del suo amore riusciva a convertire il loro cuore.

Azioni taumaturgiche
Gesti compiuti dal taumaturgo, parola che deriva dal greco e indica chi fa azioni prodigiose.

I MIRACOLI: SEGNI RIVELATORI DELLA SALVEZZA

I Vangeli dicono che Gesù compì azioni straordinarie, "opere potenti": **i miracoli.**

- Dagli evangelisti essi sono presentati come **segni della venuta del Regno** e dunque come **segni di salvezza.**
- Essi, tuttavia, hanno anche un particolare **valore di rivelazione**: i miracoli, infatti, non solo testimoniano che, attraverso Gesù, Dio porta una salvezza concreta che investe i bisogni dell'uomo e vince il male, ma rivelano anche l'identità di chi li compie, dando credito alla sua missione.

La piena rivelazione dell'identità di Gesù come Figlio di Dio, tuttavia, dovrà avvenire solo con la croce e la risurrezione: per questo più volte Egli stesso, dopo aver compiuto un esorcismo o un miracolo, **imporrà il silenzio** ai demoni (Mc 3,11-12) o alle persone guarite (Mc 1,44; 5,43; 7,36). Durante la missione di Gesù, infatti, il miracolo deve limitarsi a essere **segno** (il termine è particolarmente adoperato nel Vangelo di Giovanni), **indicare ma non rivelare completamente.**

LA BIBBIA NELL'ARTE
I miracoli nei capolavori dell'arte

I MIRACOLI INVITANO ALLA CONVERSIONE ED ESIGONO LA FEDE

I miracoli sono come spiragli attraverso i quali, nella **fede** e nella **speranza**, si può intravedere la vita futura. Sono anche **appelli alla conversione.** Proprio perché legati al Regno di Dio che Gesù annuncia e alla sua persona che lo rende presente i miracoli **presuppongono la fede nell'iniziativa di salvezza di Dio che opera in Gesù.** Nei miracoli la fede è presupposto indispensabile, tant'è che dove non vi era fede,

Gesù non compì miracoli (Marco 6,1-6). Anche gli apostoli a volte hanno bisogno di conferme. Per esempio, nell'episodio in cui Gesù cammina sulle acque (Mc 6,45-52), Pietro per un po' resta sul pelo delle onde e poi, per la paura, comincia ad affondare. Gesù lo sostiene rimproverandolo di aver avuto poca fede e di aver dubitato.

LE DIVERSE TIPOLOGIE DI MIRACOLO

Nei racconti evangelici sono presenti diversi tipi di miracolo.

■ I miracoli di guarigione

Ai tempi di Gesù la malattia fisica era considerata un segno di maledizione divina. Con i suoi numerosi miracoli di guarigione, Gesù vuole dimostrare la **paternità misericordiosa di Dio** che salva, non solo nello spirito, ma anche nel corpo. La **guarigione** può avvenire attraverso:

- il contatto: così nell'episodio della guarigione della suocera di Pietro (Mc 1,29-31);
- il tocco: così nell'episodio della guarigione dell'emorroissa (Mc 5,25-34); [vedi DOC 2]
- l'imposizione delle mani: così nell'episodio della guarigione del sordomuto (Mc 7,31-37);
- altri rimedi: come la saliva nell'episodio della guarigione del cieco di Betsaida (Mc 8,22-26).

El Greco, **Cristo guarisce il cieco**, *1570 circa; Dresda, Galleria d'Arte.*

■ I miracoli di liberazione

Gli apostoli hanno spesso paura, esitano, dubitano, ma Gesù placa le loro paure sollecitandoli ad «*alzare le vele*». Nell'episodio raccontato da Matteo (8,23-27), Gesù è tranquillo e dorme, mentre gli apostoli sono in preda a estremo turbamento. Il terrore degli apostoli e la calma di Gesù sono il simbolo delle estremità della vita terrena: le paure che ci assalgono nei momenti di difficoltà, la calma donata dalla fede; un altro esempio di miracolo di liberazione è l'episodio in cui Gesù salva i discepoli dai pericoli del mare in seguito a una loro supplica (Mc 4,35-41).

VISITA VIRTUALE
I miracoli nella Cappella degli Scrovegni

■ I miracoli di donazione

Si tratta di episodi in cui Gesù pone rimedio a una situazione di necessità: così nei miracoli delle moltiplicazioni dei pani (Mc 6,33-44; 8,1-10), della mutazione dell'acqua in vino (Gv 2,1-10); della pesca miracolosa (Lc 5,4-7). In quest'ultimo episodio Gesù dice a Simon Pietro di prendere il largo e gettare le reti per la pesca, nonostante i pescatori siano scoraggiati per non aver pescato nulla tutta la notte. Grazie all'intervento di Gesù, la pesca diventa, tuttavia, abbondantissima e questo fatto determina la conversione del cuore di Pietro, Giacomo e Giovanni. Si tratta di un miracolo dal forte valore simbolico poiché avviene sulle sponde del lago di Tiberiade dove Gesù aveva preannunciato la missione degli apostoli: «*Io vi farò pescatori di uomini*» (Mc 1,16-20).

GALLERIA FOTOGRAFICA
I miracoli nell'arte

■ I miracoli di esorcismo

Le possessioni demoniache (per esempio Mt 8,28-34, oppure Lc 9,37-43), molto probabilmente, erano casi di epilessia. Anche in questo caso Gesù sconfigge il male donando la salvezza a un corpo sconvolto e salvando l'anima dell'indemoniato.

SOCIAL FORUM

Ricercate e leggete il racconto di Luca 7,1-10 che narra la guarigione del servo del centurione.

- Qual è il messaggio di questo miracolo?
- Qual è la relazione tra la fede e l'avvenimento?
- In base alla vostra esperienza, potreste affermare che avere fede o sperare condizionino lo svolgersi dell'esistenza? Discutetene in classe.

LEZIONE 6 GESÙ DI FRONTE ALLA LEGGE

Gianfranco Ravasi @ Gesù è maestro supremo, è il Maestro Divino. Una parola efficace, imperativa, estrema. Una parola decisiva nei confronti del male; una parola che sfida i tempi; una parola eterna #efficaciadellaparola

La parola di Gesù «*sfida i tempi*». Che cosa può significare, secondo voi?
Il fatto che sia una parola "eterna" aggiunge qualcosa alla definizione precedente?

GESÙ ERA UN EBREO

Le consuetudini quotidiane, le abitudini, i comportamenti che Gesù ebbe nel periodo della sua vita pubblica, così come emerge dai racconti evangelici, testimoniano che Egli era **pienamente inserito nell'ambiente ebraico**. Gesù, come ogni ebreo, andava il sabato in sinagoga per celebrare JHWH e per leggere alcuni passi della *Torah*. Qui, un giorno, precisò la propria posizione di continuità rispetto all'ebraismo: «*Non pensate che io sia venuto ad abolire la Legge o i Profeti; non son venuto per abolire, ma per dare compimento*» (Mt 5,17). Gesù, insomma, concepiva la propria missione come rivelare appieno il volto del Padre e manifestare agli uomini l'amore di Dio.

SOCIAL FORUM

Gesù chiede a chi lo segue una rivoluzione interiore: si pone cioè come vero e proprio maestro di vita.

- Concordate sul fatto che potremmo parafrasare il suo insegnamento con esortazioni come: "Vai verso te stesso"; "Cerca la verità"; "Sii te stesso"; "Diventa libero"; "Sii giusto"; "Impara ad amare"?
- Motivate la vostra adesione o dissenso su questa sintesi, facendo riferimenti concreti al racconto dei Vangeli e suggerite eventualmente integrazioni che aiutino a comprendere meglio quanto Gesù ha insegnato.
- In che modo il suo insegnamento può incidere sull'esperienza esistenziale di ciascuno di noi?

GESÙ RISPETTAVA LE USANZE EBRAICHE

«*I comportamenti quotidiani di Gesù i suoi costumi, i suoi riti sono gli stessi che gli ebrei avrebbero gelosamente conservato e rinnovato giorno dopo giorno nei secoli dell'esilio*» così spiega Riccardo Calimani in un suo studio sul mondo ebraico che, a fianco di molti altri, mette in luce **la continuità tra Gesù e il suo ambiente**. Calimani precisa: «*Ebreo non solo per fede, ma anche per religione e nascita, Gesù era nato sotto la Legge, e conformemente alla Legge fu circonciso, come tutti i bambini ebrei, otto giorni dopo la nascita*».
Altro segno dell'**appartenenza ebraica di Gesù** è la presenza nella sinagoga, ma i Vangeli ne indicano numerosi altri.

UN EBREO CHE RINNOVA LA LEGGE

Che cosa intende dunque dire l'evangelista Marco quando descrive la chiamata dei discepoli da parte di Gesù, figura straordinaria che «*espone una dot-*

Gesù legge il rotolo della Legge nella sinagoga di Nazareth, *1476, miniatura dal codice De Prediis; Torino, Biblioteca reale.*

trina nuova insegnata con autorità»? Allude a una dottrina che squalifica tutta la dottrina precedente? Niente affatto: Marco vuol dire che **Gesù rinnova la dottrina antica**, insegnandola con un'autorità che gli scribi non avevano. Potremmo affermare: esigenze nuove di una dottrina antica. Gesù non aveva bisogno di portare una Legge nuova: la Legge c'era già ed era più che valida.
Egli portò piuttosto un **esempio da imitare**. La polemica tra Gesù e i farisei non è tanto un contrasto tra antico e nuovo, quanto tra una fedeltà formale, culturale e superficiale alla Parola da un lato e una **fede e l'adesione profonda** a essa: una fede che non si traduce in norme e precetti, ma in un **atteggiamento concreto di vita**. L'insegnamento di Cristo non è quindi diverso nei contenuti rispetto a quello della *Torah*, ma è **diversa la qualità della chiamata**.

VERSO UN RAPPORTO CON DIO PIÙ SPIRITUALE E PROFONDO

Nonostante l'esplicita dichiarazione di fedeltà all'ebraismo, molti rimasero scandalizzati da alcuni atteggiamenti e comportamenti di Gesù:

- la sua **visione del Messia**, non certo il liberatore politico atteso dai più (vedi a **p. 58**);
- le sue **frequentazioni** (Samaritani, pubblicani, donne di dubbia moralità, gente che viveva ai margini della società);
- un'osservanza del sabato tutt'altro che rigida; una certa libertà e un certo **anticonformismo** che caratterizzavano le sue parole in materia di divorzio o di osservanza delle norme di purità o della pratica del digiuno;
- la **critica** nei confronti di chi osservava solo formalmente la Legge ma aveva «*il cuore lontano*» da Dio. Per di più Gesù rimetteva i peccati, suscitando il **sospetto di bestemmia** tra gli scribi: «*Chi può rimettere i peccati, se non Dio solo?*» (Mc 2,7).

Gesù in realtà non era un sovversivo o un trasgressore della Legge: Egli voleva semplicemente **superarne un'interpretazione troppo rigida e un'applicazione solo esteriore**. Non voleva imporre una nuova legge, ma suggerire una **nuova interpretazione della Legge di Mosè** che rendesse il rapporto con Dio meno formale e più spirituale, insomma, più autentico e profondo.

PAGINE DIGITALI
Un esempio di come Gesù rinnova la Legge

LA PAROLA

DOC 1 dal Nuovo Testamento

La parabola del seminatore

***Fonte:** Mc 4,2-10; 13-20*

DOC 2 dal Nuovo Testamento

La fede salva, non i miracoli

***Fonte:** Mc 5,25-34*

DOC 3 le parole dei maestri della fede

La pedagogia di Gesù nell'educare alla fede

***Fonte:** Clemente Alessandrino,* **Il pedagogo** *I,98,1.3*

DOC 5 il pensiero storico

Una vita in cammino

***Fonte:** Adriana Destro - Mauro Pesce,* **L'uomo Gesù**

DOC 4 le parole dei maestri della fede

Liberaci dai santi dalla faccia triste

***Fonte:** Teresa d'Avila,* **Il castello interiore**

Santa Teresa, con l'energia tipica del misticismo, rivendica per le donne la validità della loro testimonianza.

Signore dell'anima mia, Tu, quando peregrinavi quaggiù, non aborrivi le donne, anzi le favorivi con benevolenza e in loro trovavi tanto amore e maggior fede che negli uomini. Tra di loro vi era anche la tua Santissima Madre. Perché allora non dovremmo riuscire a fare qualcosa di valido per Te in pubblico? Perché non dovremmo osare di dire apertamente alcune verità che piangiamo in segreto? Perché tu non dovresti esaudirci quando ti rivolgiamo una giusta richiesta? Tu sei giudice giusto e non fai come i giudici del mondo, tutti uomini, per i quali non esiste virtù di donna che non ritengano sospetta. O mio Re, dovrà pur venire il giorno in cui tutti vengano riconosciuti solo per quel che valgono. E poi liberami, o Signore, dalle sciocche devozioni dei santi dalla faccia triste.

Gian Lorenzo Bernini, **Estasi di Santa Teresa**, *1646-1652; Roma, Santa Maria della Vittoria, Cappella Cornaro.*

COMPRENDERE E INTERPRETARE

- Fate una ricerca, all'epoca in cui Teresa scrive, come erano considerate le donne?
- A quali «*santi*» si riferisce?

LETTURE INTERDISCIPLINARI

DOC 6 VOCI TEOLOGICHE

Gesù, maestro credibile e affidabile

***Fonte: Enzo Bianchi,* La pedagogia di Gesù nell'educare alla fede**

Il priore della comunità di Bose, Enzo Bianchi, ha sottolineato le qualità umane del Maestro di Nazareth, parte integrante della sua strategia educativa e della sua autorevolezza.

Gesù ci ha mostrato innanzitutto una necessità: chi inizia alla fede o a essa vuole generare, deve essere credibile, affidabile. Del resto anche i genitori che vogliono educare un figlio possono farlo solo se sono credibili, affidabili. La credibilità di Gesù nasceva principalmente dal suo avere convinzioni e dalla sua coerenza tra ciò che pensava e diceva e ciò che viveva e operava. Non erano solo le sue parole che, raggiungendo l'altro, riuscivano a vincere le sue resistenze a credere; non era un metodo o una strategia pastorale a suscitare la fede: era la sua umanità contrassegnata – secondo il quarto vangelo – da una pienezza di grazia e di verità (cfr. Gv 1,14).

COMPRENDERE E INTERPRETARE

- «*Incontrando Gesù, tutti percepivano che non c'era frattura tra le sue parole e i suoi gesti, i suoi sentimenti, il suo comportamento*» spiega Bianchi. Secondo voi questa coerenza è importante in chi insegna?

DOC 7 LA TESTIMONIANZA

Il prof della mia vita

Fonte: "La Repubblica", 3 settembre 2014

Gli insegnanti e la loro vita nella scuola, sono spesso al centro dell'attenzione. Lo scrittore Marco Lodoli – lui stesso docente – ci offre una suggestione sul professore che gli ha cambiato la vita.

A scuola andavo bene, ma in fondo non mi importava un fico secco di quello che mi spiegavano e che ripetevo diligentemente. Tutto era monotono, prevedibile, così lontano dai sogni e dai tumulti dell'adolescenza, dalle paure, dai desideri, da quella strana smania d'assoluto che prende a sedici anni. Tutto era così mediocre e io mi nascondevo dietro la barricata gentile dell'indifferenza. Poi un giorno arrivò in classe Walter Mauro, il professore di lettere, e la mia vita è cambiata, diventando ciò che doveva essere. Mauro era alto, dinoccolato, elegante, aveva una Porsche verde e volava alto: non pensava per niente a semplificare le suo spiegazioni, ad abbassare Dante e Petrarca a un livello facilmente comprensibile dagli studenti, pretendeva che fossimo noi a crescere, a salire verso quelle vette, a partecipare a quella sublime intelligenza poetica. Ci trattava da adulti, perché era convinto che noi potessimo capire tutta la ricca complessità dei grandi artisti. Non si trattava più di ripetere la solita lezioncina, ma di penetrare in mondi sconosciuti, come pionieri alla ricerca dell'oro.

COMPRENDERE E INTERPRETARE

- Avete mai provato lo stato d'animo (la noia, la monotonia) di cui parla Lodoli?
- Spiegate che cosa significa l'espressione «*rischio totale*», facendo riferimento alle parole successive: «*Non si trattava più di ripetere la solita lezioncina...*».

VERIFICA DELLE CONOSCENZE

VERO O FALSO?

- V F Gesù invitatava i suoi seguaci a convertirsi
- V F La predicazione del Battista preparò la venuta di Gesù
- V F Ai tempi di Gesù tra gli ebrei era diffusa l'attesa di un Messia
- V F Gesù affermò la validità della Legge data a Mosè
- V F Gesù si fece battezzare da Giovanni il Battista
- V F Gesù non voleva donne tra i suoi seguaci
- V F Gli apostoli appartenevano a un ceto benestante
- V F Riguardo a Maria di Magdala abbiamo molte testimonianze storiche
- V F Tutti coloro che seguivano Gesù conducevano una vita di penitenza
- V F Gesù definisce Giovanni il Battista un profeta
- V F Gesù chiama personalmente a sé i suoi discepoli
- V F Il linguaggio usato da Gesù era vivace e simbolico
- V F Le parabole contengono norme di vita
- V F Nella tradizione rabbinica era normale che fossero i maestri a cercare gli allievi
- V F Le parabole fanno riferimento a situazioni concrete di vita
- V F Gesù chiese ai suoi discepoli di propagandare i miracoli
- V F Le parabole hanno lo scopo di spiegare il realizzarsi del Regno di Dio
- V F Gesù compì molti miracoli di guarigione
- V F Le parabole avevano come scopo quello di stimolare la riflessione
- V F Gesù non compì alcun miracolo di esorcismo
- V F Gesù viveva secondo le usanze ebraiche
- V F Gesù criticò il formalismo religioso dei farisei e degli scribi
- V F Gesù sovvertì la Legge ebraica
- V F Gli atteggiamenti di Gesù sconcertarono per il loro anticonformismo
- V F Gesù presenta Dio come un Padre misericordioso
- V F Secondo il Vangelo di Giovanni i miracoli sono segni della messianicità di Gesù
- V F La pienezza della rivelazione di Gesù avviene attraverso le parabole
- V F Gesù chiedeva di tradurre l'adesione alla Legge in atteggiamenti concreti di vita

BLOG IN CLASSE

UN BUON INSEGNANTE

Qualcuno capace di cambiarci la vita

Avete riflettuto su:

#rischiodell'impopolarità
#importanzadellapazienza
#efficaciacomunicativa
#essereradicali
#capacitàdisuperarsi
#efficaciadellaparola

\# Raccogliete ora le testimonianze di varie persone: i vostri famigliari, gli insegnanti stessi, adulti che conoscete.
Fatevi raccontare le loro storie, pensate alla vostra esperienza e riflettete. Un buon insegnante deve:

- Essere infallibile?
- Conoscere alla perfezione ciò che insegna?
- Trasmettere solo dei contenuti, cioè delle conoscenze?
- Dare spunti per riflettere, al di là dei contenuti?
- Stimolare il senso critico e la capacità di giudizio?
- Essere coinvolgente dal punto di vista delle emozioni?
- Essere un esempio per i suoi allievi?

\# Tracciate il suo identikit in un **MANIFESTO** da appendere in classe o nell'atrio della scuola.

UNA MAPPA PER TUTTI

DIDATTICA INCLUSIVA

IL PERCORSO IN BREVE

Abbiamo imparato:

- chi era Giovanni il Battista e che cosa significava il battesimo di acqua;
- che cosa significò l'esperienza nel deserto per Gesù;
- in che modo Gesù incominciò la sua vita pubblica e la sua predicazione;
- chi erano gli apostoli, che Egli chiamò a sé, e i discepoli;
- qual era la richiesta di Gesù a coloro che decidevano di seguirlo;
- qual è il cuore della predicazione di Gesù;
- che cosa sono le parabole e perché Gesù le usò;
- perché Gesù compì i miracoli e quale relazione c'è tra miracoli, fede e conversione;
- in che modo Gesù, che non abolì il Decalogo, rinnovò la Legge;
- il rapporto più autentico e spirituale con il Padre che Egli predicò.

PERCORSO 5 GESÙ È IL MESSIA

DIDATTICA COOPERATIVA

PER COMINCIARE INSIEME

Chi è Gesù? Sicuramente, per chi crede è il Cristo, anche se, come vedremo, avere fede, spesso, comporta anche avere dei dubbi. [vedi DOC 6]
Per i cristiani, Gesù non solo è il Figlio di Dio, ma anche autenticamente un uomo, vissuto in un tempo e in uno spazio precisi.
Eppure non sappiamo nulla circa il suo aspetto fisico, giacché i Vangeli non ce ne danno notizia e nulla ci dicono le altre fonti.

Moneta bizantina *con il volto di Gesù.*

Gesù *dipinto dal Beato Angelico.*

Il **Mandylion** *che, secondo una leggenda, reca impresso il vero volto di Gesù.*

- Esiste una tradizione iconografica, che, dal IV secolo in poi, ci testimonia il volto di Gesù (prima si usavano semplicemente dei simboli) come quello di un uomo qualunque, ben lontano da quello bellissimo e idealizzato che si andrà delineando nell'arte dei secoli successivi (per esempio, quello affrescato dal Beato Angelico alla metà del XV secolo).
- In Occidente la raffigurazione tradizionale del volto di Gesù si fonda sull'episodio della **Veronica** (in greco "vera immagine"), la donna che, secondo la leggenda, porse a Cristo che saliva al Calvario un telo per tergersi il volto. Miracolosamente, sul telo rimase impresso il volto del Salvatore.
- Tutto questo riguarda le fattezze fisiche di Gesù, la cui **identità** però è una questione **al centro dell'interesse** anche di chi non è cristiano. Per esempio, il **marxismo** e il **socialismo** ritenevano Gesù una sorta di leader proletario, un difensore degli oppressi. Il **nazismo** rifiutava l'idea di un Gesù non ariano. Anzi, secondo Hitler, Gesù era proprio il prototipo dell'ariano, e, in quanto tale, ostile agli Ebrei.
- Gli **appartenenti ad altre religioni** si interessano a Gesù: ne parlano gli ebrei, gli islamici, i buddhisti, i confuciani, i taoisti...
- Anche per i **non credenti** Gesù è stato un personaggio centrale: l'astrofisica **Margherita Hack**, dichiaratamente atea, affermò: «*Gesù è stato certamente la maggior personalità della storia. Il suo insegnamento, se è resistito per 2000 anni, significa che aveva davvero qualcosa di eccezionale: ha trasmesso valori che sono essenziali anche per un non credente*».

- Proviamo, dunque, ad affrontare questo *Percorso*, in cui si parla della messianicità di Gesù, fulcro della fede cristiana, chiedendoci:

CHI È GESÙ PER I NON CRISTIANI?

Un uomo come tutti? Un uomo eccezionale? Un dio fatto uomo?

Tenete conto che per "non cristiani" intendiamo sia i fedeli di altre religioni, sia chi non crede. Ci fanno da guida le parole dello studioso **Duccio Demetrio**, che dichiara di non essere credente: tuttavia la sua forte spiritualità ha fatto sì che sia stato invitato a dichiarare il suo punto di vista nel "Cortile dei Gentili" (storicamente il cortile dei gentili era il luogo davanti al Tempio di Gerusalemme a cui avevano accesso i non ebrei), un'occasione d'incontro tra punti di vista diversi – il dubbio, la fede, l'ateismo – promosso dal Pontificio Consiglio per la Cultura. Oltre alla sua voce, vi è proposta quella del religioso e poeta **David Maria Turoldo**. Prendete anche in considerazione il pensiero di **Norberto Bobbio** [vedi DOC 7].

Buono studio!

LEZIONE 1 GESÙ SI RIVELA COME CRISTO

Duccio Demetrio @ È il mio modo di credere: il non credere. Ho la presunzione di conoscere almeno un poco, interrogandolo senza sosta, il Dio totalmente sconosciuto. Per questo mi rivolgo, soprattutto, a chi ne abbia sempre trascurato il richiamo o un cenno #interrogareDio

?

È comprensibile, secondo voi, che un non credente interpelli Dio?
In che modo lo spieghereste?

VERSO IL CULMINE DELLA VICENDA STORICA DI GESÙ

VIDEO
Le palme di Gerusalemme

I Vangeli dedicano una parte molto rilevante del loro racconto alla **passione**, **morte** e **risurrezione** di Gesù: per i cristiani questi episodi rappresentano gli eventi culminanti della sua vicenda storica e della sua opera di salvezza.
Infatti **la fede nella risurrezione di Gesù è il pilastro del cristianesimo**. Scrive san Paolo: «*Se Cristo non è resuscitato, allora è vana la nostra predicazione ed è vana anche la nostra fede*» (1Cor 15,14).

L'ATTESA DEL MESSIA

Gli ebrei erano legati al proprio Dio da un rapporto di alleanza (vedi a **p. 24**). Confidavano quindi che in ogni situazione di pericolo JHWH avrebbe inviato loro un Messia con il compito di salvare il proprio popolo. In effetti, essi riconoscevano nella propria storia Messia intervenuti in loro aiuto: tutti i re d'Israele, i sommi sacerdoti e i profeti. Con il passare del tempo, si affermò tra gli ebrei la convinzione che si dovesse attendere la **venuta di un Messia definitivo**. Egli avrebbe **liberato Israele per sempre**, esteso la propria autorità su tutta la terra, garantito per tutti benessere materiale e spirituale. In particolare, all'epoca di Gesù il Messia atteso aveva la connotazione soprattutto di un **liberatore politico** (vedi a **p. 58**).

L'ingresso di Gesù a Gerusalemme, scena del film **Jesus Christ Superstar** *(1973) di Norman Jewison.*

GESÙ IL CRISTO

I discepoli avevano riconosciuto in **Gesù il Messia promesso** grazie alle sue parole e soprattutto alle sue azioni (i miracoli, in particolare). E quando il Maestro chiese loro chi ritenessero che egli fosse, fu Pietro a dichiarare apertamente: «***Tu sei il Cristo***» (Mc 8,29). Dopo questa proclamazione, Gesù proseguì il proprio cammino con il suo piccolo gruppo di seguaci e, lasciata la Galilea, si mosse verso **Gerusalemme**. Nella città del Tempio doveva compiersi il suo destino e la **piena rivelazione della sua identità**. Ma Egli si sarebbe rivelato come un **Messia** alquanto **diverso dalle aspettative** dei suoi contemporanei, deludendo le attese di molti.

GESÙ ANNUNCIA IL SUO DESTINO DI SOFFERENZA

Anche i discepoli, probabilmente, si aspettavano un Messia piuttosto diverso da quello che Gesù avrebbe incarnato: forse si immaginavano un **trionfo** e un **regno**, se due di loro, Giacomo e Giovanni, gli chiesero addirittura di sedere, nella sua gloria, uno alla sua destra e uno alla sua sinistra (Mc 10,35-37).

Per questo in più di un'occasione Gesù cercò di **preparare i suoi discepoli al destino di sofferenza** che lo avrebbe atteso: voleva far capire loro che solo attraverso la propria sofferenza e la propria morte Egli avrebbe compiuto la **missione di salvezza** per la quale era venuto, ma che quella sofferenza e quella morte non sarebbero state la fine di tutto, perché **Egli sarebbe risorto**. Ma Gesù non riuscì a far capire questo ai suoi, se lo **sconcerto** dei discepoli di fronte alla sua fine ingloriosa fu tale da farli fuggire tutti, impauriti. Solo più tardi, dopo la risurrezione, avrebbero compreso.

Tratto della **Via Dolorosa a Gerusalemme**. *Si tratta della strada che, secondo la tradizione, Gesù avrebbe percorso nella salita al Calvario.*

A GERUSALEMME

Quando Gesù entrò in **Gerusalemme**, punto d'arrivo del suo cammino terreno, la folla, attratta dalle sue parole e dai suoi miracoli, lo accolse come un **Messia glorioso**: al suo passaggio stese sulla strada mantelli e rami degli alberi, acclamandolo come figlio di Davide, inviato dal Signore (Mt 21,9). La sua sembrava una **marcia trionfale**.

La calda accoglienza del popolo al suo ingresso in città, tuttavia, fu sufficiente a **preoccupare** sia le **autorità romane**, timorose che Gesù volesse dare vita a una rivolta antiromana, sia **quelle giudaiche**, custodi del rispetto formale della Legge ebraica. L'episodio della cacciata dei venditori dal Tempio (Mt 21,12-13), con lo scagliarsi di Gesù contro l'ipocrisia dei sacerdoti, non fece che aumentare la preoccupazione delle autorità. Da quel momento in poi nubi minacciose cominciarono ad addensarsi all'orizzonte.

VISITA VIRTUALE
La cacciata dei mercanti dal Tempio nella Cappella degli Scrovegni

SOCIAL FORUM

Con l'aiuto dell'insegnante di religione cercate nei Vangeli sinottici i passi in cui Gesù annuncia la sua passione.

- Come reagiscono gli apostoli?
- Riuscite a dare una spiegazione del loro comportamento, cercando di calarvi nei loro panni? Discutetene in classe.

LEZIONE 2 L'ULTIMA CENA

Duccio Demetrio @ Mentre per quel che mi riguarda, ne cerco gli indizi da tempo in ogni dove: nella natura, nell'uomo, nelle stesse pratiche che invece di allontanarci, potrebbero avvicinare credenti e non credenti, come la meditazione, la contemplazione, un'ascetica della legge morale #cercareDio

?

Come abbiamo visto a p. 4, la meraviglia e lo stupore di fronte all'esistenza riguardano tutti gli uomini, credenti e no. Ritenete utile o importante il confronto tra chi crede e chi non crede?
Per quale motivo? Per quale scopo? Motivate le vostre risposte.

VIDEO
Il dono dell'eucaristia

LA BIBBIA NELL'ARTE
L'Ultima Cena nei capolavori dell'arte

VISITA VIRTUALE
L'Ultima Cena nella Cappella degli Scrovegni

GESÙ OFFRE IL SUO CORPO E IL SUO SANGUE

A Gerusalemme, come ogni ebreo osservante, Gesù festeggiò la Pasqua ebraica (vedi a **p. 27**) condividendo con gli apostoli la cena pasquale.
Durante l'**Ultima Cena** Egli annunciò che uno di loro lo avrebbe tradito e compì gesti che i suoi avrebbero capito solo in seguito. Nei Vangeli di Luca e di Giovanni a questa cena è collegato un **discorso d'addio** (Lc 22,24-38; Gv 13,31-17,26).
L'evento più importante dell'Ultima Cena fu il **dono del corpo e del sangue** di Gesù. Offrendo ai suoi discepoli il pane e vino, infatti, Egli, attraverso le parole che accompagnarono quei gesti, identificò il pane con il proprio corpo e il vino con il proprio sangue, versato per gli uomini per **rinnovare l'alleanza**.

IL NUOVO PANE E IL NUOVO AGNELLO PASQUALE

Il pane e il vino vennero usati da Gesù per significare **una realtà spirituale** fondamentale per i credenti: quella di Gesù come cibo e bevanda capaci di "nutrire" e "saziare" gli uomini.

- Gesù, dicendo «*Questo è il mio corpo*», volle affermare di essere il **nuovo pane pasquale**, unico cibo che possa nutrire l'umanità.
- Dicendo «*Questo è il mio sangue*» Egli si presentava come il **nuovo agnello pasquale**: attraverso il suo sangue, presente realmente in quel vino, Egli concludeva la **nuova alleanza tra Dio e tutta l'umanità** e offriva la propria vita per la salvezza di tutti. [vedi **DOC 1**]

IL MAESTRO LAVA I PIEDI AI SUOI APOSTOLI

Il Vangelo di Giovanni racconta di un **gesto particolare** di Gesù. Proprio mentre cenavano, **il Maestro si mise a lavare e ad asciugare i piedi agli apostoli**.
Pietro, in particolare, rimase sconcertato e in un primo momento si rifiutò persino di farsi lavare i piedi da Gesù: il gesto, infatti, era quello tipico di un umile servo.
E, proprio nell'**ottica del servizio**, Gesù subito dopo ne spiega il significato: «*Se dunque io, il Signore e il Maestro, ho lavato i piedi a voi, anche voi dovete lavare i piedi gli uni agli altri*» (Gv 13,14).

La preghiera di Gesù al Getsémani, *scena del film* Il Messia *(1976) di Roberto Rossellini.*

VIDEO
Dal Getsémani al Gallicantu

LA BIBBIA NELL'ARTE
Processo e martirio di Cristo nei capolavori dell'arte

L'ISTITUZIONE DELL'EUCARISTIA E IL GETSÉMANI

Il dono del corpo e del sangue nell'Ultima Cena si concluse con l'invito di Gesù «*Fate questo in memoria di me*» (1Cor 11,24-25). L'antica cena pasquale degli ebrei diventava così per i cristiani l'**eucaristia**, celebrata nella Messa: il sacrificio di Gesù viene rinnovato dall'offerta del **pane** e del **vino**, **consacrati dal sacerdote**, non in un semplice ricordo, ma in un **memoriale**, cioè in una **dimensione** che è resa **sempre presente e attuale**, mediante il ripetere quei gesti e quelle parole antiche.

Al termine della Cena, Gesù e i discepoli uscirono verso il monte degli Ulivi e si diressero verso un podere chiamato **Getsémani**, dove il Maestro rimase a lungo in **preghiera**, sperimentando la paura, l'angoscia, la solitudine. I **discepoli** vengono descritti nei Vangeli in tutta la loro **debolezza umana**: vinti dal sonno, incapaci di vegliare e pregare con il Maestro, come invece Lui aveva chiesto loro. In questo contesto la figura di **Cristo** emerge ancora più nitida, nella sua **fedeltà assoluta al disegno di Dio**, accettato in piena **consapevolezza e libertà**. [vedi **DOC 2**]

VISITA VIRTUALE
- La lavanda dei piedi
- Gesù davanti a Caifa
- Il Cristo deriso nella Cappella degli Scrovegni

GESÙ VIENE ARRESTATO

Nel giardino dove Gesù era raccolto in preghiera sopraggiunse **Giuda** con una folla armata mandata dai sommi sacerdoti, dagli scribi e dagli anziani. Il traditore aveva convenuto con le guardie un segnale che permettesse loro di identificarlo: un **bacio**.

Mentre Gesù veniva arrestato, un servo del sommo sacerdote (un tale Malco) venne ferito a un orecchio da uno dei presenti (Simone, secondo il racconto di Giovanni). Ma Gesù, intimando al discepolo di rimettere la spada nel fodero, dimostrò ancora una volta la **libera adesione a quanto previsto dalle Scritture** (Mc 14,48-49). **Tutti** allora, anche i suoi discepoli più cari, abbandonandolo, **fuggirono**.

SOCIAL FORUM

«*Gesù è l'unico personaggio della storia del quale gli uomini ripetono ciò che ha detto e fatto, come se fosse ancora presente per profferirlo e attuarlo*». Queste parole di Bernard Ronze rendono efficacemente il concetto di "memoriale" che è più di un semplice ricordo.

- Ciascuno spieghi con parole proprie che cosa significa "fare memoria di Gesù Cristo".
- Riuscite a esplicitare, in base ai vostri studi e alla vostra esperienza, perché, nella cultura umana, è centrale l'atto di "fare memoria"?

LEZIONE 3

LA PASSIONE E LA MORTE DI GESÙ

Duccio Demetrio @ Sospinto da quel mio domandare così umano. Mi rende persona felice di un perenne stato d'attesa. Mi rasserena il sapere che è la parte sconvolgente del divino, qualche volta suppongo anche per i credenti, ad attrarmi #ricercaspirituale

Che cosa si intende, secondo voi, per «*domandare così umano*»?
Quali sono le "grandi domande" che tutti gli uomini, credenti e no, si pongono?

PAGINE DIGITALI
La morte in croce, una pena infamante e atroce

VIDEO
- Il giorno della croce
- Sentinelle di Dio

IL SINEDRIO CONDANNA GESÙ

Una volta arrestato, Gesù fu condotto dentro le mura di Gerusalemme, **di fronte al Sinedrio**, dal **sommo sacerdote**. Di fronte alla domanda diretta: «*Sei tu il Cristo, il Figlio del Benedetto?*» Gesù rispose: «*Io lo sono*». Citò quindi il passo di Daniele (7,13-14) che parla del Messia atteso, re e giudice della storia. Agli orecchi del sommo sacerdote e di tutto il Sinedrio l'affermazione di Gesù risuonò come una **bestemmia**: i presenti sentenziarono che doveva essere **messo a morte**.
Il Sinedrio poteva giudicare in materia di questioni religiose, ma le esecuzioni capitali spettavano all'autorità romana. Per questo Gesù fu deferito al procuratore **Ponzio Pilato**.

Nicolas Poussin, **Seppellimento di Cristo**, *1656-1657; Dublino, National Gallery of Ireland.*

I DUBBI DI PILATO

Secondo il racconto di Luca, Pilato «*non trovò in Gesù alcun motivo di condanna*» (Lc 23,4). Costui lo mandò da **Erode Antipa**, il re della Galilea, dipendente sempre da Roma, il quale, dopo averlo a lungo interrogato, lo rimandò a Pilato.
L'interrogatorio del tribunale imperiale si sviluppò con riferimento a un **tema esclusivamente politico**, quello della pretesa regalità di Gesù. Alla domanda «*Sei tu il re dei Giudei?*», Gesù rispose «*Tu lo dici*» (Mc 15,2) e rimase in silenzio.
Pilato riconobbe l'**inconsistenza delle accuse** mosse nei confronti di Gesù, ma alla fine, **per ragioni di convenienza politica**, dopo aver proposto alla folla di scegliere tra la sua liberazione e quella di Barabba (un criminale comune), acconsentì alla richiesta di **condannare a morte** Gesù.

GESÙ FLAGELLATO, UMILIATO E CROCIFISSO

Gesù fu consegnato ai soldati di Pilato, che **lo umiliarono, lo flagellarono** e gli misero sul capo, per schernire la sua regalità, una **corona di spine** (Mc 15,16-20). Gesù si incamminò verso la crocifissione, già fortemente provato per le percosse subite durante la flagellazione.

- Dopo averlo schernito, i soldati condussero Gesù **al Golgota**, un colle destinato alle esecuzioni capitali, fuori dalla città di Gerusalemme. Egli, portando sulle spalle il palo trasversale della croce, percorse il tragitto all'interno della città; poi, all'esterno delle mura, nell'ultimo tratto, un uomo che veniva dalla campagna, Simone di Cirene, lo aiutò a portare la croce.
- I Vangeli riferiscono che Gesù fu **crocifisso insieme a due ladroni**, davanti a un **gruppo di gente che lo scherniva**. Alla sua morte ebbero luogo **segni portentosi**: calarono le tenebre, si verificò un terremoto e il **velo del Tempio** si squarciò (Mc 15,22-39). Allora il centurione che gli stava di fronte, vistolo spirare in quel modo, disse: «*Davvero quest'uomo era Figlio di Dio!*».

L'attore Ewan McGregor nei panni di Gesù, film **Last days in the desert** *(2015) di Rodrigo García.*

- Alcune **donne** «*osservavano da lontano*» (Mc 15,40), mentre, secondo il racconto di Giovanni (19,25-27), **ai piedi della croce** si trovavano alcune di esse, sua madre Maria e «*il discepolo che Egli amava*» (Giovanni stesso).

LA BIBBIA NELL'ARTE
La crocifissione nei capolavori dell'arte

VISITA VIRTUALE
- Il Calvario
- La crocifissione
- Il compianto sul Cristo morto nella Cappella degli Scrovegni

IL CORPO DI GESÙ VIENE SEPOLTO

Dopo la morte di Gesù, **Giuseppe d'Arimatea**, un membro del Sinedrio che in segreto era un suo simpatizzante, si recò da Pilato per chiedere il corpo del Maestro. Pilato glielo accordò.

- Giuseppe lo portò via avvolgendolo in un tessuto di lino e in tutta fretta, per l'imminenza del sabato, in cui non era possibile compiere nessun lavoro.
- Il corpo fu deposto in un **sepolcro nuovo scavato nella roccia**, che forse Giuseppe aveva acquistato per la propria sepoltura. Il Vangelo di Giovanni lo situa in un orto nei pressi del luogo della crocifissione.

La **tomba** fu **sigillata**, come si era soliti fare, con un masso pesante. Matteo (27, 65-66) aggiunge anche il particolare delle **guardie** poste al sepolcro.

Velo del Tempio
Il Santo dei Santi, dove si trovava l'Arca dell'alleanza con le Tavole della Legge, era la parte più interna del Tempio di Gerusalemme, separata da una porta d'oro e da una tenda di tessuto (il velo). Luogo sacro per la presenza di Dio, era accessibile solo ai sacerdoti, fino a un certo limite, e al sommo sacerdote, fino all'Arca.
Lo squarcio del velo alla morte di Cristo ha dunque una valenza simbolica: con Gesù si manifesta il mistero di Dio, che finora era rimasto nascosto; esso diventa accessibile a tutti, pagani compresi.

NETWORK

Così Giovanni (19, 32-34; 36-37) descrive ciò che avvenne dopo la morte di Gesù: «*Vennero dunque i soldati e spezzarono le gambe all'uno e all'altro che erano stati crocifissi insieme con lui. Venuti però da Gesù, vedendo che era già morto, non gli spezzarono le gambe, ma uno dei soldati con una lancia gli colpì il fianco, e subito ne uscì sangue e acqua. [...] Questo infatti avvenne perché si compisse la Scrittura: "Non gli sarà spezzato alcun osso". E un altro passo della Scrittura dice ancora: "Volgeranno lo sguardo a colui che hanno trafitto"*».

- Con l'aiuto dell'insegnante applicate il metodo della critica testuale e ricercate a quali passi della Scrittura fa riferimento l'evangelista.
- Ciascuno di voi spieghi il motivo per cui viene richiamato l'Antico Testamento: che cosa voleva significare l'evangelista?

LEZIONE 4 LA RISURREZIONE

Duccio Demetrio @ Perché voglio sopra ogni cosa imparare ad ascoltarne il silenzio e a non accettarlo in altre circostanze dove mi auguro Dio sia assente #silenziodiDio

?

Perché, a vostro giudizio, nelle parole riportate si distingue tra un Dio che tace e un Dio che è assente?

LA TOMBA VUOTA: GESÙ È RISORTO

VIDEO
- Il trionfo della luce davanti alla tomba vuota
- L'ascensione, punto di contatto tra Cielo e Terra
- Il mattino di Pasqua, speranza senza limiti

Secondo la narrazione dei Vangeli, il terzo giorno dopo la morte di Gesù **Maria di Magdala**, sola o con altre donne, si presentò di buon mattino sul luogo della sepoltura con unguenti per il cadavere, ma trovò la tomba aperta, priva del corpo. Un **angelo** annunciò loro che **Egli era risorto**. Nonostante la gioia di sapere che Gesù è vivo, le donne sono prese da **timore**, **sbigottimento**, **stupore**, reazioni umane di fronte a un fatto tanto straordinario.

Anche gli **apostoli**, **stupefatti**, si rifiutano di credere alle donne. I fedelissimi di Gesù, dunque, non avevano compreso nulla di quanto doveva capitare al loro Maestro, nonostante Egli li avesse preparati. **La risurrezione di Gesù era lontana dalle loro attese**: quindi la loro **testimonianza** diventa così ancor **più credibile**. [vedi DOC 3]

LE APPARIZIONI

VISITA VIRTUALE
La risurrezione e l'ascensione di Cristo nella Cappella degli Scrovegni

I Vangeli ci parlano anche delle **apparizioni del Risorto**: a Maria di Magdala, a due discepoli, agli Undici (Giuda si era nel frattempo impiccato, preda del rimorso per il suo gesto), ai discepoli di Èmmaus.

LA BIBBIA NELL'ARTE
La risurrezione di Cristo nei capolavori dell'arte

SOCIAL FORUM

La risurrezione è l'elemento centrale della fede cristiana: leggete 1Cor 15,14.

- Avrebbe senso un cristianesimo senza la fede in questo evento unico e straordinario?
- Sicuramente vi è capitato di chiedervi (indipendentemente dalle personali convinzioni), quale sia il rapporto tra Dio e l'uomo: ritenete che la figura e la vicenda di Gesù di Nazareth costituiscano una risposta convincente?

Gesù appare ai suoi come **una persona concreta** e si fa riconoscere dagli apostoli mostrando loro i **segni** dei chiodi. Gesù dunque è **davvero vivo**, **ma** lo è **in modo diverso** da prima: il suo corpo glorioso appartiene alla dimensione dello Spirito.

GESÙ AL CENTRO DELLA STORIA

Dio si rivela nel Gesù storico: spiega Giovanni che Egli è **la Parola** attraverso la quale Dio ha continuato a rivelarsi nella storia di Israele. Dalle parole e dalle opere di Gesù emerge **la sua relazione unica con Dio.** Attraverso Lui Dio porta a compimento quanto aveva annunciato.

Così Gesù il Cristo diventa il **centro della storia**, quella passata e quella futura: è "nella" storia e "oltre" la storia.

Il **pilastro essenziale della fede cristiana** è l'evento della **morte** e della **risurrezione** di Gesù. Solo in seconda battuta vengono le sue parole e le sue opere: se i suoi discepoli lo hanno riconosciuto come Messia non è perché "parlava bene" ma perché è morto e risorto. [vedi **DOC 5**]

Aleksandr Ivanov,
Apparizione di Cristo alla Maddalena,
particolare;
San Pietroburgo, Museo Statale Russo.

UN'ESPERIENZA CHE TRASFORMA PER SEMPRE

Come giunsero i discepoli a riconoscere che Gesù era il Cristo?

- L'esperienza delle apparizioni è talmente decisiva che la loro esistenza ne viene totalmente trasformata: alla paura si sostituisce il **coraggio**, alla fuga la **testimonianza**. Che cosa è accaduto tra il tramonto del venerdì e l'alba della Pasqua? Qualcosa di così importante da dare origine al movimento cristiano nella storia.
- L'esperienza pasquale è totalmente trasformante: con l'incarnazione Dio è venuto nel mondo e nella risurrezione il mondo è stato condotto alla comunione divina.

IL MISTERO DI DIO ALLA LUCE DI CRISTO

Per i cristiani, Dio è un **mistero trascendente** (vedi a **p. 11**), totalmente Altro dall'uomo. Eppure è un Dio che entra nella storia della sua creazione, a cui invia il Figlio.

- Nel cristianesimo, a differenza di altre religioni, sia l'iniziativa di Dio nel rivelare il suo mistero, sia il particolare carattere che il **mistero** assume come **realizzazione storica di un piano di salvezza centrato in Cristo** garantiscono che il mistero possegga un senso ultimo e definitivo, che l'uomo può conoscere.
- Paolo, nella Lettera ai Colossesi (1, 16-17) spiega il piano divino di una creazione "vista" nella prospettiva dell'incarnazione del Figlio. Cristo, **Verbo incarnato** (vedi a **p. 178**), è all'**inizio** delle cose, e nello stesso tempo è al **termine** della vicenda storica iniziata con la creazione.
- È nella luce di Cristo, uomo-Dio, che si può cogliere **il senso** pieno **della creazione e dell'uomo**.
- Con la sua venuta Gesù ha permesso a tutti gli uomini di partecipare alla sua esperienza di Figlio di un **Padre amabile**, **previdente** e **benevolo**. Dice san Paolo: «*Voi avete ricevuto uno spirito da figli adottivi per mezzo del quale gridiamo: "Abba, padre!"*» (Rm 8,15).

LEZIONE 5 IL MISTERO DELLA TRINITÀ

Duccio Demetrio @ Il Cortile dei Gentili è il luogo dove si possono osare domande scomode che come uomini e donne non credenti abbiamo tutto il diritto di porre, senza tracotanza, sarcasmo, irriverenza #domandedellavita

?

\# Perché le "grandi domande" sono «*scomode*»?
\# Perché l'autore, secondo voi, si sente in dovere di specificare «*senza tracotanza, sarcasmo, irriverenza*»?

PADRE, FIGLIO E SPIRITO SANTO

Per i cristiani Gesù è il Messia promesso dalle Scritture, il Figlio di Dio incarnato, il quale con la sua morte e risurrezione ha aperto all'umanità la via al Regno di Dio. La filiazione divina esprime una **comunità di natura fra Gesù e il Padre attraverso lo Spirito Santo**: Gesù, come ci testimoniano i Vangeli, agisce nello Spirito (quello stesso di cui parla l'Antico Testamento: Is 61,1; 63,10-11; Ez 29,39) durante la sua vita pubblica e promette di inviarlo ai discepoli quando sarà di nuovo presso il Padre: «*...e io pregherò il Padre ed egli vi darà un altro* **Paráclito** *perché rimanga con voi per sempre, lo Spirito della verità, che il mondo non può ricevere perché non lo vede e non lo conosce.*» (Gv 14,16-17) Lo Spirito di Dio guida i cristiani, in quanto fonte di vita, di preghiere, di unità. [vedi DOC 4]

Paráclito
Nel Vangelo di Giovanni con questo termine viene chiamato lo Spirito Santo. Deriva dal greco *paraklétos*, letteralmente "chiamato presso", con il significato di "avvocato", inteso come difensore o soccorritore.

UN DIO UNICO IN TRE PERSONE

La teologia cristiana si fonda dunque sulla credenza in un **Dio unico** – lo stesso Dio dell'ebraismo e dell'islam – creatore di tutto ciò che esiste, padrone dell'universo e del tempo, il Vivente (1Re, 17,1), sorgente di acqua viva (Ger 2,13), il Santo, ossia "il separato", l'ineffabile, colui di cui non si può contemplare il volto senza morire (Es 33,20), ma che **si rende visibile attraverso Gesù**, confermando la sua paternità già espressa nell'Antico Testamento (Es 4,22; Is 64,8; 56,7) e allargandola a tutta l'umanità. Come un padre è amorevole (Sal 103,13), ed è anzi, come dimostra tutta la predicazione di Gesù, un Dio d'amore (1Gv 14,16). Ed **è l'amore perfetto la comunione tra le tre Persone divine**. [vedi DOC 8 e DOC 9]

LA DOTTRINA TRINITARIA È PRESENTE FIN DALL'ANNUNCIAZIONE

Prima della controversia ariana (vedi a p. 77), la **dottrina trinitaria** (il Dio cristiano è uno nella sostanza ma in tre Persone) era una **certezza**.

- La vocazione trinitaria si manifesta fin dall'**annuncio da parte dell'angelo** a Maria: «*Lo Spirito Santo scenderà su di te* [...] *Perciò colui che nascerà sarà santo e sarà chiamato Figlio di Dio*» (Lc 1,35).

- Significativo è anche l'**episodio del battesimo al Giordano**: lo Spirito di Dio, in forma di colomba, dice: «*Questi è il Figlio mio, l'amato: in lui ho posto il mio compiacimento*» (Mt 3,16-17).
- Significativa anche l'**esortazione di Gesù**: «*Andate dunque e fate discepoli tutti i popoli, battezzandoli nel nome del Padre e del Figlio e dello Spirito Santo*» (Mt 28,19).

NETWORK

- Ricordate che cosa sosteneva l'eresia ariana?
- Con l'aiuto dell'insegnante di storia ricostruite le vicende politiche relative alla diffusione dell'arianesimo nel IV secolo d.C.

IL VERBO DI DIO SECONDO GIOVANNI

Un contributo fondamentale all'elaborazione della teologia trinitaria si deve soprattutto alla **cristologia di Giovanni**: «*In principio era il Verbo, e il Verbo era presso Dio e il Verbo era Dio.* (Gv 1,11).

CINE-TRAILER
7 Km da Gerusalemme

LA BIBBIA NELL'ARTE
La Trinità nei capolavori dell'arte

- Spiega il Commento alla Bibbia CEI (2008): «*Nell'Antico Testamento è sottolineata la potenza creatrice della Parola di Dio (cfr. Gen 1,3.6.9; cfr. Sal 33,6), che è anche rivelazione (cfr. Am 3,1; cfr. Ger 1,4; cfr. Ez 1,3). Probabilmente qui Giovanni vuole suggerire che la Parola – che poi prenderà il nome di Gesù Cristo – è il "progetto" (Lógos può significare anche progetto) con cui tutta la realtà è stata pensata.* ***Gesù Cristo è il progetto del mondo e della storia***».
- Per questo Gesù dice: «*Credete a me: io sono nel Padre e il Padre è in me. Se non altro, credetelo per le opere stesse*» (Gv 14,11) e richiamando la Terza Persona divina: «*Ma io vi dico la verità: è bene per voi che io me ne vada, perché, se non me ne vado, non verrà a voi il Paráclito*» (Gv 16,7).
- Ben prima che le eresie cristologiche (vedi a **p. 77**) determinassero la fissazione del **dogma trinitario**, dunque, era assolutamente chiaro ai suoi fedeli che il loro **Dio è uno e trino**: «*La grazia del Signore Gesù Cristo, l'amore di Dio e la comunione dello Spirito Santo siano con tutti voi*» (2Cor 13). Con queste parole si congedava san Paolo e con queste Pietro: «*Secondo il piano stabilito da Dio Padre, mediante lo Spirito che santifica, per obbedire a Gesù Cristo e per essere aspersi dal suo sangue: a voi grazia e pace in abbondanza*» (1Pt 1,2).

La **SS. Trinità**, *miniatura attribuita a Jean Bourdichon, tratta dal Messale di Renato d'Angiò.*

LEZIONE 6 INTERROGARSI SU DIO

Duccio Demetrio @ Esistono sempre dei luoghi esperienziali, parole, evocazioni della memoria, storie, che possono mostrarci, se il punto di partenza è il nostro essere donne e uomini, quante affinità siano in grado di avvicinarci #dialoghisull'uomo

Quali affinità ci sono tra tutti gli esseri umani, indipendentemente dalle loro convinzioni?
È importante che gli uomini si confrontino tra di loro su ciò che li accomuna e ciò che li divide?

CHI È DIO?

Teologia
Dal greco *theós*, "dio" e *lógos*, "discorso". È il discorso su Dio.

Una disciplina, la **teologia**, cerca di rispondere alle **domande su Dio**, sugli **attributi divini** e circa la **possibilità di dimostrare razionalmente l'esistenza di Dio**. La teologia non cerca le risposte che solo la fede può dare, né si muove nella sfera personale, ma intende impostare un "**discorso**" (*lógos*) **su Dio**, che proprio in quanto discorso, sia **comunicabile**. Lungo la storia del pensiero umano sono state tante e diverse le risposte che le varie teologie hanno dato alle domande ricordate.

DIO CREA IL MONDO E L'UOMO LIBERAMENTE

Per quanto riguarda la teologia cristiana, la risposta alla domanda "Chi è Dio?" è quella data dalla maggior parte dei pensatori, cioè "**Dio è causa**". Il concetto di **causa** porta con sé quello di **effetto**, in un nesso che, in epoca moderna, è stato definito "principio di causalità". L'effetto della **causa-Dio** è **il mondo** e insieme ad esso **l'uomo**. Secondo il pensiero ebraico-cristiano, Dio chiama all'esistenza le cose che non esistono (Rm 4,17) e **crea il mondo dal nulla**, **liberamente** e senza alcun presupposto esterno. La **creazione** è un **atto assoluto**, **fuori dal tempo** e dallo spazio che trova il suo fondamento teologico nel racconto della creazione in Genesi.

SOCIAL FORUM

- Vi siete mai posti, nel corso della vostra esistenza, la domanda se Dio esiste e chi è Dio?
- Continuate a porvi questo interrogativo o avete trovato una risposta?
- Le vicende della vostra esistenza, gli incontri fatti, le parole lette o ascoltate, ciò che avete studiato hanno contribuito a farvi formulare la domanda o a trovare una risposta? Confrontatevi in classe.

IL MONDO TENDE VERSO DIO

Un altro modo di concepire Dio come causa riguarda il concepirlo non solo come colui da cui tutto deriva (causa efficiente) ma anche come **colui a cui tutto tende** (causa finale).

- Per i cristiani dalla fede nella risurrezione di Gesù e nella salvezza da Lui promessa discende una precisa concezione dell'**escatologia** (vedi a p. 9), cioè del destino ultimo dell'uomo e dell'universo.

La volontà di salvezza di Dio manifestata mediante Cristo si ha già nel **giudizio particolare** (quello con cui la persona umana entra nella sua dimensione definitiva, nell'accettazione o nel rifiuto di Dio) e verrà confermata alla fine dei tempi, nel **Giudizio Universale**, in cui avverrà la venuta di Cristo per l'instaurazione del Regno di Dio e la risurrezione della carne.

- Allora coloro che si saranno purificati nel **Purgatorio** vivranno, in **Paradiso**, la situazione di sommo bene che consiste nell'essere nella grazia e nell'amicizia con Dio. A questo stato si oppone quello di definitiva auto-esclusione dalla comunione con Dio e con i beati, noto come **Inferno**.

VISITA VIRTUALE
Il Giudizio Universale di Beato Angelico

PAGINE DIGITALI
Si può provare l'esistenza di Dio?

GLI ATTRIBUTI DEL DIO CRISTIANO

- Come **termine ultimo**, **fine** o **scopo**, a cui tende tutto il mondo e l'umanità, Dio è stato spesso identificato con il **Sommo Bene**.
- In quanto **fondamento dell'intera realtà**, Dio è "**essenza**" (termine che indica la realtà propria e immutabile delle cose, spesso usato come sinonimo di "sostanza", in contrapposizione a ciò che è soggetto a cambiamento), "**natura prima**", "**vero essere**", "**esistente per eccellenza**": sono solo alcuni degli **attributi** utilizzati da san Tommaso in riferimento a Dio.
- Inoltre, la natura di Dio è "**intelligente**", in quanto Egli è **dotato di onniscienza e di onnipotenza**. Dio non dipende in nessun modo dal mondo, ma il mondo dipende da Dio. L'uomo, lontano dal suo Creatore, versa in quello stato di indigenza spirituale reso così intensamente da sant'Agostino (vedi a **p. 310**).
- Pur essendo indipendente dal mondo, il Dio ebraico-cristiano entra nella storia ed è sempre sollecitamente accanto alla sua creatura. È il **Dio della provvidenza**. Ciò non esclude la sua **trascendenza**: Dio infatti è una causa esterna al mondo.

Provvidenza
È il termine teologico che indica la sovranità, la sovrintendenza o l'insieme delle azioni di Dio in soccorso degli uomini.

Teodicea
Dal greco *theós*, "dio" e *dikáio*, "giustifico", è il pensiero che ha tentato di produrre una giustificazione dell'accusa a Dio di aver creato un mondo in cui è consentito il male.

DIO E LA PRESENZA DEL MALE

Uno dei temi classici del discorso teologico riguarda la compatibilità concettuale tra un Dio onnipotente, onnisciente, sommamente buono e la presenza del male e del dolore sia per il singolo uomo sia per l'umanità nel suo complesso. A **p. 270** e sgg. illustriamo quale spiegazione dà la visione cristiana a questo problema, che è strettamente connesso al fatto che Dio ha creato l'uomo libero di scegliere.
Nell'ambito del pensiero teologico si è sviluppato un filone di pensiero detto **teodicea**, che si occupa di spiegare **il senso della giustizia divina in relazione alla presenza del male nel mondo**.

Monaco camaldolese
in meditazione nella sua cella.

LEZIONE 7 LA NEGAZIONE DI DIO

David Maria Turoldo @ Fratello ateo, / nobilmente pensoso / alla ricerca di un Dio / che io non so darti, / attraversiamo insieme il deserto #insiemeincammino

?

Come spieghereste, posta sulle labbra di un credente, l'espressione «*un Dio che non so darti*»?
Perché si allude a un deserto da attraversare secondo voi?

SOSPENSIONE DI GIUDIZIO O CERTEZZA

Alcuni pensatori ritengono possibile dimostrare razionalmente l'esistenza di Dio; altri, pur ammettendone l'esistenza, pensano che non possa essere oggetto di una conoscenza razionale; tuttavia, taluni ritengono **impossibile dire qualunque cosa sulla divinità**, sia che esista sia che non esista (è l'**agnosticismo**, vedi a p. 132) e altri addirittura **negano l'esistenza di Dio**: è questa la linea di pensiero dell'**ateismo**. Per capire la differenza tra le due posizioni può essere illuminante Dostoevskij: «*L'ateo assoluto sta nel penultimo gradino della fede perfetta (e non si sa se andrà più in su o no), mentre l'indifferente non ha nessuna fede*». L'ateismo, cioè, è una posizione "forte", che esprime delle certezze.

L'ATEISMO SI SVILUPPA CON L'ILLUMINISMO

L'ateismo vero e proprio, come sistema di pensiero, nasce solo in **epoca illuminista**, dopo la stagione della filosofia medievale e le speculazioni razionalistiche ed empiristiche dell'età moderna.
In generale, il pensiero di tutto l'Illuminismo fu il **deismo** (il quale ammette solo gli attributi divini che si possono determinare esclusivamente con la ragione), ma all'interno del pensiero francese del XVIII secolo si sviluppò **una linea più radicale**, materialistica, che propugnava non solo l'**inesistenza di Dio**, ma anche l'**irrilevanza dei problemi religiosi**.

L'UOMO DEVE LIBERARSI DALLA SUDDITANZA VERSO LA RELIGIONE

L'ateismo contemporaneo ricevette una precisa formulazione in ambito ottocentesco (tant'è che fu definito **ateismo scientifico**) attraverso formulazioni diverse.

- Per esempio, **Feuerbach** e **Marx** negavano Dio, riducendolo, il primo a una proiezione dell'essenza umana in un aldilà immaginario, il secondo a uno strumento per dominare la classe proletaria (famosa è la definizione «*la religione è l'oppio dei popoli*»).
- Nel caso di questi due pensatori la **critica alla religione** era condotta **in nome dell'uomo e della sua essenza storica**, considerando come posta in gioco il fatto di riprendersi ciò che appartiene all'uomo stesso, combattendo quella che veniva considerata una forma di alienazione. Lo scopo era favorire lo **sviluppo di un uomo nuovo**, emancipato da qualsiasi schiavitù mentale e materiale, di cui la religione veniva considerata strumento e simbolo.

La fiducia nella ragione e nell'osservazione della realtà, insieme all'affrancamento dal principio di autorità, furono i principi fondamentali che ispirarono la pubblicazione della **Encyclopédie francese** *(1751-1772), anzitutto per opera di Denis Diderot e Jean-Baptiste d'Alembert.*

SUPERARE L'UOMO

Nella seconda metà dell'Ottocento il filosofo tedesco **Nietzsche** arrivò ad affermare la **morte di Dio**, non come ritorno di un uomo restituito a se stesso, ma per il suo superamento attraverso l'*Übermensch* (l'"oltre-uomo").

- Il filosofo considerava Dio e la religione il frutto di una millenaria menzogna dovuta al risentimento nei confronti di chi dice "sì" alla vita da parte di chi ne è incapace: questi ultimi sono **i perdenti**, i "decadenti" e ad essi appartengono, secondo il filosofo, i membri della Chiesa, gli ebrei, gli scienziati, gli storici, colpevoli di aver creato «*un mondo dietro il mondo*» per prendersi la rivincita di ciò a cui essi hanno rinunciato. Secondo Nietzsche a loro si deve il concetto di bene e di male in senso morale, inventato per poter giudicare e avere di che nutrire il loro risentimento.
- Poiché garante di questo sistema è il Dio cristiano, esso va **negato radicalmente** per preparare una realtà completamente diversa, in cui l'oltre-uomo può vivere senza riferimenti religiosi, senza divieti e senza regole sociali o morali, credendo solo nella dimensione terrena della vita. «*Dio è morto*» è la provocazione che l'uomo folle nella *Gaia scienza* lancia a tutti coloro che ingenuamente continuano a credere in lui.

Friedrich Nietzsche *(1884-1900) in una fotografia del 1882.*

TRA ILLUSIONE E DESIDERIO

Nel Novecento la sfida del pensiero ateo fu raccolta sia dalla psicoanalisi sia dalla filosofia.

- **Freud** enucleò il senso della religione come pura **illusione**, partorita dalla nostra mente per determinare uno stato per sentirsi appagati: l'uomo tenderebbe a costruirsi una falsa rappresentazione della realtà, utile per cercare di risolvere uno stato di disagio (detto nevrosi).
- **Sartre** definì Dio come «*il desiderio umano di essere Dio*», cioè il desiderio di avere il mondo ai propri piedi: ma l'uomo è comunque **un dio mancato** e quindi il suo desiderio va incontro al **fallimento**. Dio, in questo caso, viene negato in nome dell'assurdità dell'uomo, che lo rende consapevole dei suoi limiti e delle sue debolezze.

VIDEO
Moni Ovadia: *«Sei ateo? Non sai cosa ti perdi!»*

SOCIAL FORUM

- Può esistere anche per gli increduli una religiosità? Attenzione: la domanda riguarda la "religiosità", non la religione. Infatti, c'è differenza tra religiosità e religione. Ricordate quale?
- Può un ateo, a vostro giudizio, aprirsi alla dimensione spirituale? Ciascuno di voi argomenti la sua posizione, facendo riferimento alla propria esperienza.

LEZIONE 8 CHI NON È CRISTIANO SI SALVA?

David Maria Turoldo @ Di deserto in deserto andiamo oltre / la foresta delle fedi, liberi e nudi / verso il nudo Essere e là, / dove la parola muore, / abbia fine il nostro cammino #andareversoDio

Viene ripresa la metafora del deserto: attraversatolo, si giunge alla "foresta" delle fedi. Che cosa pensate di questa immagine?

Vi pare efficace per rappresentare la posizione di chi crede?

PER SEMPRE PRIVATI DELLA COMUNIONE CON DIO

LA BIBBIA NELL'ARTE
Il peccato originale nella Cappella Sistina

«*Chi non ama rimane nella morte*» (1Gv 3,14): è questo il senso dell'Inferno per i cristiani. Il rifiuto di amare e di accogliere l'amore di Dio misericordioso condanna all'**autoesclusione dalla comunione con Dio**. Già secondo il pensiero cristiano medioevale l'Inferno è semplicemente la lontananza da Dio, la privazione della Sua luce divina, e proprio in questo consiste in realtà la pena infernale, al di là dell'immaginario poetico. Infatti, l'anima ha naturale e ardente desiderio di Dio, cioè dell'Infinito, della Verità, della Bellezza e dell'Amore Assoluto; dunque, la privazione per l'eternità di tale supremo obiettivo del desiderio umano condanna l'anima alla propria **perenne sofferenza**.

C'È SALVEZZA NELLE ALTRE RELIGIONI?

Chi ha una fede e delle credenze religiose, ma non è cristiano, può aspirare alla comunione con Dio? Poiché, come abbiamo visto, tutte le religioni si pongono il **problema della salvezza**, ci si potrebbe chiedere se esse costituiscono vie equivalenti per accedere al mistero della divinità e farne esperienza salvifica.
Non è un problema di poco conto: se tutte le religioni, alla fine, garantiscono la salvezza (questa **tesi** è detta **pluralista**), a che scopo impegnarsi nell'annuncio del Vangelo a tutte le genti? Se invece non è così (ed è la **tesi esclusivista**), quale senso e quale scopo ha il dialogo tra il cristianesimo e le altre religioni?

SOCIAL FORUM

Con l'aiuto dell'insegnante ricercate che cosa pensano le altre religioni rivelate del problema della salvezza per chi fa parte di altri mondi religiosi.

↘ Queste religioni sono aperte al dialogo?

UNA NUOVA VIA: LA TESI INCLUSIVISTA

Oggi la tesi esclusivista non gode di grande credito, mentre quella pluralista fa venir meno il valore della mediazione del Cristo, proseguita dalla Chiesa. Così la ricerca di un'interpretazione del rapporto tra cristianesimo e religioni si svolge all'insegna dell'**inclusivismo**: restando ferma la necessità del Cristo, ci si pone il proble-

Monaco
in preghiera.

VISITA VIRTUALE
Il Giudizio Universale nella Cappella degli Scrovegni

ma della salvezza degli altri non solo in ragione della spinta missionaria radicata nel mandato evangelico.
Frutto dell'incontro e del dialogo tra la teologia cristiana e le altre grandi religioni mondiali, **la riflessione sulla salvezza è un problema aperto** che ha ricadute sulla proclamazione del messaggio cristiano e sull'incontro con mondi culturali e religiosi diversi. La risposta data dalla teologia cristiana si incardina sul **riconoscimento della definitiva autocomunicazione divina nel Verbo incarnato**, che è «*Via, verità, vita*» (Gv 14,6) e in cui Dio ha riconciliato a sé tutte le cose.

UNA RIFLESSIONE ARTICOLATA

Tuttavia, considerando che il mistero divino può disporre di sé secondo **altre parziali e possibili vie di autocomunicazione**, la riflessione cristiana è varia e articolata.

- Alcuni teologi, infatti, intendono il cristianesimo come compimento dei valori delle altre religioni, che rappresenterebbero dei "segnali d'attesa".
- Secondo altri è fondamentale operare una distinzione tra storia generale e storia particolare della salvezza, in base alla quale le religioni possono mediare alla trascendenza che solo il cristianesimo può attuare.
- Secondo altri ancora il Regno di Dio è presente anche al di là dei confini visibili della Chiesa, che pure ne è il sacramento universale.

Resta il fatto che il **dialogo con le altre religioni** e l'apertura da parte dei credenti a mondi religiosi in cui lo Spirito può aver effuso le sue ricchezze non può prescindere da una profonda **riflessione sul cristianesimo e sulla sua essenza**: se questa riflessione manca, il rischio è quello di fare confusione o rinunciare alla verità del Vangelo.

LA PAROLA

DOC 1 dal Nuovo Testamento

Il discorso di addio

Fonte: Lc 22,14-23

DOC 2 dal Nuovo Testamento

Gesù accetta la volontà del Padre

Fonte: Mc 14,33-38

DOC 3 dal Nuovo Testamento

Il sepolcro vuoto

Fonte: Lc 24,1-11

Le donne arrivate per prendersi cura del corpo di Gesù trovano il sepolcro vuoto: Egli è risorto.

Il primo giorno della settimana, al mattino presto esse [le donne] si recarono al sepolcro, portando con sé gli aromi [era abitudine ungere i cadaveri con oli profumati] che avevano preparato. Trovarono che la pietra era stata rimossa dal sepolcro e, entrate, non trovarono il corpo del Signore Gesù. Mentre si domandavano che senso avesse tutto questo, ecco due uomini presentarsi a loro in abito sfolgorante. Le donne, impaurite, tenevano il volto chinato a terra, ma quelli dissero loro: «Perché cercate tra i morti colui che è vivo? Non è qui, è risorto. Ricordatevi come vi parlò quando era ancora in Galilea e diceva: "Bisogna che il Figlio dell'uomo sia consegnato in mano ai peccatori, sia crocifisso e risorga il terzo giorno"». Ed esse si ricordarono delle sue parole e, tornate dal sepolcro, annunciarono tutto questo agli Undici e a tutti gli altri. Erano Maria Maddalena, Giovanna e Maria madre di Giacomo. Anche le altre, che erano con loro, raccontavano queste cose agli apostoli. Quelle parole parvero a loro come un vaneggiamento e non credevano ad esse.

William Blake, **Resurrezione***, 1805 circa; Cambridge (Massachusetts, Usa), Harvard University, Fogg Art Museum.*

COMPRENDERE E INTERPRETARE

- Le donne che fanno la scoperta della tomba vuota sono prese da timore ma anche da stupore. Come è possibile un evento del genere? Anche gli apostoli non credono loro. Razionalmente come avranno spiegato la scomparsa del corpo di Gesù?
- Anche oggi è difficile credere a questo evento straordinario? Raccontate la vostra esperienza a riguardo.

DOC 4 dal Catechismo della Chiesa Cattolica

Il mistero della Trinità

Fonte: **Catechismo della Chiesa Cattolica,** ***n. 234***

DOC 5 il pensiero teologico

Il cristianesimo è il mistero pasquale

Fonte: Carlo Maria Martini, **Pasqua: il mistero della risurrezione**

LETTURE INTERDISCIPLINARI

DOC 6 il pensiero teologico

La fede è adesione al mistero

Fonte: Don Primo Mazzolari, **Incertezza e inquietudine**

DOC 8 voci letterarie

La visione della Trinità

Fonte: Dante Alighieri, **Paradiso, Canto XXXIII**

DOC 7 LA RIFLESSIONE CULTURALE

L'incredulo appartiene alla sfera della religione

Fonte: Norberto Bobbio, **Destra e sinistra**

Norberto Bobbio, uno dei maggiori pensatori del XX secolo, si dichiarava apertamente non credente, ma si definiva, nel contempo, «*uomo del dubbio e del dialogo*».

La maggior parte degli uomini di oggi non sono tanto atei o non credenti, quanto increduli. Ma colui che è incredulo non è fuori dalla sfera della religione. [...] Lo stato d'animo di chi non appartiene più alla sfera del religioso non è l'incredulità, ma l'indifferenza, il non saper che farsene di queste domande. Ma l'indifferenza è veramente la morte dell'uomo.

COMPRENDERE E INTERPRETARE

- Quale differenza c'è tra "incredulo" e "non credente"?
- Perché l'incredulo ha a che fare con la sfera del religioso?

DOC 9 DAL SACRO ALL'ARTE

La Trinità

Fonte: Masaccio, **Trinità,** *1426-1428*

Anche l'arte ha avuto difficoltà a tradurre il dogma cristiano della Trinità in immagini in grado di richiamare l'idea di un Dio "uno e trino". Tra le modalità più frequenti vi è quella scelta da Masaccio in una cappella di Santa Maria Novella a Firenze.

Anche la composizione dell'affresco richiama la Trinità, poiché si sviluppa sul triangolo, simbolo del numero tre.

A prima vista quasi indistinguibile, completa la Trinità la colomba bianca dello Spirito Santo, con le ali che si dispongono attorno al collo del Padre.

Sulla parete di fondo è collocata una piattaforma orizzontale sulla quale si erge il Padre mentre sorregge simbolicamente la croce del Figlio.

Ai piedi della croce da un lato la Madonna, che guarda verso lo spettatore mentre con una mano indica la crocifissione, dall'altro san Giovanni rivolto verso la croce.

COMPRENDERE E INTERPRETARE

- Ricercate altre immagini che raffigurino la Trinità: quali sono gli elementi iconografici comuni?

VERIFICA DELLE CONOSCENZE

VERO O FALSO?

- V F Gesù lavò i piedi agli apostoli in segno di umiltà e servizio
- V F Durante l'Ultima Cena Gesù diede mandato agli apostoli di celebrare il memoriale del suo sacrificio
- V F Solo i Vangeli sinottici ci narrano la passione di Gesù
- V F Gli apostoli capiscono che Gesù è il Cristo durante l'Ultima Cena
- V F Nel Getsémani gli apostoli pregarono insieme a Gesù
- V F Gli apostoli si terrorizzarono per il precipitare della situazione dopo l'arresto di Gesù
- V F Gesù venne accolto a Gerusalemme come Messia trionfante
- V F Il Sinedrio condannò a morte Gesù
- V F Gesù subì sia un processo ebraico sia un processo cristiano
- V F L'Ultima Cena era una cena per la festività della Pasqua ebraica
- V F Pilato riconobbe Gesù come colpevole
- V F Prima di essere crocifisso Gesù fu umiliato e flagellato
- V F Alla morte di Gesù si squarciò il velo del Tempio
- V F Dopo la sepoltura, la tomba di Gesù venne lasciata aperta
- V F Furono le donne a trovare il sepolcro vuoto
- V F Gesù, sul Golgota, venne crocifisso da solo
- V F Gesù, al Getsémani, impaurito, cercò di sottrarsi all'arresto
- V F La morte di Gesù fu accompagnata da fenomeni anomali
- V F Secondo i cristiani Gesù è il Verbo incarnato
- V F Gli ebrei hanno una fede trinitaria
- V F Cristo, secondo i suoi fedeli, è vero Dio e vero uomo
- V F Nelle sue parole agli apostoli Gesù non fa mai riferimento allo Spirito
- V F Il pensiero umano ha cercato di dare una dimostrazione razionale dell'esistenza di Dio
- V F Il Dio ebraico-cristiano non è onnipotente
- V F Secondo la teologia cattolica Dio è causa efficiente e causa finale dell'universo
- V F Furono le donne per prime a capire che Gesù era risorto
- V F L'ateismo scientifico si sviluppò nell'Ottocento
- V F Gesù viene tradito da tutti gli apostoli
- V F Sono le apparizioni di Gesù a essere determinanti per la fede in Lui come il Cristo
- V F Il sepolcro di Gesù apparteneva a Giuseppe d'Arimatea

BLOG IN CLASSE

CHI È GESÙ PER I NON CRISTIANI?

Un uomo come tutti? Un uomo eccezionale? Un dio fatto uomo?

Ricordate quanto abbiamo visto nel *Percorso*?

#interrogareDio **#domandedellavita**
#cercareDio **# dialoghisull'uomo**
#ricercaspirituale **#insiemeincammino**
#silenziodiDio **#andareversoDio**

\# Ricercate la posizione delle principali religioni su Gesù: associate la rappresentazione di Gesù nelle varie religioni a parole di vari studiosi islamici, ebraici, buddhisti ecc. Se trovate documenti troppo lunghi, cercate di sintetizzare in poche parole il concetto centrale espresso.

\# Inoltre, cercate la rappresentazione di Gesù da parte di persone di varie etnie: sono numerose le rappresentazioni sia di Gesù bambino sia di Gesù adulto.

\# Allestite, a questo punto, nell'atrio della scuola una **MOSTRA** in cui associate parole e immagini.

ARTE E STORIA
Gesù di Nazareth e Maometto

UNA MAPPA PER TUTTI

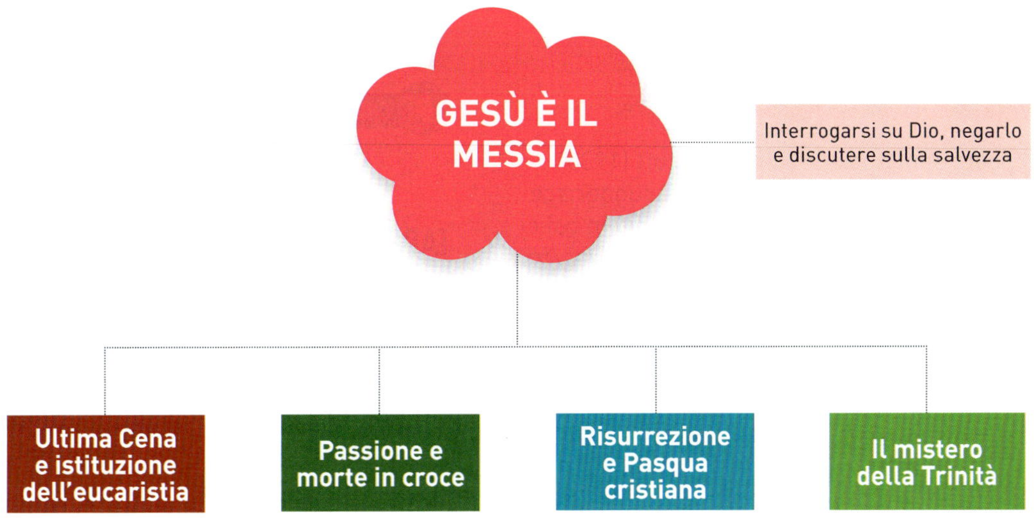

DIDATTICA INCLUSIVA

IL PERCORSO IN BREVE

Abbiamo imparato:

- come si svolsero gli ultimi giorni della vicenda terrena di Gesù;
- quando e come Gesù istituì l'eucaristia;
- quali furono le vicende della passione e della morte di Gesù;
- che cosa rappresenta la risurrezione;
- che cosa significa che il Dio dei cristiani è uno e trino;
- quali sono stati i tentativi di rispondere alla domanda: chi è Dio?;
- che alcuni pensatori nel corso della storia sono giunti alla negazione di Dio;
- che la riflessione sulla salvezza, per cristiani e non, è una questione aperta;
- quali sono state le prove teologiche e filosofiche dell'esistenza di Dio;
- il ruolo della fede per comprendere il mistero di Dio.

UN LABORATORIO DI UMANITÀ

OLTRE LA SUPERFICIE DELLO SPECCHIO

Il poeta santaluciano Derek Walcott (1930) nella poesia *Amore dopo amore* ci suggerisce che, oltre la superficie dello specchio in cui ci guardiamo, ci sono innumerevoli altri "io", frutto degli amori che ci hanno costituito, che si sono condensati in un "io" nuovo e ignoto.

Tempo verrà
in cui, con esultanza,
saluterai te stesso arrivato
alla tua porta, nel tuo proprio specchio,
e ognuno sorriderà al benvenuto dell'altro
e dirà: Siedi qui. Mangia.
Amerai di nuovo lo straniero che era il tuo Io.
Offri vino. Offri pane. Rendi il cuore
a se stesso, allo straniero che ti ha amato
per tutta la tua vita, che hai ignorato
per un altro e che ti sa a memoria.
Dallo scaffale tira giù le lettere d'amore,
le fotografie, le note disperate,
sbuccia via dallo specchio la tua immagine.
Siediti. È festa: la tua vita è in tavola.

TAPPA 1

- Rifletti con attenzione sul testo, cercando di interpretarne il significato.
  - > La poesia ci suggerisce che **siamo stranieri a noi stessi**, ma esiste la possibilità di incontrare, conoscere e accogliere quella parte di noi che ci è stata a lungo estranea, ma che ci accompagna da sempre. Il poeta propone come **chiave di conoscenza** di noi stessi **l'amore**.
  - > La speranza espressa nella poesia è quella di riuscire a "sbucciare" il nostro io superficiale, sostituendo la sua immagine con quella di maggior spessore che abbiamo trascurato e che si trova nascosta in profondità.
  - > Il modo per celebrare il nostro incontro con lo straniero che ci abita, è **il banchetto**: la festa, il pasto, richiamano un'atmosfera di gioia, positiva e ottimista.

CINE-TRAILER **Il pranzo di Babette**

TAPPA 2

- Rispondi ora alle domande che seguono.
  - > Ritieni che il messaggio della poesia e le immagini evocative di cui essa si serve si possano, in qualche modo, ricondurre all'esistenza e all'insegnamento di Gesù, incontrato in queste *Lezioni*? Se sì in quale modo?
  - > Conosci altri testi (di poesie, canzoni, oppure brevi testi narrativi) che esprimano suggestioni in qualche modo riportabili alla predicazione di Gesù?
  - > In quale modo questi documenti ti aiutano nell'approfondire la conoscenza di te stesso? Annotalo nel tuo ***Diario esistenziale***.
- Compilando il tuo ***Diario*** prendi l'abitudine di:
  1 **collegare i tuoi sentimenti agli eventi**;
  2 **esprimere ciò che provi in modo preciso** (è molto importante l'utilizzo di un lessico appropriato, che esprima la "gradazione" dei tuoi sentimenti).

PAGINE DIGITALI **Il prisma delle emozioni**

TAPPA 3

- Per un proficuo "dialogo interiore" dovresti raccogliere frasi aperte quando ti capita qualche cosa di significativo, bello o brutto che sia.
  Cerca di osservare con attenzione tutto ciò che ti circonda, in modo che tutti i tuoi sensi lo colgano nella loro pienezza. Annota tutti quei casi in cui una realtà ordinaria, che ti cade quotidianamente sotto lo sguardo, se osservata con maggiore attenzione, può suggerirti un significato inconsueto, legato a un'emozione, capace di rimandarti a qualcosa che è "altro".

IL TERRENO, IL CELESTE

Vincent Van Gogh, **Mandorlo in fiore**, *1890; Amsterdam, Rijkmuseum Vincent Van Gogh.*

LETTURA ALL'IMMAGINE

In questo scorcio sfolgorante lo slancio della vita verso la trascendenza è rappresentato dal **bianco dei fiori** che si staglia contro l'**azzurro del cielo**.

- Questa immagine di Van Gogh, a tuo giudizio, esprime l'emozione che deriva dallo spettacolo della natura che si risveglia? Perché la rinascita della natura procura sempre un nuovo stupore?
- Con quale immagine rappresenteresti il legame tra la sfera umana e quella trascendente?
- Perché, l'uomo, in diverse tradizioni religiose, si è spesso immaginato il Paradiso come un lussureggiante giardino?

AREA

3

VALORI PER VIVERE

PERCORSO 1 LA VITA COME VIAGGIO

PERCORSO 2 DARE UN SENSO ALLA VITA

PERCORSO 3 L'ADESIONE AL PROGETTO DI DIO

PERCORSO 4 L'IMPORTANZA DELLE RELAZIONI

PERCORSO 5 IL RISPETTO NELLA COPPIA, NELLA FAMIGLIA, NELLA SOCIETÀ

PERCORSO 6 UOMINI E DONNE RESPONSABILI

PERCORSO 7 UN'ETICA PER LA VITA

CONOSCENZE

- ●○○ Il valore della vita e la dignità della persona, libera e responsabile.
- ●○○ La natura e il valore delle relazioni sociali.
- ●○○ I diritti fondamentali e la responsabilità per il bene comune.
- ●●○ Le questioni di senso legate alle più rilevanti esperienze della vita umana.
- ●●○ Gli orientamenti della Chiesa sull'etica personale e sociale e sulla comunicazione digitale.
- ●●● La concezione cristiana della vita e del suo fine, del matrimonio, della famiglia, della professione.
- ●●● Il magistero della Chiesa su aspetti peculiari della realtà sociale, economica, tecnologica.

ABILITÀ

- ●○○ Formulare domande di senso a partire dalle proprie esperienze personali e di relazione.
- ●●○ Comprendere la dimensione religiosa dell'uomo tra senso del limite, bisogno di salvezza e desiderio di trascendenza.
- ●●○ Confrontare i valori antropologici ed etici proposti dal cristianesimo con quelli di altre religioni e sistemi di significato.
- ●●● Motivare le proprie scelte di vita, confrontandole con la visione cristiana, con altre visioni religiose e modelli di pensiero, in un dialogo aperto, libero e costruttivo.
- ●●● Riconoscere il rilievo morale delle azioni umane con riferimento alle relazioni interpersonali, alla vita pubblica e allo sviluppo scientifico e tecnologico.

COMPETENZE

- ○○○ Costruire un'identità libera e responsabile, ponendosi domande di senso, nel confronto con il messaggio evangelico, secondo la tradizione della Chiesa.
- ○○○ Valutare il contributo sempre attuale della tradizione cristiana allo sviluppo della civiltà umana, anche in dialogo con altre tradizioni culturali e religiose.

●○○ PRIMO BIENNIO ●●○ SECONDO BIENNIO ●●● QUINTO ANNO

?

Nessun uomo è un'isola,
intero in se stesso.
Ogni uomo è un pezzo del Continente,
una parte della Terra.
Se una zolla viene portata via dall'onda del mare,
la Terra ne è diminuita,
come se un promontorio fosse stato al suo posto,
o una magione amica o la tua stessa casa.
Ogni morte d'uomo mi diminuisce,
perché io partecipo all'Umanità.
E così non mandare mai a chiedere
per chi suona la campana:
essa suona per te.

John Donne

PERCORSO 1 LA VITA COME VIAGGIO

DIDATTICA COOPERATIVA

PER COMINCIARE INSIEME

Il viaggio è una metafora dell'esistenza in molte culture, fin dai tempi più antichi. L'immagine della strada è particolarmente efficace per rappresentare l'esistenza umana.

Anche quella della navigazione è una metafora frequente usata per il medesimo scopo, tant'è che a volte "ci barcameniamo" nell'esistenza, la quale, a sua volta, è spesso pensata come un "mare".

Giovanni Manna,
La famiglia Bergoglio arriva in Argentina.

- Rappresentare la vita come una navigazione presuppone, in realtà, di **conoscere la propria posizione attuale** e di essere consapevoli della distanza percorsa e di **quella ancora da percorrere.**
  Si può andare anche alla deriva, ma quello non è navigare: navigare implica seguire un **percorso tracciato e programmato** attraverso un determinato spazio, essendo consapevoli e pronti ad affrontare gli **ostacoli.**
- Avete mai pensato al vostro **identikit di viaggiatore** nel mare della vita?
  Provate a farlo mentre affrontate il *Percorso* che segue, in cui sarete condotti a riflettere su quali siano le straordinarie peculiarità dell'essere umano.

- Seguiremo le parole del coro di un'antica tragedia greca, l'*Antigone*, del greco **Sofocle**, uno dei maggiori autori di teatro di sempre (pur essendo vissuto in tempi molto antichi: nel v secolo a.C.), che esaltano la meravigliosa creatura che noi siamo.
  Ad esse fa da contraltare la riflessione sul «*terribile mostro*» che è l'uomo, condotta dal filosofo francese **Blaise Pascal** (1623-1662), il quale, di fronte alle contraddizioni dell'uomo (un essere a metà tra la spiritualità delle creature angeliche e la brutalità delle bestie), si chiedeva: «*chi scioglierà questo garbuglio?*».
  Che l'uomo sia un essere straordinario, ce lo ricorda anche il DOC 1, mentre il DOC 6 di **Edgar Lee Masters** ci aiuta a capire il perché.

- Quest'ultimo testo, in particolare, ci riporta alla **navigazione** (la barca, le vele, il porto): proviamo dunque a riflettere su questo argomento:

UNA ROTTA PER L'UOMO

Quale meta per il viaggio? Con quale bussola orientarsi?

LEZIONE 1 LE DOMANDE FONDAMENTALI DELL'UOMO

LA NECESSITÀ DI DARE UN SENSO ALL'ESISTENZA

Sofocle @ Molte meraviglie vi sono al mondo, / nessuna meraviglia è pari all'uomo. / [...] E gli uccelli spensierati, / gli animali selvatici, / i pesci che popolano il mare, / tutti li cattura, nelle insidie / delle sue reti ritorte, / l'uomo pieno di ingegno #superioritàdell'uomo

?

Quali altre meraviglie vi sono al mondo, secondo voi?
Perché l'uomo le supera tutte?

Vi sono domande che l'uomo si pone fin dall'infanzia e che toccano la complessità dell'esistenza. Esse rivelano la necessità di **trovare il significato della vita e dunque il proprio posto nel mondo.**
Naturalmente con l'evolversi dell'età cambia il modo di interrogarsi, mutano gli strumenti e i punti di vista per osservare la realtà, ci si interroga con maggiore chiarezza; ma **l'esigenza di trovare delle risposte resta immutata per tutta la vita.**

TANTE DOMANDE, TANTI PERCHÉ

Alcune tra le domande che ci poniamo sono dettate dalle circostanze: tante volte, per esempio, un incontro o una situazione particolari, una difficoltà o un successo inattesi sono occasioni che fanno scaturire interrogativi importanti per la nostra vita.
Ve ne sono alcuni, però, che stanno alla base di tutti gli altri e che possiamo definire "**interrogativi fondamentali**": [vedi DOC 2]

- "Da dove viene il mondo?"
- "Qual è il senso della vita?"
- "Perché la morte?
- "C'è qualcosa oltre la vita?"
- "Perché esistono il dolore e il male?"

CERCARE LE RISPOSTE: UN BISOGNO SPIRITUALE

GALLERIA FOTOGRAFICA
I bisogni dell'uomo

I grandi "perché" che l'uomo si pone sulla propria vita sono tali da lasciare intuire **soluzioni profonde**, poste al di là della semplice apparenza delle cose, e che l'uomo stesso sente di non poter raggiungere da solo con le proprie forze. Lo sforzo di cercare delle risposte a queste domande fondamentali costituisce il complesso dei **bisogni spirituali,** cioè l'esigenza di dare **un senso alla vita**, di cercare **uno scopo profondo** per il quale valga la pena di vivere: sia per l'umanità nel suo complesso sia per ogni singolo individuo.
A questi bisogni spirituali – come vediamo a **p. 46** e sgg. – gli uomini danno **risposte diverse,** a seconda dalle loro inclinazioni. Alcuni, addirittura, li negano o li accantonano, decidendo di non occuparsene. Negarli, però, riduce la vita umana ai soli aspetti di sopravvivenza biologica, eludendo quel lato di **mistero** che la avvolge. L'uomo non è solo corpo e cervello: se ignora la sua **vita interiore** rischia di lasciarsi sfuggire la **possibilità di realizzarsi nella propria totalità**.

Monaco buddhista *in meditazione nel gesto di chiamare la Terra, "madre imparziale di tutti gli esseri".*

ACCETTARE LA SFIDA

Il nostro **spessore**, la nostra **solidità** di donne e di uomini di domani saranno in gran parte determinati dalle domande che ci faremo (e alle quali non ci sottrarremo) e dalle risposte che saremo in grado di dare. La prima scelta che dobbiamo fare è stabilire quanto vogliamo investire di noi stessi in questa che indubbiamente si presenta come una **sfida esistenziale.**

Si può vivere in tanti modi: lasciarsi vivere o saper cogliere l'incomparabile valore della propria vita, radicata nell'**unicità** e nella **novità** di ciascun nato al mondo.

PORSI UNA META

Ogni vita è un viaggio diverso, se vogliamo usare la metafora del cammino. Si entra nella storia dell'esistenza e questo ci accomuna tutti. Dopodiché, si può vagabondare senza meta e lasciarsi sballottare dalle vicissitudini del viaggio, oppure si può riconoscere in sé la tensione e il **desiderio di raggiungere un traguardo**. Questa seconda opzione implica il "**prendere coscienza di sé**", l'essere **consapevoli di ciò che significa stare al mondo**, trovando in questo lo stimolo a riprendere il cammino ogni giorno, nonostante le asperità e le fatiche che il viaggio comporta.

Il primo passo che compiamo, ora, è proprio quello di **affacciarci sul mistero**, per capire quali passi possiamo fare successivamente per entrare in esso ed esplorarlo.

Ma qual è il primo dei tanti misteri nei quali ci vogliamo avventurare? Semplice: **noi stessi**.

SOCIAL FORUM

- Un dolore, una grande gioia, ma anche un tramonto o una melodia. C'è stata una situazione della vostra vita nella quale avete provato meraviglia, stupore o sgomento?
- Quali domande vi siete posti in quell'occasione?
- Qual è la differenza tra bisogni materiali e spirituali? Rispondete facendo degli esempi concreti.

LEZIONE 2 IL MISTERO DELL'UMANITÀ E L'IMPRONTA DI DIO

Sofocle @ Ha appreso la parola / e il pensiero veloce come il vento / e l'impegno civile; ha imparato / a mettersi al riparo / dai morsi del gelo / e dalle piogge sferzanti #capacitàdell'uomo

Parlare, pensare, migliorare le proprie condizioni di vita: sono tutti aspetti che oggettivamente distinguono l'uomo dagli altri animali. Aggiungereste qualcosa?

Che cos'è l'impegno civile? In che cosa si concretizza?

IL MISTERO DELL'UOMO

PAGINE DIGITALI
L'evoluzione può conciliarsi con la creazione [vedi DOC 4]

Il **primo mistero** di fronte al quale ci troviamo siamo noi stessi, la nostra umanità. Possiamo dire che il mistero a fondamento di tutti gli altri è **l'uomo**.
Il mistero dell'uomo impegna la riflessione di scienziati, filosofi e uomini di fede su **due livelli**:

- il mistero dell'uomo **in quanto appartenente al genere umano**: in questo caso la domanda fondamentale è "Quali sono le caratteristiche di questo essere vivente che lo rendono diverso da tutti gli altri?";
- il mistero che è ogni **singolo uomo**: la domanda fondamentale allora è "Chi sono io?", uno degli interrogativi di senso fondamentale.

CAPIRE CHI È L'ESSERE UMANO

Prima di avventurarci nella ricerca di una risposta alla domanda "Chi sono io?" è indispensabile porsi la domanda "Chi è l'uomo?".
Tra tutte le forme di vita, sicuramente quella umana pone più interrogativi.

- Se consideriamo il mondo come un mistero, infatti, è anche – e forse soprattutto – perché **l'essere umano**, che è in sé **un enigma irrisolto, è parte integrante dell'universo** che cerchiamo di capire.
- Allora nasce la domanda sul perché debba esistere un **legame** fra due realtà apparentemente così diverse come, da un lato il **cosmo**, regolato da leggi necessarie e in gran parte formato da materia inerte, e dall'altro la **vita dell'uomo**, che ha la capacità straordinaria di avere coscienza di sé, di essere libero, di amare ecc.

SOCIAL FORUM

- Se doveste dare una definizione di "uomo", quali parole usereste?
- Quali prove portereste all'affermazione: "l'uomo è un animale"? E quali, invece, a: "l'uomo è un animale diverso da tutti gli altri"? Confrontatevi in classe e raccogliete gli argomenti a sostegno dell'una e dell'altra affermazione.

Alla luce di ciò, possiamo affermare che il vero **mistero** riguarda **l'esistenza dell'essere umano nella sua complessità**: gli interrogativi circa il mistero dell'origine dell'universo, della comprensibilità della natura o della nascita della vita, si riferiscono in realtà al **mistero dell'intelligenza e della coscienza** che lo fa qualificare come **persona**.

Persona
Il senso primo del termine (dal greco *prósopon*, "maschera") è da ricondurre al linguaggio teatrale.

Ominazione
Con questo termine si indica quel processo evolutivo che, da una forma primitiva di scimmia antropomorfa, ha dato origine al tipo umano attuale.

Anima
Dal latino *animus*, a sua volta dal greco *ánemos*, "soffio, vento", l'anima è il principio vitale dell'uomo, l'origine e il centro del pensiero, dei sentimenti e della coscienza morale. Secondo la religione l'anima è la dimensione spirituale e interiore della persona e trascende la corporeità e la vita terrena.

UN ANIMALE CHE RIFLETTE SULLA PROPRIA ESISTENZA

Il filosofo greco Aristotele sosteneva che l'uomo è **un animale razionale**, esprimendo in modo calzante la peculiarità di questo essere che ha molto in comune (per esempio, le funzioni vitali) con il resto del mondo animale.
Tuttavia, **che cosa differenzia davvero l'uomo dagli altri animali**? Non è facile trovare una risposta, ma occorre trovarla. Dunque, partiamo con l'osservare che, a un certo punto, tra le altre forme di vita, sulla terra è comparso l'uomo.

ALL'INIZIO DELL'AVVENTURA UMANA

Riconoscere **"gli inizi" dell'uomo** (il termine scientifico è **ominazione**) è un'operazione ardua. È però indubbio che nel momento in cui ha **preso coscienza di sé**, l'uomo ha sicuramente percepito la sua differenza rispetto agli altri esseri che aveva intorno. Quando emerge tale coscienza, vi è già la capacità di "stupirsi" di fronte alla volta del cielo stellato o per la bellezza di un tramonto. E, soprattutto, si affacciano le famose **domande** circa l'esistenza ("Chi sono?, Da dove vengo?, Dove vado?") e che perciò possiamo definire "**esistenziali**".

UN'IMPRONTA PARTICOLARE

Da questa unicità tra i viventi può venire un'apertura a una **dimensione che va oltre l'uomo stesso**, per riconoscere che l'uomo porta in sé **un'impronta particolare**, l'impronta **di un creatore**, di un Dio che, creandolo, lo ha fatto in qualche misura simile a sé, mettendo così dentro di lui una "**sete di mistero**" che può essere anche interpretata come una sorta di insopprimibile **desiderio di ritorno o di ricongiungimento con il divino.**

A IMMAGINE E SOMIGLIANZA DI DIO

La tradizione ebraico-cristiana esprime in modo chiaro il legame privilegiato che unisce l'uomo al suo Creatore.

- La Sacra Scrittura (vedi a **p. 146**) afferma che nella creazione dell'uomo c'è stato un **intervento particolare di Dio**. Egli, creato «*a immagine e somiglianza di Dio*» (Gen 1, 26), porta in sé una "trascendenza" rispetto alle altre creature, che gli deriva dal principio spirituale che lo anima.
- Per coloro che si professano credenti, la peculiarità della persona umana consiste nell'**esistenza di un principio spirituale, l'anima**, che solo l'uomo possiede e che fa parte della sua stessa natura. Si tratta, per altro, di una convinzione che appartiene non soltanto alle religioni rivelate (vedi a **p. 15**), ma che è presente nella maggioranza delle religioni e in altri sistemi di pensiero, fin da tempi antichissimi.

LEZIONE 3

LE RISPOSTE DELLA FILOSOFIA E DELLA PSICOLOGIA

Sofocle @ Pieno di risorse, mai sprovvisto / di fronte a ciò che lo attende, / ha trovato rimedio a mali / irrimediabili. Solo alla morte / non può sfuggire #grandezzaemortalità

Che cosa significa «*Pieno di risorse, mai sprovvisto / di fronte a ciò che lo attende*»?
Per i cristiani la visione dell'uomo è analoga a quella qui proposta?

LA FILOSOFIA E LA SCIENZA: DISTRICARSI IN UN MARE DI DOMANDE

L'apertura alla dimensione del divino non è l'unica risposta al mistero dell'esistenza che l'uomo è in grado di dare. Anche la **filosofia** e la scienza, infatti, cercano di spiegare la vita dell'uomo e dell'universo ma con metodi e ambiti di indagine **ben distinti.**

Come abbiamo visto, da sempre gli uomini si fanno delle domande su se stessi e sul mondo. La filosofia, in quanto, letteralmente, "amore per il sapere", nasce dal tentativo umano di dare una risposta ai vari "perché" dell'esistenza.

Ogni epoca ha avuto i suoi filosofi, il cui modo di pensare riflette la **cultura di provenienza**. In quanto originata dalla curiosità, la filosofia si pone dunque delle domande; quando riesce a trovare delle risposte diventa **scienza.**

CHE DIFFERENZA C'È TRA FILOSOFIA E SCIENZA?

La **scienza** si occupa di "ciò" che sappiamo e di "come" lo sappiamo. La differenza tra scienza e **filosofia** è che quest'ultima, anche di fronte alle numerose risposte fornite dalla scienza, continua a **suggerire idee** su ciò che non è ancora conosciuto. Quando la filosofia si pone il problema dell'uomo, a differenza della scienza, non può fare affidamento su esperimenti, ma solo sul pensiero. Ciò non esclude – come si dice a p. 252 – che anche la scienza riconosca il mistero: ci sono ambiti dell'esistenza per i quali il metodo scientifico non si presta a fornire risposte. [vedi DOC 5]

SOCIAL FORUM

«Noi abbiamo una sola vita: se anche avessi fortuna, se anche raggiungessi la gloria, di certo sentirei di aver perduto la mia, se per un solo giorno smettessi di contemplare l'universo».

- Concordate con queste parole della scrittrice Marguerite Yourcenar?
- Quale significato ha, a vostro giudizio, l'espressione «*contemplare l'universo*»? In che cosa può arricchirci la contemplazione dell'universo?

LA RIFLESSIONE SULL'UOMO

Il tema filosofico che ha per oggetto l'uomo, la sua essenza, le caratteristiche specifiche di cui è dotato, è detto **antropologia**.

- Tuttavia, se le attribuiamo un valore meno scientifico e più generico, intendiamo per antropologia la **riflessione sull'uomo in generale**, riflessione alla quale le varie filosofie hanno dato risposte diverse.
- Le domande a cui questo ambito della filosofia deve rispondere sono appunto: "Che cos'è l'uomo?", "Qual è la caratteristica, o l'insieme delle caratteristiche, che lo costituiscono nella sua specificità e lo differenziano da qualunque altra entità del regno animale, vegetale e minerale?".
- Intesa come disciplina in senso tecnico l'antropologia si è venuta configurando a partire dalla metà dell'Ottocento e si è sviluppata lungo il corso del Novecento.

La domanda sull'uomo non è affatto una domanda ovvia. Intuitivamente, non facciamo nessuna fatica a riconoscere un essere umano e a distinguerlo da tutto ciò che uomo non è (per esempio, un altro animale, un vegetale o un minerale). Tuttavia, se ci soffermiamo a riflettere su che cosa davvero determini un essere umano a essere quello che è, le cose sono meno banali.

NUOVE DISCIPLINE PER INDAGARE LA PSICHE UMANA

Intanto, agli inizi del Novecento, una nuova disciplina incominciò ad occuparsi dell'uomo. Quella portata dalla **psicologia** fu in realtà una rivoluzione scientifica prima che filosofica, ma con la **psicoanalisi**, fondata da **Sigmund Freud**, l'approccio psicologico sull'uomo rientrò nell'ambito delle considerazioni filosofiche.

- Per descrivere la "psiche" (parola che deriva anch'essa dal greco *psyché*) dell'uomo, il medico viennese la paragonava a un iceberg. La parte emergente è la nostra vita consapevole, che egli chiamava "**coscienza**", intendendo la consapevolezza che ogni individuo ha di se stesso e di ciò che fa. Ma esiste anche una parte sommersa, che egli chiamò "**inconscio**", da cui provengono pulsioni e spinte vitali che reggono la personalità cosciente.
- Accanto alla psicoanalisi, e in parte sovrapponendovisi, sono entrate alla ribalta, in tempi più recenti, le **neuroscienze**, che, approfondendo le nostre conoscenze sul cervello umano, hanno portato in primo piano un nodo di grande interesse: il legame esistente tra l'"**io**" e il **cervello** stesso, tra **cervello** e **mente** e tra **mente** e **coscienza**.

Scienziato *con un modello molecolare.*

Filosofia
Dal greco *phílos*, "amico" e *sophía*, "sapienza". È la disciplina volta a conoscere i princípi fondamentali dell'esistenza.

Antropologia
Dal greco *ánthropos*, "uomo" e *lógos*, "discorso", "studio".

Psicologia
Dal greco *psyché*, "spirito", "anima", e *lógos*, "discorso", "studio". È la scienza che studia il comportamento degli individui e i loro processi mentali.

Psicoanalisi
Si tratta di una tecnica di analisi della psiche umana, che presuppone l'esistenza di un inconscio di cui non siamo consapevoli, ma che influisce sulla nostra vita.

Neuroscienze
È un insieme di discipline che studia i vari aspetti del sistema nervoso mediante l'apporto di numerose branche della ricerca biomedica, dalla neurofisiologia alla farmacologia, dalla biochimica alla biologia molecolare, alle tecniche di neuroradiologia.

PAGINE DIGITALI
L'uomo è anima e razionalità

LEZIONE 4 IL RICORSO ALLA SCIENZA

Blaise Pascal @ Quale chimera è, dunque, l'uomo? Quale novità, quale mostro, quale caos, quale soggetto di contraddizione, quale prodigio?
#contraddizionidell'uomo

?

Che cosa significa «*chimera*»?
Che cosa intende significare Pascal usando questo termine?

SCIENZA E RELIGIONE

L'uomo cerca risposte alle domande fondamentali anche attraverso la ricerca scientifica. La **religione** e la **scienza** possono tranquillamente procedere insieme (come più volte ha ribadito il magistero: vedi a **p. 104**), perché la religione non esclude la possibilità di un'indagine scientifica e viceversa: sono **due modi per impiegare le medesime facoltà razionali** di cui l'essere umano è dotato. Infatti, anche l'elaborazione di risposte alle domande esistenziali mediante il confronto con la prospettiva religiosa è condotta attraverso l'uso dell'**intelligenza**, tanto quanto la formulazione di ipotesi scientifiche. [vedi **DOC 7**]

PAGINE DIGITALI
Un significato di mistero più profondo

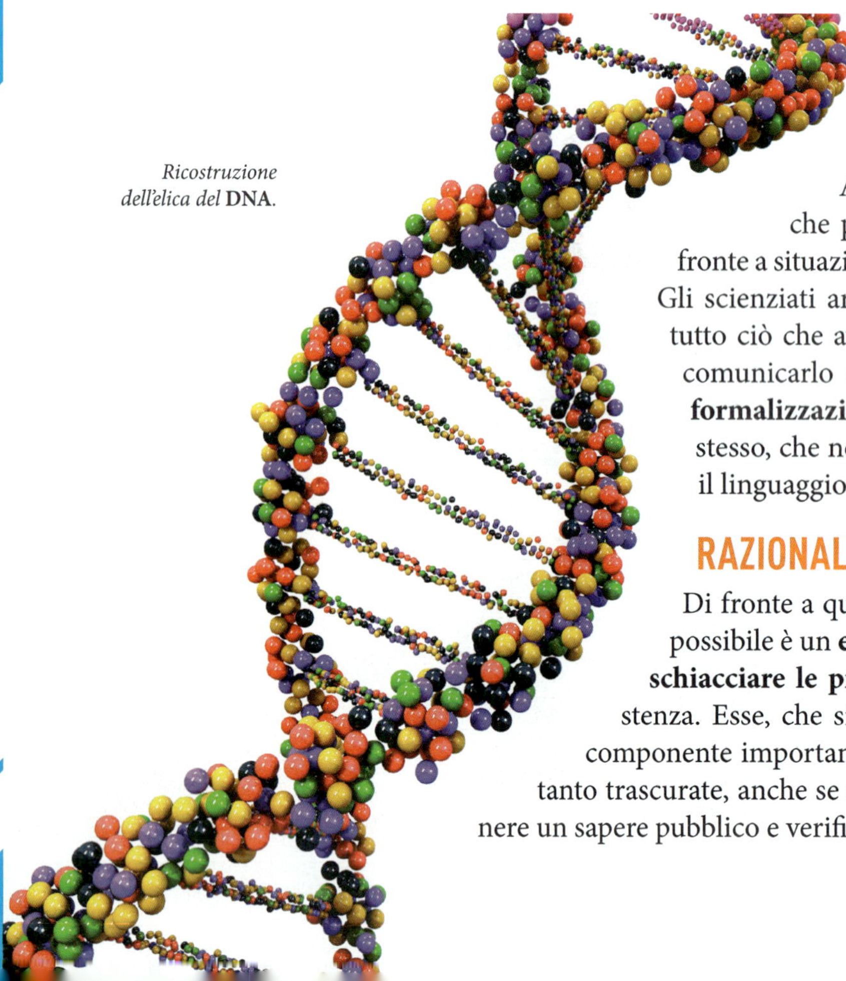

Ricostruzione dell'elica del DNA.

I LIMITI DELLA SCIENZA

Rispetto al mondo della religione, tuttavia, il sapere scientifico è regolato da **leggi precise e inderogabili**. Anche questo, comunque, non esclude che pure gli scienziati si trovino spesso di fronte a situazioni che la ragione non basta a spiegare. Gli scienziati arrivano a esprimere, formalizzandolo, tutto ciò che avviene nel mondo dei fatti e possono comunicarlo e descriverlo. Ma **qualcosa a questa formalizzazione sfugge**: è l'esistenza del mondo stesso, che non è comunicabile semplicemente con il linguaggio.

RAZIONALISMO ESASPERATO...

Di fronte a questa situazione di stallo, una reazione possibile è un **eccesso di razionalismo**, che rischia di **schiacciare le prospettive spirituali** della nostra esistenza. Esse, che si sia religiosi o no, costituiscono una componente importante del nostro essere e non vanno pertanto trascurate, anche se si ambisce (come fa la scienza) a ottenere un sapere pubblico e verificabile.

... O ACCETTAZIONE DEL MISTERO

Occorre riconoscere una **soglia di fronte alla quale anche la scienza deve arrestarsi**, senza per questo sentirsi umiliata. In questo senso, non è un caso che gli scienziati siano spesso i primi a riconoscere una **dimensione di mistero nell'universo**. Quando essi parlano di "mistero" usano, in genere, il significato che il termine ha nel linguaggio ordinario, cioè si riferiscono a **qualcosa di sconosciuto e attraente**, che suscita l'interesse di chi ricerca. Per la scienza sono fonte di stupore il mistero della vita, il mistero dell'esistenza dell'universo, della sua origine o della sua intelligibilità.

SOCIAL FORUM

Il medico e teologo Albert Schweitzer diceva che *«la massima conoscenza è sapere che siamo circondati dal mistero»*.

- Secondo voi, questa affermazione significa che il riconoscimento dei propri limiti è il massimo che l'uomo possa conoscere oppure che è il punto di partenza per raggiungere una conoscenza che va oltre l'esperienza?
- Ciascuno di voi motivi la propria risposta, se possibile facendo riferimento a situazioni concrete in cui ha avuto percezione del fatto che l'uomo è un essere limitato, ma in grado di percepire una realtà illimitata.

L'ORIGINE DELL'UNIVERSO RIMANE UN MISTERO

Dunque, possiamo dire che un primo ambito contenente un certo "appello al mistero" è lo **stupore dello scienziato di fronte all'intelligibilità e alla stabilità delle leggi di natura**, la cui esistenza, insieme con la capacità umana di decodificarle con successo, non sono spiegabili semplicemente con la ragione. Il mistero di fronte a cui si trovano gli scienziati, non viene risolto dalla conoscenza delle leggi che governano l'universo, per quanto totalizzanti e complete esse siano: resta il problema, ben più arduo, di **chi o di che cosa faccia esistere l'universo** con le sue proprietà.
L'origine dell'universo resta per la scienza un mistero e, come ha osservato qualche scienziato, "un mistero scomodo".

Razionalismo
Concezione che ravvisa nelle facoltà della ragione (*ratio* in latino) e nei metodi razionali il fondamento della conoscenza e del giudizio umano in ogni ambito, considerando la realtà come fondata su un principio esclusivamente razionale e sottraendosi a qualsiasi influenza di tipo morale e religioso.

IL MISTERO È UNA CONTINUA FONTE DI RICERCA

L'uomo – sia che abbia una fede religiosa sia che non ce l'abbia – si rende dunque conto che la sua intelligenza gli apre grandi possibilità, ma non può tutto: egli è infatti un **essere limitato**. Tuttavia, nella riflessione scientifica, come in quella teologica, il termine "mistero" non si identifica semplicemente come limite, anche se ne contiene alcuni elementi. La percezione del mistero rappresenta piuttosto un'**apertura** che **attraversa l'esperienza del limite**, ma **la supera**, mediante una **conoscenza che trascende la realtà intelligibile delle leggi naturali**. Il mistero, diceva sant'Agostino, non è ciò che non si può comprendere, ma ciò che non si finirà mai di comprendere.

*Una **ricercatrice** al lavoro nel laboratorio.*

LEZIONE 5 MAGIA E SUPERSTIZIONE

Blaise Pascal @ Giudice di tutte le cose, stupido verme di terra, depositario della verità, cloaca d'incertezza ed errore, gloria e rifiuto dell'universo #angeloebruto

Trovate efficaci queste contrapposizioni (tecnicamente si chiamano ossimori) che descrivono l'uomo?
Ritenete che effettivamente l'essere umano abbia qualità così contrapposte?

ALTRE STRADE PER DARE RISPOSTE

Religione e ricerca scientifica possono ben sussistere insieme, come abbiamo visto, e offrirsi reciproco aiuto nel dare risposta alle domande che l'essere umano si pone. Entrambe valorizzano il ruolo della ragione e mantengono inalterata la loro tensione verso la verità, aiutando l'essere umano a trovare risposte autentiche.

- Altre strade, però, spesso vengono percorse per raggiungere gli stessi obiettivi: strade che denotano una **fuga rispetto alla dimensione divina** e una **chiusura** anche **rispetto al rigore dell'indagine scientifica**. Una di queste, oggi sempre più praticata, è quella della **magia**.
- La magia nasce dal **tentativo di manipolare il mistero** per renderlo disponibile a necessità di tipo immediato e venire così incontro alle ansie di benessere e di sicurezza dell'uomo.
- Essa rappresenta un **degrado della religione** perché strumentalizza la naturale apertura dell'uomo al mistero, svuotando quest'ultimo della sua dimensione autenticamente trascendente. Il ricorso alla magia rappresenta anche una **corruzione dell'autentica apertura al mistero propria della ricerca della verità scientifica**.

Marisa Ventura,
La fine del viaggio.

SOCIAL FORUM

- In che modo l'uomo si affranca dalla superstizione? Diceva il filosofo illuminista Voltaire: «*Le streghe hanno smesso di esistere quando noi abbiamo smesso di bruciarle*». Spiegate con parole vostre il significato di questa frase, discutendone in classe.
- A vostro giudizio, quale valore ha il ricorso alla razionalità rispetto a comportamenti superstiziosi?
- Ciascuno di voi ritiene di essere una persona capace di un dominio razionale delle esperienze o vi sono credenze irrazionali che condizionano alcuni comportamenti? Vi è capitato di compiere piccoli gesti scaramantici per scongiurare qualche evento?

DOMINARE LA PRECARIETÀ E L'INCERTEZZA

Il ricorso alla magia e alle pratiche superstiziose nasce dall'**illusione di potere dominare la natura** e gli eventi. Questa necessità sorge dalla **sensazione di precarietà** circa il futuro che ogni essere umano vive.
Si tratta di una condizione che l'essere umano ha sempre dovuto affrontare, perché fin da tempi remoti è vissuto nell'**incertezza**, disorientato dalla **paura** degli sconvolgimenti improvvisi della natura e delle epidemie, della morte.
L'uomo contemporaneo è protetto come non mai fino a ora (anche se, ancora oggi le catastrofi naturali costituiscono un pericolo incombente): non è invulnerabile, ma è fortemente garantito rispetto agli uomini che lo hanno preceduto. Tuttavia è più che mai invaso dall'**ansia**: egli prevede di più, ma all'interno di una più alta indeterminazione.

Donna con **tavola astrologica**, *miniatura dal* De civitate dei; *Bruxelles, Biblioteca Reale del Belgio.*

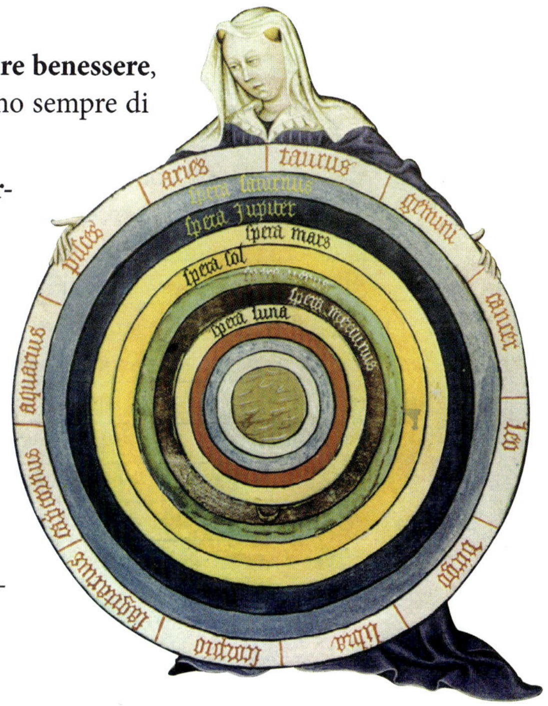

ANSIA, INQUIETUDINE, INSODDISFAZIONE

Gli uomini hanno conquistato una condizione di sempre **maggiore benessere**, hanno sperimentato i vantaggi della sicurezza e per questo cercano sempre di più rassicurazione.

- Godendo di un margine ampio di benefici, **temono maggiormente la perdita** e si dibattono nell'ansia.
- Tuttavia, gli uomini d'oggi sono resi ansiosi non solo dal timore della perdita, ma ancor più dall'**ampiezza delle offerte** a cui vorrebbero accedere e che non sempre possono raggiungere.
- Essi temono inoltre di lasciarsi sfuggire occasioni per **migliorare il proprio stato**. Quanto è giusto trattenersi, quanto è conveniente rischiare? Si è così spesso indecisi tra la condizione di stabilità che non si vuole mettere in pericolo e "il qualcosa in più" che si può sempre ottenere. Tra la scontentezza del presente e la passione dell'oltre, l'uomo non si dà pace e cade preda dell'**insoddisfazione** e dell'**inquietudine**.

UNA FUGA DALLA RICERCA DELLA VERITÀ

Per trovare rassicurazione e serenità l'uomo, ancora oggi, fa ricorso alla **magia**.
Il fenomeno è ben radicato nella storia dell'uomo. L'inclinazione alla magia si manifesta in diverse epoche della storia umana ed emerge in contesti sociali, come quello contemporaneo, dominati da razionalità scientifica.
Evidentemente, tuttavia, il progresso non basta: l'umanità è perennemente tormentata da un'eccessiva **inquietudine** e questo costituisce un **terreno fertile per l'irrazionalità** e **la superstizione**.
La scienza e la religione, aprendosi al mistero, guardano alla trascendenza, mentre **la magia è una forma dell'immanenza**, espressa da rituali chiusi su di sé, che precludono la possibilità di accedere alla verità (vedi a **p. 283**).
La magia, dunque, si rivela come una **strada ingannevole** nella ricerca delle risposte più intime dell'animo umano: rappresenta **una fuga** dal cammino che porta alla verità riguardo a noi stessi e al mondo che ci circonda.
Altre sono le **strade da percorrere**, che possono comportare **fatica**, **dubbio** e **incertezza**, ma che conducono a **esperienze autentiche**, con i caratteri della **ricerca** e della **scoperta** piuttosto che quelli della fuga. Per questo, possono essere più affascinanti e interessanti. [vedi **DOC 3**]

Superstizione
Insieme di credenze irrazionali radicato nel sapere folcloristico popolare che attribuisce a cause soprannaturali eventi che hanno cause naturali.

LA PAROLA

DOC 1 dall'Antico Testamento

Gloria e dignità dell'uomo

***Fonte:* Sal 8,4-9**

Questo inno di Davide, che la lettura cristiana applica a Cristo (1Cor 15,27; Ef 1,22; Eb 2,6-8) celebra le meraviglie dell'uomo, il quale, pur nella sua fragilità e debolezza appare con tutta la dignità di immagine e somiglianza di Dio, re e signore del creato (come si dice in Gen 1,26-28).

Quando vedo i tuoi cieli, opera delle tue dita,
la luna e le stelle che tu hai fissato,
che cosa è mai l'uomo perché di lui ti ricordi,
il figlio dell'uomo, perché te ne curi?
Davvero l'hai fatto poco meno di un dio,
di gloria e di onore lo hai coronato.
Gli hai dato potere sulle opere delle tue mani,
tutto hai posto sotto i suoi piedi:
tutte le greggi e gli armenti
e anche le bestie della campagna,
gli uccelli del cielo e i pesci del mare,
ogni essere che percorre le vie dei mari

Davide in preghiera, *sopra di lui l'angelo con teschio e spada, XVII secolo, miniatura armena; Venezia, Isola di San Lazzaro degli Armeni, Biblioteca. «L'angelo del Signore si trovava presso l'aia di Araunà» (2Sam, 24,16).*

COMPRENDERE E INTERPRETARE

- Leggete il testo di Eb 2,1-10: chi è l'uomo perfetto?
- L'umanità può essere considerata perfetta oppure è vero quanto dice Gianfranco Ravasi: «*Questa lode dell'uomo, però, se letta nello spirito orgoglioso della tecnica del nostro tempo, può diventare rischiosa anche perché l'uomo troppo spesso si rivela più come un folle tiranno che come un sovrano intelligente e saggio*».

DOC 2 il magistero della Chiesa

Gli interrogativi fondamentali

Fonte:* Catechismo della Chiesa Cattolica, *nn. 282-283

DOC 3 dal Catechismo della Chiesa Cattolica

Bisogna rifiutare la magia

Fonte:* Catechismo della Chiesa Cattolica, *nn. 2116-2017

LETTURE INTERDISCIPLINARI

DOC 4 il pensiero teologico

Creazionismo ed evoluzionismo

***Fonte: Gustave Martelet,* Evoluzione e creazione**

DOC 5 il pensiero scientifico

La scienza non svela il mistero

***Fonte: Jonah Lynch,* Egli canta ogni cosa**

DOC 6 VOCI LETTERARIE

Una barca con le vele ammainate

***Fonte: Edgar Lee Masters, George Gray, in* Antologia di Spoon River**

Nella raccolta, *Antologia di Spoon River*, del poeta americano Edgar Lee Masters, ogni poesia racconta, in forma di epitaffio, la vita di una delle persone sepolte nel cimitero di un immaginario paesino statunitense. Ecco come George Gray riflette, a partire da ciò che è scolpito sulla sua lapide, sul senso della vita, un'occasione unica da non sprecare.

Molte volte ho studiato
la lapide che mi hanno scolpito:
una barca con vele ammainate, in un porto.
In realtà non è questa la mia destinazione,
ma la mia vita.
Perché l'amore mi si offrì e io mi ritrassi dal suo inganno;
il dolore bussò alla mia porta, e io ebbi paura;
l'ambizione mi chiamò, ma io temetti gli imprevisti.
Malgrado tutto avevo fame di un significato nella vita.
E adesso so che bisogna alzare le vele
e prendere i venti del destino,
dovunque spingano la barca.
Dare un senso alla vita può condurre a follia
ma una vita senza senso è la tortura
dell'inquietudine e del vano desiderio –
è una barca che anela al mare eppure lo teme.

Sara Lundberg,
Le strisce della mia vita *(particolare).*

COMPRENDERE E INTERPRETARE

- Qual è il significato di questa poesia?
- Perché l'autore paragona la vita a una barca?

DOC 7 religioni a confronto

Scienza e fede nelle altre religioni

Fonte: Shafique Keshavjee, *Il re, il saggio e il buffone*

VERIFICA DELLE CONOSCENZE

VERO O FALSO?

- V F L'uomo si pone delle domande sul senso dell'esistenza
- V F Solo le religioni rispondono ai grandi interrogativi
- V F L'uomo è un animale diverso dagli altri perché ha coscienza di sé
- V F Gli interrogativi fondamentali riguardano il mistero dell'esistenza
- V F La scienza ritiene che nell'universo non vi sia nessun aspetto di mistero
- V F L'uomo ha solo bisogno di soddisfare i suoi bisogni fondamentali
- V F L'uomo, a differenza degli altri animali, ha bisogni più profondi
- V F La vita si può definire solo per i suoi aspetti biologici
- V F Cercare di capire chi è l'essere umano è fondamentale per indagare il mistero della vita
- V F Il mistero riguarda solo alcuni esseri umani
- V F La scienza e la religione hanno ambiti diversi di ricerca
- V F Solo il cristianesimo ritiene che l'uomo abbia in sé un principio spirituale
- V F La filosofia e la scienza sono in contraddizione
- V F La psicoanalisi è nata nel XVII secolo
- V F La ricerca religiosa esclude il ricorso alla razionalità
- V F L'uomo è un essere con dei limiti
- V F L'uomo, per sua natura, cerca di superare i suoi limiti
- V F Negare la dimensione spirituale dell'uomo significa sminuirlo
- V F Il razionalismo portato all'estremo è giudicato negativamente dalla Chiesa
- V F Anche la scienza considera l'esistenza una fonte continua di meraviglia
- V F L'uomo moderno non fa più ricorso alla magia

BLOG IN CLASSE

UNA ROTTA PER L'UOMO

Quale meta per il viaggio? Con quale bussola orientarsi?

Avete riflettuto su:

#superioritàdell'uomo
#capacitàdell'uomo
#grandezzaemortalità
#contraddizionidell'uomo
#angeloebruto

A questo punto tracciate il vostro **identikit di viaggiatore**:
- Che qualità servono per navigare nella vita?
- Ciascuno di voi provi a pensarci non in astratto, ma fissando e motivando almeno cinque valori nella forma:
  Voglio essere ....
  perché ....
- Da dove derivano le qualità che avete definito come indispensabili (dagli insegnamenti familiari, da quelli scolastici, da qualche esperienza significativa ecc.)?

Dopo aver risposto a queste domande, organizzatevi per allestire delle VIDEOINTERVISTE (ad adulti, scelti tra i vostri familiari, insegnanti, conoscenti).

Ecco alcune domande che potreste porre: «Che cosa fa da bussola nel vostro viaggio?»; «Sono più importanti gli ideali o i modelli?»; «In quale modo le credenze religiose aiutano a gestire il viaggio?».

Dividetevi a questo punto in gruppi.
- Un gruppo riprenda gli intervistati con la videocamera del cellulare.
- Un altro gruppo si occupi dell'ambientazione scenica di ogni intervento.
- Un terzo gruppo provveda al montaggio.

Distribuite, quindi, **il vostro video**: a scuola, in parrocchia, nel quartiere.

UNA MAPPA PER TUTTI

DIDATTICA INCLUSIVA

IL PERCORSO IN BREVE

Abbiamo imparato:

- che il Dio di Israele ha stabilito un'alleanza con il suo popolo per la salvezza;
- quale fu il ruolo di Abramo;
- chi è il Messia per gli ebrei;
- che la storia della salvezza dell'uomo prosegue grazie a Gesù, il Cristo;
- che la comunità dei credenti, cioè la Chiesa, continua la missione di Gesù;
- come si organizzò nei primi anni la Chiesa (le prime comunità, lo stile di vita, l'organizzazione, la diffusione del cristianesimo);
- qual è sempre stata la missione della Chiesa, fin dalla sua nascita
- che cosa vuol dire "testimoniare" e chi sono i martiri;
- il ruolo fondamentale di Paolo di Tarso nella missione apostolica (i viaggi missionari, le lettere alle comunità nascenti).

PERCORSO 2 DARE UN SENSO ALLA VITA

DIDATTICA COOPERATIVA

PER COMINCIARE INSIEME

Cercare un senso alla propria vita non significa solo porsi i grandi interrogativi, ma anche avere una propria visione della vita; in base alla quale compiere delle scelte. Insomma, ognuno di noi può "costruirsi" liberamente, ma facendo i conti sia con il proprio carattere e le proprie inclinazioni, sia con la realtà che ci circonda, sia con gli eventi che ci capitano, purtoppo non sempre lieti.

Rüdiger Safranski.

- Per esprimerci con le parole del pensatore tedesco **Rüdiger Safranski**: «*qualunque cosa sia il male, è entrato nel mondo attraverso l'uomo. La storia comincia con un incidente sul lavoro della libertà e continua sulla stessa linea*».
Ecco così impostato il tema di questo *Percorso*, in cui vedremo però (ed è cosa facilmente intuibile) che il problema dell'uomo, fin dalle sue origini, è quello di **sfuggire il male** e di **essere felice**.
  - Che cos'è la felicità?
  - La felicità è un caso o è il frutto di una decisione?
  - Si può essere felici anche se il dolore e la sofferenza, nel corso della vita, inevitabilmente, toccano ciascuno di noi?
  - Si può essere felici facendo ciò che il nostro istinto ci suggerisce, senza curarsi di norme e regole di nessun genere?

Ofra Amit, **Viaggio interiore**.

- Se ciascuno agisse facendo spontaneamente "tutto quello che gli salta in mente" potrebbe mettere in atto comportamenti nocivi a sé e agli altri.
- Questo significa che ciascuno di noi deve **orientare il proprio comportamento** e rinunciare a fare qualcosa solo perché piace: cioè deve **porre dei limiti** al proprio desiderio personale.
- Insomma, prima di tutto, occorre imparare essere "legge a se stessi". Darsi una legge non significa seguire un capriccio (in un capriccio non vi è infatti alcuna volontà), ma vuol dire **essere vincolati a ciò che si sceglie e si vuole essere**.

- Affrontiamo quindi il "problema di scegliere", quello che lo scrittore francese **Georges Perec** definiva come «*il problema di tutta la vita*». Proviamo a riflettere:

SCEGLIERE DI ESSERE FELICI

Le regole per progettare la propria felicità

- Ci aiuteranno le parole del filosofo spagnolo **Fernando Savater**, un opinionista molto conosciuto, che si è spesso occupato di norme e comportamenti; quelle di un altro filosofo-opinionista, questa volta italiano, **Salvatore Natoli** e poi ancora il sociologo polacco **Zigmunt Bauman**, uno dei lettori più attenti della realtà attuale. Infine una voce dal passato: quella di uno dei maggiori pensatori umanisti della tradizione italiana, **Giovanni Pico della Mirandola** (1463-1494), che nell'*Orazione sulla dignità dell'uomo* immagina che Dio parli ad Abramo.

Buono studio!

LEZIONE 1 LA RICERCA DI UN SENSO

Fernando Savater @ Noi esseri umani abbiamo un organo estremamente sviluppato e capace di molteplici prestazioni assai sofisticate: il cervello, l'organo specifico dell'azione, che conosce, delibera,valuta e decide #importanzadellarazionalità

? # Essere razionali è una qualità che distingue l'uomo dagli altri animali, che invece agiscono in base all'istinto. Sapreste definire quale differenza esiste tra "razionalità" e "istinto", dando una definizione di ciascuno dei due termini?

LA NECESSITÀ DI TROVARE UNA RISPOSTA

Le domande esistenziali che aprono l'uomo al mistero invocano o addirittura pretendono una risposta. Ed è una pretesa che si trasforma in un **dolore radicale** quando non riesce a essere soddisfatta, diventa **tormento** che continuamente rimanda al pensiero circa il senso e il destino dell'esistenza umana.

- Lo psicoanalista Carl Gustav Jung, riflettendo sulle cause del profondo malessere psicologico dell'uomo, diceva che **vivere senza un senso** può essere un'**esperienza devastante**: l'uomo ha un bisogno disperato di certezze.
- Ben prima della nascita della psicoanalisi, il problema del senso era già centrale nella riflessione umana. Il filosofo Blaise Pascal riassumeva così la condizione umana: «*Bruciamo dal desiderio di trovare un fondamento solido e una base ultima e duratura per costruirvi sopra una torre che si innalzi all'infinito*».

I tormenti cominciano quando «*il fondamento crolla e la terra si apre fino agli abissi*» (*Pensieri*, fr. 72).

LA VERTIGINE DI FRONTE AL NULLA

Alla **meraviglia di fronte a ciò che esiste** corrisponde un'emozione più sottile e meno avvertibile, ma non per questo meno reale e potente: la **meraviglia di fronte al nulla**. La domanda di senso si specifica e si approfondisce in un'altra più inquietante e più estrema che è: "Perché esiste qualcosa, anziché il nulla?".
Il senso di vertigine e di vuoto non fa che aumentare quando facciamo mente locale su un aspetto sconcertante: il mondo potrebbe tranquillamente fare a meno di noi. In una visione pessimistica, che nega ogni speranza, **è inesplicabile la nostra esistenza in un mondo che può fare a meno di noi** e nel quale si rischia di non vedere mai la luce.

LA PAURA DELLA MORTE

Dall'idea del "nulla", per quanto esso non esista, scaturisce un che di **minaccioso** e **oscuro**. Se dalla meraviglia di fronte all'"essere" scaturisce la gioia della vita, dallo sconcerto di fronte al "non essere" (il nulla) emerge la **paura della morte**.

CERCATORI DI

FELICITÀ

«Ditemi: voi aspirate davvero alla felicità? In un tempo in cui si è attratti da tante parvenze di felicità, si rischia di accontentarsi di poco, di avere un'idea "in piccolo" della vita. Aspirate invece a cose grandi! Allargate i vostri cuori!»

«Se veramente fate emergere le aspirazioni più profonde del vostro cuore, vi renderete conto che in voi c'è un desiderio inestinguibile di felicità, e questo vi permetterà di smascherare e respingere le tante offerte "a basso prezzo" che trovate intorno a voi. [...] È molto triste vedere una gioventù "sazia", ma debole. Abbiate il coraggio della vera felicità! Dite no alla cultura del provvisorio, della superficialità e dello scarto, che non vi ritiene in grado di assumere responsabilità e affrontare le grandi sfide della vita!»

MESSAGGIO DEL SANTO PADRE FRANCESCO
PER LA XXIX GIORNATA MONDIALE DELLA GIOVENTÙ 2014

La **felicità**: tutti ne parlano, pochi sanno cos'è

Tutti quanti aspiriamo a vivere felici, eppure, quando bisogna capire che cosa ci rende davvero tali, la nostra vista si annebbia e brancoliamo alla cieca. Spesso sembriamo irresistibilmente orientati a cercare la felicità dove non c'è oppure imbocchiamo vie sbagliate per raggiungerla o vaghiamo senza meta, nella speranza di imbatterci in essa, prima o poi.

Ma che cos'è la felicità? Se ripercorriamo la storia del pensiero umano, troviamo molte definizioni che identificano la felicità con un atteggiamento o una disposizione d'animo (la capacità di sapersi accontentare, di moderare i propri desideri, di accettare ciò che non si può cambiare…). Molti, tuttavia, la fanno coincidere con uno stato dell'essere (la contentezza, il godimento, l'allegria, la serenità, il piacere...) o con il possesso di qualcosa.

Il fatto è che la felicità ha a che fare tanto con il destino o la fortuna quanto con una componente razionale e volontaria. È questa una delle ragioni per cui non esiste una "ricetta" della felicità valida per tutti. Tuttavia, possiamo affermare con certezza che essa ha a che fare con la capacità di dare un senso profondo alla nostra esistenza e con la capacità di coniugare il meraviglioso e complicato verbo "vivere".

Essere capaci di **stare da soli**

SOLITUDINE / SOCIALITÀ

Un importante filosofo del XVII secolo, Blaise Pascal, scriveva che tutta l'infelicità degli uomini origina da una cosa sola: non saper stare tranquilli in una camera.
Che cosa significano queste parole? Che la nostra felicità deriva (almeno in gran parte) dalla nostra capacità di stare da soli, di non dipendere in tutto e per tutto dagli altri, di riflettere e meditare in solitudine.

Ma non dobbiamo dimenticare che c'è anche una solitudine non sana. Pensate, per esempio, a tutto il tempo passato davanti al computer, dedicato spesso alle relazioni virtuali, che ci rendono sempre più isolati e inadeguati ai rapporti reali: la socializzazione che avviene sui social network ci espone a una maggiore insicurezza, perché diamo un peso smisurato al giudizio degli altri, perlopiù veri sconosciuti.

L'importanza di **stare con gli altri**

La capacità di stare da soli è un ingrediente importante della felicità, ma non è certo l'unico. C'è, infatti, la socialità: le relazioni (autentiche, non virtuali) con gli altri, i legami di amicizia e di amore, che, sicuramente, contano altrettanto. Purtroppo (e i fatti di cronaca lo testimoniano) spesso le relazioni sono un terreno minato, perché ci manca un'educazione sentimentale che ci indirizzi al rispetto per gli altri e ci faccia capire che l'amore (nelle sue diverse forme) rende liberi, non prigionieri e che si sta insieme per la felicità reciproca, grazie a una volontà che si rinnova ogni giorno.

SOLIDARIETÀ

La solidarietà rende felici

«A voi giovani affido in modo particolare il compito di rimettere al centro della cultura umana la solidarietà. Pensiamo anche a coloro che non si sentono amati, non hanno speranza per il futuro, rinunciano a impegnarsi nella vita perché sono scoraggiati, delusi, intimoriti. Dobbiamo imparare a stare con i poveri.»

MERAVIGLIA

La capacità di meravigliarsi

Tanti di noi non sono capaci di godere della meraviglia dell'universo a causa della distrazione e di una vita frenetica e superficiale. Liberiamoci della visione convenzionale e abitudinaria che abbiamo delle cose e impariamo di nuovo a meravigliarci di fronte alla bellezza della natura: anche questo contribuirà ad accrescere la nostra felicità.

La **consapevolezza della morte** interviene ad aggravare l'angoscia dell'esistenza e la fine della vita appare come un "niente" che ingoia ogni cosa. Quando tutte queste considerazioni ci assalgono provocano un **senso di impotenza e di scoraggiamento**, o peggio, un **dolore estremo**, che ci tormenta sul senso e sul destino della nostra esistenza.

È POSSIBILE VINCERE LA PAURA DELLA MORTE?

La paura della morte è **connaturata all'uomo** e **liberarsi da questa paura** è stato ed è lo **scopo di molte filosofie e delle religioni**, che affrontano questo problema secondo vari punti di vista. Interpretata come cifra dell'assurdità della vita umana, come paradosso drammatico, come disperato fallimento, ma anche, positivamente, come apertura dell'esistenza alla sua autenticità, come accesso alla vera vita – che non è quella del mondo –, non c'è dubbio che la paura della morte scateni comunque un profondo **senso di angoscia**.

SOCIAL FORUM

«Ha una sua solitudine lo spazio,
solitudine il mare
e solitudine la morte,
– eppure tutte queste son folla
in confronto a quel punto più
profondo,
segretezza polare,
che è un'anima al cospetto di se
stessa:
infinità finita».

- Che cosa vi suggerisce questa breve poesia (*Solitudine*) di Emily Dickinson?
- Che senso attribuite alle parole «*infinità finita*» utilizzate per definire l'anima umana?
- Ritenete che questi versi sintetizzino in modo efficace la condizione umana? Confrontatevi in classe.

SFUGGIRE ALL'ANGOSCIA DEL NULLA

Dal disorientamento prodotto dall'esperienza angosciosa del nulla scaturisce nell'uomo un senso diffuso di sfiducia.
Proprio perché lo stare soli con se stessi mette di fronte crudamente alle difficoltà dell'esistenza, l'uomo cerca in mille modi di **sfuggire alla sua miseria attraverso l'affaccendarsi quotidiano**. Con mille impegni "ammazza il tempo", lo riempie di divertimenti, di esperienze e sensazioni, che possono essere **diversivi**, ma non colmano veramente il vuoto. Anzi, alla lunga l'uomo è insoddisfatto o addirittura disgustato dalla consapevolezza della **vacuità delle sue distrazioni**.

Oscar Ghiglia, **Pensieri**, *1935 circa; collezione privata.*

TRA LIMITI E DESIDERIO DI INFINITO

Questa insoddisfazione e questo senso di disgusto insorgono nell'uomo proprio per il **carattere contraddittorio del suo essere**: **finito**, ma con l'aspirazione a un **bene infinito**, segno della grandezza della sua destinazione.
Pascal (che ci ha accompagnato nel *Percorso* precedente), riflettendo sul fatto che l'uomo è un **essere limitato** (lo sono la sua estensione fisica, la durata della sua vita, i suoi sensi e le sue facoltà spirituali), ma che contemporaneamente è **teso a oltrepassare questi limiti**, sottolineava che questa **sospensione tra il tutto e il nulla** provoca uno stato di profonda **inquietudine** e di **lacerazione**. In quanto superiore al nulla (l'uomo non è un "bruto"), l'uomo tenta vanamente di abbracciare il tutto, ma in quanto inferiore al tutto (non è neppure un angelo), tende vanamente ad abbracciare il nulla.

LEZIONE 2 LA RISPOSTA DEL CRISTIANESIMO

Fernando Savater @ Il cervello funziona spronato dalle nostre carenze e insufficienze, per risolverle o sfruttarle a proprio favore. [...] L'essere umano, per la propria imprecisione, commette continui errori, ma impara da essi e va avanti correggendo continuamente i propri percorsi vitali #impararedaglierrori

Concordate sul fatto che l'essere umano sia "impreciso"?
Gli errori costituiscono un'opportunità per crescere?

LE RISPOSTE DELLE SACRE SCRITTURE

VIDEO
Adamo: il primo uomo

I credenti cristiani trovano alcune risposte alle loro domande esistenziali nelle Scritture, che contengono quanto Dio ha rivelato all'uomo.
In particolare, il primo capitolo della **Genesi** offre ben due versioni della creazione dell'uomo, risalenti a fonti diverse.
I due racconti della Genesi forniscono una **sintesi efficace della visione ebraica sull'uomo**. L'intenzione non è quella di raccontare che cosa sia avvenuto realmente al momento della creazione, ma è quella di **spiegare chi è l'uomo secondo la rivelazione fatta da Dio**.
Il libro, nella prima parte, affronta i grandi enigmi dell'esistenza: le origini dell'universo e dell'uomo; quale sia il giusto rapporto dell'uomo con Dio; il problema del bene e del male, del dolore, della morte; la crescita dell'umanità e il suo differenziarsi nello scorrere del tempo. [vedi DOC 1]

SOCIAL FORUM

- Qual è la vostra idea di libertà? Ciascuno di voi provi a esprimerla associandola ad alcune parole (massimo cinque) e a delle immagini (massimo tre).
- Il filosofo Montaigne diceva che la «vera *libertà è potere tutto su se stessi*». Come vi sembra di poter giudicare questa affermazione in base alla vostra esperienza?
- Conoscete altre definizioni di libertà?
- Nella costituzione pastorale *Gaudium et Spes* la libertà umana è definita «*segno altissimo dell'immagine divina*». Sapreste spiegare perché, alla luce di quanto avete studiato?

CHI È L'UOMO?

Secondo il racconto della Genesi, Dio crea l'uomo quando ha già completato tutto il resto della creazione, che è in funzione dell'uomo ed è posta al suo servizio (Gen 1,28-30). L'**uomo** quindi è il **centro di tutto il creato**.
Nell'uomo Dio ha manifestato la sua infinita grandezza, creandolo **a sua immagine e somiglianza**. Questo determina che l'uomo abbia una **dignità particolare** tra gli altri esseri viventi. Infatti è una **persona**:

- tra tutte le creature, infatti, solo l'uomo è "capace" di Dio, cioè in grado di accoglierlo e di porsi in relazione con Lui.
- La sua **dignità** implica che il suo modo di vivere sia tale da rispecchiare il fatto che egli è stato creato a immagine del Dio vivente.

Giuliano Ferri,
Creazione di Adamo.

DIO CREA L'UOMO E LA DONNA

Secondo il racconto biblico, Adamo (nel testo ebraico *Ish,* che vuol dire "dare forma") non viene lasciato solo: nessuna delle creature che lo circonda è adatta a lui e per questo Dio dal suo fianco trae *Ishà*, la prima donna ("colei che procede da *Ish*", nella tradizione latina Eva), che lo completa.

La creazione di Dio continua attraverso la **cooperazione degli uomini**: Genesi racconta che l'uomo è stato creato maschio e femmina ed **è la coppia unita e procreatrice di figli la vera immagine di Dio**.

Ogni figlio nato da una coppia umana riceve da Dio un elemento spirituale, l'**anima**, ed è un essere **unico** e **irripetibile**.

L'UOMO È ANIMA E CORPO

La persona umana dunque è **anima e corpo**, cioè composta dall'organismo materiale e dall'anima spirituale:

- mediante la sua **corporeità**, l'uomo si inserisce nel mondo materiale, e deve aver cura del proprio corpo, ma neppure esserne schiavo né essere condizionato da una visione puramente terrena della sua vita;
- grazie alla sua **spiritualità** l'uomo è aperto alla trascendenza e alla scoperta di una verità più profonda.

LIBERO DI AGIRE, MA LIMITATO

Dio crea l'uomo **libero di agire** nel creato: infatti **l'uomo è figlio**, non è servo. L'uomo è l'unico, tra gli esseri creati a immagine di Dio, ad avere caratteristiche proprie della divinità, ma non è una divinità. A differenza di Dio, **è finito e limitato**.

- Il racconto di Genesi 2 sottolinea la differenza tra l'uomo e Dio: creatura di fango, Adamo ha però **in sé la vita divina** perché è l'alito di Dio a farlo vivere.
- Tuttavia, **non tutto è permesso all'uomo**. Genesi 2 sottolinea che alla prima coppia è precluso l'accesso all'**albero della conoscenza del bene e del male**. La capacità di decidere ciò che è bene e ciò che è male, infatti, appartiene solo a Dio, che conosce il significato e lo scopo di ogni cosa.

Ma **Adamo** trasgredisce l'ordine di non cibarsi del frutto dell'albero della conoscenza e, non accettando i limiti che Dio gli ha posto, **impiega male la sua libertà** (vedi a **p. 273**).

LEZIONE 3 IL PROBLEMA DEL DOLORE E DEL MALE

Fernando Savater @ Non siamo determinati a vivere in nessun paesaggio e in nessun clima, ma a convivere con i nostri simili, che ci insegnino e ci aiutino. L'ambiente naturale specifico degli esseri umani è la società #uomoanimalesociale

?

Gli altri animali "specializzano" le loro caratteristiche per garantirsi la sopravvivenza (ad esempio, gli uccelli hanno un becco di forma diversa a seconda che siano insettivori, granivori, predatori ecc.), gli uomini no: questo è un vantaggio o uno svantaggio?

LA PRESENZA COSTANTE DEL DOLORE NELLA VITA UMANA

PAGINE DIGITALI
Peccare è come sbagliare la mira

Se lo scopo principale della vita umana è – come riconosce la filosofia – la **felicità**, è **il dolore la cifra dell'esistenza umana**.
Ripercorrendo le tappe della riflessione umana, dalla Bibbia alla tradizione classica occidentale, ai testi fondamentali delle tradizioni orientali, nelle filosofie, nelle tradizioni letterarie, il **tema del dolore** è **costante**. La sofferenza è una realtà pervasiva di cui l'umanità tenta da sempre di rendere ragione. La terra sembra proprio quell'«*atomo opaco del male*» di cui parla il poeta Giovanni Pascoli, suggellando con questa immagine l'**inevitabile destino umano di morte e sofferenza**.
Che si tratti di **dolore**, **fisico** o **morale** o dell'esperienza estrema del male di vivere (determinato dalla condizione di disarmonia in cui si svolge il destino dell'uomo), sfuggirvi sembra impossibile e **attribuirgli un senso** un'impresa ardua.

Mark Kostabi, **Newton's Second Thoughts**, *2005.*

COMPRENDERE IL DOLORE PER RENDERLO PIÙ TOLLERABILE

Quello che veramente è lacerante e insostenibile nella contingenza umana del dolore è l'apparente **impossibilità di attribuirle un significato** nella trama complessiva della vita. Questa impossibilità è strettamente connessa alla difficoltà di **pensare l'impensabile** e di **tradurlo attraverso il linguaggio**.

- La cultura umana nei millenni ha cercato di superare questa *impasse* cercando di **motivare il dolore**, rendendolo così più governabile con il pensiero e comunicabile con le parole, conseguentemente più tollerabile. Le grandi visioni del mondo, le interpretazioni del reale nelle loro svariate forme hanno così permesso agli uomini di fare i conti con questa terribile esperienza.
- La disquisizione del pensiero nei secoli si è soffermata sia sulla **sfera teologica** sia su quella **antropologica**, fino ad approdare, nel Novecento, alle riflessioni successive al dramma di due guerre mondiali, degli stermini razziali, con esiti diversi di pensiero, risolvendosi nella tragica "**banalità del male**" denunciata da Hannah Arendt. [vedi DOC 7]

DOLORE DI TUTTI, DOLORE INDIVIDUALE

Se anche riesce a darsi una ragione, grazie alle varie tradizioni culturali, del **male universale**, ogni uomo, tuttavia, vive il proprio **dolore privato** come qualcosa di innaturale, che colpisce al di là di ogni possibile spiegazione. Chi soffre non si capacita del **suo** dolore, lo percepisce come **insensato**, immeritato e ingiusto.
Un'esperienza estrema come quella del male mette in luce quindi una **frattura** anche in coloro che hanno iscritto la loro vita in un orizzonte complessivo di senso entro il quale il dolore è per certi versi spiegabile e comunicabile: tra quel dolore e il proprio dolore c'è comunque sempre uno squarcio che rischia di inghiottirci come il buio della notte.

Sierge Köder, **Giobbe**.

SE DIO ESISTE, PERCHÉ C'È IL MALE?

Anche l'uomo di fede, che trova un'interpretazione della sofferenza all'interno della propria credenza religiosa e avverte la protezione dell'Onnipotente, chiede ragione al suo Dio del dolore che lo colpisce (vedi a **p. 235** il problema della teodicea).
Il teologo Sergio Quinzio faceva notare che nell'Antico Testamento il problema del male scoppia drammaticamente quando ci si accorge che **non sussiste corrispondenza tra la maledizione di Dio che colpisce l'empio come castigo e il premio che retribuisce chi è retto e probo**.
La storia biblica di Giobbe («*uomo integro e retto, timorato di Dio*» Gb 1,8) è un esempio illuminante: profondamente abbattuto dalla sofferenza, interpella con veemenza Dio sul motivo della sua sofferenza. Il suo è **il dolore del giusto** che non si capacita del suo destino. [vedi **DOC 3**]

PERCHÉ IL DOLORE DEGLI INNOCENTI?

Il dolore dei giusti, il **dolore innocente** di chi non ha colpe proprie, il dolore dei bambini è uno degli snodi fondamentali della riflessione sul male nel mondo. [vedi **DOC 6**] Anche la mente protesa a dare un senso (filosofico o religioso) al dolore di fronte a questo tipo di sofferenza rischia di perdersi. In quanto uomo, lo stesso Figlio di Dio, l'emblema per eccellenza del **giusto condannato a una violenza ineffabile**, è sconvolto dalla sofferenza psichica e fisica con estremo tormento. **Gesù il Cristo**, stremato da un'angoscia tipicamente umana alla vigilia della sua passione, si rivolge al Padre: ma la sua preghiera («*Allontana da me questo calice*» Mc 14,36; Mt 26,39) racchiude il supremo significato di cui è intessuto il cristianesimo: «*Però non ciò che voglio io, ma ciò che vuoi tu*» (Mc 14,36; Mt 26,38).

- Del resto Cristo sa che la sua morte ha il valore di **redenzione per gli uomini** e con la sua morte offre loro la salvezza dal male supremo.
- Se anche per i cristiani l'esperienza del proprio dolore è così estrema da sfiorare l'assurdo, **affidarsi a Dio e al suo mistero di salvezza** apre alla **speranza**.

SOCIAL FORUM

- Di fronte alla constatazione dell'esistenza del male, un esito possibile è l'indifferentismo morale. Capita spesso di sentir dire "che male c'è?" anche di fronte a comportamenti che trasgrediscono il comune senso di ciò che è bene e di ciò che è male.
- Vi è capitato di difendervi con l'argomento del "che male c'è"; avete mai sentito qualcuno utilizzarlo?
- Con quali altri termini, oltre a quello qui utilizzato di "indifferentismo", potremmo definire l'atteggiamento di chi dice: "che male c'è?"? Discutetene in classe.

LEZIONE 4 DIO E IL MALE NELLA GENESI

Giovanni Pico della Mirandola @ Tu, non costretto da alcuna barriera, determinerai la natura secondo il tuo arbitrio, alla cui potestà ti consegnai. Ti posi nel mezzo del mondo perché di là, meglio, tu scorgessi tutto ciò che è nel mondo #conquistedell'uomo

?

Non è la natura a specializzare gli uomini, ma il loro arbitrio, cioè la capacità di scegliere: concordate con questa analisi?
Queste parole sono dette da Dio ad Adamo: in quale modo il racconto di Genesi esprime l'essere dell'uomo «*nel mezzo del mondo*»?

ANCHE IL MALE FA PARTE DELL'UOMO

Il racconto della Genesi, che vede nella realtà creata il riflesso del pensiero divino, trova nella natura e nell'uomo una traccia del disegno concepito da Dio: **ogni realtà creata è portatrice di un "senso"**, quindi nulla è creato senza senso.
Dio ha creato l'uomo perché sia felice e libero.

- "**Felicità**" e "**libertà**" sono dunque due parole chiave per interpretare la visione dell'uomo che scaturisce dalla Bibbia.
- Eppure, come abbiamo visto, l'uomo è condannato alla fatica e alla sofferenza. Dunque anche "**male**" è un **termine chiave per definire l'uomo**.

TUTTO CIÒ CHE PROVIENE DA DIO È BUONO

Secondo la visione ebraico-cristiana (come abbiamo detto a p. 268) la creatura umana, pur essendo a immagine e somiglianza del suo Creatore, non è Dio, perché **solo Dio è onnisciente** e può avere la conoscenza di ciò che è bene e di ciò che è male.

- La vita è nelle mani di Dio, da cui provengono tutto l'ordine e la bontà: ogni cosa, in quanto derivata da Dio e da lui dipendente, è bene. Questa visione, nel pensiero cristiano, è stata elaborata da quel filone dell'antropologia che prende le mosse da Agostino: in base ad essa **tutta la realtà creata da Dio**, che è buono e onnipotente, non può essere che **buona**.
- Tuttavia, anche se la **vita umana**, in quanto radicale riferimento al suo Creatore, è **buona** e l'uomo è stato creato per essere felice, tutto è riposto nella **libertà di scegliere di cui l'uomo gode**. [vedi DOC 5]

SOCIAL FORUM

- Se, come diceva Albert Camus, «*la libertà non è altro che una possibilità di essere migliori*», perché l'uomo, potendo scegliere il bene, sceglie invece il male?
- Constatavano questa tendenza umana già pensatori di epoca classica pre-cristiana. Avete potuto sperimentare personalmente questo cattivo uso della libertà?
- Quali pensate possano essere i motivi di questo comportamento? Confrontatevi in classe.

IL SERPENTE TENTATORE, SIMBOLO DEL MALE

In Genesi 3 viene introdotta la figura del **serpente tentatore**, che induce il primo uomo e la prima donna a trasgredire l'ordine divino. Il serpente esprime tutta la **simbologia del male**: è una potenza nemica dell'uomo e di Dio, viene dalla polvere, come l'uomo, e dell'uomo rappresenta gli istinti e la fragilità. Inoltre, il nome stesso del serpente viene messo in rapporto alla sua azione di tentatore: *nahash* in ebraico significa "serpente" ma anche "indurre in tentazione". Dio punisce Adamo ed Eva per il loro peccato, e li caccia da Eden, condannandoli alla **fatica** e alla **sofferenza**. [vedi **DOC 2**]

L'ABUSO DELLA LIBERTÀ

Accettando le lusinghe del serpente **l'uomo abusa della sua libertà** e oltrepassa i suoi limiti, tentando di essere come Dio.
Vuole essere egli stesso fonte e origine del bene e del male e così facendo perde la sua posizione privilegiata, **interrompe il dialogo personale** che Dio aveva instaurato con lui, andando incontro a una situazione di sofferenza e di male.

L'UOMO SCEGLIE LIBERAMENTE DI ALLONTANARSI DA DIO

Come effetto della sua libertà, l'uomo può, dunque, decidere di **costruire la propria vita rinunciando a riferirsi a Dio**, diventando così egli stesso criterio di bene e di male. In questo caso, però, corre il rischio di **non raggiungere** la **felicità** per la quale è stato creato.
La vita dell'uomo appare dunque come profondamente segnata da due realtà:

- da una parte l'amore di Dio;
- dall'altra il persistente rifiuto di fidarsi della Sua bontà.

Come se si trovasse a un bivio, l'uomo deve scegliere quale via intraprendere. Nel racconto di Genesi viene, appunto, presentato il **dilemma** di Adamo che si trova di fronte a scelte decisive e fa un **cattivo uso della sua libertà**, rifiutandosi di riconoscere Dio quale suo principio e infrangendo così l'ordine divino.

Tentazione di Eva e **peccato originale**, *miniatura dal Salterio di Sant'Albano, 1121-1123.*

IL PECCATO, ORIGINE DI OGNI MALE

Come conseguenza del suo agire, l'uomo **perde lo stato di beatitudine** di cui godeva nell'Eden e si imbatte nell'**esperienza del male**, che non è voluto da Dio, ma causato dall'uomo, il quale in questo modo porta al fallimento la propria umanità: l'immagine e la somiglianza di Dio vengono offuscate e diminuite dal peccato.

- Nel pensiero cristiano il problema del male è la riflessione su un'esperienza: quella **del limite della creatura**, e quella della **sofferenza** e del **peccato**.
- Il senso del castigo che Dio infligge al serpente, alla donna e all'uomo è quello di affermare che il **peccato** ha profondamente **sconvolto i rapporti dell'uomo con Dio, con il prossimo, con la natura**.

Quindi, secondo il racconto biblico, il **peccato** è la **radice di tutto il male** (fisico e morale) che c'è nel mondo: tutti gli uomini sono stati contaminati dalla colpa della prima coppia, che per questo si chiama "**peccato originale**".

LEZIONE 5 IL MALE NON È INVINCIBILE

Giovanni Pico della Mirandola @ Non ti ho fatto né celeste né terreno, né mortale né immortale, perché di te stesso quasi libero e sovrano artefice ti plasmassi e ti scolpissi nella forma che avresti prescelto #capacitàdiprogettarsi

- # La posizione dell'uomo nel mondo quali vantaggi (che gli altri animali non hanno) gli consente?
- # Che cosa significa, secondo voi, l'espressione «*sovrano artefice*»?

TRASGREDIRE IL PATTO CON DIO

Alla base della visione biblica vi è l'esperienza di fede attraverso la quale Israele riconosce che per lui **maledizione** e **infelicità** sono sempre la **conseguenza della trasgressione di un comandamento di Dio**.

Il racconto di Genesi 2-3 riflette quindi **l'idea che Israele aveva della propria storia**. Dio ha creato Israele come popolo in Egitto e nel deserto, lo ha portato nella fertile terra di Canaan e gli ha dato dei Comandamenti per la vita in questo luogo (vedi a **p. 169**). Se Israele li osserva, vivrà nella Terra Promessa felice e in pace; se non li rispetta, infelicità e maledizione si abbatteranno su di lui e sarà scacciato da questo luogo.

IL PECCATO È L'ANTI-ESODO

Parimenti, il primo uomo è posto in un bel giardino, riceve un comandamento, lo trasgredisce e si vede cacciato dal giardino: rinuncia volontariamente al suo benessere per affrontare una situazione di dolore e fatica.

- Nel corso della storia umana, il male è la negazione di tutto ciò che l'uomo ha potuto sperimentare negli eventi di liberazione: è un ritorno alla schiavitù, alla situazione di sofferenza, di dolore, di malattia. È questo il messaggio che l'autore biblico vuol far comprendere.
- Il **male** è di fatto una situazione che **si verifica nel momento in cui vi è il rifiuto di Dio**: peccare significa **uscire dalla Terra Promessa**: è l'esperienza dell'anti-Esodo.

LA VIOLENZA SI DIFFONDE

La narrazione di Genesi continua: Adamo ed Eva hanno un figlio, chiamato **Caino** e poi un altro, Abele. I due rappresentano due modelli sociali:

SOCIAL FORUM

- Il passo di Genesi 3,15 è stato chiamato "protovangelo". Spiegate perché, utilizzando il *Catechismo della Chiesa Cattolica* al paragrafo 410.
- Qual è la "buona notizia" contenuta nel racconto di Genesi?
- È importante saper dominare gli impulsi? Come si può raggiungere questo dominio? Quali situazioni possono compromettere questa capacità? Confrontatevi in classe.

Caino è l'agricoltore sedentario, **Abele** è, invece, il pastore nomade, verso il quale va la simpatia del narratore.

William Blake, **Il corpo di Abele trovato da Adamo ed Eva,** *1826 circa; Londra, Tate Gallery.*

LE CONSEGUENZE DEL PRIMO ASSASSINIO

I due fanno un'offerta a Dio, che, per motivi imperscrutabili, accetta quella di Abele ma non quella di Caino. Allora questi uccide il fratello e la violenza dilaga. Alla domanda incalzante di Dio, Caino cerca di sottrarsi, mentendo e rifiutando ogni legame con il fratello. Ma il sangue versato «*grida a Dio dal suolo*», esigendo giustizia (per evitare questo "grido" si usava coprire con sabbia o terra il sangue degli uccisi).

Scatta la **sentenza di maledizione**: il delitto di Caino ha spezzato l'armonia della famiglia e della società; la conseguenza-pena sarà **l'essere "ramingo e fuggiasco"**, **fuori della società**, lontano dal terreno coltivato.

A questo punto sorgono in Caino il **pentimento** e la **paura**. Egli si sente isolato, abbandonato, indifeso e senza la protezione della famiglia o della tribù.

DIO PROTEGGE L'UOMO: LA SCONFITTA FINALE DEL MALE

Come già nel caso di Adamo ed Eva, Caino ricevette da Dio **un segno di protezione**: «*Ebbene, chiunque ucciderà Caino subirà la vendetta sette volte*». Il Signore impose a Caino un segno perché nessuno, incontrandolo, lo colpisse. Caino si allontanò dal Signore e abitò nella regione di Nod, a oriente di Eden (Gen 4,15-16).

Il **serpente** che ha manipolato psicologicamente l'uomo, sfruttando il suo aspetto fragile, la femminilità, è destinato ad essere **sconfitto**. Annunciando un'ostilità tra la razza del serpente e quella della donna (Gen 3,15), Dio lascia anche intravedere la **vittoria finale dell'uomo**: per questo il racconto di Genesi è un testo importante nella **storia della salvezza**, considerato quasi **un anticipo del Vangelo** (cioè la buona notizia della **sconfitta della morte da parte di Gesù il Cristo**).

IL BATTESIMO IN CRISTO CANCELLA IL PECCATO ORIGINALE

Il mistero della risurrezione di Gesù (come abbiamo visto a p. 231) è lo snodo principale della fede cristiana: per questo san Paolo diceva che la fede dei cristiani sarebbe vana se Cristo non fosse risorto (1Cor 15,14).

- Nell'accettazione dell'evento della croce e della tomba vuota risiede **il senso del cristianesimo**. Per i suoi fedeli la croce di Cristo è il dolore di ogni uomo e la sua risurrezione è la risurrezione di tutti coloro che credono in lui.
- Con **il battesimo** il cristiano nasce a vita nuova, perché **la colpa originale viene redenta**: «*Mediante il Battesimo siamo liberati dal peccato e rigenerati come figli di Dio...*» (*Catechismo della Chiesa Cattolica*, n. 1213).

LEZIONE 6 SIAMO NATI PER ESSERE FELICI

Giovanni Pico della Mirandola @ **Tu potrai degenerare nelle cose inferiori che sono i bruti; tu potrai, secondo il tuo volere, rigenerarti nelle cose superiori che sono divine** #capacitàdiplasmarsi

?

Trovate delle analogie tra la visione dell'uomo qui proposta e quella di Pascal, che abbiamo visto a p. 249?

Solo la volontà può aiutarci a formare il nostro essere o serve qualcos'altro?

DIO HA CREATO L'UOMO IN UNA CONDIZIONE DI FELICITÀ

Come leggiamo nel racconto della creazione, ogni tappa dell'opera di Dio è scandita dal commento: «*E Dio vide che era cosa buona*». Dio, quindi, ha creato l'uomo in un contesto "buono", che è a disposizione della creatura per nutrirla ed esserle gradita, e ha posto le condizioni per preservarlo dal male supremo, la morte.
Eppure **l'uomo sembra non essere felice**. Ma che cosa vuol dire "essere felici"?

CHE COS'È LA FELICITÀ?

La **riflessione sulla felicità** (che cosa sia; come si possa conquistare e mantenere) è una delle questioni più antiche che la riflessione umana si sia posta e appartiene alla filosofia, alla religione, alla letteratura, al diritto, ma anche al pensiero comune.
Varie sono state (e sono) le risposte date da persone diverse e forse questo non è strano:

- vi sono, infatti, persone che ritengono **la felicità qualcosa di straordinario e inconsueto** che raramente si presenta nell'esistenza e che in genere è qualcosa di caduco ed effimero;
- al contrario ci sono altre persone secondo le quali la felicità a cui aspirare non è un che di speciale e la riconoscono invece **nelle piccole cose quotidiane**.

LA FELICITÀ DI UN ISTANTE O LA FELICITÀ DURATURA?

In entrambi i casi che abbiamo citato, però, si considera la felicità come **uno stato d'animo** che dura per un breve lasso di tempo, o al più, a una serie di momenti vissuti con animo lieto.
Tuttavia, è legittimo chiedersi se sia più desiderabile una **serie di momenti felici** o **una vita nel suo complesso felice**.
Ha senso la felicità di un istante se questo istante non si apre al futuro?
Facciamo un esempio molto banale, per capire meglio. Ipotizziamo di far coincidere la felicità con la buona salute del corpo. Se io mangio cibi molto appetitosi e gustosi che danno un piacere immediato al palato, ma questi cibi fanno male, avrò una felicità immediata, che però non prepara la felicità più solida e futura di un corpo sano, che non patisce il dolore di tante malattie.

SCEGLIERE LA PROPRIA FELICITÀ

In qualche modo, con l'esempio fatto, abbiamo legato la felicità con un **progetto di vita**, che implica la scelta di **comportamenti** che concorrono più o meno alla realizzazione del progetto stesso.

- Se aspiriamo a una **felicità duratura**, dobbiamo dunque, prima di tutto, pensare che, per raggiungere la meta, forse occorre mettere in conto anche **privazioni** o **rinunce**.
- In secondo luogo, dobbiamo **imparare a scegliere**, all'interno di diverse occasioni che ci procurano gradi diversi di felicità, quelle tese a una felicità immediata e quelle invece a una felicità maggiore e più a lungo termine.
- Possiamo compiere queste scelte consapevolmente solo se siamo capaci di **ragionare sui comportamenti** tesi a realizzare il nostro progetto di vita.

SOCIAL FORUM

- La scrittrice Mary Wollstonecraft afferma che «*nessun uomo sceglie il male perché è il male; lo scambia solo per la felicità, per il bene che cerca*». Alla luce di quanto avete studiato, che interpretazione dareste di questa considerazione?
- Pensate che sia un'affermazione condivisibile? Ciascuno di voi motivi la sua risposta facendo riferimento, se possibile, al proprio vissuto.
- Che cos'è per voi la felicità? Associatela a una situazione e cercate di esprimerla brevemente a parole.

LA FELICITÀ È LEGATA AL SENSO DELLA VITA

La ricerca di una felicità intesa come uno stato di "stabilità del bene" coinvolge questioni che, per un certo verso, si legano alla **realizzazione di una vita ricca di senso e di valore**. Questo significa che il **problema della felicità** è legato al **problema della vita e del suo significato**.

L'interrogarci dunque sul fatto se siamo o no felici è strettamente connesso alle domande: "Che senso ha la mia vita?", "Chi sono io?"; "Che cosa è bene per me?"; "Che cosa veramente mi rende felice?"; "Che cosa mi risveglia a una possibilità d'essere che è essenzialmente mia?"; "Che cosa attiva in me un più profondo consenso all'essere e anche a ciò che io, in particolare, sono?".

Se si considera la felicità come la fruizione immediata del proprio bene, e non come **meta di un cammino**, magari irto di difficoltà, che tende a un bene permanente, si sfugge dunque alla **domanda di senso fondamentale** sulla propria identità e sulla vita.

IL PROGETTO DI FELICITÀ

Quella su cui riflettiamo in queste pagine non è evidentemente la felicità corrispondente a un'esperienza emotiva, a una sensazione impalpabile che è difficile da tradurre nella lingua comune. Non stiamo parlando, insomma, della felicità di un momento, ma di un **progetto di felicità**. Un progetto che, cercando una risposta alla domanda: "**Chi sono io?**", si pone immediatamente anche la domanda: "**Chi voglio essere io?**".

Poiché per progettare occorre fare scelte oculate, con l'ausilio della razionalità, ci interessa fare un **esame razionale della felicità**, fondato su precise argomentazioni ed esprimibile a parole.

LEZIONE 7 CHE COSA SERVE PER ESSERE FELICI

Salvatore Natoli @ Felice è una vita intera: perché questo accada bisogna saper tessere con sagacia la trama della propria esistenza, disegnarne il ricamo #tesserelatramaesistenziale

?

Che cosa significa secondo voi che «*felice è una vita intera*»?
Può essere felice una vita intera in cui vi sia sofferenza, dolore, angoscia?

LE PAROLE DEL PAPA
Le dipendenze

CONOSCERSI È FONDAMENTALE PER GOVERNARSI

Nel cammino verso la vera felicità, intesa come una **prospettiva di vita**, conforme al senso che attribuiamo alla vita stessa, capita frequentemente di imbattersi in **inciampi e ostacoli**. L'atteggiamento con cui li affrontiamo è fondamentale:

- occorre sviluppare la capacità di **diventare padroni di sé** e di **governarsi**;
- queste capacità presuppongono il **conoscersi approfonditamente**, l'avere **consapevolezza di sé**, delle proprie qualità come delle proprie debolezze.

Se non ci si conosce e non si è capaci di dominarsi, il rischio è quello di diventare facile **preda** del **potere degli altri** o dei propri **impulsi negativi**.
In questo spazio di autoconoscenza fiorisce la propria **libertà di scelta**.

SOCIAL FORUM

- È possibile scegliere chi si vuole diventare? «*Conoscere se stessi, le proprie potenzialità e agire in modo da svilupparle, sapendo anche fare delle rinunce*»: vi sembra una definizione convincente di "avere un progetto di vita"? Confrontatevi in classe e, chi non concordi con questa definizione, ne proponga una alternativa.
- L'adolescenza è un'età nella quale questo progetto diventa sempre più concreto: che ruolo giocano gli adulti? Vi consigliano nelle scelte, concedono totale autonomia, scelgono al posto vostro? Quale ruolo credete dovrebbero avere? Ciascuno di voi risponda facendo degli esempi concreti.

FRA GRUPPO E INDIVIDUALITÀ

Ognuno prende consapevolezza di sé nell'ambiente in cui si trova a vivere e si definisce in base alle **relazioni di appartenenza a un gruppo sociale**. Tuttavia, non si annulla in esse. Anzi si scopre unico e particolare e si costituisce come **identità individuale originale** e **irripetibile**.

L'IMPORTANZA DI CONDIVIDERE DEI VALORI

La formazione di un essere umano è un gioco di sottili **equilibri tra l'appartenere e l'appartenersi**: tra i due poli c'è **complementarietà**, ma anche un certo grado di **antagonismo** (il gruppo potrebbe annullare in sé l'individuo e questi, a sua volta, potrebbe pretendere di fare parte a sé senza condividere ciò che è comune al gruppo). La **condivisione di valori comuni** facilita all'individuo la realizzazione del suo **progetto di vita personale e unico all'interno di una società**, la cui **stabilità e compattezza** vengono contemporaneamente garantite.

Valori
Princìpi e ideali che sono considerati a fondamento della vita umana e della società e che dipendono da una valutazione soggettiva.

INDIVIDUALITÀ NON SIGNIFICA INDIVIDUALISMO

Il cristianesimo ha dato un contributo decisivo al fatto che gli individui realizzassero la loro singolarità. Attenzione però: **individualità non vuol dire individualismo**. Mentre la prima è un elemento positivo, il secondo sconfina con l'**egoismo**, cioè un insieme di comportamenti finalizzati unicamente, o almeno in maniera molto spiccata, al conseguimento dell'**interesse personale**, ignorando gli altri, che invece sono fondamentali per lo sviluppo equilibrato della propria vita. Un comportamento egoista, che è teso esclusivamente al conseguimento del benessere personale, è definibile come **utilitarismo**.

QUALI SONO I MIEI LIMITI?

A mano a mano che cresce verso la vita adulta, l'essere umano diventa titolare delle sue scelte (non è più qualcun altro a scegliere per lui) e può diventarlo solo se è conscio di **avere dei limiti**: il fatto di essere liberi non implica, infatti, fare tutto quello che passa per la testa. La pretesa incondizionata di avere tutto, di non affrontare rinunce, di non incontrare mai frustrazioni o sofferenze è proprio il contrario della padronanza di sé, necessaria alla realizzazione della propria identità.

COSTRUIRE LA PROPRIA IDENTITÀ

Abbiamo riflettuto sulla stretta connessione tra le domande "Chi sono io?" e "Chi voglio essere io?". È importante considerare una terza domanda: "**Chi posso essere io**?": cioè "Quali sono i limiti che costringono la mia volontà?". Solo rispondendo a queste tre domande è possibile accedere a un'autentica **costruzione di sé**.
Contingenze ed eventi **esterni a noi**, ma anche impulsi, desideri, turbamenti **interni a noi** travolgono la nostra vita. Se non ci si pone il problema di rispondere alle tre domande citate, si rischia di perdersi di fronte a tutte le perturbazioni dell'esistenza, che inevitabilmente vanno fronteggiate.
Crescere vuol dire **diventare padroni di sé**, concentrando le energie sul proprio progetto esistenziale, essendo ben consci che **non siamo onnipotenti** e che dobbiamo **compiere delle scelte**.

LA PADRONANZA DI SÉ PERMETTE DI ESSERE LIBERI

La capacità di scegliere i propri comportamenti in vista del fine che ci si è proposti implica l'essere **maturi** e **autonomi**. Per l'uomo, diversamente da quanto succede agli altri animali, **l'istinto non è perentorio**. Una persona è pur sempre investita da pulsioni istintive, ma se è padrona di sé (cioè si appartiene), il più delle volte è in grado di filtrare tali impulsi, soppesandoli alla luce delle proprie convinzioni. Se li accoglie e li usa con discernimento è un **uomo libero**.
Più spesso degli altri animali noi **possiamo decidere il nostro comportamento**. L'**istruzione** e l'**educazione**, inoltre, ci aiutano a capire quali comportamenti sia più opportuno applicare nelle diverse circostanze.

LEZIONE 8 UN USO RESPONSABILE DELLA LIBERTÀ

Salvatore Natoli @ Se la felicità è questo, allora è meno occasionale di quanto si pensi e, soprattutto, è frutto dell'abilità nel fronteggiare e aggirare le difficoltà #fallimentiesuccessi

?

Può esserci una vita totalmente senza difficoltà di nessun genere?
Bisogna imparare ad affrontare le difficoltà? In che modo si può imparare?

L'UOMO È LIBERO DI SCEGLIERE

Dalla lettura dei primi capitoli di Genesi, si deduce che se l'uomo cerca lontano da Dio la sua libertà, trova tutto tranne la propria realizzazione.
La libertà di Adamo ed Eva si gioca nella scelta: scegliendo di dar retta al serpente e non a Dio, determinano l'esito del loro futuro.
Potremmo dunque a ragione dire che **il perno della libertà è la scelta.**
La fragile struttura dell'essere umano , fa sì che egli sia **esposto al male** (che – come abbiamo visto – l'uomo sceglie liberamente).
La scissione interiore del cuore umano (secondo Agostino esiste una divisione interiore nell'uomo che trae verso scelte diverse e persino opposte) fa sì che l'uomo possa **scegliere se volgersi al bene o al male** e sia quindi **responsabile** (cioè risponda) delle **conseguenze** che derivano da quanto ha deciso. [vedi DOC 4]

I CONDIZIONAMENTI DELLE SCELTE

Di fronte a una scelta, l'uomo è libero quando sceglie senza essere costretto da nessun agente esterno o interno. Dobbiamo tenere conto, però, che gli **stati d'animo**, gli **eventi della vita** o **circostanze** particolari possono **influenzare le nostre scelte**.
Pensiamo a quanto ci limitano i **condizionamenti interni** (l'egoismo, l'orgoglio, l'aggressività, l'ipocrisia, gli istinti ecc.) e quanto **quelli esterni** (le condizioni ambientali, sociali, politiche, economiche, lo stato di salute, l'influenza dei media ecc.). Riconoscere questi condizionamenti è importante per **saperli dominare** e sottrarsene esercitando la propria libertà.

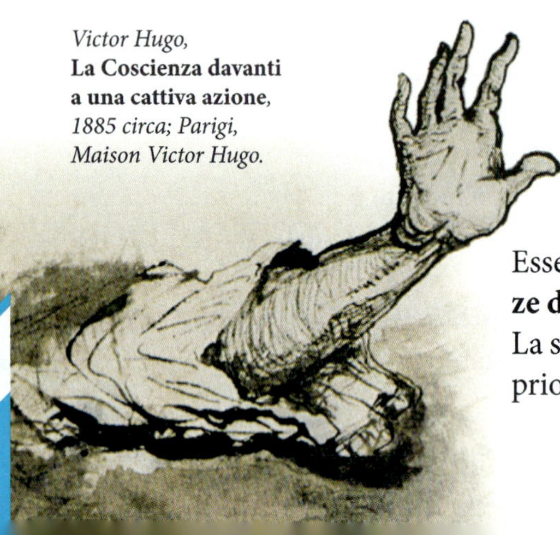

Victor Hugo, **La Coscienza davanti a una cattiva azione,** *1885 circa; Parigi, Maison Victor Hugo.*

RESPONSABILITÀ E CONSAPEVOLEZZA DELLE PROPRIE SCELTE

La scelta umana è dunque **libera in quanto volontaria.** Del resto se non fosse volontaria, non avrebbe senso parlare di responsabilità.
Essere responsabili significa **aver coscienza delle possibili conseguenze delle nostre azioni.**
La storia della prima coppia umana nel giardino di Eden ci ricorda proprio questo: che l'uomo è libero e deve essere consapevole di quello che

potrebbe conseguire dalle sue scelte. **L'uomo è libero per essere responsabile** e, in quanto responsabile, è capace di **superare il livello della pura istintività** e di capire, in totale **autonomia** e **libertà**, quali sono i suoi **compiti nella vita**.

RICONOSCERE LA VERA LIBERTÀ

Noi diciamo di essere liberi quando nella vita quotidiana possiamo scegliere tra diverse opzioni e ci sentiamo realmente liberi quando, pur essendoci qualcosa o qualcuno che ci potrebbe condizionare, non ne subiamo un'influenza determinante e sappiamo scegliere con discernimento.
Spesso, però, questo **senso di libertà** si confonde un po' maldestramente con il capriccio del momento, con strumentalizzazioni non avvertite e con il pretesto della spontaneità, dell'estro e della creatività.
È normale che ognuno di noi sogni di essere libero e che faccia **coincidere il concetto di libertà con quello di felicità**. Tuttavia, si tratta di un'**idea un po' banale di felicità**, che spesso consiste nel **fare tutto ciò che si vuole**, pensando solo a se stessi e al soddisfacimento dei propri desideri, senza limiti né freni.

I LIMITI ALLA LIBERTÀ

Ma possiamo essere **liberi senza tener conto degli altri**? Non possiamo fare a meno di tenere conto della presenza, dei diritti e dei desideri degli altri. Un limite alla nostra libertà è costituito dalla libertà degli altri: che **ciascuno si assuma la responsabilità delle proprie scelte**, nella consapevolezza che il rispetto della libertà di tutti comporta dei **limiti per la libertà di ciascuno**.
Credere di poter vivere senza obblighi e senza limiti non significa essere felici, almeno non nel senso di una felicità proiettata nel futuro e legata a un progetto di vita.
Per essere **realmente liberi** dobbiamo **scegliere**, anche contro le nostre preferenze e i nostri desideri immediati, e **riflettere su ciò che davvero vogliamo** (i desideri, cioè, più autentici e profondi).

Norman Rockwell, **Freedom of speech**, *1943; Stockbridge, The Norman Rockwell Art Collection.*

SOCIAL FORUM

In quanto esseri umani siamo tutti, oggettivamente, limitati. Ma al di là di questa situazione che ci accomuna, ognuno di noi ha i suoi limiti personali, le sue debolezze. Conoscerle ed esserne consapevoli è sicuramente indispensabile.

- Concordate con questa affermazione? Discutetene in classe motivando le vostre risposte; portate sempre come esempio fatti concreti legati alla vostra diretta esperienza.

LEZIONE 9 SCEGLIERE IL BENE

Zygmunt Bauman @ La libertà è un privilegio. Divide e separa. Separa i migliori dal resto. Deriva il suo fascino dalla differenza #privilegiodellalibertà

La libertà è un privilegio o un fardello insopportabile (come dice il DOC 9)?
Quali sono i vantaggi e quali gli svantaggi di essere liberi?

LIBERTÀ NON SIGNIFICA ESSERE SENZA LIMITI

La ribellione a Dio della prima coppia umana è stata determinata dal non aver tenuto conto del reale significato dell'essere liberi e dalla **errata convinzione che essere liberi significhi non avere limiti di sorta**.

- Nessuno di noi sceglie il momento e il luogo in cui nascere, se essere maschio o femmina e neppure il suo nome: neppure Adamo ed Eva lo hanno scelto. Dio ha scelto per loro, come per noi scelgono i nostri genitori. **Questo non significa che non siamo liberi**: abbiamo le nostre idee e convinzioni, la nostra personalità. Cioè possiamo **realizzarci come individui**, con le nostre peculiarità, unici e irripetibili.
- I **limiti** e gli **obblighi** sono soltanto una cornice all'interno della quale compiere le nostre scelte e non ci impediscono certo di riflettere, scoprire chi siamo, comportarci di conseguenza, vivere autenticamente la nostra vita, anziché esserne semplici spettatori.

Un fotogramma del film **Gesù di Nazareth** *(1977) diretto da Franco Zeffirelli e interpretato da Robert Powell.*

IL RAPPORTO TRA LIBERTÀ E VERITÀ

Se **libero dai condizionamenti** l'uomo può progettarsi come figlio di Dio, ovvero come persona che può **raggiungere la verità**, che in senso cristiano è la **legge dell'amore** insegnata da Cristo (vedi a **p. 300**).
Nel modello rappresentato dal Cristo l'uomo trova la propria verità, cioè il significato della propria vita. Tra **verità** e **libertà** c'è un **rapporto stretto**, una circolarità per la quale si è liberi se si cerca la verità e la verità si cerca per concretizzare la libertà. Proprio come dice Gesù: «*Se rimanete nella mia parola, siete davvero miei discepoli; conoscerete la verità e la verità vi farà liberi*» (Gv 8, 31-32).

LA SFIDA DELLA VERITÀ

Per l'essere umano la **prova della verità** è la provocazione più profonda e la **sfida più esigente**.

- Se la verità libera la vita di chi crede, illuminandola (dobbiamo anche quest'immagine ad Agostino), tuttavia impone un **rinnovamento dell'esistenza** tutt'altro che facile.

Cristo è la via *che conduce verso la luce della verità.*

- Per seguire Cristo e trovare la verità divina occorre mettere in discussione e **rivoluzionare il proprio modo di vivere**, le proprie credenze, le proprie convinzioni e predisporsi a un'esistenza nuova.
- Del resto Gesù ha spiegato con energia che cosa esige accettare la **ricerca della verità**. Dice ai farisei: «*Voi siete quelli che si ritengono giusti davanti agli uomini, ma Dio conosce i vostri cuori: ciò che fra gli uomini viene esaltato, davanti a Dio è cosa abominevole*» (Lc 16,15) e ancora «*Se uno viene a me e non mi ama più di quanto ami suo padre, la madre, la moglie, i figli, i fratelli, le sorelle e perfino la propria vita, non può essere mio discepolo*» (Lc 14,26).
- Gesù non è venuto per rassicurare gli uomini sulla loro buona coscienza; è venuto per portare la **verità del Padre**, non delle appaganti certezze.

LA LIBERTÀ INSEGNATA DA GESÙ: SCEGLIERE IL BENE

Dio ha nei confronti dell'uomo un progetto di amore e questo progetto prevede per l'uomo una **partecipazione alla vita stessa di Dio**.

- Dio ha attuato questo progetto nella storia dell'umanità, che è diventata per questo una **storia di salvezza che culmina nell'evento Cristo**, compimento definitivo del progetto di Dio nei confronti dell'uomo.
- L'evento Cristo interpella la libertà di ogni uomo, chiamandola a una scelta di accettazione o di rifiuto: è **dire sì o no a Dio in piena libertà**, consapevolezza e responsabilità.

Tuttavia, la **questione morale** (vedi p. 292) non è semplice ed è ricca di sfaccettature, anche per chi è cristiano e tende al Bene supremo che è Dio, il quale indica all'uomo la via da seguire. La libertà del cristiano è una **vocazione e un modo di vivere**. La libertà insegnata da Cristo è **libertà di fare il bene, per amore di Dio e del prossimo**.

SOCIAL FORUM

«Non sei responsabile di quello che sei, ma sei responsabile di quello che fai di ciò che sei».

- Che cosa intendeva dire, secondo voi, Sartre con questa affermazione?
- Ciascuno di voi è responsabile dei sentimenti che prova? E dell'uso che ne fa? Provate a fare degli esempi concreti, traendoli dalle vostre vicende esistenziali.

LEZIONE 10 DARSI DELLE REGOLE

Zygmunt Bauman @ La presenza o l'assenza della libertà riflettono, segnano e stabiliscono il contrasto tra ciò che è alto e ciò che è basso, tra ciò che è bene e ciò che è male, tra ciò che è desiderabile e ciò che è ripugnante #capacitàdidistinguere

?

In pratica, sostiene l'autore, se non ci fosse la libertà non ci sarebbe neanche la contrapposizione tra bene e male. Concordate con questa affermazione?
Vi sembra in accordo con la visione dell'uomo offerta dalla Bibbia?

AVERE UNA VISIONE DELL'ESISTENZA PER FARE LE SCELTE

Per porsi in modo problematico di fronte alla realtà e operare delle scelte è necessario avere un proprio modo di concepire il mondo e l'esistenza: in assenza di una propria visione non si possono compiere scelte precise. E non solo di fronte a tematiche importanti o a situazioni drammatiche, ma anche nella vita spicciola di tutti i giorni. Infatti, non è necessario trovarsi di fronte a esperienze clamorose per sperimentare la vita, basta vivere la quotidianità.

SCEGLIERE IN BASE A VALORI E NORME

Per la realizzazione di una vita autenticamente umana, non improntata alla casualità e all'impulsività, ciascuna scelta contingente è meditata e determinata da una scelta di campo anche in ordine ai **valori da realizzare** e al tipo di **norme da seguire**. La scelta che sta a monte di tutte le altre scelte, per il cristiano, riguarda proprio **l'adesione o meno al progetto che Dio propone** nel momento in cui indica nella Legge (vedi a p. 296) la via da seguire.

Norme
Sono le regole di comportamento che una comunità o un individuo si danno per orientare la vita individuale e sociale.

DALLA CONSAPEVOLEZZA DI SÉ...

In realtà, è anche possibile operare scelte senza preoccuparsi di come queste siano in relazione tra loro, senza preoccuparsi, cioè, se vi sia coerenza nel proprio modo di rapportarsi alla vita. Avere un **atteggiamento integro e costante** è proprio di una persona matura e consapevole di sé. Si tratta solo di acquisire questa **consapevolezza**.

- Come già abbiamo detto, vivere significa scegliere. Scegliere non è facile, implica **saggezza** e **senso di responsabilità**, ma è necessario: una pretesa incondizionata di avere tutto, di possedere tutto porterebbe alla follia. Siamo esseri limitati e saper accettare la nostra finitezza è segno di maturità: rifiutarla ingenera solo frustrazione e scontento.
- Non solo: per il cristiano non accettare l'idea di essere limitato è un grave peccato di superbia, lo stesso che hanno commesso Adamo ed Eva nel giardino di Eden. Vuol dire ritenersi come Dio, una potenza infinita che conosce tutto e può tutto.

Le **regole** *sono fondamentali per un rapporto equilibrato con gli altri.*

... ALLA NECESSITÀ DELLE NORME

Ma il nostro desiderio di onnipotenza è irrealizzabile e occorre regolamentarlo per evitare di perdersi. In altre parole: è **necessario darsi delle norme che indirizzino la nostra vita** e che ci aiutino nel compito più arduo che essa ci propone, quello di scegliere, appunto.

Porre dei **limiti al desiderio personale attraverso delle norme** che indirizzino il comportamento è vantaggioso sia al **singolo individuo** sia all'**umanità nel suo complesso**, perché la vita di ciascuno di noi, che lo si voglia o no, fa parte di una fitta **rete di relazioni**.

NOI E GLI ALTRI

Se la vita di ciascuno di noi è strettamente legata a quella degli altri, è evidente che è di fondamentale importanza partire dalla costruzione di sé per realizzare **rapporti equilibrati con gli altri**.

L'uomo costruisce se stesso a partire dal modo con cui agisce. Come se fosse un sarto, tesse il suo "abito" fatto, appunto, dalle sue scelte e dalle sue azioni. Il filosofo Friedrich Nietzsche, che era piuttosto critico nei confronti delle morali ma molto attento alla motivazione delle nostre azioni, scriveva: «*Ogni azione continua a creare noi stessi, ogni azione tesse il nostro abito multicolore. Ogni azione è libera, ma l'abito è necessario. La nostra esperienza di vita, questo è il nostro abito*».

SOCIAL FORUM

«Ti istruirò e ti insegnerò la via da seguire; / con gli occhi su di te, ti darò consiglio» (Sal 32,8).

- Si può vivere senza regole di alcun genere? Che cosa succederebbe se non si seguissero delle norme in famiglia, a scuola, nella società?
- Discutendone in classe, ciascuno di voi provi a rispondere partendo da situazioni concrete che lo coinvolgono.

LA PAROLA

DOC 1 dall'Antico Testamento

Il primo racconto della creazione
Fonte: Gen 1,1-2,4a

DOC 2 dall'Antico Testamento

La caduta

Fonte: Gen 3,1-7

Ecco il racconto della Genesi in cui l'uomo compie l'esperienza del male.

Il serpente era il più astuto di tutti gli animali selvatici che Dio aveva fatto e disse alla donna: «È vero che Dio ha detto: "Non dovete mangiare di alcun albero del giardino"?». Rispose la donna al serpente: «Dei frutti degli alberi del giardino noi possiamo mangiare, ma del frutto dell'albero che sta in mezzo al giardino Dio ha detto: "Non dovete mangiarne e non lo dovete toccare, altrimenti morirete"». Ma il serpente disse alla donna: «Non morirete affatto! Anzi, Dio sa che il giorno in cui voi ne mangiaste si aprirebbero i vostri occhi e sareste come Dio, conoscendo il bene e il male». Allora la donna vide che l'albero era buono da mangiare, gradevole agli occhi e desiderabile per acquistare saggezza; prese del suo frutto e ne mangiò, poi ne diede anche al marito, che era con lei, e anch'egli ne mangiò. Allora si aprirono gli occhi di tutti e due e conobbero di essere nudi; intrecciarono foglie di fico e se ne fecero cinture.

Il **serpente** *nelle sembianze di una sirena tenta Eva, miniatura, 1330-1340.*

COMPRENDERE E INTERPRETARE

- Cercate e leggete il resto del racconto biblico: a che cosa viene condannato il serpente? E l'uomo e la donna?
- Fate una ricerca sulla figura del serpente nelle altre mitologie.

DOC 3 dall'Antico Testamento

Il dolore del giusto
Fonte: Gb 10,1-22

DOC 4 dall'Antico Testamento

Libero di scegliere la vita e il bene
Fonte: Dt 30,15-20

LETTURE INTERDISCIPLINARI

DOC 5 il pensiero teologico

Il male nasce dall'uomo
Fonte: Agostino, **Confessioni**

DOC 6 voci letterarie

Il dolore innocente, l'amore di Dio
Fonte: Mariapia Veladiano, **Il tempo è un Dio breve**

DOC 7 il pensiero filosofico

La banalità del male
Fonte: Hannah Arendt, **La banalità del male**

DOC 8 IL PENSIERO FILOSOFICO

La cicala e la formica

Fonte: Martin Hollis,* The Cunning of Reason *(L'astuzia della ragione)

La favola classica della cicala e della formica è qui rovesciata, con un capovolgimento conseguente della "morale".

Per tutta l'estate la cicala consumava e la formica investiva. «Stai agendo in modo molto irrazionale – ammonì la formica – quando verrà l'inverno te ne pentirai».
«Sarò assai infelice – replicò la cicala – ma sto agendo in modo razionale. Essere razionale coincide con l'essere felice, e al momento il mio piacere supera il dolore futuro. Unisciti a me e canta al sole!». «Secondo me – rispose la formica – essere felici consiste nel massimizzare l'utilità su tutto l'arco dell'esistenza. [...] Dunque, per essere razionale, devo darmi da fare e investire per l'inverno». Venne l'inverno e la cicala era affamata. Chiese aiuto alla formica.
«Vorrei poterti aiutare – disse la formica – ma, essendo razionale, non posso preferire il tuo benessere al mio: non hai nulla da darmi in cambio. [...]».
[...] Rispose la cicala: «Sei tu che sei irrazionale nel proibirti di darmi un aiuto».
La formica ci pensò. Ma aveva soltanto cibo sufficiente per finire l'inverno. «[...] Vedi le foglie dell'albero d'Epicuro? Sono deliziose e nutrienti. Ma dopo un certo tempo ti ammalerai. [...]».
La cicala mangiò le foglie e finì per ammalarsi. E la formica: «Devo dirti una cosa, ma non so se per te sia una buona notizia. C'è un antidoto!». «Credo che tu non possa usarlo – ribatté la formica – perché prima ti fa stare molto male e solo in seguito ti fa guarire». «Brutta notizia – concluse la cicala – dato che io non posso investire per la felicità futura. Addio». La cicala morì, e la formica visse una grigia esistenza, evitando occasioni di felicità che avrebbero potuto trasformarsi in infelicità future. Ormai molto vecchia, si disse: «È triste non poter quasi mai fare quello che si vuole, ma condurre un'esistenza felice rende la vita assai dura».

DOC 9 voci letterarie

La condanna della libertà
Fonte: Fëdor Dostoevskij,
I fratelli Karamazov

COMPRENDERE E INTERPRETARE

- Conoscete la favola classica della cicala e della formica? Qual è la sua "morale"?
- In che senso qui la morale classica è capovolta?

VERIFICA DELLE CONOSCENZE

VERO O FALSO?

- V F Il Dio ebraico cristiano vuole il bene per l'uomo
- V F Per i cristiani libertà e verità sono due concetti in relazione tra loro
- V F L'angoscia della morte e del nulla è una delle maggiori fonti di tormento per l'uomo
- V F I cristiani non provano angoscia per la morte
- V F Secondo la visione ebraico-cristiana il male viene da Dio
- V F Più si è padroni di se stessi più si è liberi
- V F Il serpente tenta la prima coppia umana per ordine di Dio
- V F Nel giardino di Eden vi era la felicità perfetta, ma l'uomo non se n'è reso conto
- V F La colpa di Adamo ed Eva è la causa del dilagare del male nel mondo
- V F Secondo il racconto di Genesi, l'uomo sceglie liberamente di trasgredire alle norme date da Dio
- V F Cristo, con la sua passione, ha sconfitto il male provocato da Adamo ed Eva
- V F Dio punisce Caino e non fa nulla per proteggerlo
- V F I cristiani hanno un motivo per non temere la morte
- V F Il Dio ebraico-cristiano crea l'uomo come suo servo
- V F L'uomo è un animale sociale e non è stato creato da Dio per stare da solo
- V F Dio crea l'uomo con una dignità particolare rispetto agli altri esseri
- V F La prima coppia umana rinuncia volontariamente alla sua felicità
- V F È importante che l'uomo si conosca e sappia quali sono i suoi limiti
- V F Ci sono varie interpretazioni del concetto di felicità
- V F Occorre che ogni nostra scelta sia fatta tenendo in considerazione gli altri

BLOG IN CLASSE

SCEGLIERE DI ESSERE FELICI

Le regole per progettare la propria felicità

Avete riflettuto su questo argomento, tenendo in considerazione:

#importanzadellarazionalità
#impararedaglierrori
#uomoanimalesociale
#conquistedell'uomo
#capacitàdiprogettarsi
#capacitàdiplasmarsi
#tesserelatramaesistenziale
#fallimentiesuccessi
#privilegiodellalibertà
#capacitàdidistinguere

Tenete anche presente il DOC 8 e le considerazioni che vi suggerisce.

Provate ora a leggere le affermazioni che seguono:

1. Quando mi arrabbio, mi devo sfogare con qualcuno o qualcosa.
2. Quando devo ottenere qualcosa, scelgo la strada meno impegnativa.
3. Quando gli altri mi chiedono aiuto li ignoro, tanto loro farebbero lo stesso con me.
4. Quando chiedo scusa o cerco di capire un altro, mi dimostro debole.
5. Quando non c'è un'alternativa, allora posso diventare violento.

Suddividetevi in piccoli gruppi e ciascuno di essi traduca ciascuna di queste affermazioni in **una regola-esempio**, più o meno così: che cosa accadrebbe se tutti potessero fare quello che vogliono della loro rabbia?

Se tutti vivessero secondo le regole che avete ricavato, sarebbe possibile "vivere felici?"

A questo punto, ciascun gruppo scriva **cinque consigli per "vivere felici"**.

Mettete a confronto il lavoro di ogni gruppo e accordatevi sui **cinque consigli migliori**, da trascrivere su **UN MANIFESTO** ben in vista.

UNA MAPPA PER TUTTI

DIDATTICA INCLUSIVA

IL PERCORSO IN BREVE

Abbiamo imparato:

- che l'uomo è alla continua ricerca del senso della vita;
- che secondo la visione cristiana l'uomo è al centro del Creato ma non è onnipotente;
- che è stato creato libero di scegliere, ma spesso utilizza male la sua libertà, allontanandosi da Dio;
- che la libertà si traduce nella capacità di scelta e non prescinde dalle norme;
- che il male non viene da Dio, è una esperienza ineludibile, ma è anche un'opportunità;
- che la risurrezione di Cristo ha vinto la morte aprendo all'uomo una speranza;
- che la vera felicità non è un momento di benessere ma la realizzazione di un progetto di vita;
- che Cristo interpella l'uomo e poi lo lascia libero di scegliere il bene o il male;
- che darsi delle regole è importante per sé stessi e per il rapporto con gli altri.

PERCORSO 3 L'ADESIONE AL PROGETTO DI DIO

DIDATTICA COOPERATIVA

PER COMINCIARE INSIEME

Gesù ha insegnato che «*tutto quello che avete fatto a uno solo di questi miei fratelli più piccoli, l'avete fatto a me*» (Mt 25,40). Chi sono i suoi fratelli più piccoli? Gli affamati, gli assetati, gli stranieri, i carcerati. Insomma tutte le categorie di derelitti e di "ultimi della terra", che Gesù proclama, paradossalmente, "beati", come vedremo in questo *Percorso*.

- Il nucleo fondamentale dell'insegnamento morale di Gesù è l'**amore incondizionato** e l'**accoglienza di tutti**, indipendentemente dalle loro origini, dalle loro caratteristiche, dalla loro estrazione. Ogni essere umano, infatti, ha il diritto di essere amato per quello che è, senza essere prevaricato. Quando si prevarica, infatti, si "varca una soglia" e allora si può odiare con forza, facendo del male fisico e morale al nostro prossimo.
- Gesù ci ha insegnato ad **essere miti** e a non prevaricare mai. Anzi, ad amare chiunque, anche il nostro nemico: che tipo di amore debba essere il nostro ce lo spiega san Paolo, il cantore dell'amore cristiano (vedi a p. 318).
- Il vero amore cristiano (come vedremo a p. 353) non è però una vaga benevolenza, ma deve tradursi in fatti concreti: cioè bisogna testimoniare, rendere visibile l'amore di Dio.
  Pensate a questo tema:

IL DIRITTO DI ESSERE AMATI

Testimoniare attivamente l'amore

- Nelle pagine seguenti, riflettete su questo argomento tenendo presenti le parole che il protagonista del romanzo *Risurrezione* dello scrittore russo **Lev Tolstoj**, Nechljudov, alla ricerca di un riscatto e di redenzione morale, pronuncia una notte, dopo aver letto il *Discorso della montagna*. Tenete anche conto quanto ci dice lo scrittore tedesco **Hermann Hesse** (dal suo romanzo *La cura*) nel DOC 8 e, soprattutto, guardate i filmati sui **testimoni di Cristo** nelle espansioni digitali e osservate **la realtà intorno a voi**, facendo attenzione anche a quanto apprendete dai media.

Buono studio!

LEZIONE 1 MORALE ED ETICA CRISTIANA

Lev Tolstoj @ *Primo comandamento* (Matteo 5,21-26): Non solo l'uomo non deve uccidere, ma non deve adirarsi contro il fratello, non deve considerare nessuno come persona disprezzabile, come un «*cretino*», e se ha avuto una contesa con qualcuno deve riconciliarsi prima di presentare il suo dono a Dio, cioè prima di pregare #rispettoericonciliazione

?

È pensabile non adirarsi mai?
Quali limiti si deve porre all'ira?
Perché, secondo il vostro giudizio, l'ira è considerata un peccato?

L'ABITO MORALE

Le nostre abitudini sono come un vestito (in latino *habitus*) con cui ci presentiamo al mondo; le parole "abito" e "abitudine" hanno, infatti, la stessa radice. Nel linguaggio corrente "abitudine" può essere usato come sinonimo di "usanza", "comportamento". Questi due termini si esprimono in greco con la parola *éthos* e in latino con *mos, moris*. Dal termine greco deriva **etica**, da quello latino **morale**.
Noi usiamo qui le parole "etica" e "morale" come sinonimi per indicare quella **riflessione sulle norme** che regolano il comportamento, le azioni dell'essere umano.

Etica e morale
Costituiscono la parte della filosofia che studia i principi che determinano l'agire dell'uomo, soprattutto in relazione alla definizione di bene e di male, ai doveri e ai criteri di giudizio.

TUTTE LE NORME SONO MORALI?

Etica e morale però non sono semplicemente un insieme di norme che riguardano il comportamento: anche la legge di uno Stato o il diritto sono codici di comportamento, ma questo non li rende immediatamente etici.
Dovremmo dunque chiederci: nell'etica chi o che cosa mi dice che si deve agire in un modo piuttosto che in un altro? La risposta dipende dai **criteri** cui si fa riferimento nella vita quotidiana.
Una risposta possibile circa i criteri dell'agire etico riguarda la sfera dei **valori**.

UN'ETICA VALORIALE

Il cristianesimo ha proposto un'etica valoriale: al vertice del suo **sistema valoriale** c'è il **Dio** giudaico-cristiano e il **criterio** delle azioni è la **volontà di Dio**.
Rispetto a tutti i sistemi di pensiero che l'hanno preceduto, il cristianesimo porta con sé due novità:

- la prima è la **centralità della libera volontà**: non basta conoscere il bene per farlo: occorre volerlo liberamente;
- l'altro elemento di novità è quello dell'**interiorità**. Infatti, il luogo in cui la libera volontà si determina è l'anima umana.

La vera libertà è quella che nasce nell'**intimità profonda dell'anima**: è come se l'atto morale cominciasse dal di dentro e poi si riversasse all'esterno per realizzarsi.

La volontà di Dio si manifesta all'anima dell'uomo che sceglie liberamente se aderire o no a quella volontà. [vedi DOC 5]

Gli **atti esteriori** sono la conseguenza di una volontà personale buona o cattiva.

IL CUORE, SEDE DELLA SAPIENZA E DELLA VOLONTÀ

Il termine con cui noi designiamo l'interiorità è "coscienza". Nelle Scritture troviamo però di frequente il termine "cuore", che, oltre all'accezione affettiva e passionale, ha quella più vasta di sede dell'intelligenza intesa come sapienza, esperienza, conoscenza e moralità. Nella Bibbia, quindi, il **cuore** è la **sede della volontà, delle decisioni**: dell'etica, insomma.

SOCIAL FORUM

Il cuore era presso gli antichi la sede delle passioni e ancora oggi è l'espressione metaforica del sentimento in senso generico, ma anche, positivamente, del coraggio e della forza interiore. «*Quella forza che riconosciamo al fondo di ogni decisione quando, dopo aver analizzato tutti i pro e i contro che le argomentazioni razionali dispiegano, si decide*» dice lo psicoanalista Galimberti che usa la parola "cuore" «*non come languido contraltare della ragione, ma come sua forza*».

- Quanto è importante, a vostro giudizio, la forza d'animo?
- Essa si manifesta in situazioni estreme o anche in circostanze consuete e ordinarie? Sapreste fare degli esempi?

- L'**Antico Testamento** risolve il problema etico nella **fedeltà dell'alleanza, attraverso la sapienza del cuore**. Il cuore è il protagonista degli intimi travagli che sconvolgono l'uomo, schiavo del male, vigilato dalla Legge divina. Il cuore qualifica l'uomo come responsabile delle proprie azioni e sottoponibile quindi al giudizio divino per una valutazione di colpevolezza o innocenza.
- È dal cuore dell'uomo, diceva Gesù, che «*escono i propositi di male: impurità, furti, omicidi, adultéri, avidità, malvagità, inganno, dissolutezza, invidia, calunnia, superbia, stoltezza*» (Mc 7,21-22) ed è «*con tutto il cuore*» che l'uomo è invitato ad amare Dio (Dt 6,5). Come si può vedere dalle parole di Gesù, il cuore non perde il suo valore morale nel **Nuovo Testamento**, dove esprime la sede dell'intelligenza e della libertà, perciò è sede della personalità morale dell'uomo.

INTERIORIZZARE LA LEGGE

Il concetto espresso da Gesù secondo cui **bene e male** non sono realtà a sé stanti, né si possono considerare come semplici esecuzioni o infrazioni a un ordine esteriore, ma **originano dall'interiorità dell'uomo**, dove si decidono le azioni morali è il fondamento morale del cristianesimo. Non basta quindi la pratica esteriore della Legge di Dio (come abbiamo visto a p. 217 Gesù polemizzava animatamente contro il formalismo), ma occorre che la **Legge** sia ben **interiorizzata e radicata** nell'intimo dell'uomo, per provocarne la conversione e la sincera adesione alla volontà del Padre.

LEZIONE 2 LA LEGGE DI DIO AIUTA L'UOMO

Lev Tolstoj @ *Secondo comandamento* (Matteo 5,27-32): non solo l'uomo non deve commettere adulterio, ma deve evitare di sfruttare o deturpare la bellezza femminile, e una volta unitosi a una donna non deve mai tradirla #considerazioneerispetto

?

Che cosa vuol dire, a vostro giudizio, «*sfruttare e deturpare la bellezza femminile*»? Sapreste portare degli esempi di come questo avviene?
Le donne sono da sempre vittime di violenza e maltrattamenti: perché succede ancora, anche nelle società più evolute?

UN TRIBUNALE INTERIORE

Coscienza morale
Nel *Catechismo della Chiesa Cattolica* viene definita come «*un giudizio della ragione mediante il quale la persona umana riconosce la qualità morale di un atto concreto che sta per porre, sta compiendo o ha compiuto.* [...] *È attraverso il giudizio della propria coscienza che l'uomo percepisce e riconosce i precetti della Legge divina*» (n. 1778).

Secondo la morale cristiana la **coscienza morale** è una sorta di tribunale interiore nel quale è iscritta la **legge morale naturale**, mediante la quale l'uomo comprende ciò che è bene e ciò che è male. La coscienza aiuta l'uomo **a compiere il bene** e a **evitare il male** e **giudica le scelte concrete** approvando quelle buone e denunciando quelle cattive. Questo aspetto pratico permette, grazie al **giudizio morale**, di formulare valutazioni su comportamenti, atteggiamenti e pensieri propri e altrui riferendosi all'idea che si ha di bene e di male e in base al proprio sistema di valori di riferimento. Quando la coscienza permette all'uomo di formulare un giudizio autentico sulla bontà o meno di una certa azione, è detta **retta coscienza** e porta l'uomo a condurre una vita veramente morale e a orientarsi verso il bene.

LA COSCIENZA DA SOLA NON BASTA

Anche chi non è cristiano può indirizzare il proprio comportamento facendo appello alla sua **coscienza** che lo aiuta a giudicare i comportamenti da prendere e le scelte da compiere. Alcuni **valori** ispirati, per esempio, alla giustizia, al rispetto della vita umana, alla tolleranza, alla solidarietà, alla libertà e via dicendo sono **condivisi**, almeno all'interno di una stessa cultura.
Ma in una visione religiosa questo non è sufficiente, perché **l'uomo non basta a se stesso** e né la coscienza, da sola, né la ragione possono essere a fondamento delle sue azioni. [vedi DOC 7]

Locandina di **Decalogo 1**, *film di Krzysztof Kieslowski del 1989 con Herny Baranowski.*

DIO GUIDA L'UOMO

Nella tradizione ebraico-cristiana la fondazione dei princìpi a cui informare i propri comportamenti non è solo di parte umana, ma deriva anche da una **proposta divina**. **Dio**, infatti, **non lascia l'uomo solo con il proprio male**, esito inevitabile della decisione di allontanarsi da Lui ma gli si fa incontro. Come appare chiaramente già nell'Eden, non è l'uomo a cercare Dio, ma è Dio che, dopo il tradimento subito, scende nel giardino e si mette in cerca dell'uomo: «*Dove sei?*» (Gen 3,9).

Francesco Tabusso, **Il decimo comandamento**: *non desiderare la roba degli altri.*

PERCORSO VISIVO
- I rapporti con Dio
- I rapporti con il prossimo

- Questa domanda può risuonare in ciascuno di noi. Dove siamo rispetto a noi stessi e a Dio? Dove siamo nel cammino della nostra vita? Dove siamo orientati?
- Dio, dopo avere cacciato l'uomo dall'Eden, non lo lascia da solo. Poiché lo ama, fa di tutto per ricondurlo a sé, indicandogli la **strada da seguire**.

DIECI PAROLE PER ORIENTARSI

Per seguire una strada è necessario avere un **codice** che ci indichi le regole per viaggiare bene, senza commettere infrazioni, senza fare del male a se stessi e agli altri.
È un po' questo il senso delle Dieci Parole, scritte su due tavole di pietra (le Tavole della Legge) che JHWH consegna a Mosè sul monte Sinai.
Poiché **Dio è buono e vuole il bene per l'uomo**, gli dà una guida, dei punti di riferimento **per aiutarlo a distinguere il bene dal male**. Lasciato a se stesso, l'uomo ha infatti dimostrato di scegliere il male anziché il bene: le **dieci Parole**, invece, hanno lo scopo di far sì che l'uomo:

- usi correttamente la propria libertà;
- si orienti al bene;
- si realizzi autenticamente come figlio di Dio. [vedi **DOC 1**]

IL SIGILLO DELL'ALLEANZA

Si tratta di un elenco di dieci prescrizioni (note anche come **Decalogo** o Comandamenti), che si è soliti dividere in due blocchi:

- i primi tre regolano i rapporti tra l'uomo e Dio;
- gli altri sette i rapporti tra l'uomo e il suo prossimo.

Essi costituiscono il **sigillo dell'alleanza** che Dio stringe con Mosè sul Sinai.
La Bibbia li riporta in due formulazioni: quella di Es 20, 2-17 e quella di Dt 5, 6-22.

NETWORK

Il testo della Legge è adatto per un popolo non più nomade, ma sedentario e dedito all'agricoltura: tratta infatti di leggi che riguardano gli schiavi, il furto di animali, i doveri verso i nemici ecc.

- Quali altri codici antichi conoscete? Portate degli esempi, facendovi dare dei suggerimenti dall'insegnante di storia.
- Su quali supporti venivano scritti questi codici?
- Quale tipo di rapporti regolavano?

Decalogo
Dal greco *déka*, "dieci" e *lógos*, "parola".

LEZIONE 3 LA LEGGE E LA LIBERTÀ

Lev Tolstoj @ *Terzo comandamento* (Matteo 5,33-37): L'uomo non deve promettere alcuna cosa sotto giuramento #noallospergiuro

Leggete il testo di Matteo: che cosa significa, secondo voi: «*Sia il vostro parlare: "sì, sì", "no, no"; il di più viene dal Maligno*»?
Che cosa significa "spergiurare"? I credenti lo considerano un peccato, ma anche il diritto giudiziario lo condanna: sapreste portare degli esempi?

ACCOGLIERE LA LEGGE DI DIO

PERCORSO VISIVO
• Le virtù teologali
• Le virtù cardinali

Chi aderisce al cristianesimo **accoglie la Legge di Dio** (il Decalogo) e, attraverso il giudizio morale, la fa diventare il principio ispiratore dei propri comportamenti.

- Seguire le norme della **Legge di Dio** significa darsi dei **criteri per compiere delle scelte** e, di conseguenza, assumere un particolare punto di vista dal quale considerare e valutare la propria stessa esistenza e il mondo. In questo senso la Legge è un dono di Dio che mette in condizione la sua creatura di seguire una traccia perché costituisca se stesso come uomo autentico. Grazie al Decalogo l'uomo può riferirsi a un insieme di valori che esprimono il senso autentico e fondamentale dei rapporti che l'uomo deve instaurare con Dio, con gli altri, con se stesso e con la natura.
- Il **Decalogo** è dunque uno **strumento attraverso cui Dio educa gli uomini al bene, alla giustizia, alla verità** per permettere loro di realizzarsi come suoi figli, attraverso una libera scelta.
- Le norme del Decalogo non sono state date per costringere l'uomo in un rigido sistema di vincoli e doveri, ma per **aiutarlo a percorrere il proprio cammino**, liberandosi dai propri conflitti e dalle schiavitù che condizionano l'esistenza umana. La Legge, quindi, è uno **strumento per realizzare la libertà autentica**. [vedi **DOC 4**]

SOCIAL FORUM

- Diceva sant'Agostino che Dio «*ha scritto sulle tavole della Legge quanto gli uomini non riuscivano a leggere nei loro cuori*». Che cosa c'è, a vostro giudizio, all'origine di questa incapacità umana?
- In che cosa la Legge può essere d'aiuto all'uomo?
- Vi è successo di trovarvi in una situazione complicata, in cui siete stati aiutati, nel decidere il comportamento da seguire, dal fatto che ci fossero delle norme prestabilite a cui fare riferimento? Raccontate le vostre esperienze.

L'AIUTO DELLE VIRTÙ

Quando sul piano delle scelte morali l'uomo, nonostante le sue capacità razionali e gli strumenti dati da Dio per indirizzarlo nel suo cammino, rimane incerto su quale materialmente e in concreto sia la volontà di Dio, è **soccorso dalle virtù**.

- L'**esercizio delle virtù** è quell'insieme di libere scelte che aiutano l'individuo a dirigersi verso la prospettiva del bene insegnato dalla Legge divina.
- I cristiani distinguono tra **virtù cardinali** e **virtù teologali**. Mentre le prime hanno la loro radice nella tradizione filosofica e sono naturali, le seconde (quelle teologali) sono tipicamente cristiane e soprannaturali.

Esse trasformano radicalmente la vita con l'aiuto speciale dei **doni dello Spirito Santo**, che spingono a superare la misura della ragione in ogni virtù.

Virtù
Dal latino *vis*, "forza", "energia", la virtù è la disposizione naturale di scegliere e attuare il bene.

Doni dello Spirito Santo
Spiega il *Catechismo della Chiesa Cattolica*: «*La vita morale dei cristiani è sorretta dai doni dello Spirito Santo. Essi sono disposizioni permanenti che rendono l'uomo docile a seguire le mozioni dello Spirito Santo. I sette doni dello Spirito Santo sono la sapienza, l'intelletto, il consiglio, la fortezza, la scienza, la pietà e il timore di Dio.* [...] *Essi completano e portano alla perfezione le virtù di coloro che li ricevono*», nn. 1830-1831.

Virtù teologali	quelle che hanno per oggetto diretto Dio
Fede	il legame profondo che unisce l'uomo a Dio
Speranza	la fiducia completa nelle promesse di Cristo
Carità	l'amore concreto verso Dio e verso il prossimo
Virtù cardinali	(cioè quelle che costituiscono il cardine della vita cristiana per orientarsi verso Dio e per realizzare liberamente se stessi)
Prudenza	la docilità dei pensieri e delle azioni verso il progetto di Dio sull'uomo
Giustizia	la volontà costante di dare a ciascuno il suo
Fortezza	la capacità di affrontare difficoltà e sofferenze in vista del Regno di Dio
Temperanza	il controllo dei sentimenti e degli istinti, che vanno messi al servizio della carità

Una dottoressa dell'organizzazione non governativa **Emergency** *al lavoro nell'ambulatorio pediatrico dell'ospedale di Goderich, nei sobborghi della capitale Freetown in Sierra Leone.*

LEZIONE 4 ADERIRE AL PROGETTO DI DIO ATTRAVERSO GESÙ

Lev Tolstoj @ *Quarto comandamento* (Matteo 5,38-42): Non solo l'uomo non deve rendere occhio per occhio, ma deve porgere l'altra guancia dopo essere stato percosso sulla prima, deve perdonare le offese, sopportarle con umiltà e non rifiutare nulla di quel che gli altri gli chiedono #perdonoeumiltà

?
- # Quale relazione c'è tra perdono e risentimento?
- # Perdonare significa dimenticare?

UN'ADESIONE SINCERA ALLA LEGGE DI DIO

Gesù (come abbiamo visto a p. 216) esorta a un'**intima adesione ai precetti della Legge** e riprende l'ipocrisia di coloro che seguono una religione puramente esteriore. Spesso è in polemica con scribi, farisei e sadducei (Mt 5,20; 12,22-45; 16,5-12; 23) colpevoli di un'**obbedienza solo formale alla Legge**. Quella che Gesù predica è una "**religione del cuore**", cioè un'adesione profonda alla Legge e ai Profeti che egli non rinnega affatto, anzi avvalora: «*Non crediate che io sia venuto ad abolire la Legge o i Profeti; non sono venuto ad abolire, ma a dare pieno compimento*» (Mt 5,17). [vedi DOC 3]

IL RAPPORTO FRA LA LIBERTÀ IN CRISTO E LA LEGGE

Nel Nuovo Testamento il tema della coscienza (la propria responsabilità nelle scelte) è sviluppato nel rapporto tra la libertà in Cristo e la Legge.

- **Per vivere bene l'uomo deve elevarsi all'altezza della Legge**, cioè deve considerare se stesso e le proprie azioni dal punto di vista della sua appartenenza.
- Tuttavia, l'appartenenza deve essere fatta propria e il proprio modo di agire deve essere improntato a una **reale intima convinzione**, non a fredde convenzioni stereotipate: perché – spiegava Gesù – «*Il sabato è stato fatto per l'uomo e non l'uomo per il sabato!*» (Mc 2,27), intendendo con queste parole che **la Legge è a servizio della persona umana e non viceversa** e che occorre, lasciare da parte l'orpello di minuziose prescrizioni esteriori, andando al cuore delle motivazioni dei propri atteggiamenti.

IL *DISCORSO DELLA MONTAGNA*

Tutta la predicazione di Gesù contiene elementi importanti che indirizzano l'uomo alla vita autentica; ma è il ***Discorso della montagna***, riportato da Matteo (5,1-12); a esplicitare in modo diretto a riportare una serie di princípi di comportamento. Questa raccolta di sentenze rivolte da Gesù ai discepoli è nota anche con il nome di "**Beatitudini**". [vedi DOC 2]

È una specie di **nuovo Decalogo del cristianesimo** in cui vengono chiariti gli atteggiamenti di fondo che devono guidare continuamente le azioni del credente e caratterizzare la sua esistenza.

UN NUOVO MODELLO DI VITA

Dal *Discorso*, che non è una sequenza di norme coercitive, ma un **modello radicale di vita**, emergono **due poli**:

- uno è il **Regno dei cieli**, che deve sussistere nell'intimità del cuore e a cui il cristiano deve tendere per essere perfetto come il Padre che è nei cieli;
- l'altro è la "**nuova giustizia**", cioè l'**amore incondizionato verso il prossimo**, sintesi di tutte le esigenze etiche espresse in "Legge e Profeti".

La **Basilica delle Beatitudini** *è stata costruita intorno al 1930 nel luogo dove Cristo pronunciò il* Discorso della montagna, *nei pressi del lago di Genezareth.*

UNA SCELTA RADICALE

Gesù propone una **scelta estrema e totale** a cui l'uomo è chiamato. L'essere dell'uomo nella sua profondità, rappresentata biblicamente dallo "spirito" e dal "cuore", è invitato ad **aderire al progetto di Dio**, cioè a quello che Gesù chiama **il Regno dei cieli**: è un ribaltamento della visione convenzionale del mondo verso un **nuovo ordine di valori**.

- Come oggi anche a quei tempi la mentalità corrente attribuiva al concetto di beatitudine quello di benessere, di fama, di potere ecc. Gesù, invece, proclama la felicità per persone che si trovano in una condizione che sembra smentirla.
- La beatitudine evangelica, quindi, è una modalità con cui l'uomo si orienta verso Dio, ricevendone salvezza e liberazione: sono la **relazione vitale con Dio** e il **rinnovamento interiore** a giustificare **la proclamazione della felicità**.

L'UMANITÀ AUTENTICA

Le Beatitudini propongono un **progetto di vita** all'insegna di un profondo capovolgimento di valori.

- I "beati" del Regno di Dio sono poveri, misericordiosi, altruisti, operatori di pace, miti, perseguitati, afflitti. Essi non cercano di piacere a questo mondo (da cui, anzi, sono emarginati e rifiutati), ma si sforzano di fare la volontà di Dio, perché – spiega Gesù – ciò che conta poco per gli uomini è invece essenziale per Dio.
- Le Beatitudini indicano all'uomo la **perfezione definitiva**: tutti coloro che si comporteranno secondo i princìpi proclamati da Gesù saranno davvero **figli di Dio** e agiranno come tali, avendo come **modello** la persona stessa di **Gesù**.
- L'**avvenire felice** che le Beatitudini promettono è, infatti, una **realtà presente nella figura di Gesù**, il mite, il giusto, il perseguitato, l'uomo autenticamente uomo, nel senso che vive i più alti valori umani nella loro massima espressione. È nel Figlio di Dio infatti che si è realizzata l'**umanità più autentica**. [vedi DOC 6]

PAGINE DIGITALI
Gesù, nuovo Mosè

SOCIAL FORUM

Per la sua forza dirompente (Teresa d'Avila gli riconosceva la forza di un fuoco capace di convertire) il *Discorso* ha segnato il pensiero e le azioni di molti, anche non cristiani. La dottrina della non-resistenza al male influenzò, per esempio, la teoria della non-violenza di Gandhi e ispirò il comportamento e le parole di Martin Luther King.

- Perché, a vostro parere, la proposta di Gesù è affascinante e convincente anche per molti non credenti?
- Che cosa la rende attuale dopo duemila anni?

LEZIONE 5 VIVERE SECONDO L'AMORE

Lev Tolstoj @ *Quinto comandamento* (Matteo 5,43-48): Non solo l'uomo non deve odiare i suoi nemici e combatterli, ma deve amarli, aiutarli, servirli #amareinemici

?

"Non odiare" e "amare" stanno su piani diversi: sapreste spiegarne la differenza di grado?
Amare chi ha effettivamente commesso del male contro di noi e ci ha danneggiato significa non riconoscerne le responsabilità?

RENDERE VISIBILE L'AMORE DI DIO

Ai discepoli Gesù spiega quale deve essere il loro ruolo nel mondo: con il loro stile di vita devono **rendere visibile l'amore di Dio nel mondo**.
I discepoli devono impegnarsi a mettere in pratica anche i precetti minimi contenuti nel Decalogo in quanto esprimono la volontà di Dio. Ma prima di tutto, nell'insegnamento di Gesù, viene l'**amore verso il prossimo** (Mt 22, 36-40).
Nel **comandamento dell'amore** si concentrano tutte le esigenze etiche del Decalogo e viene **portata a compimento la Legge di Dio**.

Vita secolare
È la vita di chi appartiene al "secolo" inteso come realtà mondana e laica.

IL COMANDAMENTO FONDAMENTALE

Il **comandamento dell'amore per il prossimo** si estende **sino al nemico** e determina il **reale adempimento della Legge**. L'appello finale a essere perfetti come è perfetto *«il Padre vostro celeste»* (Mt 5,48) è attuabile seguendo l'esempio di Gesù.
La **relazione con Dio Padre** è alla base dello stile di vita dei discepoli, che sono chiamati ad assumere **atteggiamenti religiosi** autentici nella pratica dell'elemosina, della preghiera e del digiuno, riportati alla loro pienezza di intenzione ed efficacia.

TANTI MODI PER VIVERE LE BEATITUDINI

Un progetto di vita autenticamente cristiano implica che tutti i valori espressi dalle Beatitudini siano messi in pratica. Ci sono, tuttavia, **modi diversi per vivere le Beatitudini**: c'è chi **consacra la propria vita a Dio** ritirandosi nell'isolamento e nella preghiera o, invece, vivendo in mezzo agli altri; c'è chi resta nella **vita secolare**, ma ispira la propria condotta ai princípi raccomandati da Cristo.
Seguire l'insegnamento di Cristo è possibile per tutti, e lo è in ogni ambito della propria esistenza.

SOCIAL FORUM

«Amare gli amici lo fanno tutti, i nemici li amano soltanto i cristiani» spiegava Tertulliano. Gesù non chiede di provare affetto, ma un amore morale, di condivisione: è l'accettazione e l'accoglimento dell'altro anche se ci è ostile.

- Quella che fa Gesù è una richiesta che pare estrema e può sembrare fuori dalla nostra portata. Pensate sia praticabile?
- È qualcosa a cui si può arrivare spontaneamente o richiede uno sforzo della volontà?
- Pensate che, per quanto vi riguarda, sia una proposta realistica e realizzabile?

UOMINI E DONNE "DI BUONA VOLONTÀ"

Vi sono uomini che vivono l'esperienza cristiana con una tale intensità e una tale coerenza che hanno qualcosa di straordinario e che fa di loro degli autentici **profeti**, cioè dei **testimoni** dell'amore divino.

- C'è infatti un legame inscindibile di significato tra i profeti biblici e coloro che in ambienti diversi e in tempi diversi, e ancora oggi vivono un'esperienza di Dio così forte da farsene portavoce (vedi il significato della parola "profeta" a **p. 13**) presso gli altri.
- L'opera dei profeti biblici viene continuata da tutti coloro che, secondo una definizione usata nella liturgia cattolica, sono «*uomini di buona volontà*» cioè quelli «*amati*» da Dio, come dice Luca (2,14): gli uomini, cioè, che danno **una risposta libera d'amore alla chiamata d'amore di Dio**.

Malala Yousafzai *(nata nel 1997), giovane studentessa e attivista pakistana, è la più giovane vincitrice del Premio Nobel per la pace per il suo impegno nella lotta per i diritti civili e per il diritto allo studio delle donne della città di Mingora, nella valle dello Swat, proibito da un editto dei talebani.*

SALDI COME UNA CASA COSTRUITA SULLA ROCCIA

Il *Discorso della montagna* si chiude con una parabola (Mt 7,24-27). È la storia antitetica di chi erige la casa sulla roccia salda, destinata a resistere alle intemperie, e di chi invece si affida all'instabilità della sabbia, andando incontro a distruzione. Il paragone è facilmente comprensibile: chi ascolta e mette in pratica le parole di Cristo è colui che fonda la sua esistenza su una **base solida**; chi ascolta soltanto, ma poi compie scelte opposte è destinato alla rovina, come chi ha costruito la sua casa sulla sabbia.

AVERE FONDAMENTA SOLIDE

Quale esempio più calzante per ripensare alla **costruzione** e alla **realizzazione di sé**? Occorre costruire le fondamenta della propria esistenza in modo che siano solide, occorre **governarsi** ed **essere saldi**, in primo luogo per **appartenere a se stessi**, in secondo per **appartenere alla società umana**. Il nostro "io" si gioca infatti in una rete di relazioni, che fa da sfondo e che nel contempo accoglie la nostra **persona**. Ciascuno di noi, come singolo individuo, si forma e cresce in un ambiente e **a partire da una tradizione** (abitudini, valori, comportamenti...) di cui si appropria e a cui dà **un contributo unico e originale**.
Tutto questo è possibile se si è ben saldi: viceversa si rischia di cadere in balía della parte di sé che non si domina e del potere altrui.

VIDEO
- **Mons. Oscar Romero: dalla parte del Vangelo**
- **I monaci trappisti di Tibhirine: sacrificarsi per i "fratelli"**

LA PAROLA

Mosè, *con le tavole della Legge, istruisce la comunità, miniatura del XV secolo; Firenze, Museo dell'Opera del Duomo.*

DOC 1 dall'Antico Testamento

Il *Decalogo*

Fonte: Dt 5,6-21

Dio rivela a Mosè la sua Legge, che si apre con il Decalogo.

Io sono il Signore, tuo Dio, che ti ho fatto uscire dalla terra d'Egitto, dalla condizione servile.
Non avrai altri dèi di fronte a me. [...] Non pronuncerai invano il nome del Signore, tuo Dio, perché il Signore non lascia impunito chi pronuncia il suo nome invano. Osserva il giorno del sabato per santificarlo, come il Signore, tuo Dio, ti ha comandato. [...]
Onora tuo padre e tua madre, come il Signore, tuo Dio, ti ha comandato [...].
Non ucciderai. Non commetterai adulterio. Non ruberai. Non pronuncerai testimonianza menzognera contro il tuo prossimo. Non desidererai la moglie del tuo prossimo. Non bramerai la casa del tuo prossimo, né il suo campo, né il suo schiavo, né la sua schiava, né il suo bue, né il suo asino, né alcuna cosa che appartenga al tuo prossimo.

COMPRENDERE E INTERPRETARE

- Il Decalogo è stato tramandato in due versioni: quella di Esodo 20,2-17 e quella qui riportata. Confrontate i due testi: notate delle differenze? Quali?

DOC 2 dal Nuovo Testamento

Chi è beato?

Fonte: Mt 5,3-11

La beatitudine è uno stato che deriva da Dio: tutte le aspirazioni umane riposano nel Dio creatore.

Beati i poveri in spirito, perché di essi è il Regno dei cieli.
Beati quelli che sono nel pianto, perché saranno consolati.
Beati i miti, perché avranno in eredità la terra.
Beati quelli che hanno fame e sete della giustizia, perché saranno saziati.
Beati i misericordiosi, perché troveranno misericordia.
Beati i puri di cuore, perché vedranno Dio.
Beati gli operatori di pace, perché saranno chiamati figli di Dio.
Beati i perseguitati per la giustizia, perché di essi è il Regno dei cieli.
Beati voi quando vi insulteranno, vi perseguiteranno e, mentendo, diranno ogni sorta di male contro di voi per causa mia.

DOC 3 dal Nuovo Testamento

L'antica Legge e quella nuova

Fonte: Mt 5,17; 21-23; 38-48

COMPRENDERE E INTERPRETARE

- Quale Beatitudine vi colpisce maggiormente e perché?

LETTURE INTERDISCIPLINARI

DOC 4 il pensiero teologico

La Legge non costringe ma scioglie

Fonte: Gabriella Caramore in P. Ricca, **Le dieci parole di Dio**

DOC 5 il pensiero teologico

Che cosa c'è dietro la legge

Fonte: Clives Staples Lewis, **Il cristianesimo così com'è**

DOC 6 il pensiero filosofico

Gesù, modello dei miti

Fonte: Sergio Givone - Remo Bodei, **Beati i miti, perché avranno in eredità la terra**

DOC 7 voci letterarie

La cattiva coscienza

Fonte: Albert Camus, **La caduta**

DOC 8 VOCI LETTERARIE

Ama il prossimo tuo perché sei tu stesso

Fonte: Hermann Hesse, **La cura**

Una riflessione sul beneficio esistenziale che può venire dall'insegnamento di Gesù. Essa scaturisce da una propria esperienza: l'autore narra infatti la lotta con se stesso per riuscire a non odiare, anzi, ad amare una persona fastidiosa, che disturba la tranquillità della sua vita.

La cosa più saggia che sia mai stata detta, il breve compendio di tutta l'arte di vivere e di essere felici è la frase «*ama il prossimo tuo come te stesso*», che il resto si trova già nell'Antico Testamento. Il prossimo lo si può amare meno di noi stessi: e allora si è l'egoista, l'arraffone, il capitalista, il borghese e si possono accumulare quattrini e potenza, ma è impossibile avere un cuore veramente lieto e restano precluse le più delicate e squisite gioie dell'anima. Oppure si può amare il prossimo più di noi stessi: e allora si è un povero diavolo, pieno di sensi di inferiorità, pieno di desiderio di amare tutto, eppure colmo di rancore e di crudeltà verso se stesso e si vive in un inferno che ci si apparecchia ogni giorno da sé. Di contro a ciò: l'equilibrio dell'amore, la possibilità di amare senza restare in debito ora in questo, ora in quello, un amore di se stessi che non ruba niente a nessuno, un amore per gli altri che però non diminuisce né violenta il nostro io! Il segreto di tutta la felicità, di tutta la beatitudine è racchiuso in quella parola: ama il prossimo tuo perché sei tu stesso.

COMPRENDERE E INTERPRETARE

- Perché è opportuno un "giusto mezzo" nell'amore, che non esalti né diminuisca se stessi?
- In che senso, in base alla riflessione dello scrittore noi stessi siamo il nostro prossimo?

VERIFICA DELLE CONOSCENZE

VERO O FALSO?

- V F Gesù, nella sua esistenza, ha testimoniato concretamente i valori di cui parla
- V F Quella cristiana è un'etica valoriale
- V F Dio ha dato la Legge all'uomo per limitare la sua libertà
- V F Gesù ha detto di essere venuto a superare la Legge antica
- V F Al vertice dei valori cristiani c'è la volontà di Dio
- V F Gesù era favorevole a un adempimento formale della Legge
- V F Un aiuto concreto per le scelte morali viene dalla coscienza
- V F La coscienza da sola è sufficiente per compiere azioni morali
- V F Gesù nel *Discorso della montagna* dà una serie di norme da seguire
- V F Gesù ha detto di essere venuto a perfezionare la Legge antica
- V F Gesù nel *Discorso della montagna* capovolge l'idea corrente di felicità
- V F Per compiere delle scelte occorre fare riferimento a dei criteri
- V F Gesù vuole la conversione del cuore in coloro che intendono seguirlo
- V F Gesù ha detto che bene e male originano dal cuore umano
- V F Alcune virtù sono riconosciute solo da cristiani
- V F La legge più importante insegnata da Gesù è quella dell'amore
- V F La risposta che l'uomo dà all'amore di Dio deve essere libera
- V F Gesù ha spiegato che si applica l'amore di Dio amando gli altri uomini
- V F Le Beatitudini possono essere considerate un vero e proprio progetto di vita
- V F Essere profeti significa testimoniare concretamente l'amore di Dio
- V F Le Beatitudini superano e annullano il Decalogo
- V F Secondo l'insegnamento di Gesù, prima di tutto viene l'amore per realizzare il Regno di Dio
- V F Nessun uomo ha mai concretamente incarnato il modello offerto da Gesù
- V F Solo il cristianesimo si pone il problema di distinguere il bene dal male

BLOG IN CLASSE

IL DIRITTO DI ESSERE AMATI

Testimoniare attivamente l'amore

Nechljudov è affascinato dal *Discorso della montagna* perché vi trova non dei bei pensieri astratti, ma comandamenti semplici, chiari e persino praticabili. Scopre, così, la via per dare una nuova prospettiva alla sua vita e pensa «*quel che avrebbe potuto essere la vita se gli uomini fossero stati educati in queste norme*».

Tenete conto di:

#rispettoericonciliazione
#perdonoeumiltà
#considerazioneerispetto
#amareinemici
#noallospergiuro

Provate a cercare delle **testimonianze concrete e attuali** di un amore come quello che ha insegnato Gesù. Il vostro compito è quello di organizzare una **CAMPAGNA INFORMATIVA** in cui presentate i casi-esempio che avete trovato (ricordate di ricorrere alla regola delle cinque W e di accompagnare le parole a immagini significative) di testimonianza attiva del rispetto della dignità di ogni uomo, anche l'ultimo della terra.

In occasione della presentazione della vostra campagna (che potrete presentare a scuola, nel quartiere o nella parrocchia) potreste organizzare un **MERCATINO SOLIDALE**, in cui potreste vendere piccoli manufatti o dolci fatti da voi: il ricavato può essere consegnato, in segno di **solidarietà**, a qualcuno in difficoltà.

UNA MAPPA PER TUTTI

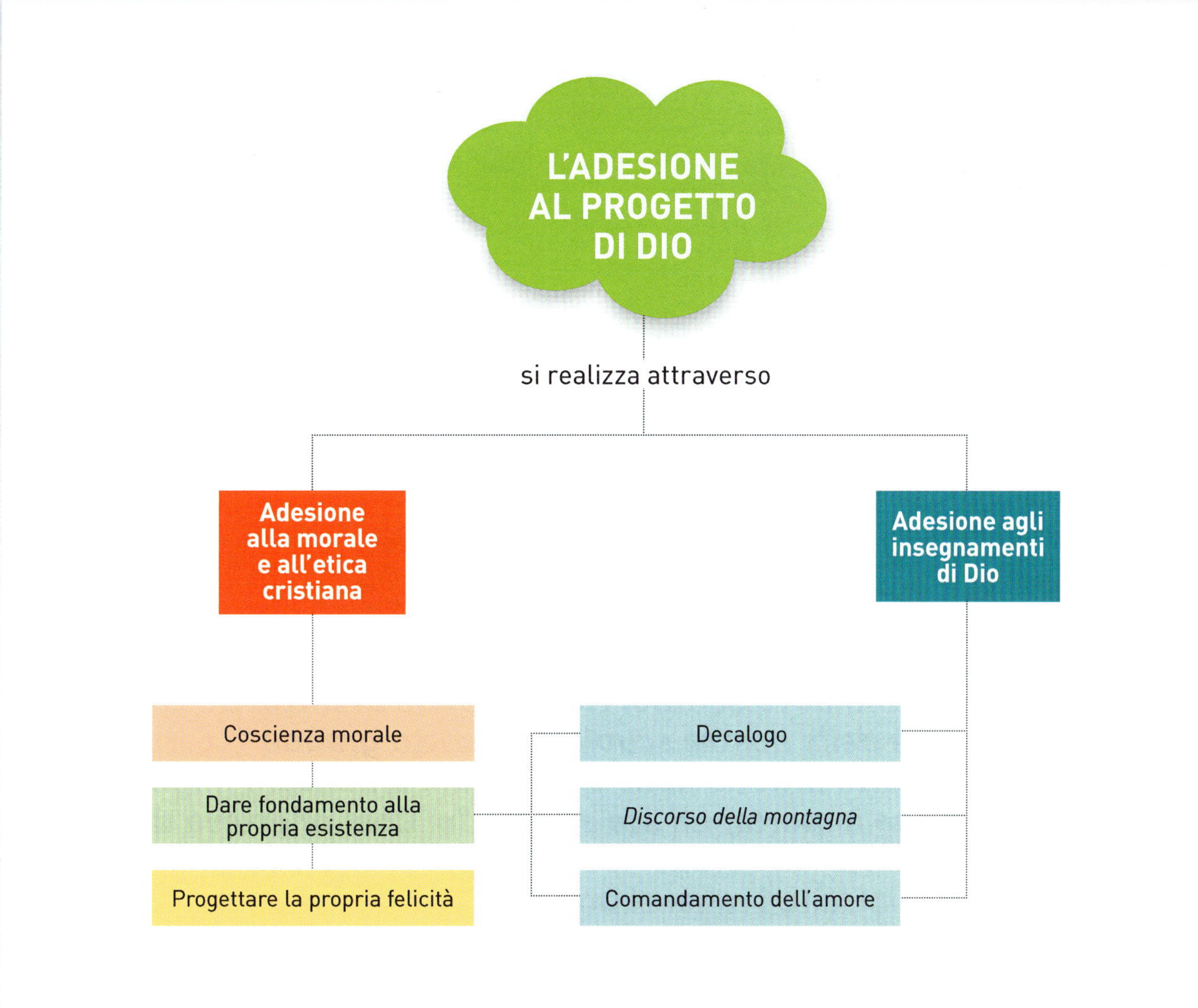

DIDATTICA INCLUSIVA

IL PERCORSO IN BREVE

Abbiamo imparato:

- che cosa si intende per etica e morale;
- che cos'è la coscienza morale;
- che la coscienza da sola non basta e che Dio non abbandona l'uomo;
- che cos'è il Decalogo e che cosa rappresenta per l'uomo;
- qual è il senso del *Discorso della montagna*;
- chi sono i beati;
- qual è il comandamento fondamentale;
- che cosa vuol dire vivere secondo l'amore.

PERCORSO 4 L'IMPORTANZA DELLE RELAZIONI

PER COMINCIARE INSIEME

DIDATTICA COOPERATIVA

***«Ognuno deve sentirsi responsabile di tutto. Su una parete della nostra scuola c'è scritto grande "I care". È il motto intraducibile dei giovani americani migliori. "Me ne importa, mi sta a cuore"»*. Così rifletteva don Lorenzo Milani (1923-1967), un prete che dedicò la sua vita a istruire i ragazzi poveri.**

Don Lorenzo Milani.

- Questo motto dovrebbe essere tenuto ben presente in una società come la nostra, ridisegnata dalle migrazioni. Se osserviamo il mondo che ci circonda, ci affacciamo su **una realtà umana complessa**, fatta di persone, ciascuna delle quali ha la sua storia, la sua ricchezza di pensiero e di affetti. In una parola, la sua **individualità**, che deve **integrarsi** ed **essere rispettata** da tutti.

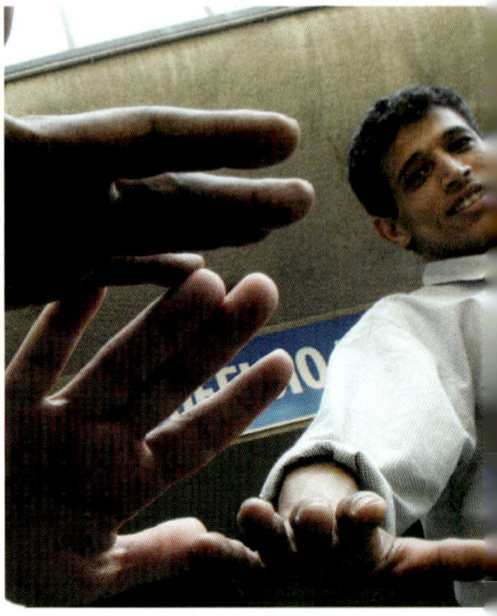

Un **murales** *dipinto dagli studenti di una scuola secondaria.*

- Il sempre maggiore scambio tra popoli, in modo permanente e non occasionale, obbliga oggi a elaborare **una nuova mentalità**, capace di **accogliere** e di **integrare** con apertura profonda le diverse culture che vivono nel mondo. È uno dei compiti umani più importanti e delicati, che spettano alle generazioni attuali, quello di **superare vecchie barriere** e aprire nuovi spazi di **vita comune**, di **rispetto**, di **scambio**.
- Per fondare le relazioni all'interno di una società complessa come la nostra, pur con errori e oscillazioni, è importante **conoscere e capire se stessi e gli altri** alla luce di **valori profondi** e senza superficialità o pregiudizi.
Affrontiamo, dunque, il *Percorso* che segue pensando che:

IL NOSTRO MONDO È COME UNA PIAZZA

Amare il prossimo per assottigliare le distanze

- Vi aiuteranno nella riflessione le parole della scrittrice britannica **Doris Lessing** (1919-2013) e quelle del teologo luterano tedesco **Dietrich Bonhoeffer** (1906-1945), il cui pensiero è approfondito da **Enzo Bianchi** nel DOC 5. Tenete anche conto delle parole del sacerdote e storico del mondo asiatico **Ermis Segatti** al DOC 8. Mentre affrontate le pagine successive, pensate come rispondereste alla domanda "Chi è il nostro prossimo?", tenendo anche conto di quanto abbiamo detto nel *Percorso* precedente e del DOC 2.

Buono studio!

LEZIONE 1 IL VALORE DELLE RELAZIONI

Doris Lessing @ Ripensandoci ora, mi rendo conto dell'enorme potere che può avere un individuo, perfino una persona apparentemente oscura, che vive la sua piccola vita tranquilla #importanzadell'individuo

Quale potere ha ogni individuo?
Ogni individuo è una persona?

RIVOLTI AL FUTURO

Le esperienze della vita, belle o brutte che siano, gioiose o drammatiche, dovrebbero essere vissute facendole rientrare nella propria **personale progettualità**.

- Per un essere umano nell'età della formazione, la partita dell'esistenza è il **futuro**, che va assunto come un atto di scelta problematica e mai garantita, accettando di volta in volta il rischio del fallimento e dell'insuccesso.
- Rivolgere attenzione al futuro implica lo sforzo di **prendersi cura di se stessi e della propria vita**, mettendo in campo le caratteristiche di possibilità, libertà, apertura che fanno emergere la **singolarità** e l'**irripetibilità di ogni singolo uomo**. In quanto unico e irripetibile un **individuo** umano si dice anche **persona**.

Individuo
Con questo termine (dal latino *individuus*, "indiviso", "indivisibile") è definito un organismo che non può essere diviso senza che vadano perdute le caratteristiche che lo distinguono da altri della stessa specie. Ogni persona è un individuo perché si distingue da tutti gli altri esseri umani.

L'EVOLUZIONE DEL CONCETTO DI PERSONA

Lungo la storia del pensiero umano il termine "persona" (che, come abbiamo visto a **p. 253** deriva da un termine che indica la maschera teatrale e che per noi, oggi, ha anche una connotazione giuridica, indicando il "ruolo sociale", cioè la parte che l'individuo svolge all'interno della vita comune) ha assunto nel tempo sfumature diverse di significato:

- in epoca medievale la persona si identificava con l'"**animale razionale**";
- in epoca moderna è piuttosto identificata con la **coscienza**, intesa soprattutto come coscienza morale (vedi a **p. 294**);
- con l'Ottocento diventa sinonimo di **personalità**, soprattutto in ambito sociologico e psicologico;
- ma è solo nel Novecento che il concetto di persona diventa il concetto chiave di una corrente di pensiero chiamata **personalismo**. Il concetto di persona viene, allora, coniugato con il concetto del Dio cristiano, cioè il Dio Trinità, un Dio unico, ma in tre Persone. L'**essere umano**, cioè, è persona in quanto riceve le sue proprie caratteristiche dalla Persona che è Dio: l'uomo è infatti **creato a immagine e somiglianza del suo Creatore** (Gen 1,26-27).

IN CRISTO OGNI ESSERE UMANO DIVENTA PERSONA

Dal punto di vista cristiano, la definizione di persona umana non può dunque prescindere dalla trascendenza di Dio, che si fa definitivo avvenimento storico nell'evento Gesù Cristo, in cui si trovano unite, nella loro distinzione, la natura divina e la natura umana.

Il teologo Dietrich Bonhoeffer sottolineava che «*l'esistenza umana può essere colta nella verità solo nella* ***Persona di Cristo****. E poiché la persona di Cristo si è rivelata nella comunità, per questo l'esistenza dell'uomo può essere colta solo nella comunità. È soltanto a partire dalla persona di Cristo che ogni altra persona diventa tale nei confronti dell'uomo*».

L'individuo umano raggiunge dunque il suo completo essere personale in Cristo (attraverso il quale accede al pieno rapporto di figliolanza con il Padre) realizzando in Lui, da un lato, la sua **identità** e la sua **distinzione**, dall'altro il **rapporto d'amore** con le altre persone create.

UN ESSERE IN RELAZIONE

L'interpretazione cristiana fa emergere la differenza tra il concetto di "individuo" e quello di "persona": dire che l'uomo è persona non mette in luce solo la sua unicità, ma implica anche il concetto di **relazione**, che verticalmente lega **l'uomo a Dio** e orizzontalmente **l'uomo agli altri uomini**.

Se l'uomo è un "**essere in relazione**", lo è prima di tutto con se stesso:

- torniamo così al tema dell'**identità personale**, che, come abbiamo visto a p. 279, è lo snodo fondamentale di qualunque progettualità;
- solo dopo che l'io scopre il "sé" come "altro", diventa possibile il rapporto con il mondo circostante (gli "altri") fino a giungere ai margini di un'alterità trascendente, in cui l'io può riconoscersi e ritrovarsi (l'"Altro").

Esprimendo questo concetto in termini cristiani, possiamo dire che a ciascuno è dato di **realizzare il proprio compito esistenziale** (o di costruire la propria casa) **nella solidità delle relazioni** (la roccia) **con se stesso**, **con gli altri** e **con Dio** che viene dall'amore insegnato da Cristo.

PAGINE DIGITALI
La difesa della dignità umana

SOCIAL FORUM

- "Persona" è spesso usato come sinonimo di "individuo", ma in realtà ha delle valenze ulteriori. Perché l'individuo-uomo è una persona?
- In che cosa si traduce il suo essere persona? Pensate a quanto avete studiato in queste pagine e, discutendone in classe, calatelo nei termini dell'esperienza concreta.

LEZIONE 2 LA RELAZIONE CON SÉ E CON GLI ALTRI

Doris Lessing @ Sono gli individui che cambiano le società, che producono idee nuove, che, esponendosi contro l'opinione corrente, come succede nelle società repressive, le cambiano #forzadell'individuo

?

In che modo un singolo individuo può agire sull'intera società?
Solo nelle società repressive gli individui cambiano le idee correnti?

LA RELAZIONE CON SE STESSI

L'uomo è un essere in relazione con sé, con gli altri e con Dio: spesso però la relazione con se stessi è quella più difficile da realizzare. **Appartenersi** ai fini di poter padroneggiare il proprio animo implica la necessità **di conoscerci realmente**. Nella conoscenza di noi stessi non possiamo però fidarci soltanto del nostro giudizio, a causa della concreta **possibilità di autoingannarci**: per difetto, svalutandoci, oppure per eccesso, attraverso il **narcisismo**, che va ben oltre una sana ed equilibrata autostima.

Per raggiungere un **rapporto equilibrato** con la propria interiorità dobbiamo **diffidare di noi** per **superarci**, in vista di qualcosa di più grande del nostro stesso "io". Gesù stesso invitava a **rinnegare se stessi** per seguirlo (Mc 8,34), perché solo lasciandosi alle spalle l'"io" vecchio si può accogliere la novità della sua predicazione.

Narcisismo
Atteggiamento di eccessiva autostima e ammirazione di sé. Nella psicoanalisi il termine è utilizzato sia per descrivere un tratto della personalità sia uno stato patologico che interferisce con la vita di relazione. Nel linguaggio comune è spesso sinonimo di egocentrismo, vanità, presunzione.

CONOSCERSI PER SUPERARSI

Anche se può sembrare un paradosso, la necessità di rinnegarsi non è in contraddizione con quella di appartenersi, tutt'altro: se mi appartengo ho tanta più **consapevolezza dei miei aspetti negativi**, di quel «*marciume*», di cui sono pieni i cuori degli ipocriti (i «*sepolcri imbiancati*», Mt 23,27).

Del resto quella che Agostino definiva la «*sozzura morale*» si accompagna facilmente a un'apparente irreprensibilità: egli ricordava la sua esigenza di apparire inappuntabile agli occhi altrui. Ma solo prendendo coscienza delle proprie piaghe morali è possibile rinnegarsi e rinascere a un'esistenza nuova.

Mettere sotto processo la propria interiorità è dunque fondamentale, ma poiché **non possiamo fare riferimento solo a noi stessi**, è fondamentale la relazione con **gli altri** (e, come dimostra l'esempio di Agostino, con l'Altro).

ESSERE PERSONA CON GLI ALTRI

Possiamo dire che **il nostro essere individui passa dapprima attraverso gli altri**: quando nasciamo ci accoglie un determinato ambiente, con le sue convinzioni, conoscenze, scale di valori, pregiudizi ecc. Da bambini dipendiamo dagli altri e solo crescendo costruiamo la nostra singola individualità di persone.

Anche con il progressivo affermarsi della propria autonomia, lo sguardo degli altri

è sempre imprescindibile. Esso coglie il nostro carattere ma anche il nostro aspetto e la nostra esteriorità.
Quest'ultima, evidentemente, non è a prescindere da come siamo interiormente, ma è proprio la stretta **correlazione tra il "dentro" e il "fuori"** a rendere **ciascuno di noi riconoscibile, originale e insostituibile**. Questo significa essere una "**persona**".

L'AMORE: LA CHIAVE DEL RAPPORTO CON GLI ALTRI

Secondo l'insegnamento di Gesù, **la chiave del rapporto con gli altri** (il nostro prossimo) **è l'amore**. Gesù ha spiegato l'importanza di avere un **criterio che muove ciascuno dal di dentro**, come una specie di **forza propulsiva** che orienta verso una certa direzione. Questo criterio in base al quale dobbiamo valutare ogni cosa, comprese le nostre azioni, è **l'amore**. [vedi **DOC 2**]

SOCIAL FORUM

Lo psicologo Gustavo Pietropolli-Charmet, attento studioso dell'età adolescenziale, individua nel narcisismo estremo una delle cause di maggior sofferenza fra i giovani che, in virtù di un eccessivo amore di sé, sono spavaldi e al contempo fragili.

- Qual è il confine tra un corretto amore per se stessi, da cui nasce l'autostima che permette il fiorire di relazioni proficue con se stessi e con gli altri, e un amore sconsiderato, smisurato e autoreferenziale?
- Quali sono i rischi insiti in un amore eccessivo per se stessi?
- Confrontandovi in classe rispondete facendo riferimento alle vostre letture, a quanto sapete sull'argomento e alle vostre esperienze personali.

IL BISOGNO DI AMARE E DI ESSERE AMATI

Nella vita umana l'amore si può declinare in **varie forme**, tutte accomunate da una necessaria presa di coscienza della nostra responsabilità. Nel periodo adolescenziale ognuno amplia il proprio spazio relazionale; si comincia a sviluppare rapporti di amicizia intensi e a entrare nel mondo affascinante e misterioso delle relazioni con l'altro sesso. Insomma, ogni uomo manifesta il **bisogno di amare e di essere amato**.

LE DIVERSE FORME DELL'AMORE

È possibile individuare **modalità differenti di amare**, che variano a seconda dell'età: sono vari i tipi d'amore che si traducono poi in atti e in gesti concreti. Possiamo tentare di catalogare il vasto universo dell'affettività attraverso tre termini utilizzati nel greco antico:

- la ***philía***, che indica la relazione carica d'affetto, di amicizia e d'amore;
- l'***éros***, che indica l'amore fisico e passionale;
- l'***agápe***, che indica l'amore spirituale, la carità propria della cultura cristiana.

A questi tipi C.S. Lewis aggiungeva la categoria dell'**affetto** (in greco *storghé*), che possiamo ascrivere all'ambito dei bisogni fondamentali di ogni essere umano.

LEZIONE 3 L'AMORE AL CENTRO DELLE RELAZIONI

Dietrich Bonhoeffer @ La perdita della memoria morale non è forse il motivo dello sfaldarsi di tutti i vincoli, dell'amore, del matrimonio, dell'amicizia, della fedeltà? Niente resta, niente si radica. Tutto è a breve termine, tutto ha breve respiro #memoriamorale

Che cos'è la «*memoria morale*», secondo voi?
Qual è il rischio della sua assenza per il singolo individuo e per la società nel suo complesso?

L'AMORE COME AMICIZIA

L'amicizia (*philía*) soddisfa il bisogno dell'uomo di confidarsi e di ricevere consigli, in **condizioni di assoluta parità**. Si tratta di un **rapporto fondamentale per l'uomo**. Nel periodo dell'adolescenza, l'amicizia risponde al **bisogno di aggregazione** tipico dei giovani e al loro bisogno di **condivisione**, **sicurezza** e **protezione**.

- All'interno di un rapporto di amicizia autentico si manifestano il **confronto reciproco**, la **fedeltà**, la **lealtà**, la **confidenza**, la **fiducia**, la **comprensione**, l'**ascolto**.
- L'amicizia non deve essere basata sull'"avere", bensì sull'"essere": questo significa l'**accettazione di ciò che l'amico è**. Vivere in amicizia comporta dedizione di **tempo**, **pazienza**, **comprensione**, per vivere secondo una **prospettiva di servizio** per l'altro, impegnandosi a suo favore in modo autentico.

Tuttavia è importante **rimanere se stessi**, salvaguardando la propria identità. [vedi DOC 1 e DOC 7]

SOCIAL FORUM

- Ciascuno di voi rifletta: che cosa ritiene di dover garantire a un amico? E che cosa gli offre, a sua volta?
- Che cosa pensate delle amicizie che nascono e si sviluppano sui social network?
- Possono essere autentiche? Motivate puntualmente le vostre risposte e se possibile fate esempi concreti.

L'AMORE COME SESSUALITÀ

Vi è una **dimensione dell'amore che coinvolge anche la parte fisica** (la dimensione fisica è evidenziata dal nostro essere uomini): è l'***éros***, che non va confuso con la sessualità allo stato puro, ovvero con la carnalità.

- Secondo la concezione cristiana **la sessualità è un bene donato da Dio** all'uomo e alla donna, incarnato nella loro corporeità. Nel racconto della creazione della Genesi, la sessualità è valorizzata come un **progetto da compiere durante l'esistenza** («*maschio e femmina li creò*»). I due sessi hanno pari dignità e sono complementari:

l'uomo e la donna costituiscono due modi di partecipare all'essere divino. Sono creati a «*immagine e somiglianza di Dio*» e attuano compiutamente questa vocazione non solo come persone singole, ma anche come coppia e come **comunità d'amore**.

- La sessualità è **una forza che deve essere orientata**, per superare l'istintualità, per essere collocata in un giusto ordinamento morale e per **conseguire le finalità per cui Dio l'ha creata**, cioè **l'amore** e **la vita**.

Sieger Koder, **Incontro all'amato. «Sento la voce del mio amore, eccolo evviva! [...] Eccolo, sta dietro il muro della nostra casa»** *(Ct 2,8-9).*

LE TRE FASI DELL'INNAMORAMENTO

L'*éros* ha una parte importante in quel movimento di pulsioni positive che va sotto il nome di "**innamoramento**" e che si dispiega generalmente in **tre fasi successive**:

- l'**attrattiva sensibile** scatta di fronte alla **bellezza esteriore** dell'altro/a ed è un'**esperienza di intensa emozione, di attrazione sessuale legata all'*éros***;
- l'**attrattiva intellettuale** è affascinata dal **modo di pensare**, dalle idee dell'altro e dalla sua intelligenza. In questa fase, caratterizzata dal **realismo**, sono possibili divergenze e contrasti, alla **scoperta** dei pregi dell'altro, dei valori e dei limiti. Se per alcuni questa fase può generare distacchi violenti e rotture, per altri può trasformarsi in un **progetto di vita a due**;
- l'**attrattiva profonda** è l'amore che coinvolge il **sensibile** e il **razionale**, li integra nel fascino realistico e disincantato della ricchezza intima dell'altro, del suo valore morale, della forza spirituale del suo animo, della sua **profondità di vita**.

L'AMORE COME DONAZIONE TOTALE DI SÉ

Nel rapporto d'amore tra due persone ciascuno si impegna a **donarsi totalmente all'altro** e a realizzare il bene autentico dell'amato: questo significa volere il bene dell'altro e costruire insieme all'altro un progetto di vita. L'***agápe*** realizza l'amore come **dono di sé all'altro** (è un **amore oblativo**) e come piena **accoglienza dell'altro** si traduce come: **premura** (interesse attivo per la vita della persona che si ama); **responsabilità** (capacità di prendere decisioni in relazione al bene dell'altro); **rispetto** (valorizzazione dell'altro); **conoscenza** (la disponibilità a entrare nel mistero della persona dell'altro).
È l'amore divino che si è realizzato nella Persona del Cristo che si è donato agli uomini: **il dono di sé** permette di giungere al pieno **auto-possesso di sé**, nella libertà.

Amore oblativo
Capacità di amare e di occuparsi dell'altro senza attendersi nulla in cambio.

UN AMORE UNIVERSALE

La forza dell'amore di Cristo nell'uomo è la carità: essa lo sospinge e lo riavvicina all'altro, anche se sconosciuto o diverso.
La carità è **universale**, cioè è rivolta a tutti. «*Questo è il mio comandamento: che vi amiate gli uni gli altri come io ho amato voi*» (Gv 15,12) dice Gesù.
Ma il vertice della carità è rappresentato dall'**amore per i nemici**: «*... amate i vostri nemici e pregate per quelli che vi perseguitano* [...]. *Infatti, se amate quelli che vi amano, quale ricompensa ne avete?*» (Mt 5,44; 46). Anche chi ci è ostile va accolto nell'*agápe*, perché è comunque **fratello e prossimo**. [vedi DOC 3 e DOC 6]

VIDEO
Madre Teresa di Calcutta: dare la vita per gli ultimi

LEZIONE 4 I VALORI IN GIOCO

Dietrich Bonhoeffer @ Ma beni come la giustizia, la verità, la bellezza e in generale tutte le grandi realizzazioni richiedono tempo, stabilità, "memoria", altrimenti degenerano #necessitàdellamemoria

?

Quale potrebbe essere un sinonimo di «*grandi realizzazioni*»?
Che cosa aggiungereste alle «*grandi realizzazioni*», oltre a quelle qui menzionate?

CINE-TRAILER
Il bambino con il pigiama a righe

PAGINE DIGITALI
Primo Levi, il male e l'indifferenza

L'IMPEGNO ESISTENZIALE

La nostra esperienza di uomini mortali sfida in continuazione l'idea della nostra **finitezza**: l'uomo incontra la morte come limite che minaccia di togliere senso permanente alla vita. Se davvero tutto finisse nella morte non varrebbe la pena di impegnarci in nulla. Eppure, constatiamo che esistono nella nostra vita dei **modi di dare sostanza al nostro impegno esistenziale**. L'**amore**, come abbiamo visto, è per il cristianesimo il valore per eccellenza, fondamento degli altri.

FEDELTÀ E RISPETTO

Proviamo a esaminare alcuni modi di dare sostanza alla nostra vita.

- Tra essi, il filosofo Marcel annoverava, per esempio, la **fedeltà**, come atto del riconoscere qualcosa «*che dura e per il quale noi duriamo*». La fedeltà (la cifra del legame d'amore tra Dio e l'uomo, nell'alleanza) è un fattore di perseveranza ed è fondamento di qualunque vincolo d'amore, garantendone la stabilità. Del resto non si realizzano valori permanenti senza un investimento di tempo. [vedi DOC 5]
- La soglia dell'etica è rappresentata dal **rispetto**, che potremmo definire come il **riconoscimento del valore dell'esistenza degli altri**. Senza il riconoscimento

SOCIAL FORUM

- Che cosa aggiungereste al breve elenco di valori che fondano le relazioni umane che trovate in queste pagine?
- Quali atteggiamenti sono irrinunciabili nelle relazioni ordinarie tra le persone? Quali invece appartengono a relazioni "speciali"? Ciascuno di voi compili la sua "tavola dei valori", quindi commentate i risultati ottenuti.
- Alla domanda «*Come si fa a perdonare?*» il giornalista Massimo Gramellini ha risposto: «*Accettando la vita. E smettendo di giudicare gli altri. Il perdono è il passaggio successivo. Perdonare è un grande regalo che fai anzitutto a te stesso, perché il perdono ti consente di affrontare la vita con un bagaglio più leggero*». Concordate con la sua opinione? Motivate la vostra risposta.

del valore assoluto di ogni persona, non sarebbe possibile aprirsi ad altri valori (per esempio, la giustizia).

- Il rispetto prescinde dalle azioni concrete delle persone, tant'è che Dio dice «*Chiunque ucciderà Caino subirà la vendetta sette volte!*» (Gen 4,15). Caino si è macchiato di una colpa gravissima, ma Dio protegge comunque il suo valore di persona.

SIMPATIA E EMPATIA...

Riconoscere la realtà della persona e il suo valore mette in gioco altri sentimenti oltre il rispetto, anche se il rispetto ne costituisce la base:

- nei rapporti con gli altri, tra i sentimenti positivi, si può provare **simpatia**: essa non va confusa con i più generici sentimenti di benevolenza e altruismo (che possono sussistere anche senza la simpatia), ed è la capacità di **partecipare attivamente alle emozioni del nostro prossimo**;
- a volte si usa il termine "simpatia" come sinonimo di **empatia** – un sentimento oggi al centro dell'attenzione di studi cognitivi, psicologici e neurologici – anche se quest'ultima è piuttosto una conoscenza che una partecipazione alle emozioni degli altri: potremmo definirla come un sapersi mettere nei panni degli altri.

PAZIENZA

Un sentimento tipicamente cristiano, che condivide la radice linguistica con i termini simpatia e empatia, è la **pazienza**; essa è – come la fedeltà – qualcosa che dura nel tempo ed è una qualità del Dio biblico. [vedi DOC 4]
Enzo Bianchi definisce la pazienza come «*attenzione al tempo dell'altro*», «*un evento di relazione, di incontro, di amore*».
La qualità della pazienza è la **magnanimità** (la capacità di "sentire in grande") ed è un dono dello Spirito (Gal 5,22). Grazie alla pazienza il cristiano accetta la propria incompiutezza e quella degli altri e confessa l'incompiutezza del disegno divino di salvezza, restando in attesa fiduciosa che esso si compia.

Simpatia
La simpatia (dal greco *syn* "con", e *páthos*, "sentimento") significa "provare con" un altro ciò che anch'egli prova.

Empatia
L'empatia (dal greco *en-*, "dentro", e *pátheia*, "sentimento") è la capacità di comprendere e partecipare lo stato d'animo e i sentimenti dell'altro, anche senza bisogno delle parole.

Pazienza
Dal latino volgare *patire* (dalla stessa radice del greco *páthos*, "sentimento"), la pazienza è la capacità stessa di sopportare qualcosa, di provarla e di essere in grado di reggerla dentro se stessi.

PERDONO

Poiché le relazioni con gli altri a volte muovono anche sentimenti negativi, specie se ci viene fatto del male o subiamo qualcosa che è (oppure viene percepito come) ingiusto, per i cristiani è importante – sempre nella dimensione dell'amore gratuito che Gesù ha insegnato e in ottemperanza al «*perdonare settanta volte sette*» (Mt 18,22) – ricordare il **perdono**, un sentimento che si basa (di nuovo) sul riconoscimento dell'altro come persona, indipendentemente dalle sue azioni. Chi perdona non esige una condanna o una punizione e ancor meno la vendetta, annullando ogni risentimento e trattando con indulgenza l'autore dell'offesa.

Papa **Giovanni Paolo II** *e* **Ali Agca**, *l'uomo che nel 1981 attentò alla sua vita, un incontro all'insegna della riconciliazione e del perdono.*

LEZIONE 5 SENTIMENTI E VIRTÙ

Dietrich Bonhoeffer @ Chi non è disposto a portare la responsabilità di un passato e a dare forma a un futuro, costui è uno "smemorato", e io non so come si possa colpire, affrontare, far riflettere una persona simile #passatoefuturo

?

\# Quale rischio è insito nella perdita della memoria del passato, a livello personale e collettivo?
\# Essere responsabili del passato permette di progettare il futuro. Concordate con questa affermazione?

VISITA VIRTUALE
- Le virtù nella Cappella degli Scrovegni
- Il Giudizio Universale nella Cappella Sistina

LA PRUDENZA AIUTA A ESSERE GIUSTI

«*Grazie alla **virtù della prudenza** applichiamo i principi morali ai casi particolari senza sbagliare e superiamo i dubbi sul bene da compiere e sul male da evitare*» (*Catechismo della Chiesa Cattolica*, n. 1806). **La prudenza ci aiuta** dunque **a essere giusti dal punto di vista morale**.

- Essa è quella **virtù morale** che sottopone perennemente a critica i nostri sentimenti personali e filtra i nostri atteggiamenti spontanei, in modo da permetterci di essere giusti, cioè di giudicare correttamente.
- Ovviamente, per un cristiano, essa non si dà senza le **altre virtù cardinali** (vedi a **p. 297**): innanzi tutto la **fortezza**, cioè la ferma volontà di affrontare le avversità affinché si compia il Regno di Dio, e la **temperanza**, cioè la capacità di aver dominio di sé.

LA SPERANZA, UNA VIRTÙ ATTIVA

Un'altra virtù fondamentale per un cristiano è la **speranza**: essa è la **risposta attiva** alla tentazione propria di ogni essere umano di abbandonarsi alla disperazione di fronte all'ineluttabilità di un destino segnato dalla morte. Per il cristiano è la **fiducia completa nella promessa di vita eterna** che viene da Gesù il Cristo: «*per i cristiani è Cristo stesso la speranza*» (1Tim 1,1). La sfida che la speranza deve affrontare è quella del "non-senso", dell'indifferenza, dell'incapacità di farsi carico del futuro proprio e altrui. L'apertura al domani data dalla speranza deve tradursi anche in **opere reali e visibili**. La speranza è **impegno concreto nel mondo** e come le altre virtù ha una **valenza collettiva** ed è proiettata verso la vita eterna in Dio.

LA FIDUCIA PER AFFRONTARE IL FUTURO

Dopo essere salito in barca, sul mare di Galilea, Gesù dice a Simon Pietro: «*Prendi il largo*» (Lc 5,4). Simone è stanco e scoraggiato per una notte di pesca infruttuosa ma, fidandosi delle parole del Maestro, getta le reti e raccoglie una mirabolante quantità di pesce. Le parole di Simone («*sulla tua parola getterò le reti*») esprimono la speranza tenace che oltrepassa il momento di scoraggiamento. A partire da questo episodio potremmo definire la speranza come **qualcosa che permette al nostro pensiero di articolarsi al di là dell'immediatezza del vissuto**, cogliendo il senso autentico degli episodi della nostra vita. L'invito che Gesù rivolge a chi gli si affida è quello di «*tendere in alto*», vivendo con **passione** la pienezza dell'esistenza e **aprendosi con fiducia al futuro**.

LA FEDE: LA SPERANZA DELL'ATTESA

San Paolo afferma che Cristo risorto è, per chi lo segue, la speranza della gloria (Col 1,27): il Dio che il cristiano annuncia è il Dio della speranza.

Ma credere non è una cosa scontata. Avere **fede** comporta da una parte la **grazia di Dio** e dall'altra l'**accoglienza da parte dell'uomo**. Il filosofo Pascal parlava addirittura di **scommessa**: di fronte alla scelta tra beni terreni finiti e il bene infinito (Dio), è ragionevole scegliere Dio, che la ragione di per sé non può né dimostrare né negare.

La fede cristiana è un cammino difficile e a ostacoli. Secondo Pascal il Dio cristiano ha offerto «*abbastanza luce per credere, ma sufficienti ombre per dubitare*» e tutto questo perché è un Dio che lascia liberi gli uomini di accettarlo o rifiutarlo.

Don Luigi Ciotti *con alcuni ragazzi accolti nella sua comunità per il recupero di tossicodipendenti.*

IN CONTINUA RICERCA

L'uomo non può fare a meno di cercare Dio, usando anche lo strumento che egli solo ha tra tutti gli esseri viventi: la sua **ragione** (vedi a **p. 253**). È la ragione a indurre l'uomo a cercare la verità. I cristiani hanno trovato risposta a questa ricerca umana a partire da Colui che ha detto di essere egli stesso la Verità.

Se la fede non è qualcosa di scontato, **il credente è chiamato in continuazione a interrogarsi sulla sua fede**. La fede è come l'esperienza di Giacobbe al guado dello Iabbok (Gen 32,23-33): Dio è l'assalitore notturno, è l'Altro che viene, lotta, **sfugge alle certezze**. L'uomo che non lotta, che si crede padrone della verità, che non si interroga più, ha cancellato in sé ogni possibilità di Dio e ha annullato la sua dignità di uomo.

LA RISURREZIONE RENDE PIETRE VIVE

La difficoltà ad accettare Cristo riguarda l'uomo d'oggi come quello di duemila anni fa. La risurrezione, infatti, resta un mistero indescrivibile con parole umane. Per questo la Bibbia utilizza un linguaggio fatto di immagini: definendo gli uomini come «*pietre vive*» (1Pt 2,4-5). Una pietra è solida, ma senza vita. Viceversa ciò che è vivo non ha la solidità della pietra. Ma la risurrezione risolve questa contraddizione rendendo **solidi come le pietre** e **dinamici quanto la vita**.

Per accettare quella che apparentemente sembra un'assurdità occorre **porsi in ascolto**, **affidarsi a Dio** proprio come Gesù nel momento della solitudine al Getsémani.

È quando ci si sente più soli, più tormentati dal dubbio, quando la fede viene sfidata occorre **arrendersi a Dio**, consegnarsi a lui con la **preghiera**, rinnovando ogni giorno la fatica di credere, di sperare, di amare.

SOCIAL FORUM

- Lia Varesio, che ha dedicato l'esistenza all'accudimento degli ultimi, dei poveri, dei derelitti, affermava: «*Fede non è sapere che l'altro esiste, è vivere dentro di lui, calarsi nella pelle dell'amico che passa, che ti interpella come un pugno nello stomaco, non ti lascia tregua, ti ricorda che esisti*».
  Che sentimenti vi provocano queste parole?
- Informatevi sulla vita di Lia Varesio, quindi commentate in classe queste parole: «*Come il corpo senza lo spirito è morto, così anche la fede senza le opere è morta*» (Gc 2,26).

LA PAROLA

Lorenzo Bartolini, **La carità educatrice**, *1824; Firenze, Palazzo Pitti.*

DOC 1 dall'Antico Testamento

L'amico sincero

Ecco il ritratto del vero amico, autentico tesoro, contenuto nel Siracide.

Fonte: Sir 37,4-6

C'è chi si rallegra con l'amico quando tutto va bene,
ma al momento della tribolazione gli è ostile.
C'è chi si affligge con l'amico per amore del proprio
ventre, ma di fronte alla battaglia prende lo scudo.
Non dimenticarti dell'amico nell'animo tuo,
non scordarti di lui nella tua prosperità.

Fonte: Sir 6, 14-16

Un amico fedele è rifugio sicuro:
chi lo trova, trova un tesoro.
Per un amico fedele non c'è prezzo,
non c'è misura per il suo valore.
Un amico fedele è medicina che dà vita:
lo troveranno quelli che temono il Signore.

COMPRENDERE E INTERPRETARE

- Quando si manifesta un vero amico secondo le parole del Siracide?
- Definite con almeno quattro aggettivi l'amico vero.

DOC 2 dal Nuovo Testamento

Come ci si deve comportare verso il prossimo

Fonte: Mt 25,35-40

DOC 3 dal Nuovo Testamento

Più grande è la carità

Fonte: 1Cor 13,1-13

Così l'apostolo san Paolo delinea un inarrivabile quadro della carità.

Se parlassi le lingue degli uomini e degli angeli, ma non avessi la carità, sarei come bronzo che rimbomba o come cimbalo che strepita.
E se avessi il dono della profezia, se conoscessi tutti i misteri e avessi tutta la conoscenza, se possedessi tanta fede da trasportare le montagne, ma non avessi la carità, non sarei nulla.
E se anche dessi in cibo tutti i miei beni e consegnassi il mio corpo per averne vanto, ma non avessi la carità, a nulla mi servirebbe.
La carità è magnanima, benevola è la carità; non è invidiosa, non si vanta, non si gonfia d'orgoglio, non manca di rispetto, non cerca il proprio interesse, non si adira, non tiene conto del male ricevuto, non gode dell'ingiustizia ma si rallegra della verità. Tutto scusa, tutto crede, tutto spera, tutto sopporta. La carità non avrà mai fine. [...] Adesso conosco in modo imperfetto, ma allora conoscerò perfettamente, come anch'io sono conosciuto. Ora dunque rimangono queste tre cose: la fede, la speranza e la carità. Ma la più grande di tutte è la carità!

COMPRENDERE E INTERPRETARE

- Per quali motivi la carità deve essere considerata la più grande di tutte le virtù?
- Perché, secondo voi, «*la carità non avrà mai fine*»?

LETTURE INTERDISCIPLINARI

DOC 4 VOCI LETTERARIE

Sii paziente

***Fonte: Rainer Maria Rilke,* I sonetti a Orfeo**

Interprete della spiritualità moderna e cantore dell'inquietudine e dell'assenza di certezze, Rilke invita alla pazienza nell'eterno domandare umano.

Sii paziente verso tutto ciò
che è irrisolto nel tuo cuore e...
cerca di amare le domande, che sono simili a
stanze chiuse a chiave e a libri scritti
in una lingua straniera.
Non cercare ora le risposte che possono esserti date
poiché non saresti capace di convivere con esse.
E il punto è vivere ogni cosa. Vivere le domande ora.
Forse ti sarà dato, senza che tu te ne accorga,
di vivere fino al lontano
giorno in cui avrai la risposta.

COMPRENDERE E INTERPRETARE

- Perché, a vostro giudizio, «*le domande sono paragonate a stanze chiuse a chiave e a libri scritti /in una lingua straniera*»?
- Perché è più importante «*vivere le domande*», piuttosto che avere le risposte?

DOC 5 voci teologiche

La fedeltà e la perseveranza

***Fonte: Enzo Bianchi,* Lessico della vita interiore**

DOC 6 voci letterarie

Amare il proprio nemico

***Fonte: Hermann Hesse,* La cura**

DOC 7 voci letterarie

La vera amicizia

***Fonte: Fred Uhlman,* L'amico ritrovato**

DOC 8 IL PENSIERO STORICO

Giovani stranieri

***Fonte: Ermis Segatti,* Il dialogo interreligioso nel mondo globalizzato**

Il teologo Ermis Segatti parla delle giovani generazioni, figlie di stranieri immigrati, nate in una Terra che non è quella dei genitori.

[Questi giovani] sentono di avere come origini e radici non più e non solo la propria Terra, la propria cultura d'origine: sentono e vivono nella propria vita la coscienza di un'appartenenza multipla, sia quella da cui provengono loro stessi o le loro famiglie sia quelle in cui ora sono immersi. Sono loro che potranno fare qualcosa di nuovo, perché capiscono da dove arrivano e capiscono anche che questo non può bastare più. Questa coscienza potrà assottigliare le distanze.

COMPRENDERE E INTERPRETARE

- Che cosa significa avere un'appartenenza multipla?
- Quali opportunità possono dare le generazioni figlie di stranieri alla società nel suo complesso? Che cosa dovrebbe fare la società per loro?

VERIFICA DELLE CONOSCENZE

VERO O FALSO?

- V F Progettare il proprio futuro significa prendersi cura di sé
- V F Ogni individuo è unico e irripetibile
- V F Per i cristiani non sono importanti le relazioni che l'individuo ha con se stesso, ma solo quelle che ha con Dio
- V F L'amicizia è un bisogno profondo dell'uomo
- V F Per i cristiani l'uomo è persona in quanto a immagine e somiglianza di Dio
- V F Ogni individuo si definisce come persona in relazione agli altri
- V F Il narcisismo è un aspetto positivo della personalità
- V F È possibile conoscersi a fondo solo facendo riferimento a se stessi
- V F Secondo l'insegnamento cristiano ogni rapporto (con se stessi e con gli altri) deve essere improntato all'amore
- V F Esistono modalità diverse di amore tra gli esseri umani
- V F La fede cristiana deve tradursi in fatti concreti
- V F Una vera amicizia non deve prevedere alcuna privazione o sacrificio
- V F L'amore oblativo è un amore pienamente accogliente
- V F Secondo il cristianesimo i nemici vanno perdonati ma non amati
- V F Tra i valori che fondano le relazioni umane c'è la fedeltà
- V F Il perdono si basa sul riconoscimento dell'altro come persona
- V F La simpatia è ininfluente nei rapporti umani
- V F La virtù cristiana che aiuta a giudicare con giustizia è la prudenza
- V F Gesù ha insegnato ai suoi discepoli ad avere fiducia
- V F La nostra individualità non presuppone il rapporto con gli altri

BLOG IN CLASSE

IL NOSTRO MONDO È COME UNA PIAZZA

Amare il prossimo per assottigliare le distanze

Ci avete pensato alla luce di:

#importanzadell'individuo
#forzadell'individuo
#memoriamorale
#necessitàdellamemoria
#passatoefuturo

Attraverso un *brainstorming*, cercate di rispondere alle seguenti domande:

- Quale relazione c'è tra noi e gli altri?
- Che cosa vuol dire prendersi cura di un altro?
- È possibile accogliere gli altri senza perdere ciò che ci appartiene?
- Come ci si può aprire sinceramente al pensiero, alle abitudini, agli stili di vita degli altri, senza accettare, incondizionatamente, ogni cosa da chi è "altro" da noi e senza rifiutare categoricamente tutto?

Provate a mettervi nei panni di un "altro" calato **in una situazione concreta** (per esempio uno straniero costretto a lasciare i luoghi e gli affetti che rappresentano la sua identità profonda; oppure qualcuno con cui avete avuto una lite e da cui vi sembra di aver ricevuto un'ingiustizia e del cui comportamento non riuscite a rendervi ragione; oppure qualcuno svantaggiato rispetto a voi per motivi che riguardano il benessere psicologico, fisico e sociale ecc.) e immaginate:

- Quali possono essere le sue ragioni, i suoi pensieri, i suoi stati d'animo?
- Che cosa può aspettarsi da voi?

Provate a riprendere tutte queste domande, elaborando anche le risposte, in base al vostro *brainstorming:* avrete così pronta un'INTERVISTA che, messa per iscritto, potete pubblicare sul giornalino o sul sito della vostra scuola.

UNA MAPPA PER TUTTI

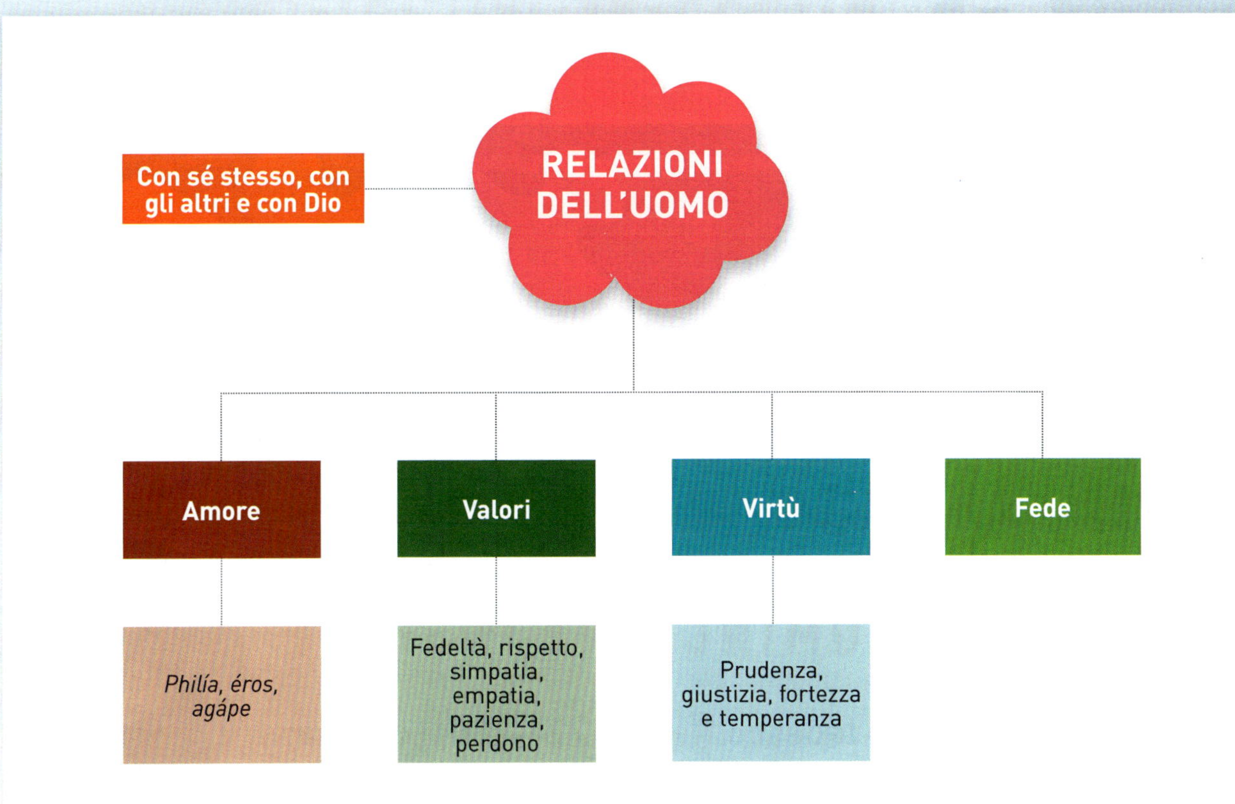

DIDATTICA INCLUSIVA

IL PERCORSO IN BREVE

Abbiamo imparato:

- come si è evoluto il concetto di persona lungo la storia del pensiero umano;
- che cosa significa che l'essere umano è creato a immagine e somiglianza di Dio;
- che ogni individuo è una persona in relazione con sé, con gli altri e con Dio;
- che l'amore è la chiave di tutte le relazioni;
- che l'amore si manifesta in diverse forme (*philía, éros, agápe*) e cosa significa ognuna di esse;
- quali sono i valori che fondano le relazioni (fedeltà, rispetto, simpatia, empatia, pazienza, perdono);
- qual è l'importanza delle virtù per condurre una vita moralmente buona;
- perché la fede ha particolare rilevanza e carica l'attesa di speranza.

PERCORSO 5 IL RISPETTO NELLA COPPIA, NELLA FAMIGLIA, NELLA SOCIETÀ

DIDATTICA COOPERATIVA

PER COMINCIARE INSIEME

Il filosofo tedesco Kant (1724-1804) diceva: *«Agisci in modo da considerare l'umanità, sia nella tua persona, sia nella persona di ogni altro, sempre anche al tempo stesso come scopo e mai come semplice mezzo»*. Questo imperativo ci permette di capire la complessità concettuale che sta dietro alla parola "rispetto".

- Esiste infatti un senso "**passivo**" della parola "rispetto", che vuol dire "essere lasciati stare" (non essere danneggiati o offesi, non subire violenze di nessun tipo) e uno "**attivo**", molto più ampio. Nella sua accezione attiva il rispetto è concettualmente vicino all'*agápe*, l'**amore-carità** di cui abbiamo parlato a p. 313.
- Avere rispetto, allora, significa anche **occuparsi degli altri, prendersene cura, non utilizzarli**, appunto, «*come semplice mezzo*» per i nostri scopi, **avere attenzione** per loro e per ciò che a loro sta a cuore. In questo senso attivo il rispetto è la richiesta di "non essere lasciati soli".

RISPETTARE SE STESSI, RISPETTARE GLI ALTRI

Il valore, la considerazione, l'attenzione che dobbiamo riconoscere a noi stessi e agli altri

- Riflettiamo su questo tema, nel *Percorso* che stiamo per affrontare, ricordando che, a p. 314, abbiamo definito il rispetto come "**soglia**" **dell'etica** e che un atteggiamento di rispetto, specialmente se intendiamo la parola nel suo valore attivo, non si improvvisa, ma **si matura lentamente**, attraverso la conoscenza di se stessi e degli altri.
Ci aiuteranno le parole del filosofo **Roberto Mordacci** poste all'inizio di ogni *Lezione* e il DOC 7, in cui il sociologo e filosofo **Frédéric Lenoir** porta l'attenzione su un'antichissima regola che vige tra gli uomini. Tenete anche presente, per avere un'idea più completa di che cos'è il rispetto, del sentimento della compassione, indicata da **Fëdor Dostoevskij** (ne *L'Idiota*) come «*la più importante e forse l'unica legge di vita dell'umanità intera*».

Buono studio!

LEZIONE 1 L'AMORE NELLA COPPIA E NELLA FAMIGLIA

LA SESSUALITÀ, FRA LA DIMENSIONE BIOLOGICA E QUELLA SOCIALE

Roberto Mordacci @ **La nozione di persona, l'idea, se non la parola, appare piuttosto richiesta che presupposta dalla dinamica del rispetto #rispettoepersona**

?

In base a quanto abbiamo definito a p. 309, sapreste spiegare quale legame c'è tra la nozione di "persona" e il rispetto che le si deve?

È possibile rispettare gli altri se non si rispetta se stessi?

Come abbiamo visto, esiste una dimensione dell'amore, l'*éros*, che coinvolge anche la parte fisica dell'uomo. [vedi DOC 1]

- La sessualità, infatti, è una **componente fondamentale della persona**, un suo modo di essere e di manifestarsi: una componente che esprime una dimensione sia biologica sia sociale.
- Da un punto di vista biologico la sessualità è finalizzata alla **riproduzione**, da un punto di vista sociale e psicologico è uno **strumento di comunicazione e di relazione interpersonale**.

Nel corso della storia ogni civiltà ha rappresentato (o occultato) in modi differenti la sessualità e l'amore, elaborando una propria morale sessuale, cioè un insieme di costumi destinati a regolamentare il soddisfacimento dei bisogni sessuali.

CAMBIANO IL RUOLO DELLA DONNA E IL CONTESTO DELLA SESSUALITÀ

PAGINE DIGITALI
I cambiamenti nella morale sessuale

La **rivoluzione sessuale** avvenuta nella seconda metà del XX secolo ha innanzitutto:

- modificato la morale sessuale tradizionale che riservava **alla donna un ruolo subalterno**, legato alla maternità, e all'uomo una posizione di potere, legittimata dal fatto di essere colui che proteggeva e sosteneva la famiglia;

SOCIAL FORUM

La sessualità è uno strumento di comunicazione completo e intimo della persona umana solo se essa diviene occasione di scoperta di valori che pongono in primo piano la dignità e il rispetto.

- Vi sembra che questa visione etica della sessualità sia diffusa nella nostra società? Da quali derive è assediata?
- Oltre alla reificazione del corpo, specialmente femminile, nei media; alla pornografia; alla mercificazione del desiderio sessuale quali altre deviazioni minacciano la sacralità dell'*éros*? Discutetene rispondendo in base alle vostre conoscenze ed esperienze.

- **ridefinito il contesto dell'attività sessuale**, permettendo una sessualità vissuta al di fuori del matrimonio e non legata alla finalità riproduttiva, contribuendo all'affermazione di un'idea di sessualità come sfera etica autonoma.

Da un'etica sessuale basata su prescrizioni e divieti si è così passati a un'**etica individualistica**, che affida alla sensibilità e alla coscienza del singolo tutte le scelte.

Donna operaia *in una fabbrica di armi durante la Seconda guerra mondiale.*

IL RISPETTO PRIMA DI TUTTO

Questi cambiamenti hanno provocato diverse **reazioni**:

- la perplessità di coloro che li considerano causa di disordine sociale;
- la condanna di coloro che ritengono che la sessualità non possa essere separata dalla sua funzione procreativa;
- la preoccupazione per una sessualità che l'individualismo ha trasformato in un sistema di consumo (l'invito a cedere alle proprie pulsioni, a consumare per soddisfarle, riguarda anche il sesso, una merce di consumo come le altre).

Nel complesso panorama di timori, c'è una cosa che va affermata con forza e che dovrebbe vedere tutti concordi: la convinzione che **nessuna morale sessuale può prescindere dal rispetto per se stessi e per gli altri**.

SIMBOLO DELL'AMORE DI DIO

Molte religioni hanno delimitato l'amore umano con molte regole e norme morali, legando talvolta l'esperienza amorosa a **sentimenti di colpa e di impurità**. Anche la religione cristiana è stata accusata di diffondere il tabù del sesso.

- In realtà, la rivelazione biblica, in particolare la tradizione profetica, descrivendo il rapporto tra Dio e il suo popolo, usa l'immagine dell'**amore umano tra gli sposi** come **simbolo dell'amore di Dio**.
- L'uomo è stato creato a immagine di Dio che è amore (Gv 4,8) e l'**amore** è la prima e fondamentale **vocazione di ogni essere umano** (*Familiaris Consortio*, n. 11; *Catechismo della Chiesa Cattolica*, n.1604). [vedi DOC 5]

A. Casson, **I Do** *(autopromozione). L'amore è improntato al rispetto e alla donazione di sé.*

UN AMORE TOTALE

La vocazione dell'uomo all'amore coinvolge la persona umana nella sua interezza secondo la sua realtà di spirito incarnato. Ogni uomo e ogni donna quindi è chiamato a **vivere l'amore come totalità unificata di spirito e corpo**, di cui la sessualità è parte integrante. Tutto questo deve avvenire **all'interno del matrimonio** tra un uomo e una donna, sacramento, fondamento della famiglia, culla della vita. Il matrimonio consacra il legame che unisce nell'amore l'uomo e la donna, rende visibile al mondo l'unità d'amore che lega Cristo alla sua Chiesa e nello stesso tempo diventa strumento di santificazione per gli sposi. [vedi DOC 3]

LEZIONE 2 LA CONTRACCEZIONE

Roberto Mordacci @ L'idea di persona è un modo, forse l'unico, di tenere riuniti in una sintesi vitale gli elementi che, tutti insieme, suscitano in modi diversi il rispetto #formedirispetto

La parola "rispetto" ha varie accezioni: può essere inteso come stima, come onore, come riconoscimento. Qual è il significato etimologico della parola?
Quali altre accezioni può avere?

CHE COS'È LA CONTRACCEZIONE

Il **controllo delle nascite** è un problema che l'umanità si è posta fin dalle sue origini, ma è solo a partire dall'inizio del secolo scorso che si è cominciato a parlare apertamente di **contraccezione** e ad affrontare scientificamente la messa a punto di tecniche contraccettive. Ma che cosa si intende con contraccezione? Essa è l'insieme dei metodi che consentono di avere rapporti sessuali di coppia senza incorrere in gravidanze indesiderate.

I DIVERSI METODI ANTICONCEZIONALI

Possiamo classificare i metodi anticoncezionali in **quattro diversi gruppi**: naturali, meccanici o di barriera, chimici e chirurgici.

Una **mamma** *con un bambino neonato.*

- I **metodi naturali**, a eccezione del coito interrotto, sono quelli basati sull'astinenza periodica. Ne fanno parte: l'Ogino-Knaus, il Billings e la temperatura basale. Sono metodi ritenuti poco affidabili e di scarsa efficacia in ordine alla contraccezione, ma sono gli unici accettati da coloro che condannano la contraccezione come pratica che separa l'atto sessuale dalla sua funzione procreativa. I metodi naturali, infatti, non intervengono modificando il processo riproduttivo, ma semplicemente sfruttandone le **naturali fasi di infertilità**.
- I **metodi meccanici** consistono nell'impedire agli spermatozoi di raggiungere la cellula uovo, frapponendo degli ostacoli per arrestarne il cammino. Sono il preservativo, il diaframma e la spirale o Iud.
- I **metodi ormonali e chimici** consistono nella somministrazione di sostanze ormonali, la pillola, che bloccano l'ovulazione, oppure nell'utilizzo di sostanze spermicide.
- I **metodi chirurgici** consistono in interventi di sterilizzazione, che rendono cioè stabile una condizione di non fecondità. Sono due, entrambi irreversibili: la legatura delle tube per le femmine e la vasectomia per i maschi. La vasectomia era illegale fino a quando, con la legge sull'aborto n. 194 del 22 marzo 1978, è stato cancellato il divieto legale alla sterilizzazione.

Medico **pediatra** *con un neonato.*

CONTRO IL PROGETTO DI DIO

In una prospettiva religiosa la **sessualità responsabile** è quella vissuta all'interno del matrimonio, cioè di un **progetto di coppia finalizzato al sostegno reciproco e alla procreazione**.

La responsabilità consiste nell'**impegno alla fedeltà reciproca** e alla **realizzazione del disegno divino**: se un figlio è parte di questo progetto, va ricevuto come un dono, e la coppia sarà pronta ad accettarlo in qualsiasi momento arrivi. Usare metodi contraccettivi (a eccezione di quelli naturali) significa **svuotare l'atto sessuale della sua finalità procreativa** e andare contro la volontà di Dio. [vedi **DOC 4**]

SOCIAL FORUM

Da un punto di vista sociologico e antropologico, la famiglia è la "cellula" fondamentale della società umana; secondo il pensiero cristiano la famiglia è il veicolo attraverso cui testimoniare all'intera società i valori cristiani: «*prima, insostituibile "scuola" di comunione, la famiglia indica ai suoi membri la "legge fondamentale" del dono totale di sé*» (Angelo Scola).

Eppure c'è chi lamenta il fatto che ormai la famiglia non abbia più valori da trasmettere alla società e chi, invece, afferma l'esistenza di nuove realtà che rivendicano il diritto di essere considerate famiglie, come le coppie di fatto.

- In base alle vostre conoscenze ed esperienze, com'è cambiata la famiglia nella società attuale?
- Quale contributo può dare un credente nel preservare i valori e assicurare che non sia lesa la dignità della persona?

LEZIONE 3 I RAPPORTI PREMATRIMONIALI

Roberto Mordacci @ **Nel cristianesimo, se, da un lato, il rispetto è l'atteggiamento suscitato dal sentimento della potenza e magnificenza di Dio, dall'altro esso è il principio che non può non regolare il reciproco rapportarsi degli uomini fra loro #uominieDio**

?

In base a quello che avete appreso riguardo al cristianesimo, sapreste spiegare perché il rispetto del prossimo presuppone quello di Dio?
Quando Gesù se la prendeva con l'ipocrisia dei farisei, criticava un falso rispetto verso Dio. Sapreste spiegare perché?

UN MOMENTO SEMPRE COMPLESSO

Fino alla rivoluzione sessuale avvenuta nella seconda metà del XX secolo il matrimonio era l'unica condizione che legittimava l'unione sessuale (e dunque una via obbligata per chiunque intendesse avere una vita sessuale). Per definire allora i **rapporti sessuali praticati in età adolescenziale e al di fuori del matrimonio** si utilizzava l'espressione "rapporti prematrimoniali".

- Basterebbe sfogliare i libri dei secoli scorsi per trovare, allora come ora, le stesse difficoltà dei giovani di fronte alla maturazione sessuale.
- Cambiano oggi modi e stili, ma il problema è sempre lo stesso. Quando ci si sente attratti da una persona è difficile essere prudenti e affidare al vaglio della ragione scelte e comportamenti che potrebbero essere carichi di conseguenze.

Una **giovane coppia** *di fidanzati.*

LE DIFFICOLTÀ DI OGGI

Ai nostri giorni i giovani, però, manifestano maggiori **difficoltà in relazione alla maturazione psico-sessuale** a causa di alcune difficoltà:

- la società contemporanea facilita una **mentalità di possesso e di consumo**. Il giovane manifesta notevole disagio sia nel non riuscire ad avere le cose che ritiene importanti, sia nel dover differire la soddisfazione dei propri bisogni. Tra tutte queste "esigenze" c'è il rapporto affettivo e sessuale;
- i **tempi di attesa per formare una famiglia** si sono notevolmente allungati, in modo anormale (un tempo, il matrimonio avveniva alla fine dell'adolescenza). Dalle ricerche risulta infatti che il 60% dei giovani italiani alle soglie dei trent'anni vive ancora con i propri genitori e il fidanzamento, quando c'è, può deteriorarsi;
- i giovani cercano l'intimità non semplicemente per ricevere piacere, ma anche per **alimentare un amore** messo a dura prova da lunghi tempi di attesa;

- spesso è difficile comprendere e assumersi la responsabilità che comporta una relazione sessuale, in una società che insiste su **rapporti superficiali**, in cui ognuno ricerca solo la **soddisfazione personale**.

QUANDO SI È PRONTI?

Vista la giovane età dei ragazzi che si affacciano alla vita sessuale, le **riserve** relative ai rapporti prematrimoniali sono soprattutto **di carattere psicologico e sociale**.

- Il parere comune presso i ragazzi è che un rapporto sessuale è possibile e giusto quando "ci si sente pronti". Ma come si fa a capire quando si è pronti? Di certo non è sufficiente sentirsi attratti, provare desiderio, perché un'esperienza sessuale non è solo una prestazione fisica, terminata la quale ognuno va per la sua strada come se nulla fosse successo.
- Bisogna essere capaci di **valutare il significato affettivo, psicologico e anche relazionale di un rapporto sessuale**, ed essere **in grado di farsi carico delle sue conseguenze**. È solo quando si impara a essere responsabili delle proprie azioni che ci si può dire pronti per una relazione sessuale, sapendo che può diventare una cosa molto seria, compromettere il futuro e magari portare la nascita di un figlio.

SOCIAL FORUM

Per gli adolescenti è molto importante avere informazioni sulla sessualità. Ma essere informati non significa educazione alla sessualità.

- In base alla vostra esperienza l'argomento è ancora considerato una sorta di tabù?
- Con chi ne avete parlato? Discutetene in classe insieme all'insegnante.

VERSO IL MATRIMONIO

Da queste considerazioni scaturisce che occorre **prudenza** e **rispetto** verso se stessi e verso la persona di cui ci si innamora, con la consapevolezza che la sessualità, per essere vissuta in modo sereno, ha bisogno di **maturità e responsabilità**.
Poiché la Chiesa Cattolica ritiene il matrimonio il luogo deputato alla consacrazione dell'amore di coppia e alla procreazione, non ammette rapporti al di fuori di esso. [vedi DOC 2] Tuttavia, la relazione sessuale di una coppia stabile, che ha già responsabilmente deciso di impegnarsi nel matrimonio, può essere considerata con un atteggiamento più comprensivo.

Matrimonio religioso *di una giovane coppia cristiana.*

LEZIONE 4 LA VIOLENZA NELLE RELAZIONI

Roberto Mordacci @ Nell'ottica della salvezza, non si dovrà più rispetto a un uomo che a Dio, ma a ciascun uomo sarà dovuto un eguale rispetto perché ciascuno ha un eguale accesso alla fonte ultima del rispetto #Diofontedelrispetto

?

La fonte di ogni onore, secondo il cristianesimo, è Dio e non l'individuo. Perché allora dobbiamo rispettare ogni individuo?
In At 10,34 si precisa che «*Dio non fa preferenza di persone*» e accoglie tutti. Dobbiamo a tutti lo stesso grado di rispetto? O c'è qualcuno (o qualche categoria) che merita più rispetto degli altri?

L'ASSENZA TOTALE DI RISPETTO: LA VIOLENZA SULLE DONNE

Il fenomeno della violenza sulle donne è presente a livello mondiale in qualsiasi società, indipendentemente dal grado di benessere, dalla razza e dalla cultura. Secondo un rapporto dell'Organizzazione Mondiale della Sanità (2002) in tutto il mondo, almeno **una donna su tre**, nel corso della sua vita, è stata picchiata, costretta a rapporti sessuali o maltrattata. Le violenze, di **tipo fisico, psicologico o sessuale**, possono essere raggruppate in tre grandi categorie:

- La **violenza all'interno della famiglia**, che comprende le percosse e le violenze psicologiche da parte del partner, ma soprattutto le violenze a carattere sessuale.
- La violenza istituzionale, che comprende tutte le **forme di violenza esercitate o tollerate dallo Stato**. In molti Paesi **le leggi e la mentalità** sono apertamente **discriminatorie**. Le donne non hanno il diritto di votare, di scegliersi il marito, di ereditare, di studiare, di guidare. A volte devono anche subire pratiche stabilite dalla tradizione: mutilazioni genitali, crimine d'onore, infanticidio selettivo.
- La **violenza sociale ed economica**, che è quella esercitata **sul luogo di lavoro e nella collettività in generale**. Anche quando sono protette dalla legge, le donne sono sottomesse a **violenze meno visibili**: possibilità diverse di accedere al mercato del lavoro, disuguaglianza dei salari e delle carriere, ripartizione ineguale dei compiti domestici.

Campagna *contro la violenza sulle donne in cui viene usata la* Gioconda *di Leonardo.*

CONTRO LA VIOLENZA DI GENERE

Secondo la *Dichiarazione delle Nazioni Unite sull'eliminazione della violenza contro le donne* (1993), questa violenza «è la ***manifestazione di un rapporto fra uomini e donne storicamente disuguale*** *che ha condotto gli uomini a prevaricare e a discriminare le donne, frenando la loro emancipazione*».

Usando acqua pompata dal fiume Buriganga, una **bambina** *lava le barre di carbonio estratte dalle pile in un centro di riciclaggio di Ayena Ghat in Bangladesh.*

- Questo tipo di violenza è ciò che si chiama **violenza di genere**, praticata cioè sulla base dell'appartenenza al genere maschile (che la esercita) e al genere femminile (che la subisce).
- La sua enorme diffusione è **l'espressione di valori e tradizioni storicamente e culturalmente radicati**.
- Per uscire dal circolo vizioso della violenza bisogna **fornire alle donne i mezzi per riappropriarsi dei loro diritti**, ma soprattutto **abbandonare l'ideologia della supremazia maschile**. L'evoluzione delle mentalità passa per una presa di coscienza collettiva, uomini e donne insieme, e attraverso l'educazione delle generazioni future.

SOCIAL FORUM

La violenza contro le donne è un tema di drammatica attualità.

- Informatevi su quali risoluzioni sono state adottate dal Parlamento Europeo e su che cosa si sta facendo in Italia.
- Perché questo fenomeno si manifesta anche in Paesi culturalmente avanzati?
- Perché le donne oggetto di violenza spesso non reagiscono, anzi, a volte non allontanano da sé il loro aggressore?
- Secondo voi il rispetto di genere è un aspetto sul quale anche la scuola deve dare il suo contributo educativo?

LA VIOLENZA SUI BAMBINI

- Il problema della violenza coinvolge anche i bambini. Secondo il *Rapporto delle Nazioni Unite sulla Violenza sui Bambini* presentato il 13 ottobre 2006 la **violenza ai danni dei minori** è una **emergenza internazionale** che riguarda ogni Paese del mondo e di cui sono vittime, ogni anno, 40 milioni di bambini sotto i 15 anni. Le violenze possono assumere molte forme: **abuso e sfruttamento sessuale**, **punizioni fisiche**, **tortura**, **lavoro coatto**, **pratiche tradizionali** pregiudizievoli della salute (per esempio, le mutilazioni sessuali), **matrimoni precoci**, **stupro** e anche **omicidio**.

CAMBIARE MENTALITÀ

Qualunque sia la forma che assume, la violenza è sempre una dimostrazione brutale di potere, un atto che afferma il controllo di una persona su di un'altra, quindi un **sopruso nei confronti della dignità della persona**. [vedi DOC 6]
Per fermare la violenza, riaffermare il dovere e il diritto al rispetto, bisogna che tutti comprendano che **la violenza nasce dalla discriminazione** ed è una manifestazione di potere e di **dominio**.

PAGINE DIGITALI
Le violenze sessuali, un fenomeno diffuso e dalle tante facce

LA PAROLA

Osvaldo Licini, **Angeli primo amore**, 1955; Collezione privata.

DOC 1 dall'Antico Testamento

Vampe di fuoco

Fonte: Ct 8,6-7

Nell'Antico Testamento l'amore umano viene celebrato nel Cantico dei Cantici. L'amore autentico è inevitabile, è come un fuoco divino, nulla può spegnerlo o travolgerlo.

Mettimi come sigillo sul tuo cuore,
come sigillo sul tuo braccio;
perché forte come la morte è l'amore,
tenace come gli inferi è la passione:
le sue vampe son vampe di fuoco,
una fiamma del Signore!
[...]
Se uno desse tutte le ricchezze della sua casa
in cambio dell'amore, non ne avrebbe che
dispregio.

COMPRENDERE E INTERPRETARE

- A che cosa viene paragonato l'amore in questi versi?
- Come definireste l'esperienza amorosa, con un solo aggettivo?

DOC 2 dal Nuovo Testamento

Un amore indissolubile

Fonte: Mt 19,4-6

Le parole di Gesù, richiamando quelle della Genesi, sanciscono l'indissolubilità del matrimonio.

Il Creatore da principio li fece maschio e femmina e disse: «*Per questo l'uomo lascerà il padre e la madre e si unirà a sua moglie e i due diventeranno una sola carne?*». Così non sono più due, ma una sola carne. Dunque l'uomo non divida quello che Dio ha congiunto.

COMPRENDERE E INTERPRETARE

- Negli ultimi vent'anni in Italia si è registrato un continuo aumento di separazioni e divorzi. Ricercate su internet dati e informazioni sull'argomento, quindi commentateli in classe, cercando di dare una vostra interpretazione del fenomeno.

DOC 3 il magistero della Chiesa

Libere unioni: un'espressione ingannevole

Fonte: Catechismo della Chiesa Cattolica, nn. 2390-2391

DOC 4 il magistero della Chiesa

La famiglia, cellula primaria e vitale della società

Fonte: Pontificio Consiglio per la Famiglia

LETTURE INTERDISCIPLINARI

DOC 5 la riflessione culturale

Il valore del matrimonio

Fonte: *Giorgio Nadali,* Sessualità, religioni e sette

DOC 6 voci letterarie

Gesù insegna l'uguaglianza tra donne e uomini

Fonte: *Luisa Muraro,* Il Dio delle donne

DOC 7 IL PENSIERO SOCIOLOGICO

Fare agli altri ciò che vogliamo sia fatto a noi

Fonte: *Frédéric Lenoir,* Vivere è un'arte. Piccolo trattato di vita interiore

La cosiddetta "regola d'oro" costituisce la regola morale universale che sottosta ogni sistema di pensiero, laico e religioso, ed è alla base del rispetto reciproco.

La regola d'oro è formulata **in tutte le culture orali** e **le civiltà della scrittura**: è la base universale della morale. Compare nella **Bibbia**, in cima ai consigli che Tobia prodiga al figlio in partenza per un viaggio lungo e pericoloso per recuperare un credito di cui ha un gran bisogno: «*Non fare a nessuno ciò che non piace a te*». Hillel, un saggio ebreo dell'inizio del I secolo, insiste: «*Quello che per te è detestabile, non farlo al tuo prossimo. Questa è la tua legge. Il resto sono commenti*». La si ritrova fra i Greci e i Romani, seppure con una limitazione: ne sono esclusi gli schiavi e i "barbari", cioè quelli che non sono considerati umani in tutto e per tutto. Aristotele consiglia di comportarsi con gli amici «*come desidereremmo che essi si comportino con noi*». [...] Quanto al latino Seneca, che fu precettore di Nerone, la ripete ai membri dell'aristocrazia, a cui raccomanda di distribuire i loro benefici al popolo nel modo in cui desidererebbero riceverli.
Gesù riprende la regola d'oro attribuendole una **portata universale** che non prevede alcuna eccezione: non si applica più solo ai membri di una casta, di una città o di un popolo, ma governa **le relazioni fra tutti gli esseri umani**, al di là delle lingue, delle etnie, dei sessi e delle posizioni sociali. Nel *Discorso della montagna*, un sermone etico fondamentale, la presenta, al pari del rabbino Hillel, come la quintessenza «*della Legge e dei Profeti*»: «*Tutto quanto volete che gli uomini facciano a voi, anche voi fatelo a loro*». [...] La regola d'oro è presente anche nella **religione musulmana**. Una frase riferita da diverse fonti a Maometto dice: «*Nessuno di voi è davvero credente finché non vuole per il proprio fratello ciò che vuole per se stesso*».
Ritroviamo la regola d'oro anche in tutto il mondo orientale. Il saggio cinese **Confucio**, che dovrebbe essere vissuto attorno al VI secolo a.C., la trasmette nei suoi *Dialoghi* [...] e più o meno nella stessa epoca, stavolta in India, **Buddha** si esprime in questi termini: «*Non ferire gli altri con ciò che fa soffrire te*». [...] La si ritrova a più riprese nell'**epopea induista** del *Mahabharata*, dove si dice: «*Non è giusto comportarsi verso gli altri in un modo che a noi ripugnerebbe. Questo è il cuore di tutta la morale. Tutto il resto è frutto dell'interesse e dell'avidità*».

COMPRENDERE E INTERPRETARE

- La regola d'oro è espressa sia in forma negativa («*Non fare agli altri*») sia in forma positiva («*Fai agli altri*»): secondo voi le due formulazioni comportano una differenza di significato?

VERIFICA DELLE CONOSCENZE

VERO O FALSO?

- V F Nel XVI secolo la Chiesa attraversa un periodo particolarmente difficile
- V F Lutero si opponeva al fatto che il Papa risiedesse a Roma
- V F La tesi conciliarista sosteneva la superiorità del Papa sul Concilio
- V F Il numero dei sacramenti nel protestantesimo è superiore a quello del cattolicesimo
- V F La Chiesa protestante è una comunità separata dalla Chiesa romana
- V F Tra la Chiesa cattolica e quella romana non esiste alcun tipo di dialogo
- V F L'anglicanesimo nacque esclusivamente per motivi religiosi
- V F Cattolicesimo e anglicanesimo convissero senza alcuna difficoltà
- V F Per i protestanti valgono solo i sacramenti del battesimo e dell'eucaristia
- V F Lutero riteneva che la Scrittura fosse accostabile senza la mediazione della Chiesa
- V F I missionari erano per lo più al seguito dei conquistatori di terre nuove
- V F L'America Latina fu evangelizzata dai quaccheri
- V F La Chiesa di Roma rispose al protestantesimo con molti provvedimenti presi dal Concilio di Trento
- V F Le cause che scatenarono la Riforma protestante furono varie e di diversa natura
- V F Verso la metà del XVI secolo il protestantesimo era diffuso in molti Paesi europei
- V F La Chiesa romana scomunicò Lutero
- V F La Chiesa romana si riconciliò con Enrico VIII
- V F La Chiesa di Roma non avvertì nessun desiderio di riformarsi
- V F Il Concilio di Trento intervenne sia su aspetti liturgici, sia dottrinali, sia culturali
- V F Dopo il Concilio di Trento la Chiesa ebbe una nuova spinta missionaria
- V F Con le scoperte geografiche del XVI secolo il cristianesimo uscì dall'Europa
- V F La Chiesa nel Rinascimento diviene un centro di produzione artistica
- V F Il metodo di missione della Chiesa prevede il rispetto delle culture locali
- V F Ignazio di Loyola fondò l'ordine dei teatini
- V F I gesuiti furono particolarmente importanti nell'opera missionaria della Chiesa
- V F La Chiesa cattolica fa parte del CEC

BLOG IN CLASSE

RISPETTARE SE STESSI, RISPETTARE GLI ALTRI

Il valore, la considerazione, l'attenzione che dobbiamo riconoscere a noi stessi e agli altri

#rispettoepersona
#formedirispetto
#uominieDio
#Diofontedelrispetto

Avete riflettuto sul rispetto alla luce di questi concetti? Avete letto l'espansione multimediale *Clown per un giorno*?

Dividetevi in quattro gruppi e rispondete alle domande che seguono, poi confrontate il lavoro dei gruppi, ricomponendo la classe.

- Che cosa pensate delle persone che dedicano la loro vita (o parte di essa) ad alleviare le sofferenze degli altri? Esprimetevi attraverso tre aggettivi che scriverete sulla lavagna o sulla LIM.
- Quali ideali bisogna avere, secondo voi, per impegnarsi a favore degli altri, come fanno i clown dell'associazione?
- Alla base di un'attività come questa, quale concezione di rispetto c'è?

Ricordate che tutti, per lo più, viviamo in una situazione di normalità e non di eccezione. Eppure sono tante le situazioni in cui, quotidianamente, ci dimentichiamo di manifestare il dovuto rispetto al nostro prossimo.

Provate a scrivere un decalogo, **DIECI REGOLE PER MIGLIORARE IL RISPETTO RECIPROCO**, per esempio all'interno della vostra classe.

PAGINE DIGITALI
Clown senza frontiere

UNA MAPPA PER TUTTI

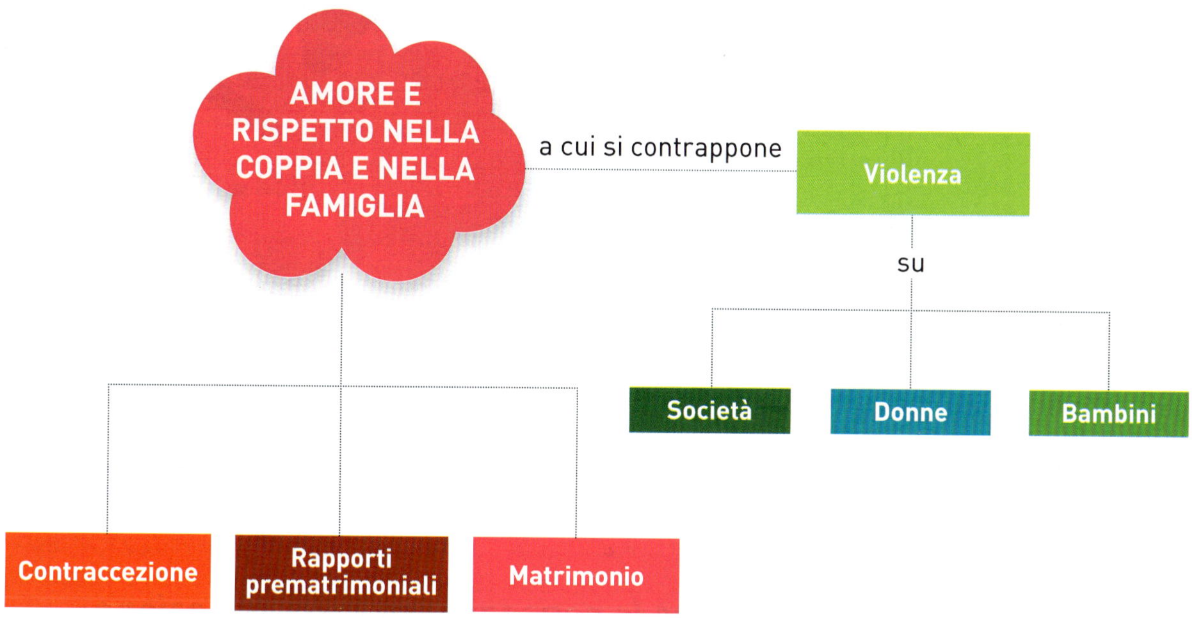

DIDATTICA INCLUSIVA

IL PERCORSO IN BREVE

Abbiamo imparato:

- che cosa significa avere rispetto;
- che cos'è la sessualità;
- come è cambiato il ruolo della donna dopo la rivoluzione sessuale del XX secolo;
- come viene inteso l'amore sessuale nella visione cristiana;
- che cos'è la contraccezione e quali sono i metodi contraccettivi;
- come viene vista la contraccezione in rapporto al progetto di Dio;
- cosa sono i rapporti prematrimoniali, perché i giovani sono in difficoltà ad affrontare l'attesa del matrimonio e quali le riserve di carattere psicologico e sociale;
- in quanti e quali modi si manifesta la violenza all'interno della società;
- che cos'è e come si manifesta la violenza sulle donne e sui bambini.

PERCORSO 6 UOMINI E DONNE RESPONSABILI

DIDATTICA COOPERATIVA

PER COMINCIARE INSIEME

Hans Jonas.

«Agisci in modo che le conseguenze della tua azione siano compatibili con la sopravvivenza della vita umana sulla terra» Questo l'ammonimento rivolto a ogni uomo, nel nome del "principio responsabilità" dal filosofo Hans Jonas (1903-1993).

Secondo questo grande pensatore saremo giudicati per come avremo lasciato in eredità la Terra alle generazioni future, verso le quali abbiamo l'impegno etico di conservare un Pianeta abitabile e accogliente, in cui vi siano giustizia e pace.

- Che mondo lasceremo agli uomini di domani? Se guardiamo alla situazione oggi, la prospettiva non è incoraggiante: nonostante la tragedia di due guerre mondiali e devastanti nel XX secolo, gli uomini continuano implacabilmente a combattersi con i metodi più efferati; del bene comune si parla spesso, ma si fa ben poco per garantirlo; la giustizia viene quotidianamente calpestata e sono i più deboli a farne le spese. Scegliere la giustizia, la pace, il bene comune, la salvaguardia dei diritti non è sufficiente: **occorre agire**. Ma come? Riflettete sul tema seguente:

LA PACE SI COSTRUISCE IN OGNI MOMENTO

Abitare la Terra rispettando la dignità e i diritti dell'uomo

- Nel corso della vostra riflessione tenete a mente che chi è venuto prima di voi è responsabile del mondo in cui vivete e voi lo sarete di quello futuro.
  Dante, nel *De monarchia*, faceva valere il principio secondo il quale nella vita non bisogna soltanto "**prendere**", ma anche (e soprattutto) "**rendere**". Se diamo retta a queste parole, occorre ragionare nei termini di una **giustizia "redistributiva"** allargata a tutti, la sola in grado di tutelare i diritti di ogni uomo e di garantire la pace.

- Vi aiuteranno nella riflessione le parole del filosofo Remo Bodei e quelle di Dag Hammarskiöld (1905-1961) segretario dell'ONU, premio Nobel per la pace, il quale legò la domanda di senso esistenziale al suo impegno politico che esercitò come una risposta, nella consapevolezza che «*merita il potere chi ogni giorno lo rende giusto*». Insomma, l'antitesi di un potere egoista come quello per cui si affannano la maggior parte degli uomini, come spiegano papa Francesco e papa Giovanni Paolo II nel DOC 4. Infine, il filosofo Duccio Demetrio ci aiuta a capire l'importanza di custodire il nostro Pianeta, oggi indiscriminatamente saccheggiato.

Buono studio!

LEZIONE 1 I DIRITTI UMANI

Remo Bodei @ È aumentata la resistenza degli individui a mettere in gioco la propria vita e, più in generale, ad assumere obbligazioni etiche di lunga durata #eticaperilfuturo

?

Perché, secondo voi, oggi prevale un atteggiamento individualistico ed egoistico, che rifugge da impegni a lungo termine?
Sono tuttavia molti gli uomini disposti a seguire l'esortazione di san Paolo: «*Vi esorto dunque, fratelli, per la misericordia di Dio, a offrire i vostri corpi come sacrificio vivente, santo e gradito a Dio*» (Rm 12,1). Sapreste portare degli esempi di impegno attivo di uomini a favore di altri uomini?

LA PERSONA COME SOGGETTO DI DIRITTI

Ogni persona umana ha una dignità, che possiamo definire come il **valore intrinseco e inestimabile di ogni essere umano**: tutti gli uomini, senza distinzioni, meritano un **rispetto incondizionato**. Questo concetto, dal punto di vista pratico, può essere espresso nella formula giuridica: **la persona è il soggetto umano portatore di diritti fondamentali.**

I DIRITTI UMANI FONDAMENTALI

I diritti umani fondamentali sono tali perché sono **a fondamento di qualunque tipo di diritto** e rispondono a **bisogni fisici** (cibo, acqua, salute, abitazione ecc.) e **psicologici** (libertà, espressione di sé, autonomia ecc.).

- Questi diritti sono inoltre **basilari**, perché alla base della vita umana: se mancano viene meno la stessa possibilità di vivere.
- Inoltre sono:
  - **naturali**, dal momento che **sono comuni a tutti gli individui fin dalla nascita**;
  - **inalienabili**, cioè non si possono né acquistare né cedere;
  - **universali**, cioè valgono per tutte le persone senza distinzione alcuna di sesso, etnia, cultura, religione, opinione politica, origine sociale, stato di salute, età.

PAGINE DIGITALI
Il lungo percorso verso il riconoscimento dei diritti

I DIRITTI DI PRIMA GENERAZIONE

Secondo lo studioso Norberto Bobbio è possibile fare una **classificazione cronologica dei diritti, alcuni dei quali non sono naturali, ma storici** e nati in epoche e contesti diversi: «*I diritti sono prodotti storici, nascono da bisogni, quando storicamente emergono*». Pertanto, egli distingue **quattro generazioni di diritti**. I diritti di prima generazione sono quelli civili e politici.

- I **diritti civili** stabiliscono prima di tutto il **diritto alla vita e alla sua salvaguardia** (il diritto, per esempio, di salvaguardia della sicurezza personale, quello di non essere torturato) quindi sanciscono le **libertà individuali** di cui deve godere ogni singola persona: libertà di pensiero e d'espressione, di proprietà, di coscienza, di non essere tenuto in schiavitù, di ricevere un giusto processo davanti a un tribunale indipendente e imparziale, di cercare asilo in altri Paesi, di formare liberamente una famiglia (libertà di matrimonio), di riunirsi pacificamente.

- Accanto a quelli civili, i **diritti politici** tutelano **il godimento della cittadinanza** e sono relativi alla **partecipazione al governo** del proprio Paese, sia direttamente sia attraverso rappresentanti liberamente scelti. Essi sono anche detti **diritti negativi** perché limitano e regolano l'intervento dello Stato e del potere politico nella sfera della libertà personale.

La Dichiarazione Universale dei Diritti Umani, *un documento sui diritti individuali, firmato a Parigi il 10 dicembre 1948.*

I DIRITTI DI SECONDA GENERAZIONE

Le istituzioni politiche, oltre a tutelare i diritti civili e politici dei cittadini, devono garantire la **dimensione sociale della persona**, cioè assicurare i **diritti di seconda generazione** (cioè quelli economici, sociali e culturali).

- Ogni persona ha diritto alla **sicurezza sociale**, al **lavoro**, all'**equità economica**, a **fondare sindacati** o ad aderirvi, al **riposo**, a un **tenore di vita sufficiente** a garantire la **salute** e il **benessere**, all'**istruzione**. Meritano poi particolari tutele le fasce deboli (diritto alla sicurezza in caso di disoccupazione, di malattia, di invalidità e vecchiaia, protezione della maternità e dell'infanzia).
- Essi sono detti **positivi**, dal latino *positum* "che è stato posto", perché la loro realizzazione concreta implica l'intervento delle istituzioni pubbliche. Purtroppo sono fortemente condizionati dalle risorse economiche di cui gli Stati dispongono.

PAGINE DIGITALI
- La *Dichiarazione Universale dei Diritti dell'Uomo*, 1948
- La *Costituzione Italiana*, artt. 2 e 3

I DIRITTI DI TERZA E QUARTA GENERAZIONE

- I **diritti di terza generazione** sono quelli **di solidarietà** e affermano il diritto **all'autodeterminazione dei popoli**, alla **pace**, allo **sviluppo**, alla **salute**, a **vivere in un ambiente non inquinato**.
- Connessi allo sviluppo dell'informatica e delle telecomunicazioni e alla globalizzazione sono i **diritti di quarta generazione** legati alla **sicurezza** e alla **salvaguardia della privacy**.

I DIRITTI VANNO TUTELATI

Nella società attuale l'esistenza di **problemi morali urgenti**, come l'accoglienza dei migranti, la disobbedienza civile, la crisi economica e lo spostamento delle produzioni industriali in Paesi dove la mano d'opera costa poco, i rifiuti tossici, l'aborto, il prolungamento dell'esistenza attraverso la medicina e la tecnologia, evidenzia la questione della **tutela dei diritti umani**, che, pur **riconosciuti sulla carta**, vengono spesso **disattesi nella pratica**, sia in ambito personale sia in quello politico, sia in quello economico, sia in quello ambientale.

SOCIAL FORUM

Di diritto alla privacy si parla sempre con maggiore insistenza in relazione a un mondo in cui, grazie alla telematica, la nostra vita è sempre più controllabile.

- Che cosa sapete di questo argomento? Ciascuno di voi si informi e spieghi perché, ai fini della tutela della persona umana, va garantita la riservatezza.
- Sapreste citare alcuni esempi (che magari vi riguardano) in cui la privacy è stata violata?

LEZIONE 2

L'IMPEGNO PER IL BENE COMUNE

Remo Bodei @ Questo avviene a causa della spiccata propensione, empiricamente constatabile, verso "gli impegni che non impegnano", promesse non vincolanti, revocabili e, comunque, riformulabili #superficialitàetrascuratezza

«*Empiricamente constatabile*» significa che si può dimostrare perché capita sotto gli occhi. Vi siete soffermati prima sugli esempi positivi: portate ora esempi concreti della mancanza di impegno verso l'umanità.
Quale conseguenza può avere un atteggiamento non etico di incuria?

VIDEO
- Papa Pio XI: il Papa nemico dei totalitarismi
- I martiri di mafia
- Don Puglisi, il prete che si è opposto alla mafia

IL POTERE POLITICO SECONDO GESÙ

Anche se Gesù dice che il suo Regno «*non è di questo mondo*» (Gv 18,36) il Vangelo e gli scritti neotestamentari prendono in esame il problema politico. Gesù:

- **disgiunge la sfera politica da quella religiosa** (agli erodiani e ai farisei che gli chiedono se si debba o no pagare il tributo all'Imperatore, risponde: «*Quello che è di Cesare rendetelo a Cesare, e quello che è di Dio, a Dio*», Mc 12,17);
- **relativizza il potere politico** (in Gv 19,11 Gesù dice a Pilato: «*Tu non avresti alcun potere su di me, se ciò non ti fosse stato dato dall'alto*» e in Mt 10,28 ai suoi discepoli: «*E non abbiate paura di quelli che uccidono il corpo, ma non hanno potere di uccidere l'anima*»).

TENTAZIONE O STRUMENTO PER IL BENE COMUNE?

Gesù conosce il **volto pericoloso del potere** («*Voi sapete che i governanti delle nazioni dóminano su di esse e i capi le opprimono*», Mt 20,25) e mette in guardia contro quella che può diventare una **tentazione** demoniaca (in Mt 4,9-9 Satana gli dice: «*Tutte queste cose io ti darò se, gettandoti ai miei piedi, mi adorerai*»). Probabilmente a partire da queste parole si comprende il pessimismo di Agostino, che addirittura collegava **Stato** e **politica** al **peccato** originale.

Un **sindaco donna**.

IL DOVERE DI UN CRISTIANO: OBBEDIRE ALL'AUTORITÀ CIVILE

San Paolo presenta i doveri dei cristiani verso l'autorità civile affermando la **necessità dell'obbedienza alle legittime autorità politiche** nella consapevolezza che il loro potere viene da Dio (Rm 13,1-7): «*Ciascuno sia sottomesso alle autorità costituite. Infatti non c'è autorità se non da Dio: quelle che esistono sono stabilite da Dio. Quindi chi si oppone all'autorità, si oppone all'ordine stabilito da Dio. E quelli che si oppongono attireranno su di sé la condanna. [...] è necessario stare sottomessi, non solo per timore della punizione, ma anche per ragioni di coscienza...*».

NEL MONDO, NON DEL MONDO

Tommaso d'Aquino supera il pessimismo di Agostino e impone un cambiamento di prospettiva: l'**uomo**, definito "compagnevole animale", viene considerato **naturalmente politico** e **l'attività politica**, in quanto orientata al **bene comune** (creare le condizioni giuridiche, sociali, culturali che rendano possibile e buona la convivenza umana), viene ampiamente **rivalutata**.
Tuttavia **il cristiano è chiamato a essere nel mondo senza essere del mondo** (Gv 17,14: la sua fede lo pone interiormente su un altro piano, diverso da quello terreno) e questa sua posizione paradossale deve essere affrontata con **spirito di servizio** (Mt 20,26-27) e con l'intenzione di essere il **lievito nella farina** (Mt 13,33).
L'autorità di Tommaso, valorizzata da **Leone XIII**, il primo Papa a intervenire con un'enciclica sui **problemi della società** (vedi a **p. 126**), dominerà l'orizzonte cristiano.

LA POLITICA E L'ETICA

Il rispetto dell'**autonomia del potere politico** e delle sue peculiarità (che esigono competenze adeguate per chi se ne occupa come professione) va congiunto con il **rispetto per l'etica** che deve vivificare la politica e deve garantire i diritti fondamentali della persona umana.
Il Magistero della Chiesa, richiamandosi al fatto che **l'etica** non è un qualcosa che si aggiunge alla politica, ma ne è **la base**, insiste in modo particolare nel **raccordare morale e democrazia**, laddove quest'ultima deve fondarsi su precisi valori (per esempio, la dignità assoluta della persona, la giustizia, la solidarietà) a partire dall'**idea cristiana di uomo**.

Totalitarismi

Il totalitarismo è un sistema politico autoritario, in cui tutti i poteri sono concentrati in un partito unico, nel suo capo o in un ristretto gruppo dirigente, che tende a dominare l'intera società in tutti gli ambiti di vita.
È il termine più usato dagli storici per definire il nazismo, il fascismo e il comunismo di Stalin.

LA DEMOCRAZIA, UNA PROIEZIONE SOCIALE DEL CRISTIANESIMO

Nel far riferimento alla democrazia occorre precisare che essa non si può far coincidere con il cristianesimo perché **il Vangelo di Gesù non si identifica con nessuna ideologia politica**.
Tuttavia, quando la **democrazia** tende a realizzare sul piano sociale la **dignità della persona** e il principio dell'**uguaglianza** e della **fraternità**, si può riconoscere in essa una **proiezione sociale del cristianesimo** e in quel caso appare non uguale, ma **omogenea al cristianesimo**. Proprio a partire dai valori sui quali si fonda il cristianesimo si comprende il motivo per cui la Chiesa ha rigettato sistemi politici quali i **totalitarismi** (vedi a **p. 127**), che, per il loro stesso carattere, sono la negazione della dignità dell'uomo e della fratellanza.

SOCIAL FORUM

In un incontro con il presidente Napolitano, papa Francesco ha affermato che: «*È urgente che possa crescere, soprattutto tra i giovani, una nuova considerazione dell'impegno politico, e che credenti e non credenti insieme collaborino nella promozione di una società dove le ingiustizie possano essere superate e ogni persona venga accolta e possa contribuire al bene comune secondo la propria dignità e mettendo a frutto le proprie capacità*».

- Perché, a vostro giudizio, il Papa ha sottolineato l'importanza del coinvolgimento giovanile?
- Voi, in quanto giovani, vi sentite coinvolti dai problemi politico-sociali?
- In che modo e su quali basi può avvenire la collaborazione tra credenti e no? Rispondete attraverso esempi concreti.

LEZIONE 3 PACE E GUERRA

Dag Hammarskiöld @ Non so chi – o che cosa – pose la domanda. Non so quando sia stata posta. Non ricordo come risposi. Ma una volta risposi sì a qualcuno – o a qualcosa. A quel momento risale la certezza che l'esistenza ha un senso e che, perciò, nella mia vita la sottomissione ha un fine #sensoescopodellavita

?

Lo spirito di servizio testimoniato da Gesù, un sì radicale all'altro, alle situazioni è qualcosa in cui trovare il senso dell'esistenza. Concordate con questa visione?
Quale relazione c'è tra la costruzione della pace e il fatto che le persone possano riconoscersi nella reciproca umanità?

Pacifismo
È l'insieme delle dottrine, delle idee e dei movimenti d'opinione che rifiutano la guerra come mezzo per risolvere i contrasti internazionali e che auspicano la pace permanente tra gli Stati. Il termine si riferisce a un ampio spettro di posizioni, che vanno dalla specifica condanna della guerra a un approccio totalmente non violento alla vita.

LA PACE COME NON-GUERRA

Nei più diffusi dizionari il termine pace è definito, in generale, come **assenza** o **cessazione di un conflitto**. I dizionari, quindi, ne danno una definizione "in negativo". Come tutti gli aspetti etici, la pace ha una **dimensione individuale** (la pace interna, se l'assenza di conflitto riguarda lo stato d'animo o il comportamento di un unico individuo) e una **dimensione sociale**. In questo secondo caso si parla di "pace esterna" e ci si riferisce all'assenza di conflitto fra individui o gruppi.
La pace, comunque, è sempre **definita in relazione alla guerra**. Se definiamo la pace come "condizione contraria allo stato di guerra", è necessario riflettere prima sulla guerra per comprendere che cos'è la pace e a quali condizioni può realizzarsi.

CHE COS'È LA GUERRA?

La guerra è un conflitto fra individui o fra gruppi politici indipendenti, la cui soluzione è affidata alla violenza organizzata.

- Per gruppo politico si intende un gruppo organizzato per il mantenimento o la conquista del potere.
- Per violenza organizzata si intende l'uso della forza fisica, intenzionalmente mirata al raggiungimento dell'obiettivo e non consentita da chi la subisce.

Si ha una situazione di conflitto **ogni volta che i bisogni o gli interessi di un individuo o di un gruppo non possono essere soddisfatti se non a danno di un altro individuo o gruppo**. È il caso della concorrenza per un bene scarso, del desiderio di possedere ciò che appartiene ad altri o di vedere riparata un'offesa.

CHE COS'È LA PACE?

Definita in questo modo la guerra, a proposito della pace possiamo dire che i gruppi politici sono in pace fra di loro quando non esistono ragioni di conflitto, oppure queste sono risolte senza ricorrere all'uso della violenza.

Una **manifestazione** *con la bandiera della pace.*

Abbiamo così individuato anche le **condizioni che consentono l'affermarsi della pace**, e cioè l'**uso della ragione** e la **ricerca di forme alternative alla guerra nella soluzione dei conflitti**.

Il pacifismo **considera la guerra un male assoluto**, che procura danni maggiori dei vantaggi per ottenere i quali è combattuta, e si batte per realizzare una pace universale e durevole.

BEATI GLI OPERATORI DI PACE

L'insegnamento della Chiesa cattolica sul tema della pace e della non-violenza è contenuto principalmente nel *Discorso della montagna* (Mt 5,39-48; vedi a p. 302). Al versetto 5 si dice: «*beati i miti* [...]» e il versetto 9: «*beati gli operatori di pace* [...]»; il versetto 44 esorta ad «*amare i nemici*».

Il comportamento stesso di Gesù all'ingresso in Gerusalemme a dorso di un'asina (Mt 21,1-5) è carico di significato simbolico: Egli entra nella città sacra della pace, nel segno della pace, come il Messia di cui parla Isaia (Is 2,2-5 e 9,11) e realizza la visione del re che viene a stabilire un regno di pace (Zc 9,9-10). Al Getsémani, Gesù rimprovera Pietro che aveva usato la forza staccando un orecchio a un soldato e lo invita a rimettere la spada nel fodero, poiché «*coloro che pongono mano alla spada periranno di spada*» (Mt 26,52).

SOCIAL FORUM

Per papa Francesco la guerra è una «*pazzia, è il suicidio dell'umanità, perché uccide il cuore, uccide proprio dov'è il messaggio del Signore: uccide l'amore! Perché la guerra viene dall'odio, dall'invidia, dalla voglia di potere, anche – tante volte lo vediamo – da quell'affanno di più potere.* [...]
La guerra è proprio questo: è un atto di fede ai soldi, agli idoli, agli idoli dell'odio, all'idolo che ti porta a uccidere il fratello, che porta a uccidere l'amore».

- Concordate sull'analisi del Papa riguardo alle cause delle guerre? E sul fatto che sia il suicidio dell'umanità?
- Conoscete parole di condanna nei confronti della guerra pronunciate da qualche uomo famoso (del presente o del passato)?
- Perché, a vostro giudizio, nonostante numerose condanne, si continuano a fare le guerre?

LE PAROLE DEL PAPA
La pace

PAGINE DIGITALI
Preghiera per la pace

LA POSIZIONE DELLA CHIESA CATTOLICA

Il Concilio Vaticano II (vedi a p. 128) e molti documenti magisteriali successivi hanno raccolto e constatato in molte occasioni il fatto che l'umanità intera continui a sentire l'urgenza e la **necessità di una pace autentica legata a un giusto e onesto rapporto tra gli uomini**. Nella *Gaudium et Spes* viene ricordato con chiarezza come la **pace** debba essere **frutto dell'amore profondo tra tutti gli uomini** e debba ispirarsi continuamente al comportamento e all'insegnamento di Gesù. Dopo l'enciclica *Pacem in terris* di papa Giovanni XXIII (1963), per sottolineare il valore della pace, a partire dal 1968, con papa Paolo VI, venne istituita la **Giornata Mondiale per la Pace**, che si celebra ogni anno il 1° gennaio. In tale occasione viene espresso da parte della Chiesa cattolica **un messaggio all'umanità sul tema della pace**: il valore della pace non viene considerato in modo astratto o retorico, bensì accostato ad altri valori a esso collegati, come il **rispetto dei diritti**, il rispetto della **vita**, la **giustizia**, la **libertà**, lo **sviluppo**, la **solidarietà**. [vedi DOC 3]

Soldati dell'ONU.

LEZIONE 4 LA PENA DI MORTE

Dag Hammarskiöld @ Guidato nel labirinto della vita dal filo di Arianna della risposta, giunsi a un luogo e a un tempo in cui conobbi che la via porta a un trionfo che è una disfatta e a una disfatta che è un trionfo #elogiodellamitezza

?

Chi sono i "miti" di cui parla Gesù nel *Discorso della montagna*? Sono dei rassegnati? Degli ingenui? Dei deboli?
Oppure, al contrario, sono uomini coraggiosi, che non disperano nonostante la brutalità di alcune situazioni, che sanno essere benevoli, accoglienti e comprensivi? Rispondete attraverso esempi concreti.

CHE COS'È LA PENA DI MORTE

Pena capitale
La pena capitale è una pena che riguarda il capo, la testa (dal latino *caput*, "testa") e quindi la vita stessa. È una pena che si sconta con la morte.

La pena di morte (o **pena capitale**) era presente in tutti gli ordinamenti antichi per **punire le colpe più gravi**. Essa consiste nell'esecuzione di un prigioniero ordinata da un tribunale in seguito a una condanna. In genere, viene comminata a persone che si sono macchiate di gravi reati, come l'omicidio o l'alto tradimento. **Nel corso della storia umana** è stata esplicitamente **condannata**:

- in **ambito cristiano** una condanna esplicita si deve ad Agostino, il quale richiamava al comandamento dell'amore (che deve essere più forte del disprezzo per la colpa) al principio del perdono e al fatto che solo Dio può infliggere condanne definitive;
- in **ambito laico** la condanna più significativa della pena di morte fu quella dell'illuminista Cesare Beccaria.

Nonostante la sua generale condanna, **oggi è ancora applicata in alcuni Stati**.

La locandina del film **Dead man walking** *(1995), basato su una storia vera, in cui l'attrice Susan Sarandon interpreta Suor Helen Prejan che cerca di salvare dall'esecuzione un condannato a morte (interpretato da Sean Penn).*

UNA VIOLAZIONE DEI DIRITTI UMANI

Nell'aprile 2005, le Nazioni Unite hanno approvato la risoluzione 2005/59, che afferma il **diritto alla vita** e dichiara che l'abolizione della pena di morte è essenziale per la salvaguardia di questo diritto: **la pena di morte è condannata in quanto violazione dei diritti umani**. Infatti essa non priva i condannati solo della vita, ma di molti altri diritti.

- Ovunque è applicata la pena di morte, è altissimo il rischio di **mettere a morte un innocente**. Inoltre, nonostante le indicazioni del Diritto internazionale, anche i minorenni e i disabili mentali sono condannati a morte.
- Possiamo poi immaginare le condizioni fisiche e psichiche in cui vivono i condannati a morte, le dolorose agonie provocate dalle tecniche con cui vengono eseguite le condanne: anche nel caso in cui intervenga la sospensione della pena, la situazione di **violenza psichica e fisica** a cui il condannato è sottoposto non risponde ad alcun criterio di umanità.

Un'altra manifestazione di coercizione fisica o psicologica, inflitta per lo più con il fine di punire o di estorcere delle confessioni, spesso accompagnata dall'uso di strumenti particolari atti a infliggere punizioni corporali, è la **tortura**, purtroppo ancora diffusa in molti Paesi.

Un manifesto di **Amnesty International** *del 2010 contro la pena di morte.*

LA PENA DI MORTE È UTILE?

Il dibattito sulla liceità della pena di morte si articola intorno a due questioni: se la pena di morte sia **giusta** e se sia **utile**. I sostenitori della pena capitale affermano che è giusta perché è utile, mentre coloro che ne chiedono l'abolizione affermano che sarebbe ingiusta anche se fosse utile, perché viola due diritti umani fondamentali: il **diritto alla vita** e il **diritto a non essere torturati**.

- In realtà, il problema non si pone perché studi e ricerche hanno dimostrato che **la pena di morte non ha nessun effetto deterrente**: negli Stati Uniti il numero di omicidi negli Stati in cui è prevista la pena di morte è molto più alto di quelli in cui è stata abolita.
- Inoltre, spesso i reati vengono commessi in stato di grave alterazione delle proprie capacità razionali, in momenti di rabbia o paura, sotto l'effetto di alcol o di droghe: è difficile immaginare che una persona colta da un *raptus* o ubriaca si fermi a riflettere sul fatto che rischia di essere condannata a morte. Lo stesso vale per i terroristi che, mossi da forti convinzioni ideologiche, non vacilleranno certo pensando alla pena di morte (magari mentre si imbottiscono di esplosivo).
- Rimane lo **spirito di vendetta** o l'idea che la morte di chi ha commesso un crimine sia una forma di **risarcimento**. Ma oltre a non essere efficace da un punto di vista psicologico, **la vendetta non può essere posta a fondamento di un sistema giuridico**.

UNA PENA INUTILE E INGIUSTA

La pena di morte è dunque una **punizione inutile e crudele**, che dimostra come in molti Paesi sia più importante dimostrare che si sta combattendo contro la criminalità con atti plateali, piuttosto che **adottare serie misure di prevenzione e oneste forme di punizione**, tali da consentire il recupero di chi ha commesso un reato e la sua reintegrazione all'interno della società civile.

SOCIAL FORUM

Papa Giovanni Paolo II disse: «*La nuova evangelizzazione richiede ai discepoli di Cristo di essere incondizionatamente a favore della vita. La società moderna è in possesso dei mezzi per proteggersi, senza negare ai criminali la possibilità di redimersi. La pena di morte è crudele e non necessaria e questo vale anche per colui che ha fatto molto del male*».

- Sapete in quali Stati vige ancora la pena di morte?
- Quali sono gli argomenti addotti circa la sua efficacia da chi la sostiene?
- Voi che cosa pensate in proposito?

LEZIONE 5 LA GIUSTIZIA SOCIALE

Dag Hammarskiöld @ **Conobbi che il prezzo dell'impegnare la vita è l'oltraggio e il fondo dell'umiliazione è l'unica elevazione possibile per l'uomo** #pazienzaeumiltà

?

Gesù stesso (in Mt 11,29-30) dice: «*Prendete il mio giogo sopra di voi e imparate da me, che sono mite e umile di cuore, e troverete ristoro per la vostra vita. Il mio giogo infatti è dolce e il mio peso leggero*». Vista la sorte di Cristo, come può Egli dire che il suo giogo è leggero?

San Paolo sottolinea che la prima caratteristica della carità è la pazienza (1Cor 13,4-7) e Gesù è il paziente e umile per eccellenza. Che cosa devono fare i suoi seguaci? Fino a dove devono spingersi nell'imitare il Maestro?

TUTTI GLI UOMINI HANNO UGUALI DIRITTI

Se parliamo di giustizia ci riferiamo sia alla conformità a una norma (naturale, divina, sociale) sia all'ideale a cui la norma deve riferirsi per essere valida:

- nel primo significato ci si riferisce al **comportamento dell'uomo** (un comportamento si definisce **giusto** quando è conforme alla legge);
- nel secondo alla **legge che regola quel comportamento**.
  Mentre la **giustizia** stabilisce **diritti e doveri**, la **giustizia sociale** opera perché ci siano le **condizioni per esercitare questi diritti**.

Giovane **mendicante** *con una bambina in braccio.*

GIUSTIZIA E DISUGUAGLIANZA

La distinzione, già operata nel pensiero antico, fra:

1. **giustizia distributiva**, secondo la quale i diritti sono attribuiti sulla base del principio di uguaglianza (e che riportata al mondo moderno potremmo esemplificare con: uguale professione, uguale salario), e
2. **giustizia commutativa**, che attribuisce i diritti sulla base della nozione di merito (chi produce di più viene pagato di più)

introduce all'interno del concetto di giustizia quello della **disuguaglianza**. Se teoricamente è possibile affermare che tutti gli uomini sono uguali, di fatto nella realtà **esistono delle differenze che non possono essere ignorate** (pena l'impossibilità che la giustizia funzioni). [vedi DOC 4]

LA GIUSTIZIA SOCIALE COMPENSA LE DISUGUAGLIANZE

Il compito della giustizia sociale non è di annullare le differenze naturali, che nascono dalla normale differenza fra gli esseri umani, ma di **porre rimedio alle ingiustizie prodotte dalle disuguaglianze sociali** e aggravate da meccanismi cultu-

Veduta delle "barridas", **i quartieri poveri di Lima**, *capitale del Perù.*

PAGINE DIGITALI
I documenti della dottrina sociale della Chiesa

rali e politici. Essa opera attraverso **mezzi di correzione e compensazione in favore delle persone più sfavorite**. La giustizia sociale nasce, dunque, dalla necessità di concretizzare i principi fondamentali della giustizia:

- la giustizia deve **garantire gli stessi diritti a tutti gli uomini** e **proteggere le libertà individuali**;
- affinché tutti gli individui abbiano le stesse opportunità, bisogna **correggere le condizioni economiche, sociali e culturali** in cui vivono i più svantaggiati.

CINE-TRAILER
The millionaire

LA DOTTRINA SOCIALE DELLA CHIESA

La vocazione della Chiesa è quella di trasmettere la rivelazione dell'amore di Dio verso l'uomo attraverso Cristo e il suo compito storico è la **promozione della giustizia nel mondo**.

- Perciò la Chiesa si oppone: alla **logica del profitto a ogni costo**; all'**iniqua ripartizione delle risorse** del Pianeta; a uno **sviluppo economico non solidale**.
- I credenti, al di là delle loro personali convinzioni politiche, devono riconoscersi nei valori trasmessi dalla dottrina sociale della Chiesa, e precisamente: la **centralità** e la **dignità della persona con i suoi diritti irrinunciabili**; la concezione dello **Stato a servizio dell'uomo**; **l'affermazione dei principi sociali di socialità e di sussidiarietà**. [vedi DOC 7]

Socialità
Tendenza degli individui alla convivenza sociale.

Sussidiarietà
Deriva dal latino *subsidium*, che indicava le truppe di riserva pronte a intervenire in aiuto in caso di bisogno. Nella dottrina sociale della Chiesa, indica l'ordine dei rapporti fra Stato e società e afferma che lo Stato di fronte alla società – singoli cittadini, famiglie, associazioni ecc. – non debba fare di più, ma neanche di meno, che offrire un aiuto all'autonomia di questi ambiti e sfere sociali.

SOCIAL FORUM

Ancora oggi la giustizia sociale è ampiamente disattesa.

- Confrontandovi in classe, fate esempi tratti dalla società contemporanea che rappresentino una violazione della giustizia sociale ed esprimete il vostro parere in proposito: perché i diritti umani non sono sempre garantiti?
- Che cosa si potrebbe fare per difenderli, in maniera concreta? Per ogni esempio che avete individuato suggerite un'azione che realisticamente si potrebbe mettere in pratica.

LEZIONE 6 LA DIGNITÀ DEL LAVORO

Papa Francesco @ Il vero potere è il servizio. Come lo ha fatto Lui, che è venuto non a farsi servire, ma a servire, e il suo servizio è stato proprio un servizio della Croce. Lui si è abbassato fino alla morte, alla morte di Croce, per noi, per servire noi, per salvare noi #potereeservizio

?

Secondo voi, in base a quanto conoscete, in chi ha o esercita il potere è presente lo spirito di servizio?
«*Non fate nulla per rivalità o vanagloria, ma ciascuno di voi, con tutta umiltà, consideri gli altri superiori a se stesso. Ciascuno non cerchi l'interesse proprio, ma anche quello degli altri*» raccomanda san Paolo (Fil 2,3-4): secondo voi è una raccomandazione accolta o disattesa nella nostra società?

LAVORARE È UN DOVERE SOCIALE, MA ANCHE UN DIRITTO

Con il suo lavoro l'uomo realizza la sua identità di persona umana, provvede alla propria sussistenza e a quella dei suoi familiari, comunica con gli altri, può suscitare energie sociali e comunitarie che alimentano il bene comune a vantaggio soprattutto dei più bisognosi.

- **Lavorare è un dovere per l'uomo**: vi è un **obbligo morale in relazione al prossimo**, che da un lato è la propria **famiglia**, dall'altro la **società** di cui ciascuno fa parte: **l'intera famiglia umana**.
- **Lavorare** però **è anche un diritto** sancito dalla *Dichiarazione universale dei diritti umani*. Oggi questo diritto risulta spesso violato e questo compromette la possibilità di condurre un'esistenza autonoma e degna.

Lo sfruttamento del **lavoro minorile** *è una piaga che interessa tutti gli Stati del mondo.*

IL VALORE MORALE DEL LAVORO

La vicenda del peccato originale (la disobbedienza per aver mangiato il frutto proibito: vedi a p. 273) è paradigmatica del rifiuto dell'uomo di sottoporsi a Dio. Essa è quanto mai attuale e sembra parlare proprio della superbia dell'uomo di oggi che, infatuato dallo sviluppo vertiginoso delle sue **scoperte**, non si ferma a meditare sulle **conseguenze della loro applicazione**, ma opera nel creato, violentandolo e ponendolo a rischio di distruzione. Secondo questa visione distorta, il lavoro non è più il mezzo per procurarsi quanto è necessario al proprio sostentamento, ma è un produrre continuo per soddisfare bisogni che non sono fondamentali ed effettivi. Il lavoro diventa in questo caso **un valore assoluto, separato dal valore della vita umana**. Anzi, in molti casi **disumanizzante** e avulso da qualsiasi **fondamento etico**.

UN LAVORO SOSTENIBILE E UMANO

A questo modello di sviluppo si oppone anche la Chiesa di oggi, che, propugnando invece uno **sviluppo cosiddetto "sostenibile"** (vedi a pp. 352-353), sostiene che il **lavoro** debba essere **in armonia con il nostro Pianeta** e **rispettoso della dignità umana**. Momento peculiare dell'esaltazione del lavoro è il fenomeno del **monachesimo**, che accanto alla preghiera vede nell'attività manuale il momento focale della giornata. La **Regola di san Benedetto** (vedi a p. 80) specifica che il lavoro manuale è necessario perché l'ozio è nemico dell'anima. [vedi DOC 2]

LE PAROLE DEL PAPA
Il lavoro

SCHIAVITÙ E SFRUTTAMENTO

L'Organizzazione Internazionale del Lavoro (ILO) ha presentato un rapporto in cui per la prima volta si fornisce una stima attendibile del **lavoro in stato di schiavitù** che ancora oggi è molto diffusa e genera grandi profitti. I dati sono sconcertanti:

CINE-TRAILER
Il villaggio di cartone

12,3 milioni di persone nel mondo sono costrette a fornire lavoro contro la propria volontà, rendendo ai propri sfruttatori una cifra equivalente a 32 miliardi di dollari, pari al prodotto interno lordo di uno Stato di media grandezza.

Il 50% è costituito da minorenni: se sono ragazze finiscono nella prostituzione, se ragazzi, sono assoggettati in cantieri edili abusivi.

Il primato tocca all'Asia (9,5 milioni di individui), seguita dall'America Latina (1,3 milioni) e dall'Africa Sub-sahariana (660 000 persone).

Nei Paesi industrializzati le vittime sono oltre 360 000, spesso legate a vere e proprie tratte. In molti Paesi poveri si può ancora finire in schiavitù per non aver onorato i propri debiti.

Un'altra grave forma di sfruttamento è costituita dal **lavoro minorile**, una forma di violenza assai diffusa e una piaga difficile da debellare, più volte denunciata dalla Chiesa.

A p. 330 abbiamo ricordato la discriminazione che colpisce le donne: nelle società occidentali, ancora oggi in genere una donna ha meno possibilità di affermarsi nel mondo del lavoro, a pari meriti rispetto a un collega di sesso maschile. Nelle società meno evolute, spesso alle bambine non è neppure garantito il diritto all'alfabetizzazione.

La donna inoltre deve conciliare l'occupazione con la sua **vocazione di madre** e il **lavoro domestico** che non ha un riconoscimento da parte della società.

LA CHIESA E LA DIGNITÀ DEL LAVORO

Con l'enciclica *Rerum novarum* di Leone XIII (vedi a p. 126), la Chiesa prese posizione a favore dell'**inalienabile dignità dei lavoratori**, alla quale collegò la necessità di collaborazione tra classi sociali, la difesa dei diritti dei deboli e dei poveri, l'importanza degli obblighi dei lavoratori e dei datori di lavoro, il diritto di associazione. Da allora i problemi connessi al lavoro umano sono oggetto di continue riflessioni da parte della Chiesa.

SOCIAL FORUM

«*Quando la società è organizzata in modo che non tutti hanno la possibilità di lavorare, quella società non è giusta*». Queste parole di papa Francesco toccano uno dei problemi più gravi nel nostro Paese, quello della mancanza di lavoro.

- I giovani non lo trovano, persone già avanti con gli anni lo perdono e aumentano i nuovi poveri, che insieme al lavoro perdono la possibilità di un'esistenza dignitosa. Che cosa sapete di questo grave problema sociale?
- Se la mancanza di lavoro è un'ingiustizia sociale, chi e come dovrebbe intervenire?
- Vi sembra si stiano prendendo provvedimenti concreti? Discutetene in classe con l'insegnante.

LEZIONE 7 UN'ECONOMIA GLOBALIZZATA

Papa Francesco @ **Per il cristiano, andare avanti, progredire significa abbassarsi. Se noi non impariamo questa regola cristiana, mai, mai potremo capire il vero messaggio di Gesù sul potere. La strada del Signore è il Suo servizio** #progressoeservizio

?

Che cosa significa "progredire"?
«*Gesù svuotò se stesso assumendo una condizione di servo, diventando simile agli uomini*» (Fil 2,7). In che modo assumere la condizione di servo determina la possibilità di progredire?

Globalizzazione
Il termine fu usato per la prima volta nel 1962 dal settimanale "The Economist". Esso indica la dimensione globale di eventi economici, finanziari, politici e culturali, che superano i confini dei singoli Stati. La dimensione globale dei vari fenomeni è stata resa possibile dallo sviluppo dei trasporti e delle telecomunicazioni che hanno permesso il rapido scambio di informazioni e risorse.

UN MONDO GLOBALE

Dal xx secolo l'economia ha subito un progressivo processo di **globalizzazione**.

- Con il termine si indica **un'economia che**, in nome del libero scambio, **supera i confini nazionali** e lega il destino di ogni singolo Paese a quello di tutti gli altri.
- Tuttavia, il termine non si riferisce solo all'**estensione dei processi di interazione economica**, ma anche **sociale e politica**, **da livello locale a livello mondiale**.

La globalizzazione ha radici ben riconoscibili nella storia dei popoli, ma, a partire dalla fine del secolo scorso, ha modificato in breve tempo le condizioni e il sistema di vita di milioni di persone.

I VANTAGGI DELLA GLOBALIZZAZIONE...

Sicuramente la globalizzazione ha degli aspetti vantaggiosi:

- sul **piano economico** essa ha **integrato in un unico sistema i mercati di Paesi diversi**: si sono ridotte le barriere doganali; è aumentato lo scambio di beni e servizi; la liberalizzazione dei mercati finanziari ha permesso un grande movimento di capitali; la diffusione di tecnologia e la delocalizzazione delle imprese produttive hanno reso il sistema economico più dinamico con positivi effetti di sviluppo;
- anche sul **piano politico** si registrano effetti importanti: gli Stati devono **condividere** sempre di più **scelte e strategie** ed è **aumentata la diffusione e la condivisione di fattori di progresso** come la ricerca scientifica e tecnologica, lo sviluppo economico, l'attenzione al sociale, la battaglia per la tutela dei diritti umani e l'affermazione di modelli culturali di integrazione. [vedi DOC 8]

... E GLI SVANTAGGI

Tuttavia, quegli stessi punti di forza possono anche essere letti come **aspetti potenzialmente negativi**, fonte di conflitti e di disuguaglianze;

- le leggi dell'economia dicono, per esempio, che la libera concorrenza è un bene e che tutti ne possono trarre vantaggio, ma, in un sistema governato dalla **competitività**, le economie più deboli risultano penalizzate;

- tra **Nord e Sud del mondo** aumenta così il **divario economico, sociale e di accesso alle risorse della rete** (*digital divide*), cioè all'informazione;
- sovente i rapporti internazionali diventano **situazioni di scontro di civiltà** in cui i Paesi occidentali si devono confrontare con altre civiltà emergenti;
- nei **Paesi industrializzati**, i rapidi cambiamenti nei processi di lavorazione hanno prodotto molti effetti sul piano sociale: hanno favorito la nascita di nuove professioni e hanno permesso un mercato del lavoro internazionale, ma hanno anche portato a **tagli al personale**, a una **limitazione della tutela dei lavoratori e dei loro diritti**, al **blocco dei salari**;
- nei **Paesi del Sud del mondo** l'impulso alla produzione per l'esportazione ha determinato un **peggioramento delle condizioni di vita** e un **aumento dello squilibrio** già esistente;
- sul **versante socio-culturale**, l'accresciuto benessere ha reso possibile un aumento dei consumi privati modificando gli stili di vita: la società globale è una **società dei consumi**, **standardizzata** e **omologata culturalmente**. [vedi DOC 5]

SOCIAL FORUM

- Sapreste portare qualche esempio che rappresenti in modo efficace il fatto che quella in cui viviamo è una società globalizzata?
- In base a quanto conoscete, secondo voi, la globalizzazione è un fatto negativo o può avere anche un risvolto positivo?

LE PAROLE DEL PAPA
La globalizzazione

GOVERNARE LA GLOBALIZZAZIONE

La globalizzazione non si può arrestare, ma si deve governare. Occorre puntare su una **distribuzione più equa dei suoi benefici**: considerare una ricchezza i processi culturali di integrazione; favorire la diversità e costruire una nuova modernità fondata sui valori di uguaglianza, di libertà e di accesso all'informazione.
Rispondono a un'etica della responsabilità da parte dei governi **scelte finanziarie sostenibili** ("finanza etica", microcredito, commercio equo e solidale, politiche internazionali volte al bene collettivo) e, dal basso, l'**impegno di gruppi di azione sociale, di cooperazione internazionale** capaci di "mettersi in rete" e costruire una nuova solidarietà.

LA POSIZIONE DELLA CHIESA

La Chiesa cattolica si è più volte pronunciata sulla situazione del mondo contemporaneo in documenti come la *Mater et Magistra*, la *Pacem in terris* di papa Giovanni XXIII e la *Gaudium et Spes* del Concilio Vaticano II.
Con l'enciclica del 1967 *Populorum progressio* di papa Paolo VI la Chiesa ha **anticipato i grandi temi della globalizzazione**:

- si fanno rilevare squilibri crescenti tra Paesi ricchi e Paesi poveri;
- si sottolinea la necessità di programmi e di pianificazioni globali, da realizzarsi a servizio dell'uomo, salvaguardando ogni tradizione culturale;
- vengono denunciate le iniquità nelle relazioni commerciali mondiali, causate dal crescente divario di prezzi tra le materie prime e i prodotti finiti;
- si auspica la giustizia dei contratti fra i popoli per costruire un mondo solidale.

LEZIONE 8 UNO SVILUPPO SOSTENIBILE

Remo Bodei @ La cultura del dono, della circolarità virtuosa e generosa, sembra ad alcuni oggi essere diventata l'antidoto a un'economia, come la conosciamo, basata sulla crescita indefinita dei bisogni e dei desideri #donoegenerosità

?

Che cosa significa «*cultura del dono*»?
Perché la crescita economica indefinita può essere pericolosa?

SVILUPPO SOSTENIBILE, SOLIDARIETÀ E CONDIVISIONE

Come altri ambiti, anche l'economia esige scelte orientate al bene comune. Nella ricerca di nuove modalità per ridurre l'impatto ambientale nelle società, a livello sia locale sia globale, si è affermata l'idea di **sviluppo sostenibile**, che propone una **revisione dell'attuale modello economico**, includendo in esso la difesa delle risorse della natura e modificandolo in termini di diritti universali di tutti i popoli, di **solidarietà**, di **giustizia economica** e di **cultura della pace**.
Le principali tematiche legate allo sviluppo sostenibile, in effetti, sono intrecciate con questioni che riguardano **un'equa distribuzione delle ricchezze.** [vedi DOC 9]

SOCIAL FORUM

Occorre agire concretamente e non solo nutrire buoni sentimenti: questo è il nocciolo dell'insegnamento cristiano. Spesso sono le Associazioni Non Governative (ONG) a operare su base volontaria per lo sviluppo dei popoli. In Italia i loro interventi sono regolati dalla legge 49/87.

- Che cosa sapete di queste realtà? Quali ONG conoscete?
- Cercate informazioni a riguardo: come agiscono e di che cosa si occupano?
- Ritenete che possa essere un'esperienza importante, per un giovane, offrire volontariamente il proprio aiuto per cercare di fronteggiare la povertà e gli squilibri sociali?

RISORSE, RICCHEZZA, RESPONSABILITÀ

Ricordiamo qui almeno tre di queste tematiche legate allo sviluppo sostenibile, che però sono fondamentali e dalle quali è bene partire per **ricavare scelte concrete orientate al bene**.

- Il **diseguale accesso e sfruttamento delle risorse naturali** caratterizza le relazioni economiche e politiche tra i Paesi ricchi e quelli poveri del mondo. Per poter garantire un uguale diritto a tutte le persone è necessario che ognuno (singolo o nazione) limiti l'utilizzo delle risorse per bilanciare questo disequilibrio (vedi a **p. 346**).
- Gli attuali modelli di sviluppo economico, basati sulla **logica del profitto e dell'arricchimento**, non tengono conto delle conseguenze dello sfruttamento di tutte le risorse, della natura in generale e umane in particolare. Poiché la natura non è una risorsa illimitata, si deve limitare una crescita economica eccessiva e optare per strategie che consentano un benessere sostenibile.

Logo di Altromercato, *prima centrale di importazione del commercio equo e solidale in Italia.*

- **Ogni persona**, come cittadino-consumatore, è **responsabile** dell'influenza diretta che le sue scelte hanno nei confronti dell'impatto ambientale. Per questo vengono promossi quei **comportamenti** che favoriscano l'**assunzione di nuovi valori** e stili di vita in modo da superare la cultura dell'"usa e getta".

IL POVERO È IL NOSTRO PROSSIMO

Gesù ricorda la predilezione di Dio per i poveri, nella sua predicazione, e nel contempo richiama con energia al **dovere morale** da parte di coloro che possiedono dei beni di farsene carico. Nel discorso sul Giudizio finale riportato in Mt 25,35, Gesù afferma il **dovere** per il discepolo **di occuparsi di chi ha necessità di mangiare e di bere** (vedi a **p. 290**).
Nella parabola del ricco e del povero Lazzaro, in Lc 16,19-21, al ricco viene impedito l'accesso al Paradiso perché ha ignorato il povero alla sua porta.

LE PAROLE DEL PAPA
- Lo sviluppo sostenibile
- Le migrazioni

VIDEO
- Storie dell'altro mondo
- Madre Teresa di Calcutta: dare la vita per gli ultimi

PAGINE DIGITALI
- La violenza sociale
- Stranieri in mezzo a noi

LA NECESSITÀ DI AGIRE CONCRETAMENTE

Il **prossimo** è da considerarsi come **un altro se stesso** e quindi bisogna **aiutarlo a vivere con i mezzi necessari**. L'apostolo Giacomo così si esprime nella sua lettera al capitolo 2,15-16: «*Se un fratello o una sorella sono senza vestiti e sprovvisti del cibo quotidiano e uno di voi dice loro: "Andatevene in pace, riscaldatevi e saziatevi", ma non date loro il necessario per il corpo, a che cosa serve?*».
Riprendendo il messaggio evangelico, la Chiesa afferma, nella *Gaudium et Spes*, che l'esistenza di persone che muoiono di fame è **un'offesa nei confronti di Dio** e ammonisce: «*Dà da mangiare a colui che è moribondo per fame, perché se non gli avrai dato da mangiare, lo avrai ucciso*».

AGIRE CON LE OPERE

L'80% della popolazione mondiale vive con il 20% circa delle risorse della Terra. Agire «*con le opere*», come richiama Giacomo (2,17), significa **avere senso di responsabilità** e cercare di **risolvere il problema della povertà**:

- **sostenere i Paesi poveri con programmi di sviluppo delle economie locali**: eliminare la corruzione; promuovere l'istruzione; cancellare i debiti contratti con l'Occidente;
- **combattere pregiudizi** come l'idea che i popoli in via di sviluppo facciano troppi figli e siano quindi loro stessi responsabili delle scarse risorse;
- **scegliere investimenti in quelle banche sulla cui trasparenza etico-giuridica non esistano dubbi** e in imprese che svolgono attività corrette;
- **escludere dal carrello della spesa i prodotti dei grandi gruppi economici** che attraverso lo sfruttamento del lavoro, anche infantile, la distruzione dell'ambiente, il rifornimento di armi, contribuiscono a mantenere le condizioni di povertà;
- **scegliere i prodotti del commercio solidale**, il cui scopo è sostenere le economie dei Paesi poveri.

LEZIONE 9 IL MONDO DELLA COMUNICAZIONE

Duccio Demetrio @ Il mite è inoffensivo, non conosce che cosa sia la smania di potere, la cupidigia: è altruista, generoso fino al sacrificio di sé. [...] I miti, per la loro pazienza, riceveranno in eredità il Pianeta, essendo riusciti a trionfare sulla violenza, sull'arroganza, sull'aggressività #altruismoegenerosità

?

Le ingiustizie e le prevaricazioni dettate dall'arroganza si possono verificare anche nel modo di comunicare?
In che mondo il mondo delle comunicazioni può far prevalere il valore dell'altruismo e della pace?

IL MONDO VIRTUALE: VANTAGGI E RISCHI

Mass media
Espressione (letteralmente "mezzi di massa") usata per indicare l'insieme dei moderni mezzi di comunicazione dell'industria culturale: la stampa, la televisione, il cinema, la radio, internet ecc.

Nel corso degli anni i **mass media** sono stati sottoposti a un'enorme quantità di studi e ricerche a proposito degli **effetti da loro causati su chi ne fruisce**.
Per la loro stessa struttura comunicativa, **i media modificano** infatti **profondamente la nostra percezione della realtà** e, secondo alcuni studiosi, anche la nostra **psicologia**.
Una sfida completamente nuova è rappresentata dall'**informatica**. Con l'aiuto dei computer creiamo una **realtà di nuovo tipo sotto forma di informazioni** che sono "reali", nel senso che hanno un effetto sulla realtà. Il pericolo è che le persone si ritirino in questo mondo virtuale e smarriscano l'accesso alla vita vera perdendo **molti elementi essenziali della nostra umanità**.

- L'essere umano, in quanto intreccio di rapporti sociali, ha bisogno del contatto diretto con gli altri che non può essere sostituito dalle mail, dalle video conferenze e dalle simulazioni computerizzate.
- L'informatica può rendere molto più semplice il nostro lavoro e può velocizzarlo, ma **non sostituisce la vita reale con i suoi interessi sociali e fisici**.

LA COMUNICAZIONE SOCIALE A SERVIZIO DELL'UOMO

La Chiesa si occupa del **mondo della comunicazione sociale** (come di tutti gli aspetti che riguardano la vita umana), prendendola in considerazione sia per le sue **potenzialità positive** (si tratta di risorse in grado di cooperare al processo formativo grazie al loro linguaggio facilmente comprensibile) sia per quelle **negative** (condizionare negativamente le persone).
Di per sé i mezzi di comunicazione, infatti, non sono né buoni né cattivi: dipende dall'utilizzo:

SOCIAL FORUM

L'etica delle comunicazioni sociali attraverso i nuovi media è un problema molto sentito: il mondo dei social network sta cambiando il modo in cui gli esseri umani instaurano e mantengono i rapporti.

- In base alla vostra esperienza potreste affermare se si tratta di rapporti autentici? Che cos'è, infatti, il nostro "io sociale"? Nei profili dei vari social network qual è il rapporto tra ciò che ci piacerebbe gli altri vedessero e sapessero di noi e ciò che siamo in realtà?
- C'è differenza nelle aspirazioni di chi frequenta assiduamente i social network e chi no?

- quando si piegano alla **logica dei poteri o degli interessi** o vengono usati **contro la dignità umana**, sicuramente i media sono moralmente **condannabili**. I comunicatori non devono manipolare le notizie per interessi di parte, devono rispettare tutti, con speciale riguardo agli strati sociali più sprovveduti (e quindi più facilmente suggestionabili) per età o cultura;
- tuttavia, considerando il risultato del processo scientifico e tecnologico per mezzo del quale l'umanità progredisce ed esplicita le sue capacità, la Chiesa si è spesso dichiarata convinta del fatto che **i mezzi di comunicazione sociale sono apprezzabili** e **hanno un valore in sé positivo**.

LA CHIESA E INTERNET

Sostanzialmente identico è il parere riguardo a Internet: l'interesse della Chiesa per la rete è un aspetto particolare dell'attenzione che essa riserva da sempre ai mezzi di comunicazione sociale.

Il **giudizio positivo della Chiesa** prevede però che coloro che si occupano di comunicazioni sociali agiscano con **responsabilità** e **dedizione alla verità**, perché attraverso i media non si condividono solo informazioni e conoscenze, ma **si comunica una parte dell'uomo stesso.** [vedi DOC 6]

IL RISCHIO DELLA DISUMANIZZAZIONE

D'altro canto, le possibili conseguenze di un utilizzo acritico dei media possono riguardare una **disumanizzazione dei destinatari** e la **violazione dei loro diritti**: l'uomo massificato e spersonalizzato corre il rischio di essere facilmente manipolato dai "facitori d'opinione", ritenendo vero e reale solo ciò che viene proposto dai media. Spesso è incapace di coltivare idee autonome e di mettere in atto comportamenti frutto di una decisione individuale e consapevole. È cioè potenzialmente a rischio il suo essere "persona".

LA COMUNICAZIONE DEVE VALORIZZARE LA PERSONA

Per arginare esiti così lesivi della dignità umana, la Chiesa sostiene una comunicazione che valorizzi l'uomo. La comunicazione sociale deve avvenire all'insegna del **rispetto**, della **liberazione**, del **potenziamento della persona umana** in ogni sua dimensione, attingendo in **Cristo**, **perfetto comunicatore**, significato, valore e scopo. In questo modo i media possono essere «*fattori di socializzazione*» finalizzati a «*essere strumenti di fraternità universale*» (*Communio et progressio*, n. 98).

LEZIONE 10 LA TERRA, UNA CASA DA SALVAGUARDARE

Duccio Demetrio @ I miti riceveranno la Terra in nome dell'essenzialità dei loro modi; così simili a quelli della Terra, quando non la imbellettiamo. [...] La Terra e l'umano si incontrano: non troverai l'una, dimenticando o odiando l'altro #curadelmondo

Quale relazione c'è tra la cura della Terra e la cura per gli altri?
«*Ci sono "ragioni cristiane" assolute e precise per l'ecologia, ragioni mai separabili dal tema della giustizia e della pace*» dice Enzo Bianchi: quale relazione c'è tra ecologia, giustizia e pace?

L'IMPATTO DELL'UOMO SULL'AMBIENTE

Ecologia
Il termine (dal greco *oíkos*, "casa", "ambiente", e *lógos*, "discorso") fu usato per la prima volta nel 1870 dal biologo tedesco Ernst Haeckel, che la definì «*la scienza delle relazioni fra gli esseri viventi e il mondo che li circonda*».

La **Terra** è una grande **casa dove ogni individuo dipende dagli altri e dall'ambiente in cui vive**: da questo concetto ha origine l'**ecologia**.
Nata come disciplina che studia il funzionamento dei sistemi viventi che compongono la biosfera, l'ecologia si è dovuta ben presto confrontare con **l'impatto del progresso umano sull'ambiente.**
Infatti, molte delle modificazioni operate dall'uomo che sembrano determinare un miglioramento della qualità della vita, in realtà, provocano un **peggioramento**, o persino la **distruzione della vita**. [vedi DOC 1]
Quando un ambiente non è più in grado di garantire la sopravvivenza, o diventa pericoloso per la vita che ospita, allora si ha un **problema ecologico**. La crisi causata dal rapido **accrescimento della popolazione** e dalla progressiva **diminuzione delle risorse**, con la conseguente accelerazione del **deterioramento dell'ambiente terrestre** sono il problema ecologico per eccellenza.

QUALI SONO LE RESPONSABILITÀ DELL'UOMO VERSO LA TERRA?

LE PAROLE DEL PAPA
- I cambiamenti climatici
- L'inquinamento

Nell'affrontare i problemi ecologici ci si trova a dover fare i conti anche con **questioni di carattere morale**.

- Gli esseri umani hanno degli obblighi morali nei confronti della natura?
- Hanno il diritto di sfruttare le risorse solo per se stessi?
- Qual è la responsabilità dell'uomo nel governo della Terra?
- Le altre specie hanno il diritto al rispetto e all'esistenza?

Questi e altri interrogativi simili sono oggetto dell'**etica ambientale**, la cui riflessione sulla **responsabilità dell'uomo** (diritti e doveri nei confronti della natura e di altri esseri viventi umani e no che la abitano) sostiene l'impegno dell'ecologia, al fine di **preservare la casa in cui viviamo** (la natura) e mantenere una **qualità di**

vita accettabile per gli uomini, e, infine, **salvare la vita sulla Terra** dalla distruzione.

Beata la differenziata; *manifesto della nuova campagna di informazione promossa dalla Provincia di Torino, dedicata a migliorare la qualità della raccolta differenziata, 2012.*

PROBLEMI ECOLOGICI LOCALI E GLOBALI

I problemi ecologici possono essere classificati in **due gruppi** principali, a seconda che si presentino su scala locale o globale.

- Nei **problemi locali** esiste una sostanziale identità fra inquinati e inquinatori: gli abitanti di un'area producono guasti su quell'area (emissione di gas tossici, consumo energetico).
- Nei **problemi globali** il comportamento degli inquinatori non determina conseguenze ambientali dirette: queste dipendono dalla somma dei comportamenti di tutti (mutamenti climatici, desertificazione).

LA RESPONSABILITÀ MORALE DELL'UOMO

Diretta o indiretta, la responsabilità è sempre dell'uomo, poiché la specie umana è l'unica in grado di agire sulla natura, di modificarla e trasformarla per soddisfare le proprie esigenze. L'etica ambientale è dunque innanzi tutto un'**etica della responsabilità**. Usare in modo responsabile le risorse della natura significa avere sempre presente il bene di tutti coloro che di esse devono vivere, **considerando le generazioni presenti e future**.

COOPERARE PER SALVARE LA TERRA

Una comunità internazionale capace di collaborazione può veramente far fronte alle questioni ambientali, ormai troppo grandi per un singolo popolo e un singolo Stato: un intervento distruttivo in un'area del Pianeta può avere effetti duraturi e catastrofici su tutto l'ecosistema e quindi ripercussioni negative su tutta l'umanità e sulle generazioni future. La consapevolezza che gli equilibri ecologici sono patrimonio e responsabilità collettiva produce, come atteggiamento morale e sociale, la **solidarietà** e la **cooperazione tra le nazioni** più avanzate e quelle più povere, che consente di **elaborare strategie efficaci per la salvaguardia della natura**, subordinando gli interessi egoistici e invasivi al bene comune.

PAGINE DIGITALI
L'acqua, l'oro blu in pericolo

SOCIAL FORUM

Papa Francesco ha sottolineato l'importanza di essere «*custodi della creazione, del disegno di Dio iscritto nella natura, dell'altro e dell'ambiente*». Il problema ambientale, tuttavia, non è in carico solo ai cristiani: tutti sono chiamati ad «*avere rispetto per ogni creatura, per l'ambiente*».

- Perché il problema ambientale è un problema morale? Perché riguarda tutti?
- Informatevi: da quando e per quale motivo è stata istituita dalla Conferenza Episcopale Italiana la Giornata per la Salvaguardia del Creato?
- Quale differenza c'è per l'uomo tra essere "padrone" del Creato e "custode"? Quali doveri ha un buon custode?
- Che cosa può fare, praticamente, ognuno di noi, nella quotidianità, per preservare il Pianeta? Quali stili di vita si possono modificare e con quali vantaggi?

LA PAROLA

La Creazione, *miniatura tratta da un manoscritto del XV secolo.*

DOC 1 dall'Antico Testamento

In principio Dio creò il cielo e la terra

Fonte: Gen 2,1-5

Secondo il racconto della Genesi, Dio ha creato il cielo, la Terra e tutte le creature che la abitano. Poi ha creato l'uomo perché si prendesse cura del Creato.

In principio Dio creò il cielo e la terra. [...]
Dio chiamò l'asciutto terra, mentre chiamò la massa delle acque mare. Dio vide che era cosa buona. [...]
Così furono portati a compimento il cielo e la terra e tutte le loro schiere. [...]
Nel giorno in cui il Signore Dio fece la terra e il cielo nessun cespuglio campestre era sulla terra, nessuna erba campestre era spuntata, perché il Signore Dio non aveva fatto piovere sulla terra e non c'era uomo che lavorasse il suolo, ma una polla d'acqua sgorgava dalla terra e irrigava tutto il suolo. Allora il Signore Dio plasmò l'uomo con polvere del suolo e soffiò nelle sue narici un alito di vita e l'uomo divenne un essere vivente. [...]
Il Signore Dio prese l'uomo e lo pose nel giardino di Eden, perché lo coltivasse e lo custodisse.

COMPRENDERE E INTERPRETARE

- Perché Dio crea l'uomo? Quale dovrebbe essere il suo compito?
- Che cosa vuol significare il racconto biblico?

DOC 2 dal Nuovo Testamento

Lavorate in pace

Fonte: 2Ts 3,6-15

DOC 3 il magistero della Chiesa

La pace è frutto dell'amore

Fonte: Concilio Vaticano II, **Gaudium et Spes**

DOC 4 le parole del Pontefice

Per amare il prossimo bisogna essere giusti

Fonte: Giovanni Paolo II, **Centesimus annus**

DOC 5 le parole del Pontefice

La globalizzazione dell'indifferenza

Fonte: Papa Francesco, **Omelia** *dell'8 luglio 2013*

DOC 6 le parole del Pontefice

Social network ed evangelizzazione

Fonte: Benedetto XVI, Messaggio per la XLVII Giornata mondiale delle comunicazioni sociali

Papa Francesco *durante il viaggio a Lampedusa, settembre 2014.*

LETTURE INTERDISCIPLINARI

DOC 7 MONDI RELIGIOSI A CONFRONTO

La schiavitù è un crimine contro l'umanità

***Fonte: Papa Francesco,* Dichiarazione del 2 dicembre 2014**

Il 2 dicembre 2014 in Vaticano papa Francesco e numerosi leader di altre religioni si sono ritrovati per siglare insieme una *Dichiarazione* comune affinché tutte le religioni s'impegnino nell'eliminazione della schiavitù moderna entro il 2020: un evento storico, mai avvenuto prima. Nella *Dichiarazione* si legge che la schiavitù è un crimine contro l'umanità, che deve essere riconosciuto come tale da tutti e da tutte le Nazioni. Ecco le parole del Papa.

Lo **sfruttamento** fisico, economico, sessuale e psicologico di uomini e donne, bambini e bambine attualmente incatena decine di milioni di persone alla disumanità e all'umiliazione. Ogni essere umano – uomo, donna, bambino, bambina – è immagine di Dio; Dio è amore e libertà, che si dona nelle relazioni interpersonali; quindi ogni essere umano è una persona libera, destinata a esistere per il bene degli altri, in uguaglianza e fraternità. Ogni persona e tutte le persone sono uguali e si deve riconoscere loro la stessa libertà e la stessa dignità. Qualsiasi relazione discriminante che non rispetta la convinzione fondamentale che l'altro è come me stesso costituisce un delitto, e tante volte **un delitto aberrante**. Per questo dichiariamo in nome di tutti e di ognuno dei nostro credo che **la schiavitù moderna** – in forma di tratta delle persone, lavoro forzato, prostituzione, traffico di organi – è **un crimine di "lesa umanità"**. Le sue vittime sono di ogni condizione, ma il più delle volte si riscontrano tra i più poveri e i più vulnerabili dei nostri fratelli e sorelle. [...] Questo crimine di "lesa umanità" si maschera dietro apparenti abitudini accettate, ma in realtà fa le sue vittime nella prostituzione, nella tratta delle persone, il lavoro forzato, il lavoro schiavo, la mutilazione, la vendita di organi, il consumo di droga, il lavoro dei bambini. Si nasconde dietro porte chiuse, in luoghi particolari, nelle strade, nelle automobili, nelle fabbriche, nelle campagne, nei pescherecci e in molte altre parti. E questo succede sia nelle città che nei villaggi, nei centri di accoglienza delle nazioni più ricche e di quelle più povere del mondo.

COMPRENDERE E INTERPRETARE

- Quali esempi vengono portati come rappresentativi della moderna schiavitù?
- Perché la schiavitù viene definita «*delitto di lesa umanità?*»

DOC 8 mondi religiosi a confronto

Responsabilità, sobrietà, giustizia

***Fonte: Rony Hamaui,* Le conseguenze della crisi economica**

DOC 9 mondi religiosi a confronto

L'economia deve soddisfare non creare i bisogni

Fonte:* Dichiarazione buddhista sui cambiamenti climatici, *2009

VERIFICA DELLE CONOSCENZE

VERO O FALSO?

- V F Tra i diritti fondamentali dell'uomo ve ne sono di fisici e di psicologici
- V F I diritti fondamentali non sono universali
- V F Gesù ha disgiunto la sfera politica da quella religiosa
- V F I diritti civili riguardano la vita e la libertà
- V F Il lavoro mal retribuito e lo sfruttamento sono esempi di ingiustizia sociale
- V F I diritti umani sono sempre salvaguardati nella società moderna
- V F Gesù ha affermato che l'unico regime politico cristiano è la democrazia
- V F I conflitti si possono risolvere solo con il ricorso alla violenza
- V F La dottrina cristiana lega la pace alla giustizia
- V F Per eliminare la guerra occorre eliminare le cause che la scatenano
- V F La Chiesa è contraria alla globalizzazione
- V F Secondo la Chiesa la pace può scaturire solo dalla pratica dell'amore che Gesù ha insegnato
- V F Le ingiustizie sociali sono alla base di molte guerre
- V F L'invito alla mitezza rivolto da Gesù comporta che i cristiani debbano tollerare le ingiustizie sociali
- V F Gesù ha insegnato che il vero potere sta nel servizio
- V F Coloro che operano per la pace, spesso sacrificano la propria vita
- V F Gesù ha invitato a essere miti e non violenti
- V F La Terra va salvaguardata in quanto casa comune di tutti gli uomini
- V F Nella società attuale il problema del lavoro è praticamente inesistente
- V F Oggi non esiste più alcuna forma di schiavitù
- V F La Chiesa si è espressa in maniera sfavorevole nei confronti di Internet

BLOG IN CLASSE

LA PACE SI COSTRUISCE IN OGNI MOMENTO

Abitare la Terra rispettando la dignità e i diritti dell'uomo

#eticaperilfuturo
#superficialitàetrascuratezza
#sensoescopodellavita
#elogiodellamitezza
#pazienzaeumiltà
#potereeservizio
#progressoeservizio
#donoegenerosità
#altruismoegenerosità
#curadelmondo

Tenete presenti questi temi e confrontatevi con la tecnica del *brainstrorming*.

- Che cosa spinge gli uomini a combattersi?
- Si può cambiare l'inclinazione umana, che sembra essere naturalmente aggressiva?
- Secondo il filosofo Thomas Hobbes (1588-1679) la condizione naturale dell'umanità è quella della «*guerra di tutti contro tutti*»; la pace è frutto di una ricerca, segno di uno stadio più maturo della vita sociale, che pone limiti alla libertà di ognuno, ma ottiene l'evidente vantaggio di poter garantire a tutti uno spazio più sicuro di vita. Che cosa pensate di questa analisi? Ritenete che vi sia affinità con quanto afferma la Chiesa, cioè che non c'è pace senza la giustizia?
- Scegliere la pace piuttosto che la guerra non basta: occorre darsi da fare per mantenere e sviluppare una convivenza pacifica. In che modo si può costruire la pace? Attraverso quali azioni concrete?

Allestite una RASSEGNA STAMPA in cui presentate in modo esauriente almeno **sette esempi** di impegno concreto per favorire la giustizia e la pace.
Un esempio concreto potrebbe essere il seguente:

La Conferenza Episcopale del Kenya promuove l'iniziativa Hands on Broward Volunteers a favore degli emarginati e della salvaguardia dell'ambiente: → sta costruendo la pace.

UNA MAPPA PER TUTTI

DIDATTICA INCLUSIVA

IL PERCORSO IN BREVE

Abbiamo imparato:

- in che modo l'essere umano può comportarsi in maniera responsabile;
- che cosa sono i diritti dell'uomo e quali sono;
- come viene visto il potere politico da Gesù e come ci si deve rapportare un cristiano;
- che cosa sono la pace e la guerra e qual è la posizione della Chiesa in difesa della pace;
- chi sono gli operatori di pace;
- che cos'è la pena di morte;
- perché lavorare è un dovere ma anche un diritto e qual è la posizione della Chiesa sul lavoro;
- che cos'è la globalizzazione, quali sono i vantaggi e gli svantaggi, e qual è la posizione della Chiesa;
- che cos'è lo sviluppo sostenibile e attraverso quali opere lo si può sostenere;
- quali sono i vantaggi e i rischi del mondo della comunicazione odierno e qual è la posizione della Chiesa a riguardo;
- quali sono le responsabilità dell'uomo verso la Terra, quali sono i problemi ecologici e come si può cooperare per salvare l'ambiente.

PERCORSO 7 UN'ETICA PER LA VITA

PER COMINCIARE INSIEME

DIDATTICA COOPERATIVA

Giovanni Russo.

Il teologo Giovanni Russo si occupa in modo specifico di bioetica e ci aiuta a impostare il problema di fondo che toccheremo in questo *Percorso*:
«La vita è "progetto". *Esso corrisponde a un disegno del Creatore, a una precisa vocazione e chiamata. La vita è chiamata a conformarsi a questo disegno; la condizione del successo, e quindi del progresso della vita, è il riconoscere che la libertà dell'uomo nel realizzare questo progetto è appesa al filo dell'obbedienza. L'uomo ne è signore, ma Dio soltanto ne è signore in maniera assoluta*».

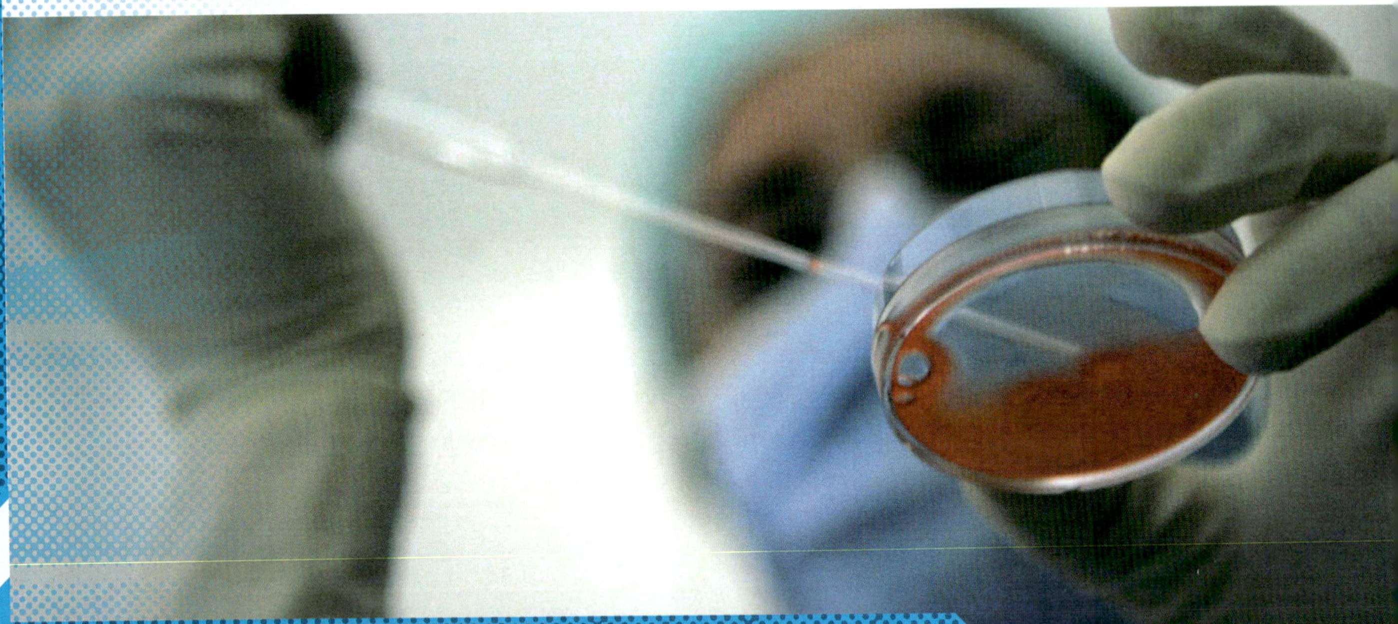

Ragazzi impegnati in un **laboratorio di "coltivazione etica".**

- Quella riportata è la posizione del cristianesimo, ma **i progressi scientifici interpellano tutti**, credenti e no, ed è oggi quanto mai fondamentale interrogarsi **sulla liceità di alcune azioni** rese possibili dal progresso scientifico. Biologia, medicina, ingegneria, filosofia, teologia, psicologia, sociologia, economia, diritto: discipline diverse concorrono a riflettere su **problemi complessi**, per affrontare i quali sono necessarie **conoscenze diverse**.
- Ma non solo gli esperti di teologia o di morale e gli scienziati sono chiamati a esprimersi di fronte a certe situazioni: in molti casi è già stata richiesta l'espressione dell'opinione pubblica o della volontà politica delle persone (tramite referendum) a riguardo di qualche suo particolare aspetto. Quindi, di fronte a problemi come quelli sollevati dal progresso scientifico e tecnologico, **ciascuno di noi deve assumersi la responsabilità di scelte e di decisioni.**
  Proponiamoci, dunque, di riflettere su questo argomento:

FRONTIERE DELLA VITA; FRONTIERE DELLA SCIENZA

L'importanza di darsi dei limiti per la salvaguardia della dignità umana

- Vi aiuteranno le parole del teologo Bruno Forte e del filosofo della scienza Giulio Giorello, i quali, pur partendo da posizioni molto diverse, invocano entrambi la necessità per l'uomo di non avere granitiche certezze, che possono indurre a estremismi pericolosi, ma invitano ad aprirsi al dubbio e al confronto.
  Tenete in particolare considerazione il DOC 4, in cui parla Benedetto XVI, e il DOC 8, una pagina di Michael Crichton.

Buono studio!

LEZIONE 1 LA BIOETICA E I LIMITI DELLA SCIENZA

Bruno Forte @ Una ragione troppo sicura di sé, una ragione ideologica, diventa violenta e totalitaria. Una fede che non faccia spazio al dubbio, un credente che non voglia essere il povero ateo che ogni giorno si sforza di cominciare a credere, rischia di fare della sua fede una rassicurazione comoda #ragioneefede

?

Perché il razionalismo che non si apre al dubbio può essere pericoloso?
Parimenti, perché è negativa una fede che non si pone dubbi?

LA SCIENZA DEVE PORSI DEI LIMITI?

Gli straordinari progressi delle scienze biologiche e tecnologiche hanno trasformato in realtà cose che fino a poco tempo fa sembravano possibili solo nella fantascienza. Un potere straordinario dunque, che suscita un grande **entusiasmo**, ma insieme anche una grande **preoccupazione** relativa alle conseguenze e alla legittimità di tali interventi: **tutto ciò che è tecnicamente possibile è anche eticamente lecito?** Rispondere a questa domanda è il compito della **bioetica**. Questa disciplina, infatti, si occupa dei **dilemmi morali** sollevati dalla crescente capacità della scienza e della tecnologia di modificare la vita umana e l'ambiente, chiedendosi:

Bioetica
Dal greco *bíos*, "vita", e *éthos*, "comportamento".

- Dove dobbiamo fermarci?
- Qual è il confine tra progresso scientifico e abuso che lede la dignità umana?

La risposta a questi interrogativi dipende dalla concezione che si ha di vita e dal significato che alla vita stessa si attribuisce.

UNA DISCIPLINA PRATICA

La bioetica riflette sui vari problemi secondo le categorie di bene-male, giusto-sbagliato ed è una **disciplina pratica**: serve a orientare l'agire umano in tutte quelle situazioni in cui si deve valutare la legittimità delle pratiche rese possibili dal progresso scientifico. Ma come fa la bioetica a stabilire se una cosa è giusta o sbagliata? Poiché il valore di un'azione può essere definito solo in riferimento a un **sistema etico**, la bioetica si muove sulla base di una particolare visione del mondo e dell'etica che da quella visione deriva. Possiamo, in modo generale, riportare le differenze fra le varie concezioni a **due grandi modelli teorici**, che si ispirano rispettivamente a una **visione religiosa** e a una **visione laica del mondo**, alla cui base stanno due differenti concezioni della vita (vedi a **pp. 366-367**).

RICERCA E RISPETTO DELLA VITA

Secondo la visione cristiana (che ritiene la vita un dono di Dio: vedi a p. 366): [vedi DOC 1]

- ogni uomo è unico e la sua vita ha un valore immensamente grande;
- nessuno ha potere sulla vita degli altri;
- ognuno gode di diritti che devono essere garantiti.

Viene valutato positivamente ogni intervento sulla vita umana che tenda a migliorarne la qualità, purché avvenga nel rispetto della vita stessa intesa come dono di Dio. Viceversa, ogni intervento che banalizza la vita e la strumentalizza viene ritenuto illecito e arbitrario. Secondo questa visione **non tutto quello che la scienza rende possibile è moralmente etico**.

DUE MODI PER CERCARE LA VERITÀ

Questo non significa che la religione si oppone al progresso scientifico. Papa Giovanni Paolo II, nell'enciclica dedicata al **rapporto tra scienza e fede**, la *Fides et Ratio* (Fede e ragione) del 1999, annotava che «*la fede e la ragione sono le due ali con le quali lo spirito umano si innalza verso la contemplazione della verità*». Oggi un contrasto scienza-fede (che nei secoli passati ha opposto la religione e la ragione) non ha più ragione di essere: è dato per assodato che si tratta di **due ambiti diversi con competenze diverse**. Tuttavia tra i due ambiti c'è interazione.

SALVAGUARDARE LA DIGNITÀ UMANA

Il pericolo è che la scienza trascuri la **responsabilità morale** di non oltrepassare la soglia oltre la quale essa non è più rispettosa della persona umana.

- Per il cristianesimo, la scienza è cosa di per sé buona, anche perché esprime le capacità dell'intelletto che Dio ha dato all'uomo, tuttavia le **finalità della ricerca scientifica** non possono sottostare all'arbitrio individuale, ma devono **essere a salvaguardia della dignità dell'uomo**.
- L'uomo – ateo o credente che sia – deve porsi un limite da non oltrepassare. La **percezione del mistero** del mondo che, come abbiamo visto a p. 252 è propria anche della scienza) rappresenta un'apertura che attraversa l'esperienza del limite, ma la supera, mediante una conoscenza che trascende la realtà intelligibile delle leggi naturali.

Lo scienziato **George Ignatyev** *nella tuta protettiva usata per manipolare i microrganismi più pericolosi.*

SOCIAL FORUM

«La riflessione bioetica nasce dallo sforzo di individuare la nuova tavola dei valori adatta alle nuove circostanze».

- Vi sembrano condivisibili queste parole del professore di bioetica Maurizio Mori da un punto di vista cristiano?
- Quali valori morali sono fondativi e non discutibili per chi ha fede? Motivate le vostre risposte argomentandole e facendo riferimenti specifici ai contenuti propri dell'etica cristiana.

LEZIONE 2

L'ETICA DI FRONTE AL PROBLEMA DELLA VITA

Bruno Forte @ Una fede che sia profondamente se stessa, una fede che viva di preghiera, che faccia esperienza di Dio e lo testimoni senza remore, senza paura, con umiltà e fiducia #autenticitàdellafede

?

La fede autentica deve lasciare margini al dubbio: come può allora, secondo voi, testimoniare Dio?
Che cosa significa, secondo voi, testimoniare Dio «*senza paura, con umiltà e fiducia*»?

LA VITA È UN DONO DI DIO: L'ETICA RELIGIOSA

L'etica della **sacralità della vita**, di matrice religiosa, attribuisce un valore assoluto alla vita e afferma l'obbligo di **salvaguardarla sempre e comunque**, e il **divieto di interferire con il suo corso naturale**.

- Secondo questa prospettiva **la vita è sacra in quanto appartiene a Dio** che l'ha creata e affidata all'uomo, secondo un progetto al cui sviluppo l'uomo stesso è chiamato a collaborare.
- Perché l'uomo possa **conoscerlo** e **sapere come comportarsi** per realizzarlo, **Dio** ha trascritto il suo **progetto nella natura**, stabilendo che cosa è bene e che cosa è male. Da qui l'esistenza di una **legge naturale universale** da cui si traggono le **norme morali** valide per tutti (**universali**) e per sempre (**immutabili**).

Un'azione è moralmente buona se si adegua all'ordine naturale delle cose, moralmente cattiva quando è contraria a quell'ordine. L'uomo non può disporre della vita a suo piacimento, perché, in quanto dono di Dio, essa è inviolabile. [vedi **DOC 2**]

Una centrale nucleare.

LA VITA APPARTIENE ALL'UOMO: L'ETICA LAICA

L'etica della **qualità della vita**, di matrice laica, ritiene che il **valore della vita** sia **relativo** alle condizioni di benessere fisico e mentale e che ogni uomo abbia il diritto di decidere autonomamente rispetto a essa.

- Secondo questa visione, la vita **appartiene all'uomo** e il suo valore è determinato in base a caratteristiche fisiche e mentali che la rendono degna di essere vissuta.
- Negando una fonte esterna dei valori, la bioetica laica afferma che le **norme morali** sono **interamente stabilite dall'uomo**, che è influenzato innanzitutto dal contesto culturale in cui vive.

Questo significa che, secondo quest'ottica, **non esistono azioni giuste o sbagliate in assoluto**, e che **ogni uomo ha il diritto di decidere in piena autonomia**.

UN CONFRONTO NECESSARIO

Queste due concezioni antitetiche polarizzano il complicato dibattito nella bioetica contemporanea.
Il **confronto e il dialogo fra la bioetica cattolica e la bioetica laica**, per quanto difficile, è **necessario e inevitabile**, vista l'urgenza di decisioni che siamo chiamati a prendere sul nostro futuro.

I PRINCÌPI FONDAMENTALI DELLA BIOETICA CATTOLICA

Il **principio della sacralità della vita umana** è alla base anche della **bioetica cattolica**; essa si fonda sul concetto di "persona umana" (vedi a **pp. 253** e **p. 308**) e i suoi princìpi fondamentali sono:

- **la vita umana va difesa**, dal concepimento e in ogni istante del suo sviluppo fino alla morte. Va salvaguardata in ogni sua forma, anche animale e vegetale, che, sebbene subordinate a quella umana, meritano rispetto;
- **la libertà** è sacrosanta, ma **viene dopo la vita**: non si può anteporre la libertà di scelta alla vita umana (per esempio rifiutare una cura che prolunga la vita o praticare un aborto se un feto presenta malformazioni);
- **l'autoconservazione** è lo **scopo della medicina**. La sacralità della vita umana significa anche sacralità del corpo e delle due finalità di base che sono l'autoconservazione e la riproduzione. Ogni intervento medico che modifica una di queste finalità è da considerarsi illecito. Non si può intervenire su una parte del corpo se non per salvare tutta la persona;
- il **principio di socialità** afferma che la vita è un bene della persona ma anche della società, per questo **la società** si impegna a promuovere la vita e la salute **di ogni persona**;
- il **principio di sussidiarietà** sostiene l'obbligo da parte dello **Stato** di intervenire in aiuto di chi è in stato di necessità;
- **beneficialità-autonomia-giustizia** sono collegate in **ordine gerarchico**: occorre promuovere il bene e cercare di prevenire il male; il medico e il paziente devono essere alleati nel cercare strategie di diagnosi e cura, con mutuo rispetto e consenso; le cure devono essere uguali per tutti e lo Stato se ne deve fare carico distribuendo equamente i suoi servizi ai cittadini da curare.

LA PERSONA UMANA AL CENTRO

In conclusione, possiamo affermare che, senza negare il valore del progresso scientifico, la bioetica cattolica insiste sulla **priorità della persona umana**. «*La scienza e la tecnica sono preziose risorse quando vengono messe al servizio dell'uomo e ne promuovono lo sviluppo integrale a beneficio di tutti; non possono tuttavia, da sole, indicare il senso dell'esistenza e del progresso umano. La scienza e la tecnica sono ordinate all'uomo, dal quale traggono origine e sviluppo; esse, quindi, trovano nella persona e nei suoi valori morali l'indicazione del loro fine e la coscienza dei loro limiti*» (*Catechismo della Chiesa Cattolica*, n. 2293). [vedi **DOC 3**]

NETWORK

Dice la scrittrice Elena Loewenthal che «*vita è una parola plurale*» a causa della pluralità di significati che sono racchiusi in questo termine.

- Cercate la parola su un vocabolario: quali sono le principali accezioni di questo vocabolo?
- Provate a dare una definizione di "vita biologica", facendovi, se necessario, aiutare dall'insegnante di scienze.
- Poi, con l'aiuto dell'insegnante di religione e facendo riferimenti precisi a quanto avete studiato, definite il concetto di "vita umana".

LEZIONE 3 LE MANIPOLAZIONI GENETICHE

Bruno Forte @ Una ragione che sia fino in fondo se stessa, pensosa, inquieta, interrogativa, inquietante, non chiusa o ripiegata su se medesima #inquietudinedellaragione

Come la fede, anche la ragione deve essere «*fino in fondo se stessa*». In che senso, secondo voi?
Perché la ragione deve essere, al contempo, «*inquieta*» e «*inquietante*»?

Genetica
È la parte della biologia che studia i meccanismi di trasmissione dei caratteri ereditari negli esseri viventi.

Biotecnologie
Insieme di tecnologie basate sulle scienze a carattere biologico, volte a ottenere risultati naturalmente non ottenibili.

PROGETTARE I CAMBIAMENTI, UNA PREROGATIVA DELL'UOMO

Uno degli ambiti di maggior progresso delle scienze è rappresentato dall'ingegneria **genetica** e dalle **biotecnologie**. Esse utilizzano la **manipolazione genetica**, cioè quelle **tecniche di analisi e di modificazione del patrimonio genetico** di un organismo, per ragioni di utilità tecnica, scientifica e clinica.

A prima vista **l'uso delle biotecnologie pare essere molto vantaggioso**: numerose sarebbero le applicazioni in campo medico, dalla prevenzione delle malattie, alla produzione di farmaci, fino ai trapianti. **Numerose** sono però **le riserve relative sia alla manipolazione genetica** in sé, sia ai suoi possibili utilizzi.

ATTENZIONE AGLI UTILIZZI IMPROPRI

La scienza stessa invita alla **cautela** nell'utilizzo di queste tecniche:

- da un lato perché non si è ancora in grado di prevederne le **conseguenze** sull'ambiente, sulla società, sugli stessi esseri umani;
- dall'altro perché i problemi etici che sorgono sono di non poco conto e sono vari:
  - già la possibilità di **conoscere il patrimonio genetico** di un essere umano solleva una **questione morale**. Se è vero, infatti, che queste informazioni potrebbero favorire un individuo, per esempio nella prevenzione di una malattia, è altrettanto vero che potrebbero danneggiarlo se fossero usate per determinare il suo futuro (per esempio, da un datore di lavoro nel decidere di un'assunzione, o da un assicuratore nel definire il valore di una polizza sulla vita);
  - modificare il DNA per selezionare le caratteristiche che rendono una specie più desiderabile o "migliore", può portare a un **impoverimento della diversità**.

LE PAROLE DEL PAPA
I diritti degli animali

LE FINALITÀ DELLA MANIPOLAZIONE GENETICA

Le tecniche di manipolazione genetica pongono una serie di problemi che emergono chiaramente quando se ne considerano le diverse **finalità di utilizzo in campo medico**. Come ogni strumento, infatti, anche la maggior parte di queste tecniche di per sé non è né buona né cattiva, ma è **l'uso che se ne fa a renderle o buone o cattive**. Vediamo dunque le diverse finalità.

LE FINALITÀ DIAGNOSTICHE

Le **finalità diagnostiche** sono proprie delle tecniche che, attraverso la "lettura" del DNA, individuano possibili malattie e malformazioni. Tre sono le principali:

- i **test di identità genetica**, utilizzati, per esempio, per l'attribuzione di paternità o nelle indagini di polizia;
- la **diagnosi genetica** prematrimoniale e preconcezionale, che serve, nel caso di malattie ereditarie, a stabilire eventuali rischi legati alla procreazione;
- le **diagnosi prenatali**, cioè tutte le tecniche usate per verificare lo stato di salute del feto.

Una scena del film **Gattaca. La porta dell'universo** *(1997) di Andrei Niccol, che tratta dell'eugenetica e dei pericoli connessi.*

La liceità di tutte queste tecniche dipende solo dallo scopo per il quale sono utilizzate. Nel caso delle diagnosi prenatali, per esempio, i problemi morali sono relativi non alla possibilità di sapere se un feto è sano, ma alla legittimità di usare questa conoscenza per decidere di sopprimere un feto non normale o malato.

LE FINALITÀ TERAPEUTICHE

Il giudizio sulle **tecniche utilizzate per produrre ormoni** come l'insulina e l'interferone, utili nella cura di varie malattie, fra le quali il diabete, è sicuramente positivo. I problemi sorgono quando si utilizzano **cellule staminali** che provengono dall'**embrione umano**: se riconosciamo che l'embrione è un essere umano fin dal concepimento non possiamo accettare che si causi la morte di un essere umano (l'embrione) per salvarne un altro (vedi a **p. 370**).

Embrione
Parola greca che significa "crescere dentro".

Eugenetica
Teoria che si propone di migliorare la specie umana attraverso la genetica, selezionando cioè i caratteri ereditari considerati favorevoli e cercando di impedire la diffusione di quelli ritenuti sfavorevoli.

LE FINALITÀ MIGLIORATIVE

Queste tecniche sono manipolazioni del patrimonio genetico non per fini diagnostici o curativi, ma di **miglioramento dell'umanità** o di una particolare popolazione umana. L'**eugenetica** è una **tentazione pericolosa** che nasconde una volontà di dominio sulla base della discriminazione razziale. A coloro che difendono la bontà di un miglioramento genetico non può non essere ricordata l'aberrazione della *Shoah* avvenuta ai danni del popolo ebreo durante la Seconda guerra mondiale.

SOCIAL FORUM

La giurisprudenza europea e quella statunitense vietano la possibilità di brevettare geni o sequenze di DNA umano. Rimane però ammessa la possibilità di brevettare il materiale genetico prodotto sinteticamente. Il DNA di "invenzione umana" esiste in un ambito ancora pioneristico, ma si può pensare al caso delle cellule staminali ottenute da organismi non presenti in natura oppure a organismi che in futuro potranno essere costruiti in laboratorio grazie alla biologia sintetica.

- Che cosa pensate di questa distinzione? Quale motivazione etica può esserci alla radice?
- Finora solo persone molto facoltose hanno avuto accesso ai test genetici, che sono molto dispendiosi: l'assenza di brevetti potrebbe rendere i test più diffusi e meno cari e, soprattutto, dare impulso alla ricerca di cure?
- Documentate, attraverso casi di cronaca, la relazione esistente nella società contemporanea tra diritto alla salute e interessi economici.

LEZIONE 4 LA CLONAZIONE

Bruno Forte @ Una fede e una ragione che siano responsabili davanti alla vita e alla morte e soprattutto davanti all'Altro, ultimo e trascendente, che ci inquieta, come davanti all'altro penultimo e prossimo #responsabilitàassoluta

?

La fede e la ragione possono essere responsabili nello stesso modo di fronte a Dio e di fronte al prossimo?
Che cosa significa per la ragione e per la fede essere «*responsabili davanti alla vita e alla morte*»?

UNA CREAZIONE IN LABORATORIO

La funzione fondamentale di tutti gli organismi viventi, che ha lo scopo di mantenere in vita la specie, è la riproduzione, che, in natura, può essere:

- asessuata (quando è attuata da un solo individuo che dividendosi genera nuovi individui geneticamente identici al genitore) o
- sessuata (in cui occorrono due individui, gameti maschile e femminile, dalla cui unione si genera un individuo il cui DNA è diverso da quello dei genitori).

Per definire la **riproduzione**, naturale o artificiale, **di organismi geneticamente identici**, cioè di individui che hanno lo stesso patrimonio genetico, si utilizza il termine **clonazione**. È un processo che permette di ottenere una o più copie identiche di una cellula o di un intero organismo **senza l'intervento della fecondazione o della riproduzione sessuata**.

La **tecnica del trapianto nucleare**, che è sinonimo di clonazione, è quella che suscita più interesse per le possibilità che offre, ma anche più riserve per come opera, e paure per i possibili utilizzi perversi. Questa tecnica permette di clonare le cellule somatiche di individui adulti.

Possiamo individuare **due forme di clonazione**, una **terapeutica** e una **riproduttiva**, l'analisi delle quali ci permetterà di evidenziare gli interrogativi morali che esse sollevano.

Clonazione
Dal greco *klón*, "germoglio".

Cellule staminali
Cellule non specializzate e capaci di proliferare indefinitamente, dando origine a cellule sempre più specializzate: da loro derivano tutte le cellule del nostro corpo.
Le cellule staminali possono distinguersi in base alla loro origine in:
• cellule staminali embrionali, che si trovano nella massa interna dell'embrione;
• cellule staminali adulte, che si trovano, in misura minore, in alcuni tessuti e che hanno mantenuto la capacità di moltiplicarsi e differenziarsi.

LA CLONAZIONE TERAPEUTICA

La clonazione terapeutica utilizza le **cellule staminali** per **riparare o costruire i tessuti danneggiati da una malattia**: lesioni causate da un ictus, da un infarto, da malattie degenerative come il morbo di Parkinson. Le terapie disponibili fino a oggi sono in grado di curare il sintomo generato dalla distruzione del tessuto e non la causa, cioè la degenerazione delle cellule. La clonazione terapeutica è dunque un'ottima opportunità, perché ci fa sperare in una nuova forma di medicina, la medicina cellulare o rigenerativa, che riuscirà a bloccare le malattie, sostituendo le cellule malate o danneggiate con cloni sani ottenuti dalle cellule staminali.

Tuttavia, **la modalità di recupero delle cellule staminali solleva non poche perplessità morali**: poiché le cellule staminali adulte sono poche e perdono presto la capacità di moltiplicarsi, si dovrebbe ricorrere all'**uso di staminali embrionali**.

Qui nasce il problema etico.

- Chi ritiene che l'embrione sia una **persona** nega il diritto di utilizzare cellule staminali embrionali nella ricerca, anche se la scoperta di nuove terapie è un buon fine. Secondo questa prospettiva, infatti, non è mai lecito uccidere una persona per salvarne un'altra.
- Tuttavia, anche chi sostiene l'uso delle cellule embrionali, si muove con cautela, proponendo, per esempio, di usare solo gli embrioni conservati nelle cliniche per l'infertilità e destinati prima o poi alla soppressione.

Un mondo di **persone identiche***?*

LA CLONAZIONE RIPRODUTTIVA

La clonazione riproduttiva consiste nella **produzione di un nuovo essere umano geneticamente identico a un altro**, grazie al trapianto nucleare. Ciò che adesso fa la natura quando genera gemelli identici un giorno potrebbe esser fatto dall'uomo stesso.

- Tuttavia, è proprio in questo scambio di soggetto che troviamo un primo problema etico: davvero **l'uomo potrebbe sostituirsi alla natura e quindi, per un credente, a Dio, nella creazione di un essere umano?** Se, secondo l'etica della sacralità della vita, l'uomo non può disporre della vita come gli pare, perché è un dono di Dio, ancor meno potrebbe decidere di crearla.
- Un secondo ordine di problemi è relativo alle **ragioni che possono indurre a desiderare di clonare un essere umano**: creare una copia di una persona cara defunta; "sdoppiarsi" per soddisfare il proprio narcisismo; produrre in più copie un individuo ritenuto idoneo a certi scopi (magari disonesti). Sono tutte ipotesi che non si possono prendere sul serio, ma che tuttavia fanno **riflettere sul senso della vita umana** in una società che in più di un caso, in modo fantastico o letterario, ha potuto immaginare simili aberrazioni. La questione etica, in questo secondo caso, si pone quindi sia nella possibilità di creare volontariamente un nuovo soggetto identico a un altro, sia nella liceità di creare un doppio che risulterebbe mettere **in crisi il concetto di identità e di unicità**, che sono i costituenti primi della soggettività umana.

PAGINE DIGITALI
Le cellule staminali

SOCIAL FORUM

- Se, per ipotesi, la clonazione umana fosse lecita, quale potrebbe essere la sfera emotiva, sentimentale e mentale di un clone con la consapevolezza di essere tale? Quale la sua idea di libertà? E la consapevolezza di sé?
- Ognuno di voi immagini una situazione fantascientifica estrema: il clone e l'"originale" da cui è stato tratto si incontrano. Quali le reciproche reazioni, i pensieri, le paure, le aspettative...? Confrontatevi in classe.

Un fotogramma del film **The Island** *(2005) di Michael Bay. Il film condanna la clonazione umana a scopo di trapianto.*

LEZIONE 5 LA FECONDAZIONE ASSISTITA

Bruno Forte @ Una fede e una ragione che si facciano carico della sofferenza degli umili, dei poveri, dei piccoli, che in qualche modo vogliano mettersi al servizio degli altri #spiritodiservizio

?

La ragione e la fede possono farsi carico della sofferenza degli ultimi nello stesso modo o seguono vie diverse?

Abbiamo visto a p. 129 che la Chiesa invoca al "servizio". In che modo la ragione può esercitare lo spirito di servizio?

QUANDO UN FIGLIO NON ARRIVA

La capacità di riprodursi è fondamentale per gli esseri umani: dal punto di vista della **specie**, che sopravvive solo se i singoli individui si riproducono; dal punto di vista della **società**, che soprattutto in alcuni contesti rurali ha considerato la presenza di figli numerosi una fonte di ricchezza; dal punto di vista della **psicologia**, che individua tra i più profondi desideri umani quello della riproduzione e dell'accudimento dei figli.

Si comprende dunque perché gli uomini abbiano da sempre tentato di **combattere l'infertilità**. Oggi esistono tecniche capaci di sostituire parte del processo riproduttivo, per ottenere un concepimento impossibile naturalmente: stiamo parlando della **fecondazione assistita**.

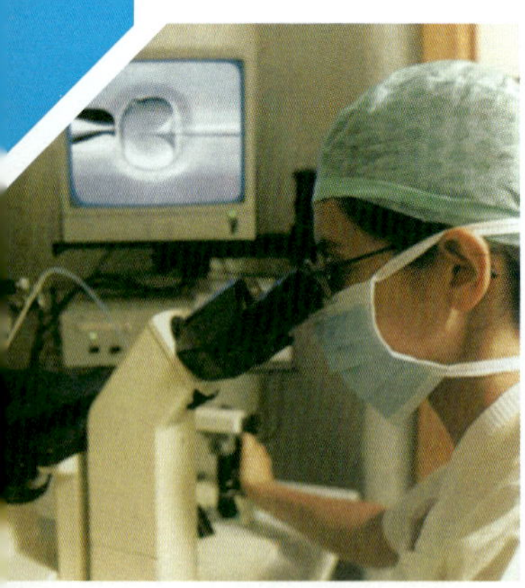

Laboratorio scientifico dove si esegue la **fecondazione assistita**.

LE TECNICHE DI FECONDAZIONE ASSISTITA

Vediamo più da vicino come funzionano queste tecniche:

- la **fecondazione assistita intracorporea** (o *in vivo*), in cui l'intervento tecnico sostituisce solo l'atto sessuale, poiché il seme viene introdotto nel corpo della donna prima di essere fecondato;
- la **fecondazione assistita extracorporea** (o *in vitro*), in cui oltre all'atto sessuale si rimpiazza anche l'unione dei gameti (la cellula uovo femminile e lo spermatozoo maschile), poiché **il seme viene fecondato in "provetta"** e solo successivamente trasferito nel corpo della donna.

Ciascuna di queste due forme viene poi definita:

- **omologa**, se entrambe i gameti provengono dalla coppia;
- **eterologa**, quando almeno un gamete proviene da una persona esterna alla coppia, cioè un donatore. [vedi DOC 7]

I DUBBI MORALI SULLA FECONDAZIONE ASSISTITA

Sono **numerosi gli interrogativi relativi alla liceità della fecondazione assistita**.

- La riserva fondamentale, che riguarda ogni tipo di fecondazione assistita, è posta sulla base dell'etica della **sacralità della vita**. Se la vita è un dono di Dio e come tale è sacra, cioè intoccabile (vedi a p. 366), **l'uomo non ha il diritto di appropriarsi del processo riproduttivo**.

- Inoltre, secondo la dottrina cattolica, che nel matrimonio considera **inscindibili l'atto sessuale e la procreazione**, la fecondazione assistita spezza questa unità, svuotando l'atto coniugale del suo significato procreativo. [vedi DOC 5]
- Chi invece sostiene l'etica della qualità della vita, ritiene che il **controllo del processo riproduttivo** sia lecito e rappresenti un **progresso per la società**. Affermare che bisogna rassegnarsi se un figlio non arriva significa accettare passivamente ciò che viene dalla natura, che invece deve poter essere modificato.

Silvio Boselli, **Le tecniche di fecondazione assistita hanno compiuto grandi progressi**, *illustrazione.*

LA QUESTIONE DEGLI EMBRIONI

Un ulteriore punto di distanza delle due prospettive etiche riguarda la **produzione in eccesso di embrioni** (necessaria al funzionamento della fecondazione eterologa) che sono destinati a morire e che potrebbero essere utilizzati nella ricerca (vedi a p. 369).
Il vero problema è **stabilire se l'embrione è un essere umano**:

- secondo il pensiero religioso lo è a tutti gli effetti e quindi gode di una dignità personale che va rispettata;
- secondo alcuni, invece, la formazione dell'individuo si pone in uno stadio successivo a quello embrionale, donde l'utilizzo degli embrioni è lecito.

PATERNITÀ E MATERNITÀ A RISCHIO

Vi sono, poi, altri problemi che concernono i concetti di "paternità" e "maternità":

- una situazione controversa è l'**attribuzione della paternità**. Nel caso della fecondazione eterologa, quando il padre biologico non corrisponde a quello giuridico, anche se si può affermare che il vero padre è sempre colui che si assume la responsabilità di crescere e accudire il figlio (cioè il padre giuridico) resta una **situazione conflittuale difficilmente risolvibile**;
- suscita poi non poche perplessità la **tecnica della gravidanza surrogata**, la pratica per cui una donna sostiene la gravidanza al posto di un'altra. In questo caso ai problemi etici si aggiungono le preoccupazioni riguardanti le ricadute psicologiche sia sul bambino sia sulle due "madri".

UN BUON FINE NON GIUSTIFICA TUTTO

Sia la legislazione in diversi Stati del mondo, sia i credo religiosi si stanno confrontando perciò proprio sui **limiti** e sull'**accettabilità di una diversa possibilità di concepimento e di gestazione di un essere umano**. La **Chiesa Cattolica**, anche in questo caso, fa proprio il principio secondo il quale **non tutto ciò che è tecnicamente possibile e utile, è moralmente lecito**. In questo caso, l'intenzione di curare una sterilità non giustifica l'uso di qualsiasi procedimento per ottenere un concepimento.

SOCIAL FORUM

La parola "sterile" ancora oggi evoca fantasmi inconsci: per questo occorre attribuire un nuovo significato al concetto di "fecondità".

- Come può l'amore umano essere fecondo anche se non si riescono a procreare dei figli?
- Attraverso quali forme e quali azioni può essere egualmente oblativo e accogliente? Discutendone insieme all'insegnante, fate degli esempi concreti.

LEZIONE 6 L'ABORTO

Giulio Giorello @ Sono convinto che quando si passa dal puro livello della sopravvivenza a quello della scelta del meglio si apra lo spiraglio della libertà. Prima ancora del dovere del dubbio, abbiamo la scelta – anche la scelta del dubbio #sceltaedubbio

?

Il dubbio è invocato come valore anche dal filosofo e non solo dal teologo: come giudicate questo elemento di convergenza?
Perché dubitare è necessario per scegliere?

UNA QUESTIONE STORICAMENTE CONTROVERSA

L'aborto, cioè l'**interruzione volontaria di una gravidanza**, è una **questione drammatica e controversa**, che storicamente ha dato origine a molte discussioni di bioetica. In passato, l'atteggiamento nei confronti dell'aborto rivelava in realtà la presenza di una doppia morale: considerato immorale e condannato dalla legge, veniva però largamente **praticato in modo clandestino**. A partire dagli anni Sessanta del XX secolo si cominciò a parlare apertamente della legittimità dell'aborto, fino a giungere, in molti Paesi, alla sua **legalizzazione**. Ma le discussioni relative alla sua liceità sono ancora oggi più che mai vive.

QUANDO INCOMINCIA LA VITA UMANA?

Discutere di aborto significa affrontare alcune questioni fondamentali, riguardo alle quali vi sono concezioni differenti.

- La prima **questione riguarda l'inizio della vita umana**.
- L'embrione è un essere umano? In quale momento lo diventa?

PAGINE DIGITALI
L'embrione è una persona?

SOCIAL FORUM

Nell'Unione Europea promuovere attivamente la tutela della vita umana è responsabilità dei cittadini: per questo è stata organizzata una petizione popolare per dare riconoscimento e protezione all'embrione umano in sede comunitaria.
Questa petizione, che ha come finalità quella di un riconoscimento ufficiale dell'embrione non solo come persona, ma anche come cittadino europeo, ha attirato l'interesse dei credenti e di tutti coloro che ammettono la necessità di riconoscere che la dignità degli embrioni è un problema antropologico ed etico.

- È importante, a vostro giudizio, la sensibilizzazione delle istituzioni rispetto al trattare il concepito come un essere umano a tutti gli effetti?
- Quali tipi di intervento sociale dovrebbero essere messi in atto a sostegno delle donne per disincentivare la pratica dell'aborto? Parlatene in classe.

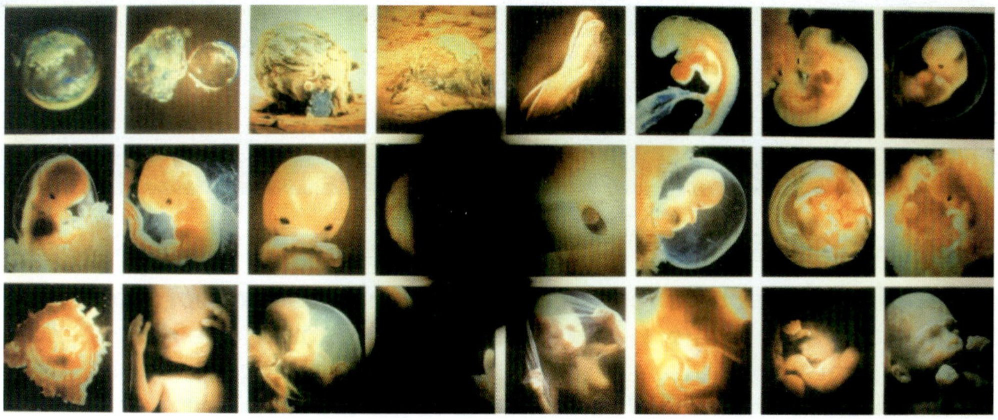

Figura di profilo che si staglia sullo sfondo di una serie di immagini che mostrano lo **sviluppo del feto umano,** *fotografie di Lennard Nilsson dal libro "A child is born".*

- Il problema etico si pone non solo intorno all'inizio della vita, ma **anche intorno al concetto di persona**: non è sufficiente sapere quando inizia la vita dell'embrione, ma piuttosto **quando l'embrione diventa una persona**.

La scienza non può stabilire se e quando la persona può essere definita tale; questo il compito dell'**etica**, della **psicologia** e del **diritto**. Sulla base di queste condizioni si pone la possibilità o meno di praticare l'aborto, che sarà o meno interruzione della vita.

LA POSIZIONE CRISTIANA

Secondo il pensiero cristiano, **al momento del concepimento si forma un organismo umano** che è **composto di anima e corpo**, cioè **una persona**.

Alcuni teologi sostengono, inoltre, che l'embrione va rispettato "come" una persona e non "perché" è una persona: non è necessario stabilire se l'embrione è una persona perché «*basta che questa presenza dell'anima sia probabile (e non si proverà mai il contrario) perché togliergli la vita significhi mettersi nel pericolo di uccidere un uomo*» (*De abortu procurato*, n. 19).

ETICA E DIRITTI

Come si vede, anche nel caso dell'aborto il disaccordo circa la sua liceità rimanda alla **controversia fra l'etica della sacralità della vita e l'etica della qualità della vita**:

- riconoscendo **l'opera creatrice di Dio** si può affermare che l'embrione **è una persona** fin dal concepimento,
- mentre in **una prospettiva che individua uno sviluppo graduale** dell'essere umano, ci sarà un momento in cui l'embrione **non è ancora una persona** e un momento successivo in cui lo diventa.

I DIRITTI DI CHI NON È ANCORA NATO

A queste riflessioni va aggiunta un'altra considerazione di carattere "giuridico" (nel senso che riguarda i diritti di chi ancora non è nato): **l'aborto viene praticato in base a una decisione presa sul nascituro da altri.**: la madre, il padre, entrambe i genitori, le famiglie ecc. L'aborto solleva così un altro problema, che è quello della **decisione volontaria di un individuo rispetto al nascituro**. Quale deve essere il criterio che guida la scelta? Gli interessi del nascituro o dei genitori? E come si possono stabilire gli interessi di un essere che non ha potere di espressione? Le condizioni della scelta cambiano a seconda che si ritenga o meno l'embrione una persona.

LEZIONE 7 L'EUTANASIA

Giulio Giorello @ Ragione e fede si provocano e questo reciproco provocarsi è una linfa vitale. [...] Del resto, la "provocazione" è una componente della vita – direi addirittura che lo è qualunque provocazione, dato che etimologicamente la parola rimanda a "vocazione" #lasciarsiprovocare

?

La dialettica e il confronto tra la fede e la ragione sono fondamentali. Per quale motivo, secondo voi?
Concordate sull'affermazione che le provocazioni siano vitali per l'uomo?

LA MEDICINA HA MODIFICATO IL RAPPORTO CON LA MORTE

In passato, la morte era considerata la naturale conclusione di ogni processo di vita, a cui nessuno pensava di sottrarsi, ma il **progresso scientifico** ha radicalmente **cambiato il nostro atteggiamento nei confronti della morte**: oggi, fra bisturi e farmaci miracolosi, coltiviamo l'illusione dell'immortalità, sostenuti nei nostri sogni dai progressi sempre più straordinari della medicina. Le nuove tecnologie mediche sembrano aprire le porte alla **possibilità di curare ogni malattia, di correggere ogni "errore" della natura, di prolungare sempre di più la vita umana.**
Tuttavia, sono soprattutto le **condizioni del morire** a essere profondamente **mutate**:

- si muore sempre più in là con gli anni, mentre in passato la durata della vita media era assai più bassa;
- l'aumentata capacità di fare diagnosi ha diminuito il numero di morti impreviste;
- grazie ai progressi della medicina si può allungare la vita anche in caso di malattie gravi: di conseguenza anche l'agonia può prolungarsi;
- la maggior parte dei malati muore in ospedale, mentre un tempo si moriva in casa, circondati dalla famiglia.

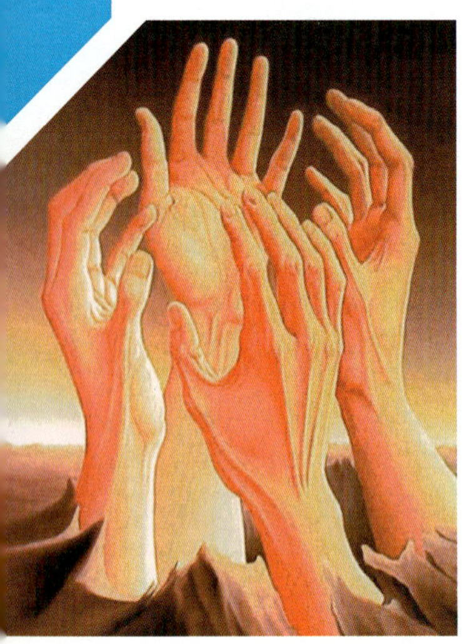

DIRITTO A MORIRE?

La capacità della medicina di intervenire e modificare il processo del morire, prolungando artificialmente la vita anche quando non c'è più nessuna speranza di guarire, pone la questione morale del **diritto del malato a sottrarsi alle terapie** che allungano l'agonia e della liceità dell'**eutanasia**, termine che indica un'**azione** o un'**omissione intenzionale che provoca la morte** di una persona gravemente malata.
La situazione che sta a monte del dibattito sull'eutanasia riguarda l'**opportunità di dare la "buona morte" a persone gravemente malate**, con diagnosi che non lasciano speranze e sottoposte a terapie che, essendo una guarigione impossibile, hanno come risultato il **prolungamento dell'agonia**.

Eutanasia
Deriva dal greco *eu* "bene" e *thánathos* "morte" e significa letteralmente buona morte.

PROBLEMI ETICI

L'idea che ha guidato la pratica medica fino ai giorni nostri è che si deve fare tutto il possibile per prolungare la vita di una persona. Oggi, tuttavia, poiché le capacità di intervento sono enormemente cresciute, **prolungare la vita di un malato**, e con essa anche la sofferenza senza speranze di guarigione, può diventare un atto di **crudeltà**. È opinione condivisa che bisognerebbe **evitare ogni forma di accanimento terapeutico**, interrompendo tutte le terapie che non siano quelle necessarie a controllare il dolore e assistere il malato per consentirgli una morte senza sofferenza, dignitosa e serena.
Che fare, però, se il malato stesso chiede non solo di sospendere le cure, ma di porre fine alla sua esistenza? È lecita l'eutanasia?

SOCIAL FORUM

La Chiesa sostiene che nessuno, oltre a Dio, può disporre della vita umana. Per chi crede la vita appartiene a Dio e il diritto di morire non è negoziabile.

- Tuttavia, anche tra i non credenti l'eutanasia suscita molti tormentosi interrogativi e perplessità. Per quale motivo, secondo voi?
- Come mai l'esperienza estrema della morte, anche per coloro che la interpretano come liberatrice, è sconcertante e la decisione volontaria di morire o di far morire è molto penosa? Riflettete insieme.

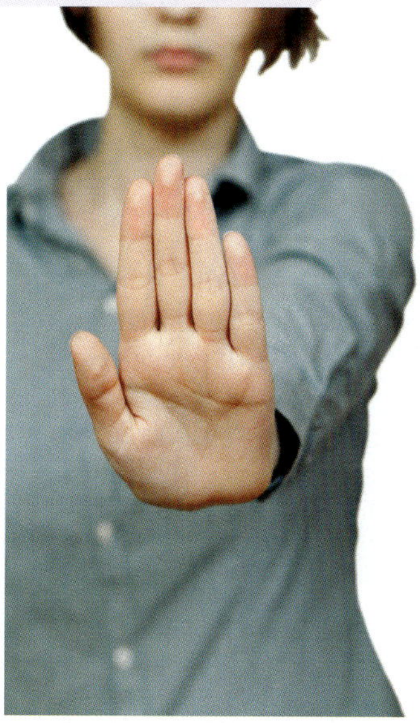

EUTANASIA PASSIVA, ATTIVA, SUICIDIO ASSISTITO

Per capire meglio i termini della questione, innanzi tutto dobbiamo distinguere tra:

- **eutanasia passiva**, cioè la **morte naturale ottenuta attraverso l'omissione di un atto o la sospensione di una terapia**, quando cioè viene sospeso l'uso dei mezzi indispensabili a mantenere in vita il malato terminale, senza contrastare le leggi di natura (in questo caso si lascia morire la persona);
- **eutanasia attiva**, che è la **morte anticipata procurata attraverso un'azione**, a opera di un'altra persona su richiesta del malato terminale, per diminuire le sue sofferenze (in questo caso si "uccide" la persona);
- **suicidio assistito**, che è una **pratica legata all'eutanasia attiva**; avviene quando un malato terminale viene messo in grado di porre fine alla propria esistenza in modo agevole.

SE LA VITA È UN DONO...

Nessuna forma di eutanasia è considerata ammissibile da coloro che sostengono l'etica della sacralità della vita: **poiché l'uomo non può disporre della vita a suo piacimento, non potrà nemmeno decidere di interromperla**.
L'unica pratica consentita è **l'interruzione di terapie sproporzionate rispetto ai risultati** (curare la polmonite, o altre patologie che possono insorgere nelle fasi terminali di una malattia, serve solo ad allungare l'agonia), per permettere alla natura di fare il suo corso.

IL DIRITTO DI DECIDERE: IL TESTAMENTO BIOLOGICO

All'**etica della qualità della vita** si richiamano invece coloro per i quali sia l'**eutanasia** sia il **suicidio assistito** sono **ammissibili**. Di fronte al dolore fisico, alla mancanza di indipendenza, all'impossibilità di avere relazioni e alla perdita di dignità, ciascuno ha il diritto di decidere, in piena autonomia, se vivere o morire. Il **testamento biologico**, in cui si può indicare se e fino a che punto si vuole ricorrere a terapie straordinarie, risolve i casi di coma. Infatti le questioni sollevate dallo stato di coma cosiddetto "vegetativo" non sono state risolte dalla scienza e non si sa se uno stato di coma vegetativo sia effettivamente irreversibile. [vedi DOC 6]

LEZIONE 8 GLI ORGANISMI GENETICAMENTE MODIFICATI

Giulio Giorello @ Intenderei quest'ultimo termine come la chiamata a cui non possiamo non rispondere da parte di una natura che, nel fluire della vita, costituisce via via noi stessi come individui, ciascuno nella sua singolarità e al contempo nella sua capacità di relazione #individualitàerelazione

"Chiamata" è un termine proprio del lessico religioso: è Dio che chiama. La chiamata che ci rivolge la natura è dello stesso tipo?

Si torna qui ai concetti di individualità e di relazione: in quale modo essi definiscono la persona umana (eventualmente tornate a p. 308).

Principio di precauzione
Questo principio, nato negli anni Settanta, adottato dalla Conferenza di Rio de Janeiro sull'Ambiente nel 1992 e accolto dalla legislazione dell'Unione Europea, stabilisce che qualsiasi attività che può danneggiare la salute o l'ambiente, nel caso in cui i dati scientifici non consentano una valutazione completa del rischio, deve essere, per prudenza, fermata.

CHE COSA SONO GLI OGM

Grazie allo sviluppo delle tecniche dell'**ingegneria genetica** è oggi possibile **modificare in laboratorio** le **caratteristiche genetiche** di alcuni organismi viventi come batteri, funghi, virus, piante e animali: in genere, uno o più geni presi da organismi estranei (transgeni) vengono introdotti nel patrimonio genetico (DNA) dell'organismo che si vuole modificare. Una volta introdotti, i nuovi caratteri si trasmettono anche alla discendenza. Gli organismi il cui patrimonio genetico viene modificato in laboratorio sono detti **OGM** (Organismi Geneticamente Modificati). Queste tecniche di laboratorio sono applicate in campo medico-farmaceutico, in zootecnia e agricoltura. L'ambito in cui l'utilizzo degli OGM si è maggiormente sviluppato, destando grandi preoccupazioni, è quello dell'agricoltura.

Tecnici al lavoro in una **coltivazione OGM**.

RISCHI SULL'AMBIENTE E LA SALUTE?

La normativa europea riguardo agli OGM rivolge grande attenzione alla valutazione di tutti i **rischi potenziali** ed è basata sul **principio di precauzione**. Tutte le autorizzazioni sono garantite per un limitato periodo di tempo, durante il quale deve essere effettuato un accurato **monitoraggio degli effetti ambientali e sanitari**. A oggi, nessun OGM autorizzato ha sollevato problematiche sanitarie o ambientali, e le autorizzazioni sono state revocate unicamente nei casi di prodotti la cui vendita da parte del produttore era cessata e di conseguenza non sussisteva un interesse commerciale nel chiedere un rinnovo.

LE TANTE PREOCCUPAZIONI PER GLI OGM

Le posizioni sugli OGM sono varie e contrastanti.

- I sostenitori delle nuove tecnologie affermano che **con gli OGM si risolveranno i problemi dell'alimentazione mondiale**; si ridurrà l'inquinamento, perché, grazie alle modifiche introdotte, serviranno meno erbicidi e pesticidi; sarà possibile migliorare la dieta, variando le caratteristiche nutrizionali e organolettiche degli alimenti.
- Tuttavia, considerando il **business miliardario delle piante geneticamente modificate**, è plausibile che coloro che controllano il mercato delle sementi non si preoccupino degli interessi e del benessere dei Paesi poveri (e dell'umanità intera). Poche grandi multinazionali posseggono i brevetti degli OGM e mantengono il monopolio dello sfruttamento commerciale, costringendo gli agricoltori ad acquistare ogni anno nuove sementi. Dunque, ancora una volta **l'economia dei Paesi, soprattutto di quelli poveri, è subordinata agli interessi delle multinazionali**.
- Gli OGM, inoltre, sono anche responsabili della **perdita di biodiversità**, causata dall'inquinamento genetico (incroci tra piante naturali e piante transgeniche) e dalla formazione di specie più forti delle altre.
- Infine, la presenza degli OGM nell'agricoltura e di conseguenza sul mercato alimentare, sotto forma di materie prime (per esempio il mais), di derivati (olio di mais) e nella preparazione di alimenti (maionese), e in questo caso non sempre facilmente rintracciabili, ha creato una **diffusa preoccupazione** sui possibili **rischi relativi alla salute umana**.

Contadini del Kenya che coltivano **banane modificate geneticamente**, *resistenti alle malattie.*

LA POSIZIONE DELLA CHIESA

I cristiani non sono indifferenti al problema degli OGM, coscienti dei valori in gioco. La Chiesa rileva che, come per ogni comportamento umano, occorre fare **valutazioni attente** sulle possibili conseguenze in termini di rischi, nel breve e nel lungo periodo.

- Sul piano morale, occorre tenere ben presenti i criteri di **giustizia e solidarietà**, ai quali devono attenersi prima di tutto coloro che operano nella ricerca, in secondo luogo, coloro che li commercializzano.
- In uno spirito di solidarietà internazionale occorre facilitare **l'interscambio commerciale equo e solidale con i popoli più svantaggiati** (vedi a **p. 353**).
- Infine, se occorre favorire la ricerca delle migliori soluzioni per risolvere il problema urgente di alimentazione delle popolazioni più povere, dall'altra occorre **non forzare le libere scelte** degli individui.

LE PAROLE DEL PAPA
La sicurezza alimentare

PAGINE DIGITALI
Gli OGM in agricoltura

SOCIAL FORUM

Facendovi guidare anche dall'insegnante di scienze, cercate di chiarire quali certezze e quali dubbi vi sono sugli OGM, per quali aspetti possono essere vantaggiosi e per quali, invece, costituire un rischio.

LA PAROLA

DOC 1 dall'Antico Testamento

La vita appartiene a Dio

***Fonte:* Gen 9,5; Gb 12,10; 1Sam 2,6; Dt 32,39**

DOC 2 dal Nuovo Testamento

La vita è un dono

***Fonte:* Lc 12,20 - Mt 10,28-30**

DOC 3 il magistero della Chiesa

La vita nascente e terminale

Fonte:* Giovanni Paolo II, Evangelium vitae, *n. 11

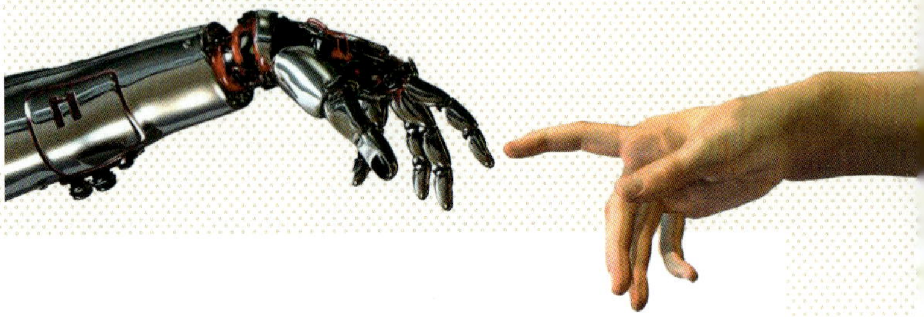

DOC 4 il magistero della Chiesa

La scienza non basta all'uomo

Fonte: Benedetto XVI,* Discorso ai partecipanti alla Plenaria della Pontificia Accademia delle Scienze, *6 novembre 2006

Riprendendo alcuni temi del documento conciliare *Gaudium et Spes*, Benedetto XVI spiega i motivi per cui la scienza, da sola, nonostante i suoi meriti e i suoi progressi, non può essere sufficiente per l'uomo.

La scienza, tuttavia, pur donando generosamente, dà solo ciò che deve donare. L'uomo non può riporre nella scienza e nella tecnologia una fiducia talmente radicale e incondizionata da credere che il progresso scientifico e tecnologico possa spiegare qualsiasi cosa e rispondere pienamente a tutti i suoi bisogni esistenziali e spirituali. La scienza non può sostituire la filosofia e la rivelazione rispondendo in mondo esaustivo alle domande più radicali dell'uomo: domande sul significato della vita e della morte, sui valori ultimi, e sulla stessa natura del progresso. Per questa ragione, il Concilio Vaticano II, dopo aver riconosciuto i benefici ottenuti dai progressi scientifici, ha sottolineato che «*il metodo di investigazione* [...] *viene innalzato a torto a norma suprema di ricerca della verità totale*», aggiungendo che «*vi è il pericolo che l'uomo, troppo fidandosi delle odierne scoperte, pensi di bastare a sé stesso e più non cerchi cose più alte*» (n. 57).

COMPRENDERE E INTERPRETARE

- Rispetto a quali problemi le risposte della scienza non possono essere risolutive?
- Qual è il rischio se la scienza viene considerata come unica erogatrice della verità?

DOC 5 il magistero della Chiesa

Procreazione e fecondazione artificiale

Fonte:* Nota *della Presidenza CEI del 12 marzo 1987

DOC 6 universi di pensiero

La vita: un dono d'amore

***Fonte: Bruno Forte,* Teologia per la vita**

LETTURE INTERDISCIPLINARI

DOC 7 il pensiero scientifico

La fecondazione assistita e la selezione degli embrioni
Fonte: *Alberto Oliviero,* Dove ci porta la scienza

DOC 8 VOCI LETTERARIE

Che cosa succede se si sfida la scienza?

Fonte: *Michael Crichton,* Jurassic Park

Jurassic Park è uno straordinario parco popolato di dinosauri che gli scienziati sono riusciti a ricreare clonando il DNA. Poco prima dell'inaugurazione qualcosa va storto: l'incubo che dominerà l'intero romanzo fa riflettere sui limiti che la scienza deve porsi.

Negli ultimi decenni del ventesimo secolo si è verificata una febbre dell'oro scientifica di proporzioni inaudite: la furibonda e avventata corsa alla commercializzazione dell'ingegneria genetica. Questa impresa è stata portata avanti con tanta celerità, con un così scarno contributo di spiegazioni obiettive da precludere una piena comprensione della sua portata e delle sue implicazioni.
La biotecnologia promette di essere la più grande rivoluzione nella storia dell'uomo. Entro la fine di questo decennio avrà di gran lunga sorpassato l'energia nucleare e i computer per quanto riguarda l'impatto sulla nostra vita quotidiana. [...]
La rivoluzione biotecnologica si distingue dalle trasformazioni scientifiche del passato per tre aspetti essenziali. In primo luogo, la ricerca ha base ampia e diffusa. [...]
In secondo luogo, gran parte della ricerca è insensata o futile. I tentativi di creare trote più chiare perché siano più facilmente visibili nei corsi d'acqua, o alberi quadrati per facilitare il commercio del legname, o cellule di profumo iniettabili che consentano di emanare in continuazione l'aroma preferito possono sembrare uno scherzo ma sono mera realtà. Anzi, il fatto stesso che la biotecnologia possa essere applicata a industrie tradizionalmente soggette ai capricci della moda, come quella dei cosmetici e del tempo libero, non fa che aumentare le preoccupazioni riguardo all'uso frivolo di questa nuova e potente tecnologia.
In terzo luogo, si tratta di operazioni al di fuori di ogni controllo. Manca una qualsiasi supervisione. Non vi è alcuna legge federale in proposito. Né negli Stati Uniti, né nel resto del mondo vi è a questo riguardo una coerente politica governativa. E poiché i prodotti della biotecnologia vanno dai farmaci ai prodotti agricoli, alla neve artificiale, è difficile stabilire una politica intelligente.
Ma ancora più preoccupante è il fatto che nessuno, tra gli stessi scienziati, abbia assunto una funzione vigilatrice. È straordinario come quasi tutti coloro che si occupano di genetica siano interessati all'aspetto commerciale. Non vi sono osservatori distaccati. Tutti hanno interessi precisi.

COMPRENDERE E INTERPRETARE

- Quali aspetti differenziano la rivoluzione biotecnologica in corso dalle passate rivoluzioni scientifiche, secondo l'autore?
- Quale degli aspetti sembra più preoccupante?
- Che cosa pensate a riguardo?

VERIFICA DELLE CONOSCENZE

VERO O FALSO?

- V F La bioetica è la branca dell'etica che si chiede se tutto ciò che è scientificamente possibile sia anche lecito
- V F La bioetica cristiana condanna ogni intervento che strumentalizza la vita umana
- V F Il magistero della Chiesa condanna il progresso scientifico
- V F L'etica cristiana antepone il valore della vita a quello della libertà
- V F Il magistero della Chiesa ritiene prioritaria la salvaguardia della dignità umana
- V F La bioetica è chiamata a pronunciarsi davanti a situazioni concrete
- V F La bioetica cattolica sostiene i diritti di società e sussidiarietà
- V F Secondo la bioetica cristiana un'azione è moralmente buona se rispetta lo svolgersi naturale degli eventi che riguardano l'inizio e la fine della vita umana
- V F Secondo il principio di socialità la vita è un bene che non solo appartiene al singolo individuo ma alla società umana nel suo complesso
- V F La bioetica cristiana si basa sulla convinzione fondamentale che la vita è sacra
- V F Il pensiero laico non si pone alcun problema di fronte a ciò che le biotecnologie rendono possibile
- V F Secondo la bioetica cristiana le biotecnologie non sono in sé né buone né cattive: dipende dall'uso che se ne fa
- V F La Chiesa è assolutamente ostile agli OGM
- V F La pratica del testamento biologico è approvata dalla Chiesa
- V F La Chiesa ammette come legittime pratiche terapeutiche spropositate rispetto ai risultati
- V F I cristiani ritengono che l'embrione sia una persona fin dal concepimento
- V F Secondo i cristiani l'uomo non ha il diritto di intervenire sul processo riproduttivo

FRONTIERE DELLA VITA; FRONTIERE DELLA SCIENZA

L'importanza di darsi dei limiti per la salvaguardia della dignità umana

Tenendo presente:

#ragionefede	#spiritodiservizio
#autenticitàdellafede	#sceltaedubbio
#inquietudinedellaragione	#lasciarsiprovocare
#responsabilitàassoluta	#individualitàerelazione

provate a preparare un VIDEO che proponga un caso che riguarda la bioetica, tre scelte possibili e un commento finale.

Scegliete attraverso un *brainstorming* un caso che vi interessi esaminare: potete trarlo dalla cronaca oppure un caso "quasi reale", nel senso che, pur non essendo vero, potrebbe realmente accadere.

Attraverso un lavoro ordinato di espressione dei vostri pareri, definite con precisione la situazione e almeno tre soluzioni possibili:
- **Soluzione 1** *Se le cose andassero così... accadrebbe che...*
- **Soluzione 2** *Se le cose andassero così... accadrebbe che...*
- **Soluzione 3** *Se le cose andassero così... accadrebbe che...*

A questo punto siete di fronte a tre situazioni diverse. L'ultima parte del lavoro riguarda l'esposizione della soluzione che ritenete eticamente migliore, spiegandone i motivi.

Stendete una **sceneggiatura** di massima e dividetevi a gruppi: attori, regista, operatore (che userà un cellulare per filmare). **Girate il vostro** "corto" con tre attori che spiegano ognuna delle soluzioni e un quarto attore che introduce l'**argomento** ed espone la **conclusione**.

Presentando il vostro video a compagni di un'altra classe, potreste interrompere la proiezione dopo le tre soluzioni e introdurre **un dibattito**, che riguardi i princìpi che guidano una soluzione piuttosto che l'altra.

UNA MAPPA PER TUTTI

DIDATTICA INCLUSIVA

IL PERCORSO IN BREVE

Abbiamo imparato:

- che cos'è la bioetica e quali sono i suoi campi di indagine;
- qual è il rapporto tra scienza e fede e qual è il ruolo della responsabilità morale nella salvaguardia della dignità umana;
- quali sono le diverse posizioni dell'etica religiosa e dell'etica laica sul problema della vita;
- che cosa la bioetica cattolica intende per principio della sacralità della vita;
- che cosa sono la genetica, la biogenetica e l'eugenetica;
- che cos'è la manipolazione genetica, quali sono le sue possibili finalità e quali i rischi di eventuali usi impropri;
- che cos'è la clonazione, quali sono i suoi utilizzi e quali le implicazioni etiche;
- che cos'è la fecondazione assistita, quali sono le tecniche e quali i dubbi morali a riguardo;
- che cos'è l'aborto e qual è la posizione cristiana a riguardo;
- che cos'è l'eutanasia, in quali tipi è distinta e qual è la posizione della Chiesa;
- che cos'è il testamento biologico;
- che cosa sono gli organismi geneticamente modificati, quali sono i possibili rischi sull'ambiente e sulla salute e qual è la posizione della Chiesa.

UN LABORATORIO DI UMANITÀ

QUANTO VALE L'ESPERIENZA

La consapevolezza di sé è fondamentale per **autodeterminarsi** e **orientare la propria esistenza**. Oggi riscuote grande interesse anche in ambito laico la pratica religiosa degli **esercizi spirituali** (ne abbiamo parlato a p. 112 a proposito di Ignazio di Loyola), che vengono giudicati da alcuni psicologi ideali per **meditare su se stessi al fine di migliorare la propria condizione esistenziale rendendo più consapevoli di sé**. Secondo lo psicoanalista Christophe André essere consapevoli di sé significa «*creare attimo per attimo un piccolissimo spazio per "vedersi agire"*». E ancora: «*è fermarsi per prendere contatto con l'esperienza [...] e per osservare la natura del nostro rapporto con l'esperienza*».

TAPPA 1

- Nel ***Diario*** prova a scrivere una tua definizione di "essere consapevoli di sé".
  Puoi usare la forma: *Io sono consapevole di me (mi conosco a fondo) se/quando* ....

  ....

  Soffermati sulla **relazione tra questa consapevolezza e le esperienze esistenziali che vivi ogni giorno**, cioè quello che sperimenti (o hai sperimentato) nella tua vita.
  > Quale valore ha, secondo te, l'esperienza? La ritieni utile per conoscerti?
  > Secondo te vale di per se stessa o si deve riflettere su essa e collegarla con altri eventi che appartengono al tuo passato?

TAPPA 2

- Il poeta T. S. Eliot (1888-1965) dice:

> Di molte cose facemmo esperienza
> ma ci sfuggì il significato e avvicinarci
> al significato, restituisce l'esperienza
> in forma diversa.

Queste parole suggeriscono che si può **dare un nuovo significato** a eventi che, a caldo, non comprendiamo in pieno e sui quali, magari formuliamo un giudizio incompleto o persino inesatto.

Insomma, l'esperienza ci aiuta a **renderci consapevoli**, tuttavia la consapevolezza di sé non è qualcosa di definitivo, che si dà una volta per tutte, ma è **una conoscenza che si alimenta nel tempo**; che si riformula; che non è statica, ma è plastica e variegata; che si elabora e si stratifica nel tempo e orienta poi nella realtà.
> Sei concorde rispetto a questo valore attribuito all'esperienza?
> Ne sapresti suggerire un altro (anche contrario a questo oppure complementare)?

TAPPA 3

- Rifletti ogni giorno, nel tuo ***Diario***, sul **legame tra l'esperienza e la ricerca di senso**, tenendo a mente queste parole del cardinale Bagnasco: «*Gesù Cristo è la via che conduce ciascuno di noi alla piena realizzazione di sé secondo il disegno di Dio. È la verità, che rivela l'uomo a se stesso e ne guida il cammino di crescita nella libertà.*
  È la vita perché in Lui ogni uomo trova il senso ultimo del suo esistere e del suo operare».
  Per chi crede, Gesù è dunque la risposta perfetta al desiderio e al compito di realizzazione personale.
  > Pensi che il suo insegnamento sia importante anche per chi non è credente?
  > Quale aiuto possono dare a ogni uomo le parole di Gesù?

TAPPA 4

- Nel tuo ***Diario*** cerca di dare **un'interpretazione grafica** (magari attraverso un mappa) **del legame** esistente **tra "consapevolezza", "esperienza"," riflessione", "ricerca di senso", "realizzazione di sé"**. Riprendila ogni tanto, per verificare se qualche evento o altri fattori ti inducono a ripensare i legami che hai istituito.

Léon Spilliaert,
Sera d'ottobre, *1912;*
Bruxelles,
Collection Spilliaert.

VERSO UNA PIENEZZA DI VITA

Una figura avanza in una luce calda e abbagliante. Dove è diretta? Da dove viene? Leggermente **protesa in avanti**, sembra in procinto di varcare una soglia: forse il confine tra il mondo materiale e qualcosa di spirituale, che sta oltre?

- Verso che cosa tendiamo quando siamo inclinati alla felicità?
- Quali sensazioni proviamo? Cerca di riferirti alla tua esperienza personale, facendo degli esempi.
- Questa immagine potrebbe suggerire di rappresentare la felicità come una luce abbagliante, che ci porta al confine con un mondo diverso.
  Avvolgendoci ci rende consapevoli di un'appartenenza a qualcosa che sta oltre noi stessi. Concordi con questa interpretazione o ne suggeriresti una differente?
- Dopo aver riflettuto in questo *Percorso* sulla felicità, il suo significato, ciò che contribuisce a realizzarla e ciò che, invece, la ostacola, sapresti darne una tua definizione?

Indice delle voci di glossario

Biografie degli autori citati nel volume